Robert Schreml, Anja Senkpiel

GarageBand 2

Liebe Leser,

Apple hat uns in den letzten Jahren wirklich allerhand beschert. GarageBand aber zählt darunter zu den besten Ideen aus Cupertino. Mit einem lauten Tusch wurde die Version 1 von Steve Jobs auf der Macworld 2004 in San Francisco vorgestellt. Die Mac-Community war elektrisiert. Musik machen konnte plötzlich jeder, der Lust hatte, ohne dafür Spezialist sein zu müssen. Noch immer »jammen« tausende von Usern im Internet mit ihren Musikstücken auf riesigen Servern. Was aber noch viel mehr zählt: Mit seinen vielen Funktionen hielt GarageBand Einzug in die professionelle Audioproduktion. Für die musikalische Ideensuche, Skizzen und Entwürfe gibt es kein besseres Werkzeug. Und nicht zuletzt mit der neuen Version 2 samt Partitur-Editor und MIDI-Import reicht es sogar völlig aus für kleine professionelle Produktionen, sei es für Jingle, Film oder Multimedia.

Was steckt in GarageBand drin? Was kann man aus ihm herausholen? Was bietet GarageBand in der neuen Version 2? Um das herauszufinden, haben wir auch für die zweite Auflage unseres »GarageBand-Buchs« zwei waschechte Experten gewinnen können: Anja Senkpiel und Robert Schreml sind erfahrene Audio Engineers und im Herzen überzeugte Macianer. Vielleicht kennen Sie ihr Wissen bereits von der Website »mac-and-win.de«, eine der Top-Adressen aus Deutschland zum Thema Macintosh.

Doch überzeugen Sie sich selbst, was in diesem Buch steckt. Es macht nicht Halt beim bloßen Zusammenklicken von Songs. So erfahren Sie auch, wie Sie eigene Instrumente einspielen. Effekte werden nicht nur gezeigt, sondern auch erklärt. Die Ratschläge beziehen sich längst nicht nur auf GarageBand selbst, sondern auch auf das, was dabei herauskommen soll. Und alles in einer Sprache, die man auch als Neumusiker versteht.

So möchte ich Ihnen vor allem eines wünschen: **Viel Freude beim Lesen!** Dann kommt der Erfolg schon von ganz alleine.

Wenn Sie für die Neuauflage dieses Buchs Verbesserungsvorschläge oder Wünsche haben, so freue ich mich über Post von Ihnen:

Thorsten Mücke
Lektorat Galileo Design
thorsten.muecke@galileo-press.de

www.galileodesign.de
Galileo Press • Rheinwerkallee 4 • 53227 Bonn

Auf einen Blick

	Vorwort	13
1	Der Einstieg in GarageBand	17
2	Ein erster eigener Song	55
3	Echte Instrumente und Gesang	101
4	Das Keyboard macht die Musik	119
5	Akustische Grundlagen	133
6	Filter, Dynamikprozessoren und Effekte	145
7	Song bearbeiten und abmischen	173
8	GarageBand für jeden Geschmack	215
9	Weiterverarbeitung der Songs	233
10	Hardware für die Musik am Mac	253
11	GarageBand erweitern	277
12	Tipps, Tricks und Troubleshooting	295
13	GarageBand im Internet	321
14	Über Kreativität	327
15	Die CD-ROM zum Buch	331
16	Anhang	335
	Index	349

Inhalt

		Vorwort	13
		Dank	15
1		**Der Einstieg in GarageBand**	**17**
1.1		Was ist GarageBand?	18
1.2		Systemvoraussetzungen	21
1.3		Installation von GarageBand	24
		iLife '05 installieren	24
		Apple-Demo-Songs	31
		Und was ist jetzt wo?	32
		GarageBand-Updates	34
1.4		Erst mal vertraut machen	34
		Die Benutzeroberfläche	34
		Die Spurkopfzeilen	36
		Der Spurmixer	37
		Die Timeline	38
		Die Steuerungsleiste	39
		Der Loop-Browser	42
		Der Editor	44
1.5		Die Voreinstellungen	46
		Allgemein	46
		Audio/MIDI	47
		Exportieren	48
		Erweitert	49
1.6		Die Menüs im Überblick	49
		GarageBand-Menü	49
		Ablage	50
		Bearbeiten	51
		Spur	51
		Steuerung	52
		Fenster	52
		Hilfe	53
2		**Ein erster eigener Song**	**55**
2.1		Einen neuen Song erstellen	56
		Vorbereitungen treffen	56
		Neues Projekt erstellen	57
2.2		Musikalisches Grundwissen	58
		Tempo	58
		Takt	60
		Notenwerte	60

	Swing	62
	Tonart	63
	Tongeschlecht	64
	Song-Aufbau	64
2.3	Einen neuen Song anlegen	65
2.4	Loops einfügen und verlängern	68
	Loops vorhören	68
	Loops einfügen	69
	Regionen verlängern	70
2.5	Den Song aufbauen	72
	Wiedergabe loopen	72
	Bass-Spur einfügen	73
	Regionen benennen	74
	Neue Spur einfügen	75
	Mehr Instrumente einsetzen	77
	Den Hauptteil arrangieren	77
	Regionen kürzen und trennen	79
	Weitere Loops einbauen	81
	Geloopte Region zerschneiden	82
	Das Ende vom Lied	83
2.6	Software-Instrumente einsetzen	84
	Software-Instrumente einfügen	84
	Software-Instrumente editieren	86
2.7	Der Mix macht's	87
	Die Wahl des Abhörens	88
	Der Balance-Regler	88
	Spur-Balance individuell verändern	90
	Lautstärke anpassen	91
	Bloß keinen Einheitsbrei	91
	Die allgemeine Spurlautstärke	92
	Spurlautstärke im Fein-Tuning	92
	Die Spurinformationen	94
	Die Master-Spur regelt alles	95
	Eine Blende für den Song	96
	Die Tonhöhe ändern	97
2.8	Exportieren und sichern	98
	Export nach iTunes	98
	Song als Archiv sichern	100

3	**Echte Instrumente und Gesang**	101
3.1	Das interne Mikrofon	102
3.2	Externe Quellen	104
	Mikrofonpegel (MIC)	104
	Hochpegel (LINE)	105
	Instrumentenpegel (INST)	106
	Unser Pegel-Ranking	106
3.3	Die Live-Aufnahme	107
	Audio-Eingang auswählen	107
	Der Puffer	108
	Einpegeln	108
	Spur einstellen	109
	Das Stimmgerät (Tuner)	110
	Die Aufnahme	111
	Singen mit Kopfhörer	112
3.4	Mikrofonaufnahmen	112
	Stereo aufnehmen	114
	AB-Anordnung	115
	XY-Anordnung	115
	ORTF-Anordung	116
3.5	Für »Versionen-Messies«	117
4	**Das Keyboard macht die Musik**	119
4.1	Software-Instrumente	120
	Das Software-Keyboard	120
	Das Musik-Keyboard	121
	Externes Keyboard	122
4.2	Achtung, Aufnahme!	123
4.3	Editieren von MIDI-Daten	125
	Noten (Partiturdarstellung)	126
	Noten (Balkendarstellung)	128
	Modulation	129
	Pitchbend	130
	Sustain	130
	Ausdruck	131
	Volumenpedal	131
5	**Akustische Grundlagen**	133
5.1	Nur Schall, kein Rauch!	134
	Der Ton	134
	Frequenzbereiche	135

	Schallausbreitung	136
	Der Pegel	136
	Kugelwelle und Nahbesprechungseffekt	136
5.2	Schall trifft Hindernis	137
	Schallreflexion	137
	Schallbrechung	137
	Absorption	138
	Höhenabsorber	139
	Mittenabsorber	139
	Tiefenabsorber	140
	Helmholtz-Resonatoren	141
5.3	Hall	141
	Direktschall	141
	Nachhall (Diffusion)	142
	Hallradius	143
6	**Filter, Dynamikprozessoren und Effekte**	**145**
6.1	Etwas vorweg	146
6.2	Audio-Unit-Plug-Ins	147
6.3	Der Weg zu den Plug-Ins	148
6.4	Eigene Voreinstellungen für Plug-Ins	149
6.5	Filter	151
	GarageBand Filter	152
	AUHighShelf und AULowShelf	153
	AUHipass und AULowpass	153
	Bandpass	154
	AuPeakLimiter	154
6.6	Equalizer	155
	Parametrische Equalizer	156
	Grafische Equalizer	157
6.7	Regelverstärker/Dynamikprozessoren	158
	Kompressor	159
	AUMultibandCompressor	160
	AUDynamicsProcessor	161
	Expander	161
	Gate	162
6.8	Delay-Effekte	162
	Spur-Echo	163
	AUDelay	164
	Chorus	165
	Flanger	165

6.9	Hall-Effekte	166
	AUMatrixReverb	166
	TC MegaReverb	169
6.10	Stimmwandler	170
7	**Song bearbeiten und abmischen**	**173**
7.1	Unser Demo-Song	174
	Formteile eines Songs	175
	Überblick über »Gravity«	177
	Tonart, Tempo und Takt	177
	Master-Spur	178
	Grand Piano	179
	Cheerful Trance	180
	Swirling Droplets	181
	Gravity Synth	181
	Aquatic Sunbeam	182
	Trance Bass	182
	Solo Git	183
	Wah Wah Git	183
	Single Note Git	184
	Fingerstyle Electric Bass	184
	Funky Drums	184
	Distorted Drums	185
	Techno Kit	185
	Hip Hop Kit	185
	Tambourine	186
7.2	Der Feinschliff	186
	Stimmung und Takt anpassen	187
	Regionen bearbeiten	188
	Regionen trennen	189
	Regionen verkürzen	189
	Regionen loopen	190
	Regionen auswählen oder verschieben	190
	Regionen ausschneiden	191
	Regionen kopieren und einsetzen	192
	Regionen löschen	192
	Regionen zusammenfügen	192
	Regionen in Loop-Browser übernehmen	193
	Editieren von Software-Instrumenten	194

		Editieren von MIDI-Regionen	196
7.3		Der eigene Mix	197
		Vorbereitungen	198
		Ziele für den Mixdown	199
		Lautstärke harmonisieren	199
		Panorama ausbalancieren	200
		Equalizer für Klangfarbe	201
		Dynamik für Lebendigkeit	204
		Echo für mehr Breite	206
		Hall für mehr Tiefe	207
		Spezialeffekte	208
		Lautstärkekurven	209
		Tipps zum Abmischen	210
8		**GarageBand für jeden Geschmack**	**215**
8.1		Musikstile in GarageBand	216
		Andere	217
		Country	217
		Elektronisch	218
		Experimentell	219
		Jazz	220
		Kinomusik	222
		Orchester	223
		Rock/Blues	224
		Urban	225
		Weltmusik	226
8.2		Zehn Tipps für das Komponieren	227
8.3		Filmvertonung	228
		Planung	229
		Durchführung	229
		Tipps und Tricks	230
9		**Weiterverarbeitung der Songs**	**233**
9.1		Songs auf CD brennen	234
9.2		Konvertieren in andere Formate	235
		WAV	237
		MP3	237
		AAC	238
		Apple Lossless	238

9.3	Slideshows untermalen	239
9.4	Ihr Song als Filmmusik	241
9.5	DVDs mit Ihrer Musik	243
9.6	Ins Internet mit .mac	247

10	**Hardware für die Musik am Mac**	**253**
10.1	Jetzt geht es ans Geld	254
10.2	Der Mac selbst	255
10.3	Die schnelle Lösung	255
10.4	Echte Instrumente anschließen	256
	M-Audio MobilePre USB	257
	Audio-Interface einstellen	259
	FireWire für Mehrspuraufnahmen	261
	Günstig: das iMic	262
10.5	MIDI-Keyboard anschließen	263
	MIDI-Keyboards	263
	Das M-Audio Oxygen	264
	MIDI-Hardware in GarageBand	265
	Audio/MIDI-Konfiguration	266
10.6	GarageBand fernsteuern: iControl	269
10.7	Das richtige Mikrofon wählen	270
	Kondensatormikrofone	270
	Tauchspulenmikrofone	271
	Bändchenmikrofone	272
10.8	Richtcharakteristik	273
	Kugelcharakteristik	273
	Nahbesprechungseffekt	274
	Nierenrichtcharakteristik	274
	Achter-Richtcharakteristik	274
	Variable Richtcharakteristik	275
10.9	Mischpulte	276

11	**GarageBand erweitern**	**277**
11.1	Loops ohne Ende	278
	GarageBand Jam Packs	278
	Weitere Loop-Pakete	280
	Loops kostenlos	280
	Kostenfreie Loops und SoundFonts	281
	Wohin mit all den Loops?	282
	SoundFonts richtig ablegen	283

11.2	Mehr AU-Plug-Ins	286
11.3	Empfehlenswerte Erweiterungen	288
	MidiKeys	288
	Dent Du Midi	291
	ReWire	292
12	**Tipps, Tricks und Troubleshooting**	**295**
12.1	Audio-Dateien importieren	296
	Audio-Formate	296
	Einfacher AIFF-Import	296
	Das Soundtrack Loop Dienstprogramm	298
12.2	MIDI-Dateien importieren	301
12.3	Gemeinsamer Spaß mit GarageBand	303
	Benutzer-Accounts in Mac OS X 10.4	303
	Keinen Song offen lassen	305
	Mehrere Benutzer und iTunes	306
12.4	Geschickter arbeiten mit Loops	306
	Anzeige begrenzen	307
	Mehr Loops sehen	307
	Anordnung ändern	307
	Filter setzen	308
	Leerer Loop-Browser	309
12.5	Und was ist mit der iSight?	310
12.6	Trouble mit GarageBand	314
	Ich höre nichts!	314
	Stille bei echten Instrumenten	315
	Probleme bei der Wiedergabe	316
	Song-Ende fehlt nach Export	317
	Ruckelige Software-Instrumente	318
13	**GarageBand im Internet**	**321**
	Apples GarageBand-Seiten	322
	GarageBand-Seiten in Deutsch	323
	GarageBand-Seiten in Englisch	324
	Hilfreiche Websites zum Mac	325
14	**Über Kreativität**	**327**

15	**Die CD-ROM zum Buch**	331
15.1	Der Demo-Song	332
	Verzeichnis »Song«	332
	Verzeichnis »Downmixes«	332
	Verzeichnis »AIFFs«	333
15.2	Genre-Beispiele	333
16	**Anhang**	335
16.1	Glossar	336
	Index	349

Vorwort

Wir wussten sofort was auf uns zukommen würde, als wir die in freundlichem Grün gehaltene Ankündigung von iLife '05 auf der Apple-Website erblickten. GarageBand war größer und besser geworden, und das hieß für uns: Neuauflage!

Die Freude über die sehr gelungenen neuen Features wurde nur von dem Ausblick auf die zu erwartende »Freizeitgestaltung« getrübt, hatten wir uns doch gerade erst wieder so einigermaßen von der ersten Auflage erholt. Dass in der Zwischenzeit Merle Senkpiel das Licht der Welt erblickte, schien die Entwickler bei Apple überhaupt nicht zu interessieren. Merle schien sich im Gegenzug auch nicht für GarageBand 2 zu interessieren, obwohl sie praktisch nur wenige Zentimeter entfernt von einem unentwegt ratternden iBook im Bauch ihrer Mama herangereift war. Oder vielleicht gerade darum?

Nun sind also beide da: Merle und GarageBand 2. Wir wollen hier nicht erörtern, wer von beiden den höheren Entwicklungsaufwand benötigte, aber Fakt ist: Beide bereiten viel Freude! War GarageBand 1 ein wirklich hervorragendes Amateurprogramm, mit dem man leicht und unkompliziert ein bisschen Musik aufnehmen konnte, ist GarageBand 2 ein richtiges Produktionstool geworden, bei dem das Wort »Amateur« nicht mehr gerechtfertigt wäre. Dabei hat sich der Umfang der Menüs keinesfalls aufgebläht, und nirgends sind kompliziert anmutende Schaltflächen und nervige Icons angebracht, die bei der Kreativarbeit stören. Danke dafür! Stattdessen wurden die neuen Features elegant in die bestehenden Funktionen eingearbeitet. Darum ist dieses Buch auch ohne Einschränkung für Benutzer der Version 1 gedacht.

Was sagt uns eigentlich der Name GarageBand? Was für Assoziationen kommen einem da sofort in den Kopf? Klar die Band, die in der Garage probt. Was macht eine Garagen-Band? Der Schlagzeuger zählt ein, und alle spielen los. Das klingt dann mehr oder weniger gut. Das Wichtigste daran ist aber: Es macht Spaß. Mit dem Namen GarageBand hat Apple wirklich den Nagel auf Kopf (oder vielmehr die Note auf den Ton) getroffen, denn mit GarageBand zu arbeiten macht einfach Freude. Ohne große Vorbereitungen können Sie einfach loslegen – wenn Sie das so wollen. Mit ein wenig Arbeit können Sie damit sogar richtig weit kommen.

Wir möchten Ihnen mit diesem Buch eine leicht verständliche Anleitung zu GarageBand in die Hand geben, die trotz aller für das Verständnis nötigen Sachlichkeit auch noch locker zu lesen sein soll. Beim Durchlesen erfahren Sie neben den Funktionen des Programms

Vorwort

außerdem auch viele grundsätzliche Dinge über Musik und Tontechnik, alles möglichst leicht verdaulich verfasst.

Wir fangen ganz von vorne an in diesem Buch: Nachdem Sie sich in Kapitel 1 »Der Einstieg in GarageBand« mit der Installation und der Oberfläche des Programms vertraut gemacht haben, dürfen Sie in Kapitel 2 »Ein erster Song« auch gleich loslegen und mit den Bordmitteln von GarageBand ein komplettes Musikstück zusammenstellen. Kapitel 3 »Echte Instrumente und Gesang« und Kapitel 4 »Das Keyboard macht die Musik« zeigen Ihnen dann, wie Sie in GarageBand selbst Aufnahmen machen können – mit Mikrofon, (elektronischen) Instrumenten oder einem MIDI-Keyboard.

Kapitel 5 führt Sie dann in die »Akustischen Grundlagen« des Klangs ein und darin, wie er sich verbreitet – unverzichtbares Basiswissen, um dann mit Kapitel 6 richtig in die Welt der »Filter, Dynamikprozessoren und Effekte« von GarageBand einsteigen zu können. In Kapitel 7 »Song bearbeiten und abmischen« kommen die Filter und Effekte zum Einsatz. Im Mittelpunkt steht unser Beispielsong »Gravity«, der hier vollständig auseinander genommen, bearbeitet und abgemischt wird.

Da man mit GarageBand auch Musikstücke in den unterschiedlichsten Stilen komponieren und produzieren kann, bietet Kapitel 8 »GarageBand für jeden Geschmack« einen Überblick über die passenden Apple Loops und Tipps für verschiedene Genres – von Country bis Techno.

Ist der Song einmal aufgenommen und optimal bearbeitet, kann man damit jede Menge anstellen. Kapitel 9 »Songs vielseitig einsetzen« zeigt, wie Sie ihn auf CD brennen, als Hintergrundmusik in Diashows, Filmen und DVD-Menüs einsetzen und in beliebige Formate umwandeln.

In Kapitel 10 »Hardware für Musik am Mac« erfahren Sie alles Wichtige über das Anschließen von externen Instrumenten, Audio-Interfaces, MIDI-Keyboards und Mikrofonen an Ihren Mac. Kapitel 11 »GarageBand erweitern« zeigt, wie Sie die Software mit Loops, Software-Instrumenten, Effekten und Zusatzprogrammen ausbauen können.

Jede Menge Ratschläge und Tipps finden Sie schließlich in Kapitel 12 »Tipps, Tricks & Troubleshooting«. Neben Lösungen für »beliebte« Probleme mit Garageband wird hier auch erklärt, wie Sie bestehende Songs von einer Audio-CD oder Ihrer Festplatte in GarageBand importieren und bearbeiten – ein schönes Feature, wenn Sie an Ihr Lieblingslied selbst mal Hand anlegen möchten.

Kapitel 13 »GarageBand im Internet« enthält einige Verweise auf Websites, die Ihnen meistens sogar noch dann helfen können, wenn sonst gar nichts mehr geht, oder die einfach Spaß machen inmitten der großen GarageBand-Community im Netz.

Den Abschluss machen ein paar Gedanken über Kreativität, denn diese ist das einzige, was man unbedingt mitbringen sollte für das Musik machen mit GarageBand, und ein Glossar mit den wichtigsten Fachbegriffen aus diesem Buch zum Nachschlagen.

Dank

Soweit der offizielle Teil. Kommen wir jetzt zum privaten. Ja, wir sind die Autoren dieses Buchs, gut, wir haben den ganzen Inhalt hier auch geschrieben. Doch es gibt mehr als genug Leute, denen wir an dieser Stelle danken wollen. Als erstes natürlich Galileo Design, die auf die Idee kamen, uns dieses Buches anzuvertrauen. Insbesondere Thorsten Mücke für die nahezu liebevolle Betreuung während des Projektes. Dann gibt es da noch unsere Familien, die wirklich einiges aushalten mussten, wenn wir uns wegschlossen. Allen voran Olaf Senkpiel, der uns von Anfang an in allem unterstützt hat, den Senkpielschen Haushalt aufrecht erhielt, für die Verpflegung sorgte und selbstlos sein nagelneues Powerbook zur Verfügung stellte. Außerdem war er zusammen mit Anjas Vater Gerd Senkpiel unser schärfster Kritiker. Der Satz »Ich versteh das da aber nicht so ganz« wird uns noch eine Weile verfolgen. Die beiden haben fast jedes Wort in diesem Buch zuvor gelesen. Danke auch an Merle, für jede Minute, die Du in deinen ersten Lebenswochen bereit warst zu schlafen und Deine Mama arbeiten zu lassen.

Ein Dankeschön an Kerstin und die Familie Tautenhahn für die Kinderbetreuung und an Elias: Ab jetzt kann der Computer wieder ausschließlich für die »Bob der Baumeister«-Homepage genutzt werden. Besonderen Dank auch an Christa und Ludwig Schreml für den Rückhalt und die Finanzierung von neun Jahren Ausbildung.

Der Demo-Song aus Kapitel 7 wäre ohne die Gitarrenkünste von Hayo Demmig nur halb so gut geworden.

Vielen Dank auch an Kai Surendorf für die Unterstützung in Sachen Mac OS X 10.4, auch Tiger genannt.

Ein Dank geht auch an unsere Kollegen beim SWR, die viel Geduld mit uns hatten, fleißig mit uns über das ein oder andere Problem grübelten und an unsere Disponentinnen, die sich nie über unsere Sonderwünsche beschwerten. Danke auch Franziska Kottmann für ihre freundliche Unterstützung!

Damit so ein Buch überhaupt entstehen kann, ist auch die Unterstützung einiger Firmen sehr hilfreich. Dank an Apple (besonders Georg Albrecht, Holger Niederländer und Christine Wilhelmy in Cupertino) für die Hilfe. Danke auch M-Audio, TC electronic, und Wahan Drum Technology für das Equipment. Ein spezieller Dank geht an das Team von M&M Trading! in Hamburg für Rat und Unterstützung, Danke beiden Martins, Christian, Erol und allen anderen, die Ihr schon seit unzähligen Jahren für jede noch so blöde Frage offen seid.

Taunusstein, im Juni 2005
Robert Schreml
Anja Senkpiel

1 Der Einstieg in GarageBand

Der Digital Lifestyle geht weiter – mit Musik

- Was genau ist GarageBand?
- Was muss mein Mac können?
- Erst einmal installieren
- Eine Einführung in die Oberfläche

Mit GarageBand hat Apple den Mac-Anwendern eine Software an die Hand gegeben, mit der sie denkbar einfach ihre eigenen Songs gestalten können. Schon GarageBand 1 enthielt eine beeindruckende Fülle an Funktionen, GarageBand 2 aber bietet noch mehr Features und macht das Programm noch kompletter und vielseitiger einsetzbar. In diesem Kapitel lernen Sie, was sich hinter GarageBand verbirgt, wie Sie es installieren, welche Neuerungen Version 2 bringt und was Sie sonst noch benötigen, um Ihr eigener Musik-Produzent zu werden.

1.1 Was ist GarageBand?

Hinter dem Namen GarageBand verbirgt sich das neueste Mitglied der iLife-Familie von Apple. Januar 2004 wurde es von Apples CEO (Chief Executive Officer) Steve Jobs, im Rahmen der Keynote Address zur Macworld Expo in San Francisco im vorgestellt. Das iLife-Paket enthielt bis dahin bereits die folgenden Programme, die aus Mac OS X eine richtige Multimedia-Zentrale machten:

- **iTunes:** MP3-Player, digitale Jukebox und Client für Apples Online Music Store in einem, seit kurzem auch voll funktionsfähig in Deutschland.
- **iPhoto:** Ein Programm, mit dem man seine Fotos ganz einfach optimieren und verwalten, Fotoalben erstellen und Diashows anzeigen kann.
- **iMovie:** Eine komplette Videoschnittsoftware mitsamt Effekten und Vertonung für Camcorder oder anderweitig aufgenommene digitale Videos.
- **iDVD:** Eine Software für das DVD-Authoring, inklusive Untertiteln, Tonspuren und Bildschirmmenüs.

Da Apple mit iLife schon seit 2003 den digitalen Lifestyle ausgerufen hat, fehlte dem Paket noch ein Programm zur Musikbearbeitung. Kenner der Szene erwarteten dieses bereits seit längerem, da Apple schon im Juli 2002 die deutsche Firma Emagic aufgekauft hatte. Emagic gehörte mit dem Sequenzer-Programm Logic Audio damals schon zu den führenden Herstellern von Audio-Software. Es war daher eigentlich nur noch eine Frage der Zeit, bis Apple auch auf dem Gebiet der Musik-Software eine Einsteigerlösung anbieten würde.

1.1 Was ist GarageBand?

◄ **Abbildung 1.1**
Das Icon von GarageBand im Fenster mit den Informationen über GarageBand

Was dann aber mit GarageBand Wirklichkeit wurde, haben wohl nur die Wenigsten erwartet: Ein einfach zu bedienender Sequenzer, mit dem jeder eigene komplette, professionell klingende Songs erstellen kann, egal ob er Musiker ist oder nicht.

Ein Jahr später, wiederum bei der Keynote zur MacWorld in San Francisco, stellte Steve Jobs iLife '05 vor. Mit dabei: GarageBand 2, das einige bemerkenswerte Verbesserungen gegenüber der ersten Version mitbringt.

GarageBand setzt sich interessanterweise, ganz anders als seine Geschwister, vom restlichen iLife-Paket deutlich ab. Nicht nur durch den Namen, so ganz ohne »i« davor. Auch die Optik ist eine komplett andere. Kein Brushed Metal, kein Aqua-Look – stattdessen zieren als Echtholz anmutende Seitenleisten das Arbeitsfenster von GarageBand. Auf jeden Fall hat GarageBand nicht nur einen eigenständigen Namen, sondern auch eine eigenständige Benutzeroberfläche bekommen, die ansehnlich ist und Spaß bei der Arbeit bringt.

Sowohl die erste als auch die zweite Vorführung während der Keynotes ließen erahnen, dass es sich bei GarageBand 1 und 2 jeweils nicht nur um ein kleines Zusatzangebot zu Mac OS X, sondern um ein eigenes, umfangreiches Programm handelt. Beide Male bastelte Steve Jobs mal eben ganz lässig live auf der Bühne gemeinsam mit dem Profimusiker John Mayer in Echtzeit einen kompletten Song. Und die Präsentation war echt, denn GarageBand bietet über 1000 Loops und diverse Software-Instrumente und Effekte, mit denen man schnell eigene, originelle Songs erstellen kann. Man muss nicht mal ein Instrument beherrschen, um seinen musikalischen Ideen freien Lauf zu lassen. Schon die bereits vorhandenen Loops bieten eine Fülle an Kompositionsmöglichkeiten.

1   Der Einstieg in GarageBand

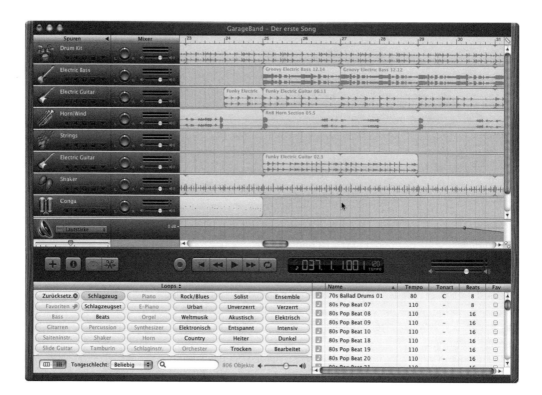

Abbildung 1.2 ▲
Die Oberfläche von Garage-Band 2 (mit geoffnetem Loop-Browser): völlig eigenständig und ganz anders als bei den iLife-Geschwistern

GarageBand entwickelte sich innerhalb kürzester Zeit zu einem wichtigen Gesprächsthema in der Mac-Community. Ein schick aussehendes, gut funktionierendes und leicht zu bedienendes Programm zum Musikmachen – das traf den Geschmack vieler Mac-User weltweit.

Was GarageBand neben seinen vielen Möglichkeiten und seiner einfachen Bedienbarkeit so attraktiv macht, ist auch der Preis. Wer sich heute einen neuen Apple-Computer kauft, bekommt iLife '05 direkt mitgeliefert.

Aber auch, wer GarageBand und die anderen iLife-Programme in den neuen Versionen mit einem vorhandenen Mac nutzen möchte, zahlt nicht viel. iLife '05 ist für gerade mal 79 Euro im Handel erhältlich. Das sind im Vergleich zu iLife '04 immerhin 30 Euro mehr. Trotzdem: Schon für GarageBand 2 allein ist das weitaus weniger als eigentlich angemessen, für das gesamte Paket aus fünf Programmen ist es ein mehr als fairer Preis.

◄ **Abbildung 1.3**
Das iLife-Paket von Apple. Mit der neuen Version '05 bekam es auch ein neues Gesicht.

Wie bereits erwähnt, bietet GarageBand viele Samples und Instrumente an, mit denen man sofort arbeiten kann. Wem die mitgelieferten Loops nicht ausreichen, für den hält Apple gleich noch etwas anderes bereit: die Jam Packs. Für derzeit unter 100 Euro bieten sie jeweils über 2000 weitere Loops, mehr als 100 neue Instrumente, Effekteinstellungen und noch vieles mehr. Auch im Internet gibt es diverse freie Loops für GarageBand zum Download (siehe Kapitel »GarageBand erweitern« auf Seite 280). GarageBand ist damit also auch erweiterbar.

1.2 Systemvoraussetzungen

Bevor wir loslegen, sollten wir zunächst einen Blick auf die Systemvoraussetzungen von GarageBand werfen. Diese sind mit GarageBand 2 noch einmal angewachsen. Man benötigt jetzt mindestens Panther (in Version Mac OS X 10.3.4). Mit Jaguar (Mac OS X 10.2) kann man iLife '05 nicht mal mehr installieren. GarageBand stellt also nicht gerade geringe Anforderungen an Ihren Mac, beachten Sie daher die folgenden Angaben genau. Sie benötigen auf jeden Fall (nach den Angaben von Apple):

1 Der Einstieg in GarageBand

- einen Macintosh-Computer mit einem PowerPC G3-, G4- oder G5- Prozessor, ein G3-Prozessor mit 600 MHz (oder schneller), ein G4-oder G5-Prozessor ist für die GarageBand-Software-Instrumente erforderlich;
- mindestens 256 MB Arbeitsspeicher;
- einen Bildschirm mit einer Auflösung von mindestens 1024 x 768 Pixel;
- mindestens MacOS X v10.3.4;
- QuickTime 6.5.2 (ist im Lieferumfang enthalten);
- 4,3 GB verfügbaren Speicherplatz auf der Festplatte für die Installation von GarageBand, iTunes, iPhoto, iMovie und iDVD, GarageBand alleine benötigt mindestens 1,6 GB freien Platz;
- ein DVD-ROM-Laufwerk zur Installation.

Besonders interessant ist hier für alle Besitzer von G3-Macs, dass die Software-Instrumente von GarageBand mindestens einen G4-Prozessor voraussetzen, denn sie sind für die Vektoreinheiten der G4- und G5-Prozessoren optimiert. Die blau-weißen G3-Power Macs werden genauso wenig unterstützt wie die Tupper-iMacs und die bunten iBooks, da diese die MHz-Voraussetzungen nicht erfüllen. So trifft es vor allem die Besitzer weißer iBooks mit G3-Prozessor, die Probleme bekommen, im Proberaum mal eben einen Demo-Song zu erstellen, bei dem sie ein Software-Instrument einsetzen möchten. Und Meldungen à la »Festplatte ist zu langsam« erweisen sich auf Dauer eben doch als Spaßbremse.

Dennoch: Beschränkt man sich auf die so genannten »echten« Instrumente, kann man auch auf älteren Apple-Rechnern Songs komponieren und viel Freude an GarageBand haben. Mit ein paar einfachen Tricks kann ein Software-Instrument durchaus auch mit einem G3-iBook eingesetzt werden. Und mit ein wenig Optimierung in den Systemeinstellungen kann unter Umständen sogar noch mehr Leistung aus GarageBand herausgeholt werden. Darüber hinaus gibt es noch weitere Tricks, mit denen Sie sich auch an einem G3-iBook behelfen können. Doch zu all dem später mehr.

Auch der freie Platz auf der Festplatte sollte vor der Installation genau geprüft werden. Wer kein DVD-Laufwerk hat, kann GarageBand von vornherein erst gar nicht installieren. Aufgrund seines Umfangs wird es nicht auf der iLife-CD ausgeliefert, sondern nur auf der beiliegenden DVD. GarageBand benötigt durch die mitgelieferten Loops immerhin ganze 1,8 GB Platz auf der Festplatte.

Andererseits bekommen Anwender älterer Mac-Modelle dafür Features von GarageBand zu Gesicht, von deren Existenz G5-Besitzer nicht einmal etwas ahnen, zum Beispiel einen vor Anstrengung rot anlaufenden Tonkopf, als Warnung vor Überlastung.

Sollten Sie nicht genau wissen, wie Ihr Mac ausgestattet ist, können Sie den System-Profiler zu Rate ziehen. Sie finden ihn, wenn Sie im Apple-Menü ÜBER DIESEN MAC auswählen. Dort stehen schon die grundlegenden Informationen über Ihren Apple-Computer. Noch mehr erfahren Sie, wenn Sie auf WEITERE INFORMATIONEN klicken. Es öffnet sich dann der System-Profiler, der alles über Ihren Liebling weiß.

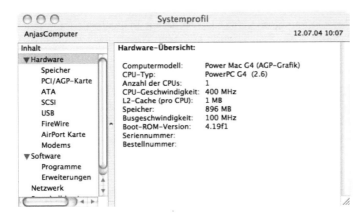

◀ **Abbildung 1.4**
Der Apple System-Profiler verrät Ihnen alles über Ihren Mac.

Außer den von Apple direkt empfohlenen sollten aus unserer Sicht noch weitere Systemvoraussetzungen erfüllt sein:

Um den Klang eines Songs beurteilen zu können, reichen die internen Lautsprecher des Macintosh nicht aus – egal, ob Mobil- oder Desktop-Modell. Auch die Pro Speaker von Harman Kardon sind nicht ideal. Wir empfehlen daher, für die Arbeit mit GarageBand entweder gute Kopfhörer oder eine Monitoranlage bzw. eine gute Heimanlage zu verwenden.

Um selber Instrumente einzuspielen, ist ein Mac mit Audio-Eingang von Vorteil. Doch auch in diesem Fall sei ein Audio-Interface empfohlen.

Weiterhin benötigen Sie für die Arbeit mit einem MIDI-Keyboard meist noch ein MIDI-Interface, es sei denn das Keyboard besitzt schon eine USB-Schnittstelle. Mehr zu dem Thema finden Sie im Kapitel »Hardware für die Musik am Mac« ab Seite 263.

1.3 Installation von GarageBand

GarageBand befindet sich auf der iLife-DVD. Da Sie dieses Buch gekauft haben, gehen wir davon aus, dass Sie GarageBand benutzen möchten. Das heißt, Sie können die CD gleich wieder zurück in das Paket legen. Auf der DVD befinden sich neben GarageBand und iDVD, die beide für eine CD zu umfangreich sind, auch noch einmal sämtliche andere iLife-Programme.

iLife '05 installieren

Schieben Sie also die DVD in Ihren Mac, und mit einem Doppelklick auf das DVD-Symbol öffnet sich ein hübsches, buntes Fenster. »iLife '05« steht groß darin zu lesen, damit Sie auch wissen, welche DVD Sie in Ihren Mac geschoben haben. Oben rechts befindet sich das Installationspaket. Darunter sind die so genannten READ ME-Dateien mit sämtlichen Hinweisen zur Installation zu finden. »Read before you install iLife '05« heißt der Ordner hier. Keine Sorge – die Texte darin sind in deutscher Sprache, im Gegensatz zum Ordnernamen.

Wie bereits erwähnt, ist der Media-Player QuickTime in der Version 6.5.2 eine zwingende Voraussetzung für iLife '05. Er wird im Software-Paket von GarageBand mitgeliefert.

> **iLife '05 installieren**
>
> Selbst wenn Sie vielleicht nur GarageBand installieren wollen, lohnt es sich, auch einen Blick auf die anderen iLife-Programme zu werfen. iDVD können Sie manuell auch installieren, wenn Sie keinen Mac mit eingebautem Superdrive haben. Allerdings lassen sich die DVD-Projekte dann anschließend nur auf einem anderen Mac mit Superdrive brennen und nicht auf einem externen DVD-Brenner.

> **Was ist QuickTime?**
>
> QuickTime ist eigentlich ein komplettes Multimedia-Programm, weit mehr als nur der standardmäßig installierte QuickTime-Player. Die zugrunde liegende Technologie bietet Ihnen Möglichkeiten zum Import, zur Darstellung und zur Konvertierung von Grafik-, Audio-, und Videoformaten. QuickTime fungiert im Hintergrund quasi als Schaltzentrale für das ganze iLife-Paket und sollte von daher immer auf dem aktuellsten Stand gehalten werden.

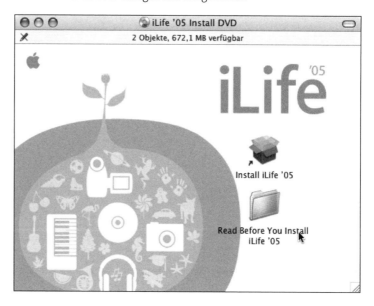

◀ Abbildung 1.5
Schön aufgeräumt stellt sich das DVD-Fenster dar.

Schritt für Schritt: iLife '05 installieren

Wir werden Ihnen jetzt Schritt für Schritt den Installationsvorgang von iLife '05 zeigen. Was immer Sie gerade sonst noch machen wollten, Kaffee trinken oder Ähnliches, warten Sie damit lieber noch, bis Sie die ersten Schritte der Installation erledigt haben. Es ist dann immer noch genug Zeit für anderweitige Beschäftigungen.

Klicken Sie im DVD-Ordner doppelt auf das Paket INSTALL ILIFE 05 und starten Sie die Installation. Nach der Meldung, dass ein Programm gestartet werden muss, um zu prüfen, ob iLife überhaupt installiert werden kann, geht es nun mit der Installation von iLife – und damit von GarageBand – weiter.

1. iLife-Installation starten

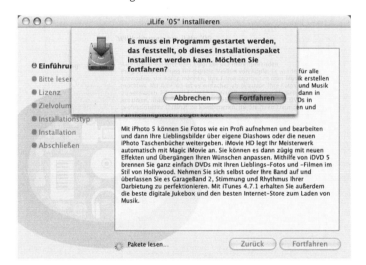

Hoppla. Sie haben noch nicht Mac OS X 10.3.4 installiert? Dann ist für Sie hier Schluss, denn bei jeder älteren Betriebssystem-Version weigert sich das Installationsprogramm fortzufahren. Öffnen Sie jetzt die Software-Aktualisierung über den Button, der Ihnen angeboten wird, und installieren Sie mindestens 10.3.4. Am besten wählen Sie in der Liste gleich die aktuellste Version aus, diese enthält dann wirklich alle Verbesserungen, die in der Zwischenzeit an Mac OS X vorgenommen wurden. Auch wenn Sie Mac OS X 10.3.4, aber noch nicht die neueste Betriebssystem-Version installiert haben, bekommen Sie eine Meldung. Wenn Sie nicht auf dem neuesten Stand der Dinge sein wollen, genügt es in diesem Falle auf ABBRECHEN zu klicken.

2. Mac OS X aktualisieren

Dann können Sie mit der Installation fortfahren beziehungsweise neu beginnen.

3. **Bitte Lesen** Als Nächstes gibt es wieder einiges zu lesen. Im Schritt BITTE LESEN erfahren Sie noch viel mehr zu den einzelnen iLife-Programmen, als es im Begrüßungsdialog der Fall war. Lesen Sie erst oder klicken Sie gleich auf FORTFAHREN.

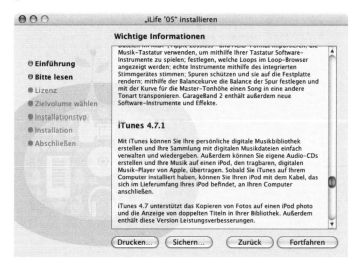

4. **Lizenzbestimmungen zustimmen** Und schon wieder gibt es viel zu lesen. Der nächste Installationsvorgang enthält den Softwarelizenzvertrag. Nachdem Sie alles gelesen haben, klicken Sie auf FORTFAHREN. Da die Lizenzbestimmungen ein enorm wichtiger Punkt sind, öffnet sich jetzt noch ein Dialogfenster, in welchem Sie den Softwarelizenzvertrag akzeptieren müssen. Wählen Sie hier ABLEHNEN, ist es vorbei mit Ihrer iLife '05-Installation. Akzeptieren Sie also lieber.

1.3 Installation von GarageBand

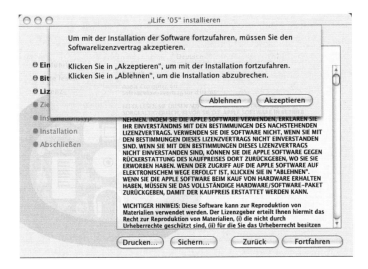

Weiter geht es mit der Auswahl der Festplatte. Die Festplatten, auf denen kein Mac OS X mindestens in Version 10.3.4 installiert ist, werden mit dem roten Warnzeichen versehen, damit Sie gleich sehen, dass Sie iLife hierauf nicht installieren können. Gleiches gilt für Festplatten mit zu wenig verfügbarem freien Speicher.

Die Festplatte, für die Sie sich entscheiden, wird eingekreist und bekommt einen grünen Pfeil. Haben Sie nur eine Festplatte in Ihrem Mac und diese auch nicht partitioniert, ist die Wahl einfach. Klicken Sie auf FORTFAHREN.

5. Festplatte auswählen

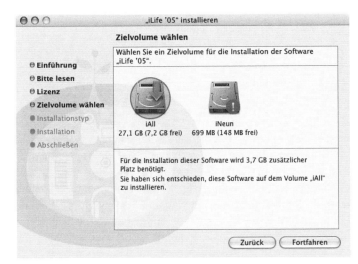

1 Der Einstieg in GarageBand

Sollten Sie nur noch ein paar wenige Gigabyte auf der Festplatte frei haben, sollten Sie sich schon mal Gedanken um eine Aufrüstung machen. Denn wenn Sie mit GarageBand arbeiten, werden Sie für eigene Aufnahmen viel Speicherplatz benötigen. Eine Minute Audio mit der von GarageBand verarbeiteten Qualität (44,1 KHz, 16 Bit) benötigt ca. 10 MB auf der Festplatte.

6. Installationsart wählen

Im folgenden Schritt haben Sie zwei Möglichkeiten. Entweder Sie klicken direkt auf AKTUALISIEREN, dann startet die Standard-Installation, wie von Apple vorgesehen. Bitte beachten Sie, dass iDVD damit nur auf Macs installiert wird, die einen von Apple eingebauten Superdrive (also einen internen DVD-Brenner) besitzen.

Wir klicken stattdessen auf ANPASSEN unten links. Damit können Sie ausschließlich die Programme und deren Bestandteile für die Installation auswählen, die Sie später auch benutzen möchten.

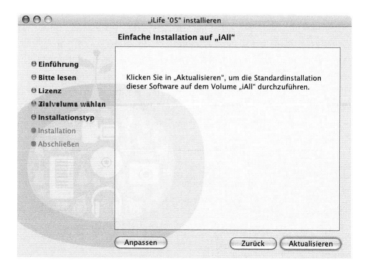

7. Angepasste Installation

Auch wenn Sie vielleicht nur GarageBand installieren wollen, lohnt es sich, einen Blick auf die anderen iLife-Programme zu werfen. iTunes wird z. B. benötigt, um Ihre Songs später veröffentlichen zu können. iDVD können Sie manuell auch installieren, wenn Sie keinen Mac mit eingebautem Superdrive haben. Allerdings lassen sich die Projekte anschließend nur auf einem anderen Mac mit Superdrive brennen und nicht auf einem externen DVD-Brenner.

Nun können Sie die Programme und Komponenten anklicken, die Sie installieren möchten. Unter AKTION sehen Sie, was bei der Installation passieren wird, unter GRÖSSE den Speicherplatz, den die Komponenten einnehmen werden.

Unter dem Fenster wird Ihnen angezeigt, wie viel Platz bei der von Ihnen getroffenen Auswahl auf der Festplatte benötigt wird. Rechts daneben steht, wie viel freier Platz nach der Installation noch auf der Festplatte verbleibt.

Auch wenn Sie bereits iLife-Programme auf Ihrem Computer haben, können Sie diese von der DVD installieren. Sie werden dann aktualisiert. Von Ihnen mit den Programmen bereits abgelegte Dateien oder Konfigurationen werden nicht gelöscht.

Mit EINFACHE INSTALLATION gelangen Sie wieder zur Standard-Installation, AKTUALISIEREN startet endlich den Installationsvorgang.

Eine Hürde müssen Sie noch nehmen: sich identifizieren. Sie müssen den Administratornamen und Ihr Kennwort eingeben. Beides haben Sie selbst festgelegt, als Sie Mac OS X installiert haben. Immer wenn Sie an Ihrem Mac neue Software installieren wollen, benötigen Sie Administratorrechte, damit nicht jeder x-beliebige Benutzer Änderungen am System vornehmen kann. Danach erhalten Sie noch den Hinweis, dass der Computer nach der Installation neu gestartet werden muss.

8. Kennwort eingeben

1 Der Einstieg in GarageBand

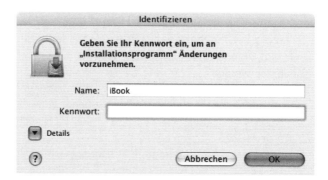

9. Abwarten und Kaffee trinken

Für Sie heißt das nun im Zweifelsfalle, sich eine andere Beschäftigung zu suchen. Denn mit der Installation wird auch das System (vor allem in Hinblick auf die neuen Programme) optimiert. Das kann dauern ... Verlassen Sie sich dabei aber nicht auf die angegebene verbleibende Zeit. Diese gilt immer nur für die sich gerade installierende Komponente und ist nicht immer ganz genau berechnet.

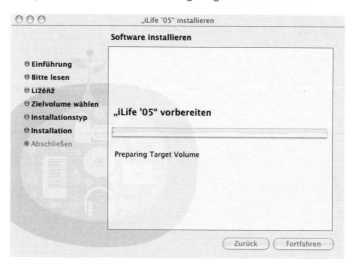

10. Beschäftigungstherapie Marke Apple

Nebenbei bietet Apple Ihnen diverse Beschäftigungsmöglichkeiten an. Eine Registrierungsnummer für QuickTime Pro werden Sie im Zweifelsfalle nicht parat haben, übergehen Sie dieses Angebot also. Denn QuickTime Pro lohnt sich nur für Profis und ist auch kostenpflichtig.

Sollten Sie gerade eine Online-Verbindung haben, können Sie Ihr iLife direkt bei Apple registrieren und damit beweisen, dass Sie die Software rechtmäßig erworben haben.

Wenn auch der Optimierungsvorgang beendet ist, sehen Sie das nachfolgende Fenster. Sie dürfen gespannt sein, denn jetzt ist die Vorarbeit endlich beendet.

11. Fertig

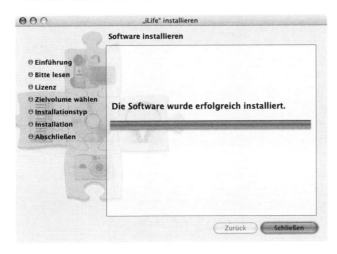

Ende

Apple-Demo-Songs
Als Letztes können Sie sich noch die von Apple mitgelieferten Demo-Songs auf Ihre Festplatte ziehen. Mit den bearbeitbaren Demo-Songs haben Sie ein paar schöne Beispiele dafür, was sich mit GarageBand alles anstellen lässt, und können auch gleich ein wenig damit herumexperimentieren.

Öffnen Sie zunächst den Ordner mit den GarageBand-Demo-Songs und kopieren Sie sich diejenigen, die Ihrem Apple-Computer

1 Der Einstieg in GarageBand

entsprechen. Am sinnvollsten wählen Sie dafür den Ordner »Musik« in Ihrem Benutzer-Ordner. Darin gibt es den Ordner »GarageBand«, in diesem finden Sie dann stets Ihre GarageBand-Songs wieder. Natürlich können Sie auch alle Demo-Songs kopieren. Aber seien Sie hinterher nicht enttäuscht, wenn Sie z. B. ein G3-iBook besitzen und dieses beim Abspielen eines G5-Demo-Songs hoffnungslos in die Knie geht. Andersherum ist es natürlich gar kein Problem.

Abbildung 1.6 ▶
Apple bietet Ihnen jede Menge Demo-Songs, die Sie mit GarageBand anhören und bearbeiten können. Achten Sie vor der Installation auf die Leistung Ihres Rechners.

Apple Loops in GarageBand 1

Haben Sie noch GarageBand 1, finden Sie die Apple Loops an anderer Stelle. Auch wenn Sie von GarageBand 1 zu Version 2 gewechselt haben, bleiben die alten Apple Loops am alten Ort: LIBRARY • APPLICATION SUPPORT • GARAGEBAND. Hier sind dann die APPLE LOOPS, der APPLE LOOP INDEX sowie die INSTRUMENT LIBRARY abgelegt.

Und was ist jetzt wo?

iLife '05 mitsamt GarageBand ist jetzt installiert und befindet sich auf Ihrer Festplatte. Da stellt sich doch die Frage, wo die 1,8 GB an Daten geblieben sind. GarageBand selbst wird im Ordner »Programme« abgelegt und verbraucht dort 62,7 MB. Das ist im Verhältnis zum Gesamtplatzbedarf der Software eher gering. Der Großteil geht an die Apple Loops.

Bei der Installation wird auf der Festplatte ein Ordner angelegt, der sich in der Library versteckt. Ausgehend von Ihrer Festplatte, auf der Sie iLife installiert haben, finden Sie den Ordner seit GarageBand 2 unter LIBRARY • AUDIO • APPLE LOOPS.

Abbildung 1.7 ▲
Bei der Installation wird der Ordner APPLE LOOPS in der Library angelegt.

Wir greifen schon mal ein wenig vor. Irgendwann werden Sie Ihre eigenen Audio-Aufnahmen machen und sich fragen, wohin diese verschwunden sind. Suchen Sie auf der Festplatte den Song, der Ihre Aufnahme enthält. Dann klicken Sie mit gedrückter [Ctrl]-Taste (oder, wenn Sie eine 2- bzw. 3-Tasten-Maus haben, mit der rechten Maustaste) auf den Song. Es öffnet sich ein Kontextmenü, darin wählen Sie PAKETINHALT ZEIGEN. Daraufhin öffnet sich ein neues Fenster, in welchem Ihre Audio-Aufnahmen angezeigt werden. Wir lernen daraus, dass GarageBand-Files auf der Festplatte nicht einfach »nur« Ihre Songs sind, sondern immer komplette Pakete.

◄ Abbildung 1.8
Wenn Sie im Finder einen Song anklicken und auf PAKETINHALT ZEIGEN gehen, öffnet sich ein neuer Ordner, der unter anderem auch den Unterordner »Media« enthält.

In einem Song findet man auch immer einen Ordner namens »Media«, der die im Song verwendeten Audio-Files enthält. In diesem werden mit der Extension .aif und einem Notenschlüssel-Icon die fertigen Audio-Files gekennzeichnet, die Sie zuvor in den Song importiert haben. Unter der Benennung »Recording#*.aif« und dem Notensymbol werden hier Ihre eigenen Aufnahmen gespeichert.

1 Der Einstieg in GarageBand

Abbildung 1.9 ▶
Im Media-Ordner finden Sie die Audio-Files, aus denen sich Ihr Song zusammensetzt.

GarageBand-Updates
Apple aktualisiert seine Software des Öfteren, um Verbesserungen vorzunehmen. Sie können Updates nach der Installation der Software über die Software-Aktualisierung Ihres Rechners installieren. Oder Sie wählen im Internet die Apple-Download-Seite unter **http://www.apple.com/support/downloads** und suchen sich dort die neueste Aktualisierung (für sämtliche Apple-Software). Einen direkten Link zu GarageBand-Aktualisierungen findet man auch auf der GarageBand-Seite unter **http://www.apple.com/de/garageband**.

Haben Sie GarageBand geöffnet, können Sie auch dort im GarageBand-Menü den Punkt NACH UPDATES SUCHEN auswählen.

1.4 Erst mal vertraut machen

Genug der Vorbereitung! Nun wollen wir GarageBand endlich aus der Nähe betrachten. Das geht einher mit einer Menge Fachbegriffe, die wir Ihnen an anderer Stelle noch genauer erklären werden. Sie werden alles, was auch nur irgendwie wichtig ist für die Arbeit mit GarageBand, im Laufe des Buchs erklärt bekommen. Am Ende gibt es auch noch ein Glossar mit den wichtigsten Begriffen.

Wir sehen uns zunächst die einzelnen Fenster an, so dass Sie im nächsten Kapitel dann einen groben Überblick haben, denn dann geht es bereits an den ersten kleinen Song.

Die Benutzeroberfläche
Einen kompletten Screenshot von GarageBand mitsamt einem komponierten Songs finden Sie in Abbildung 1.10. Hätten Sie eine solche Arbeitsoberfläche erwartet? In der Schwarz-Weiß-Abbildung kommt es nicht so zum Tragen, aber auf dem Bildschirm entfaltet es sich seiner ganzen Pracht: wie Echtholz anmutende Seitenleisten, silberne

1.4 Erst mal vertraut machen

Grundflächen. GarageBand sieht einfach gut aus und ist dabei auch noch kompakt. Man muss nicht mit 25 verschiedenen Fenstern agieren, um seinen Song zu komponieren. Es geht alles innerhalb eines Fensters und bleibt damit sehr übersichtlich (zugegeben: Besitzer eines 23" Studio Displays sind hier natürlich enorm im Vorteil).

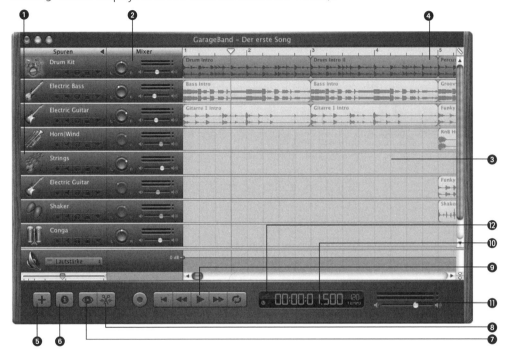

▲ **Abbildung 1.10**
Das Hauptfenster von GarageBand 2

Links befinden sich die Spurkopfzeilen ❶, gefolgt von den Spurmixern ❷. Den größten Teil der Oberfläche nimmt die Timeline ❸ ein. Apple lehnt sich bei dem Begriff an Videoprogramme an, in anderen Audioprogrammen wie z. B. Logic oder Cubase heißt dieser Bereich Arrangierfenster (Arrange Window). Über der Timeline befindet sich das Beatlineal ❹. Unter den Spurkopfzeilen befindet sich der Zoom-Schieberegler, der die Auflösung in der Timeline bestimmt. Die Größe der Auflösung können Sie übrigens auch mit [Ctrl] + [→] bzw. [←] ändern.

Der Aufbau ist eigentlich recht einfach und logisch: Die einzelnen Instrumente werden untereinander angeordnet, in der Timeline werden sie dann zeitlich arrangiert.

Im unteren Teil befinden sich die Steuerungselemente. Links finden Sie die Taste »+«, mit der Sie eine neue Spur anlegen können ❺.

Es folgen die Tasten Spurinformation ❻, Loop-Browser ❼, und Spureditor ❽ zum Öffnen der jeweiligen Fenster. In der Mitte sind die Transportfunktionen ❾, daneben die Zeitanzeige ❿ und schließlich der Master-Lautstärkeregler und -Pegel ⓫. Seit GarageBand 2 ist in der Zeitanzeige auch das integrierte Stimmgerät untergebracht, aufzurufen ganz einfach über einen Klick auf die Stimmgabel oben links ⓬.

Doch was verbirgt sich nun hinter diesen einzelnen Bereichen? In Folge gehen wir ein wenig ins Detail und sehen uns alles genauer an.

Abbildung 1.11 ▲
Die Spurkopfzeilen

Die Spurkopfzeilen

In der Spurkopfzeile steht ganz links das Symbol für das Instrument, daneben sein Name.

Die kleinen Buttons darunter haben natürlich auch ihre Bedeutung: Als erstes gibt es da ganz links den kleinen Kreis. Klicken Sie ihn an, wird er rot. Beim Erstellen einer neuen Spur ist er automatisch rot gefärbt. Dieser Knopf ist neu in GarageBand 2 und schaltet die Spuren für die Aufnahme »scharf«. Das heißt, wenn Sie mit GarageBand etwas aufnehmen wollen, nehmen sie auf den Spuren auf, bei denen dieser Kreis rot – also scharf geschaltet – ist.

Der Lautsprecher dient zum Stummschalten (»muten«) der betreffenden Spur. Kleine Falle: Man hört die Spur nicht etwa, wenn der Lautsprecher leuchtet, nein, sie ist genau dann stumm geschaltet. Ist der Lautsprecher-Button deaktiviert, ist die Spur ganz normal im Song hörbar. Blickt man nach links in den Spurmixer, verdeutlicht sich die Symbolik, und ein Blick auf die Tastatur Ihres Macs macht klar, warum dort ein Lautsprecher zu sehen ist: Ihm fehlen die kleinen Linien davor, die den Schall symbolisieren.

Beim Kopfhörer ist das Prinzip andersherum und damit eigentlich logischer. Klickt man auf den Button, leuchtet der Kopfhörer auf – und das heißt: Diese Spur ist auf solo gestellt. Sie hören ab sofort nur noch die Spur(en), bei der/denen der Solo-Knopf gedrückt ist.

Das Schloss-Symbol dient zum Schützen der Spuren. Leuchtet es signalgrün auf, können Sie keine Änderungen an der Spur vornehmen. Sobald sie in der Timeline etwas anklicken, bekommen Sie eine entsprechende Warnmeldung, mit deren Hilfe Sie den Schutz auch gleich aufheben können. (Nebenbei bemerkt, verbrauchen geschützte Spuren weniger Rechenleistung.) Das nach unten zeigende Dreieck ganz rechts öffnet die zu dieser Spur gehörende Lautstärkespur. Wenn Sie in der sich öffnenden Spur das Kästchen anklicken, können Sie individuell die Lautstärke für die betreffende Spur bestimmen und zum Beispiel Blenden ziehen.

Sie können einer Spur auch einen eigenen Namen geben. Klicken Sie dazu (genauso wie im Finder von Mac OS) auf den Namen der Spur und warten Sie einen Moment. Der Text wird dann blau unterlegt und Sie können ihn überschreiben, mit der ⏎-Taste bestätigen und schon heißt die Spur so, wie Sie es gerne hätten.

▲ **Abbildung 1.12**
Sie können die Spuren nach Ihren Wünschen umbenennen.

Der Spurmixer
Sie können in GarageBand für jede Spur einzeln bestimmen, wie laut sie sein soll und an welcher Position in der Stereo-Anordnung sich das Instrument befinden soll. Im Stereo-Zeitalter (Surround Sound kann GarageBand noch nicht) ist es nicht sinnvoll, alle Instrumente aus der Mitte heraus erschallen zu lassen. Dann könnte man ja genauso gut mit Mono arbeiten. Um die Gitarre zum Beispiel etwas mehr aus Ihrem rechten Lautsprecher zu hören und den Bass ein wenig mehr von links, können Sie den Balanceregler zu Hilfe nehmen. Das funktioniert genauso wie bei den meisten Autoradios oder Stereoanlagen auch.

▲ **Abbildung 1.13**
Der Spurmixer von GarageBand

Die Grundlautstärke für die Spur können Sie mithilfe des Reglers zwischen den Lautsprechersymbolen bestimmen. Achten Sie dabei zum einen auf die Lautstärke im Verhältnis zu der der anderen Spuren, zum anderen achten Sie auf die Anzeige über dem Regler. Solange hier alles im grünen Bereich ist, ist alles gut. Geht der Ausschlag weiter nach rechts und wird langsam gelb, wird es kritisch. Bei Rot sollten Sie die Lautstärke ein wenig zurücknehmen. Wenn die kleinen Kreise rechts dann noch rot aufleuchten, heißt das, dass das Instrument übersteuert und verzerrt.

Mithilfe der Master-Spur, welche Sie im Menü Spur oder mit dem Tastaturbefehl ⌘ + B einblenden können, lassen sich Einstellungen für den gesamten Song treffen. Standardmäßig steht die Master-Spur auf Lautstärke. Hier können Sie die Gesamtlautstärke bestimmen, was vor allem dann praktisch ist, wenn man den Song am Ende ausblenden möchte. Sie können jedoch auch umschalten auf Tonhöhe, um die Tonhöhe des gesamten Songs zu verändern. Diese lässt sich auch für lediglich einzelne Passagen des Songs verändern. Oder Sie gönnen Ihrem Lied noch einen Effekt, der bei allen Instrumenten wirksam werden soll.

Die Timeline

Die Timeline ist das wichtigste Fenster für das Arrangieren eines Songs. In ihr sollten Sie sich gut orientieren könne. Das dürfte aber kein Problem sein, läuft ein Song doch chronologisch, der Zeitleiste folgend, von links nach rechts ab.

Letztendlich funktioniert das Ganze zumindest darstellungstechnisch auch in der digitalen Musikproduktion noch ganz wie im analogen Zeitalter. Wie auf einem normalen Band (Kassette, Bandmaschine, DAT) kann man vor- und zurückspulen, die einzelnen »Töne« werden optisch nacheinander aufgezeichnet. Das heißt, jedes Instrument bekommt eine eigene Spur zugewiesen, in der von links nach rechts die Parts des Instruments angeordnet werden, ganz so wie auf einem Notenblatt.

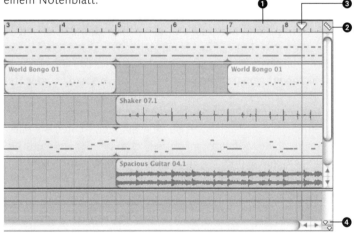

Abbildung 1.14 ▶
Die Timeline, das Arrangierfenster von GarageBand

Abbildung 1.15 ▲
Echte Instrumente (oben, eigentlich mit blauem Hintergrund) und Software-Instrumente (unten, mit grünem Hintergrund) und werden in der Timeline unterschiedlich dargestellt.

Ganz oben befindet sich das Beatlineal ❶. Dieses können Sie sich nach Ihren Wünschen anpassen. Standardmäßig ist es auf eine 1/4-Note eingerichtet. Wenn Sie ganz rechts am Beatlineal auf das kleine Linealsymbol, das Timeline-Raster ❷, klicken und die Maustaste gedrückt halten, können Sie ein anderes Raster auswählen.

Der rote Strich mit dem Dreieck am oberen Ende ❸ zeigt die aktuelle Abspielposition an. Wir nennen ihn hier Tonkopf. In anderen Programmen heißt er auch Playhead oder schlicht Cursor. Tonkopf ist aber sinnvoll, denn immer da, wo er sich befindet, wird gerade abgespielt oder startet die nächste Wiedergabe oder Aufnahme. Wer noch weiß, was ein Kassettenrekorder oder Plattenspieler ist, kann mit dem Begriff Tonkopf am meisten anfangen. Und wir gehören noch zu dieser Analog-Kenner-Generation.

1.4 Erst mal vertraut machen

Unten rechts neben dem Scrollbalken ist die Sicherung für die Abspielposition ❹. Normalerweise wird das, was Sie in der Timeline abspielen, an der gleichen Stelle im Editor unten wiedergegeben. Wenn Sie diesen Button anklicken, wandern die Dreiecke auseinander und Timeline und Editor laufen nicht mehr synchron ab. Sie können dann im Editor unabhängig von der Position der Timeline arbeiten.

Apple hat dafür gesorgt, dass Sie immer und überall sofort erkennen können, ob es sich bei einem Instrument um ein echtes oder um ein Software-Instrument handelt. So sind echte Instrumente blau hinterlegt, Software-Instrumente grün. Ihre eigenen Aufnahmen erstrahlen hingegen in lila.

Die Farbwahl sieht man auch bei den Spurkopfzeilen. Klickt man eine Spur an, wird die Zeile komplett blau, grün oder lila erleuchtet. Daran sehen Sie dann auch, welche Spur gerade aktiv ist. In der Timeline wird diese in Vollton-Farben dargestellt, während alle anderen leicht abgetönt sind.

Echte Instrumente werden durch eine Wellenform dargestellt, Software-Instrumente mit typischen MIDI-Kästchen.

Die Spur eines Instruments ist wiederum unterteilt in verschiedene Regionen. Eine Region bezeichnet eine Sequenz, in der ein Instrument ohne Unterbrechung zum Einsatz kommt. Wenn Sie etwa ein komplettes Stück mit nur einem Instrument aufnehmen, ist dieses eine einzige Region.

In Abbildung 1.14 können Sie die Regionen leicht erkennen. Die leicht abgerundeten Ecken begrenzen die Region. Da man die Loops beliebig aufziehen und verlängern kann, werden längere Sequenzen nicht getrennt, sondern ihre Regionsgrenzen nur durch kleine, halb abgerundete Einschnitte dargestellt.

> **Orangefarbene Instrumente**
>
> Wenn Sie vor GarageBand 2 auch schon GarageBand 1 benutzt haben, werden Sie wahrscheinlich noch eine weitere Farbe erblicken: ein Orange für einige der echten Instrumente. Wozu dient das nun wieder? Mit GarageBand 2 hat sich das Format der abgespeicherten echten Instrumente geändert. Die nun orangefarbenen Instrumente sind die aus alten GarageBand 1-Songs bzw. anderes externes Audiomaterial. Sie können bei diesen in GarageBand 2 nicht mehr die Tonhöhe verändern.

> **Regionen**
>
> Regionen sind in GarageBand die einzelnen Parts eines Stückes. Jeder von Apple mitgelieferte Apple Loop wird in der Timeline als Region dargestellt. Die Regionen können in der Timeline munter in ihrer Länge verändert, kopiert und eingefügt werden.

Die Steuerungsleiste

Die Steuerungsleiste ist die zentrale Navigation für Ihre Aufnahmen. Ganz links finden Sie die Taste NEUE SPUR ❶, mit einem Klick darauf öffnet sich ein Fenster, in dem Sie bestimmen können, ob Sie eine Spur für ein echtes oder ein Software-Instrument hinzufügen wollen und um welches Instrument es sich handeln soll. Alternativ können Sie auch die Tastenkombination ⌘ + N verwenden.

Die Taste INFORMATION ❷ öffnet das Fenster mit den Spurinformationen für die gerade aktive Spur. Mit den Tasten ⌘ + I erreichen Sie ebenfalls dieses Fenster. Dort können Sie das Instrument Ihren Vorstellungen anpassen und mithilfe der Effekte den Klang verändern.

Das Auge steht für den Loop-Browser ❸. Ein Klick genügt und er wird unter der Steuerungsleiste geöffnet. Wenn Sie nicht zu den Maus-Schubsern gehören, sondern Tastaturbefehle bevorzugen, können Sie auch [⌘] + [L] drücken. Die Schere bzw. [⌘] + [E] öffnet alternativ den Editor ❹, in welchem Sie Ihre Regionen bearbeiten können.

Schließlich folgen noch die klassischen Bedienelemente, deren Grundelemente seit Jahrzehnten an jedem Audio-Abspielgerät zu finden sind: Der rote Knopf steht für AUFNAHME ❺. Dann folgt eine Taste, die es nur bei digitalen Abspielgeräten gibt: ZURÜCK ZUM ANFANG ❻. Das ZURÜCKSPULEN ❼ erfolgt in GarageBand immer rasterweise, also nicht stufenlos. Das Dreieck für die WIEDERGABE ❽ dürfte auch jedem ein Begriff sein, genauso wie das Doppeldreieck ❾ nach rechts zum VORSPULEN. Die Wiedergabe können Sie am schnellsten mit der Leertaste starten oder stoppen. Dieser Tastaturbefehl gilt in fast allen Audio-Programmen.

Der rechte Button ❿ loopt Ihre Wiedergabe. Wenn Sie ihn drücken, erscheint oben im Beatlineal eine orangefarbene Markierung, die Sie nach Belieben verschieben können. Der so markierte Bereich wird somit ständig wiederholt, wenn Sie auf WIEDERGABE klicken. Ganz rechts finden Sie die Lautstärkeanzeige ⓫ und den Lautstärkeregler für den Ausgang ⓬. Mithilfe des Reglers können Sie bestimmen, wie laut Sie Ihr Meisterwerk an die Lautsprecher ausgeben wollen. Sollten Sie einmal bei der Wiedergabe trotz ganz sicher angeschalteter Lautsprecher nichts hören, lohnt sich ein Blick auf eben diesen Regler. Steht er ganz links, können Sie Ihre Boxen noch so laut aufdrehen, GarageBand wird keinen Laut von sich geben.

Die Zeitanzeige ⓭ gibt Ihnen an, an welcher Stelle im Song Sie sich gerade befinden und in welchem Tempo der Song abgespielt wird.

Abbildung 1.16 ▲
In dieser Leiste befinden sich alle Steuerungselemente von GarageBand.

1.4 Erst mal vertraut machen

◄ Abbildung 1.17
Die Zeitanzeige in musikalischer Zeit (oben) und in absoluter Zeit (unten)

Die Zeitanzeige können Sie wahlweise im Schema der musikalischen Zeit in Takt, Beat und Ticks angeben oder auch nach absoluter Zeit in Stunden, Minuten, Sekunden und Frames. Ändern lässt sich das durch einen Klick auf die Note bzw. die kleine Uhr vor der Zeit. Mithilfe eines Doppelklicks auf die einzelnen Zeiten können Sie hier auch direkt eine Zahl eingeben, wenn Sie zum Beispiel direkt ab einem bestimmten Takt die Wiedergabe starten möchten.

◄ Abbildung 1.18
In der Zeitanzeige können Sie auch bequem das Tempo für den Song ändern. Klicken Sie einfach auf die Tempoanzeige und halten Sie dabei die Maustaste gedrückt, prompt erscheint der zugehörige Schieberegler.

In der Zeitanzeige versteckt sich auch das in GarageBand 2 neu integrierte Stimmgerät (siehe Abbildung 1.19). Gitarristen, Bassisten und Co. müssen jetzt nicht mehr zusätzlich ein externes Stimmgerät mit sich herumtragen, Sie können ihr Instrument auch direkt mit GarageBand stimmen. Ein Klick auf die Stimmgabel in der Zeitanzeige ❶ und schon verwandelt diese sich in ein eingeschaltetes Stimmgerät. Wenn Sie Ihre Maus nicht bemühen wollen, können Sie es auch mit Hilfe von ⌘ + F aufrufen.

Abbildung 1.19 ▶
GarageBand bietet jetzt auch ein integriertes Stimmgerät in der Zeitanzeige

Der Loop-Browser

Die gut 1000 Loops, die Apple GarageBand gegönnt hat, wollen irgendwie verwaltet werden. Würden sie einfach so unsortiert untereinander gestapelt, würde so ziemlich jedem Benutzer schnell der Spaß an GarageBand vergehen.

Da wir jedoch ein ordentliches Apple-Programm vor uns haben, gibt es den Loop-Browser. Einer der wenigen Begriffe übrigens, die Apple bei der Lokalisierung der Software zum Glück nicht ins Deutsche übersetzt hat.

Standardmäßig öffnet sich der Loop-Browser in der Tastendarstellung. Links befinden sich die Schlüsselwort-Tasten, mit denen Sie sich die Apple Loops nach ihren Wünschen in der Ergebnisliste rechts anzeigen lassen können. Je mehr Tasten Sie anklicken, desto präziser wird die Auswahl.

Abbildung 1.20 ▲
Der Loop-Browser in der Tastendarstellung

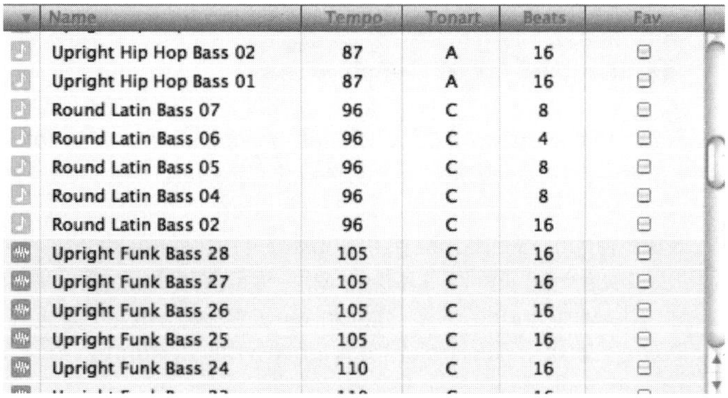

Abbildung 1.21 ▶
Ganz oben links können Sie in der silbernen Leiste ein kleines Dreieck erkennen. Dieses zeigt Ihnen an, nach welchem Kriterium die Loops im Browser gerade sortiert sind – hier nach Loop-Art.

In der Titelzeile des Loop-Browsers sehen Sie zwei kleine Dreiecke: Eines, das nach oben, und eines, das nach unten zeigt. Hier können

Sie eine Vorauswahl treffen, sobald Sie mehr als nur die GarageBand eigenen Apple Loops verwenden. Sie können sich zum Beispiel hier auch ausschließlich den Inhalt eines Jam Packs anzeigen lassen, oder nur von Ihnen selbst erstellte Loops. Das ist mit zunehmender Auswahl an Apple Loops durchaus sinnvoll, gerade bei den Jam Packs, von denen die Neueren thematisch sortiert sind. So finden Sie schneller, was Sie suchen.

▼ **Abbildung 1.22**
Sie können sich im Loop-Browser auch einzelne Sammlungen von Apple Loops anzeigen lassen.

Wenn Sie einen Blick auf die Ergebnisliste werfen, wird Ihnen auffallen, dass es auch hier wieder grüne und blaue Loops gibt. Die Note im grünen Kästchen symbolisiert Loops von Software-Instrumenten, die Welle im blauen Kästchen steht für echte Instrumente.

Um sich einen Loop anzuhören, klicken Sie einfach auf das Symbol, und schon wird er abgespielt. Sollten Sie jetzt vergessen haben, welchen Loop Sie sich gerade anhören, schauen Sie in die Liste, dort ist das Symbol des aktivierten Loops einem Lautsprecher gewichen.

Die einzelnen Spalten geben Ihnen Aufschluss über die Spezifikationen der Loops. Neben den Symbolen für Software- oder echte Instrumente steht der Name des Loops, gefolgt von Tempo-Angabe, Tonart und Länge des Loops in Beats. Sollte Ihnen ein Apple Loop ganz besonders gut gefallen, können Sie ihn ganz rechts unter FAVORITEN im Auswahlfeld ankreuzen. Auf lange Sicht ist das durchaus sinnvoll, denn so können Sie künftig einfach auf FAVORITEN klicken und sehen sogleich die komplette Liste Ihrer Lieblings-Loops.

Unter den Schlüsselworttasten gibt es die Auswahl TONGESCHLECHT, mit deren Hilfe Sie sich nur Loops einer bestimmten Tonart anzeigen lassen können. Daneben befindet sich das Suchfeld. Geben Sie hier einfach nur einen Teil des Wortes ein und die Ergebnisliste liefert Ihnen die Apple Loops, die den gewünschten Begriff enthalten. Mithilfe des Lautstärkereglers können Sie die Lautstärke (VOLUME) des Loops anpassen.

Loops sortieren

Wollen Sie Ihre Loops sortieren? Klicken Sie dazu auf Titelzeilen wie NAME, TEMPO, TONART etc. Schon werden die Loops nach der gewünschten Kategorie sortiert. Ein kleines Dreieck in der jeweiligen Titelzeile zeigt Ihnen, wonach aktuell sortiert ist. Das ist besonders hilfreich, wenn Sie schon eine Vorauswahl getroffen haben und Sie sich die Ergebnisliste anders anzeigen lassen möchten.

> **Tonarten und Tempo**
>
> Die Apple Loops in Garage-Band sind alle in einem bestimmten Tempo und einer bestimmten Tonart angelegt. Sie können einen Loop aber auch in einem anderen Tempo oder einer anderen Tonart verwenden. GarageBand ändert dann automatisch das Tempo und die Tonart in die, die im Song eingesetzt wird.

Nein, wir vergessen nicht, Ihnen auch noch zu erklären, was diese beiden Kästchen unten links in der Ecke bedeuten. Das kommt jetzt. Mit diesen beiden Buttons wählen Sie aus, in welcher Darstellung Sie mit den Loops arbeiten wollen. Die neun im Quadrat angeordneten Kästchen ❶ stehen für Tastendarstellung. Klicken Sie jetzt links auf die Spalten ❷, wechselt die Ansicht des Loop-Browsers in die Spaltendarstellung.

Die Ansicht könnte Ihnen bekannt vorkommen, sie ist angelehnt an die Spaltendarstellung des Finders von Mac OS X. Die Aufteilung ist hier streng hierarchisch organisiert. Zuerst wählen Sie den Schlüsselworttyp, wie auch in der Tastendarstellung. Eine Spalte weiter können Sie jetzt innerhalb der Auswahl eine Kategorie wählen, und darin dann wieder ein bestimmtes Schlüsselwort aussuchen.

Alles andere ist ganz so wie in der Tastendarstellung aufgeteilt. Sie haben die Wahl, je nachdem, mit welcher der Darstellungsarten des Loop-Browsers Sie besser zurechtkommen. Ein Wechsel von einer zur anderen ist natürlich jederzeit möglich. Aber Vorsicht: Haben Sie erst einmal eine Vorauswahl getroffen, den Loop aber noch nicht in die Timeline gezogen, wechseln Sie nicht die Darstellung. Sollten Sie es dennoch tun, geht Ihre Auswahl verloren und die Sucherei geht von vorne los. Aufgrund der unterschiedlichen Strukturen ist eine direkte Übertragung von der Spalten- zur Tastendarstellung bzw. umgekehrt leider nicht möglich.

Abbildung 1.23 ▼
Der Loop-Browser in der Spaltendarstellung

Der Editor

GarageBand stellt Ihnen zwei verschiedene Editoren zur Verfügung. Welchen, entscheidet das Programm je nach Situation selbsttätig. Es ist ja nicht dumm und erkennt, ob Sie nun gerade eine Spur mit einem Software-Instrument oder eine mit einem echten Instrument ausgewählt haben. Natürlich bietet es Ihnen auch den entsprechenden Editor zur Bearbeitung an. Mit der Entscheidung müssen Sie dann leben, alles andere würde ja auch keinen Sinn ergeben.

1.4 Erst mal vertraut machen

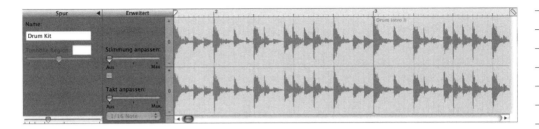

In Abbildung 1.24 sehen Sie das Editor-Fenster für echte Instrumente. Dieses erscheint unter der Leiste mit den Steuerungselementen, sobald Sie auf das Auge klicken oder die Tastenkombination ⌘ + E nutzen. Hier können Sie Ihre Region neu benennen oder die Tonhöhe einer Region verändern, sowie Stimmung und Takt anpassen. Auch können Sie hier Ihre Region oder später Ihr selbst aufgenommenes Audio-Material schneiden (editieren). Wie das alles genau funktioniert, erklären wir Ihnen an praktischen Beispielen in den Kapiteln »Ein erster eigener Song« und »Song bearbeiten und abmischen« ab den Seiten 68 und 174.

▲ **Abbildung 1.24**
Im Editor können Sie Ihre echten Instrumente schneiden.

Haben Sie statt einer Spur mit einem echten Instrument eine mit einem Software-Instrument angewählt, sieht der Editor anders aus.

▼ **Abbildung 1.25**
Der Editor zum Bearbeiten von Software-Instrumenten in der Balkendarstellung ❶.

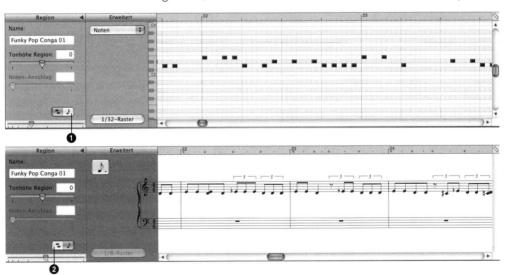

Im Editor für Software-Instrumente können Sie andere Einstellungen treffen als im Editor für die echten Instrumente. Auch die Bedienung ist anders. Sollten Sie eine Region selbst eingespielt haben, gibt es

▲ **Abbildung 1.26**
So sieht ein Software-Instrument in der Partiturdarstellung ❷ aus.

45

auch die Möglichkeit, sich mit diesem Editor einiges an Arbeit zu ersparen. Waren Sie zum Beispiel beim Einspielen des Instruments nicht ganz taktsicher, greift GarageBand Ihnen hier unter die Arme und passt die Sequenz an den vorhandenen Takt an. So müssen Sie nicht alles per Hand nacheditieren. Wählen Sie dafür möglichst ein kleines Raster, das hilft Ihnen, präziser zu arbeiten.

1.5 Die Voreinstellungen

Ja, doch, auch die gibt es in GarageBand. Und sie sind auch durchaus einen Blick wert. Ein paar nützliche Kleinigkeiten kann man hier seinen persönlichen Bedürfnissen anpassen und sich damit unter Umständen auch die Freundschaft seines Macs sichern. Fangen wir von vorne an.

Sie finden die EINSTELLUNGEN im Menü GARAGEBAND ganz links gleich neben dem Apfel an dritter Position. Sie können sie auch mit ⌘ + , aufrufen.

Allgemein
Unter dem Punkt ALLGEMEIN treffen Sie wirklich allgemeine Voreinstellungen, die Sie natürlich auch jederzeit ändern können. Wählen Sie etwa aus, wann Sie bei der Arbeit (vor allem mit eigenen Instrumenten) das Klick-Klack des Metronoms hören möchten. Nur wenn Sie aufnehmen, oder auch wenn Sie Ihr Werk anhören? Sie können auch auf Nummer sicher gehen (meistens sehr empfehlenswert) und GarageBand fleißig nachfragen lassen, wenn Sie Änderungen an Ihren Instrumenteneinstellungen vornehmen. Sie sollten sich gut überlegen, hier einen Haken zu setzen. Denn für Einstellungen an Instrumenten gibt es keine Möglichkeit, sie rückgängig zu machen. Was Sie verändern – ob bewusst oder aus Versehen – bleibt nach einem Klick auf OK bestehen. Wenn Sie dann nicht mehr wissen, was genau Sie gerade verändert haben, brauchen Sie gutes detektivisches Gespür.

Auch ganz hilfreich kann es sein, den FILTER FÜR BESSERE ERGEBNISSE einzuschalten. Er erklärt seine Funktion ja selber. Wenn Sie die Anordnung der Schlüsselwörter zurücksetzen, werden Ihre eigenen Sortierweisen im Loops-Browser eliminiert.

1.5 Die Voreinstellungen

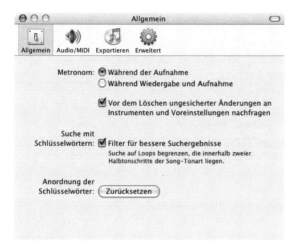

▲ Abbildung 1.27
Die allgemeinen Einstellungen für GarageBand

Audio/MIDI

Die AUDIO/MIDI-Voreinstellungen können Sie sich hier schon einmal in Ihrer Standard-Einstellung betrachten. Wir erklären sie genauer, wenn es um die Hardware und das Einspielen eigener Instrumente geht.

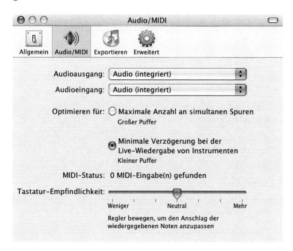

▲ Abbildung 1.28
Die Audio/MIDI-Einstellungen sind wichtig, wenn Sie eigene Instrumente aufnehmen oder externe Lautsprecher angeschlossen haben

47

An unserem iBook, auf dem wir GarageBand laufen lassen, haben wir gerade nichts weiter angeschlossen, von daher steht die Auswahl für AUDIOAUSGANG und AUDIOEINGANG auf AUDIO (INTEGRIERT).

Sie können die Leistung von GarageBand auch an Ihre persönlichen Bedürfnisse anpassen. Wenn Sie etwa mit vielen Spuren gleichzeitig arbeiten wollen, sollten Sie sich für einen großen Puffer entscheiden und MAXIMALE ANZAHL AN SIMULTANEN SPUREN wählen. Dann geht GarageBand ein wenig großzügiger mit dem »Vordenken« um, verzögert aber die gesamte Wiedergabe eventuell ein wenig. Ihr Tonkopf kann also durchaus mal dem voraus sein, was Sie gerade hören. Beim Einspielen von Instrumenten sollten Sie deswegen besser die zweite Möglichkeit wählen: MINIMALE VERZÖGERUNG BEI DER WIEDERGABE VON LIVE-INSTRUMENTEN. Somit bleibt GarageBand eher synchron, kann dafür aber nicht so viel puffern.

Auch die Anschlags-Empfindlichkeit der Tastatur kann hier eingestellt werden, das ist nicht ganz unwichtig für das Einspielen von Software-Instrumenten.

Exportieren

Weiter geht's mit dem EXPORTIEREN. Dieser Punkt hilft Ihnen in erster Linie, Ihre Songs nachher in iTunes wieder zu finden. Außerdem können Sie hier für Ihre eigenen Apple Loops bestimmen, ob diese nur für den aktuellen oder für alle Benutzer zugänglich sein sollen – vorausgesetzt, Sie haben Administratoren-Rechte an Ihrem Mac.

Abbildung 1.29 ▶
Einstellungen zum Exportieren sind wichtig für die spätere Veröffentlichung Ihres Werkes.

1.6 Die Menüs im Überblick

Erweitert
Die Einstellungen im Register ERWEITERT beinhalten einen ganz wichtigen Punkt vor allem für Besitzer von Apple-Computern, die an der unteren Grenze der Systemanforderungen liegen: LOOPS ZUR TIMELINE HINZUFÜGEN. Dieses bietet Ihnen die Möglichkeit, wann immer Sie einen Loop mit Software-Instrumenten in die Timeline ziehen, diesen automatisch in einen weitaus weniger arbeitsspeicherhungrigen Loop eines echten Instrumentes umwandeln zu lassen. Die weiteren Einstellungen können Sie entweder so belassen oder sich gleich Beschränkungen auferlegen, damit Sie Ihren Mac nicht überfordern.

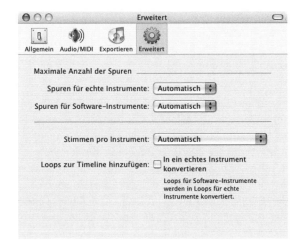

◀ Abbildung 1.30
In den erweiterten Einstellungen können Sie einiges für die bessere Performance Ihres Computers tun.

1.6 Die Menüs im Überblick

GarageBand ist ein sehr benutzerfreundliches Programm, mit dem jeder schnell klarkommen soll. Die Menüs sind übersichtlich und selbsterklärend gehalten. Wir stellen Sie Ihnen hier kurz vor, damit Sie sich schon mal damit vertraut machen können. Aber erwarten Sie jetzt nicht zuviel. Vieles lässt sich bereits direkt auf der GarageBand-Oberfläche ansteuern, ohne dass man dafür extra Menüs aufrufen muss.

GarageBand-Menü
In der Standardleiste finden Sie die Menüpunkte von GarageBand. Beginnen wir im Programm-Menü mit ÜBER GARAGEBAND. Hier er-

halten Sie nähere Informationen über die Software; schließlich öffnet sich ein Fenster, in dem auch die Versionsnummer steht.

Abbildung 1.31 ▶
Das erste Menü in der Leiste ist immer das Programm-Menü.

GARAGEBAND TIPPS sollten Sie nur dann anklicken, wenn Sie eine Verbindung zum Internet haben. Hier öffnet sich automatisch die Apple-Internet-Seite mit Tipps zum Programm. Die Einstellungen haben wir Ihnen bereits erläutert, die nächsten vier Punkte verbinden Sie wieder mit Internet-Seiten von Apple. Über Dienste können Sie verschiedene andere (Dienst-)Programme von Apple öffnen, ohne dazu das Dock oder den Finder bemühen zu müssen. Schließlich können Sie auch entweder GarageBand selbst, oder aber alles andere, was Sie gerade auf Ihrem Mac offen haben, ausblenden. Wie in jedem Programm findet sich in diesem Menü auch der Befehl zum BEENDEN von GarageBand ([⌘] + [Q]).

Ablage

Das Menü ABLAGE bietet Ihnen ebenfalls vornehmlich aus anderen Programmen vertraute Punkte. Sie können neue Songs erstellen ([⌘] + [N]) oder vorhandene öffnen ([⌘] + [O]). BENUTZTE OBJEKTE bietet Ihnen eine Liste der zuletzt geöffneten Songs im Direktzugriff. Außerdem gibt es hier die üblichen Sicherungsbefehle ([⌘] + [S] bzw. [⌘], [⌥] + [S] für SICHERN UNTER). Das Besondere seit GarageBand 1.1 ist die Möglichkeit ALS ARCHIV SICHERN. Damit können Sie Ihren Song auf jedem anderen Mac mit GarageBand abspielen, auch wenn dort manche Loops vielleicht nicht installiert sind. ZURÜCK ZUR LETZTEN VERSION verwirft sämtliche Änderungen, die Sie seit dem letzen Speichern gemacht haben. Am Ende noch der wichtige Punkt FÜR iTunes exportieren, über den Sie Ihr Meisterwerk auch der Öffentlichkeit vorführen können.

◀ Abbildung 1.32
Die Standard-Befehle rund ums Öffnen, Schließen und Sichern finden sich im Ablage-Menü.

Bearbeiten
Weiter mit dem Bearbeiten-Menü. Viele Punkte erklären sich nahezu komplett selbst. Interessant ist Teilen (⌘ + T), womit Sie eine Region an der Stelle zerschneiden können, an der sich der Tonkopf befindet. Das gilt immer für die Spur, die gerade aktiviert ist. Mit Auswahl zusammenfügen (⌘ + J) können Sie vorherige Trennungen wieder flicken. Zur Bibliothek der Loops hinzufügen hilft Ihnen, Ihre eigenen Loops zu erstellen und zu verwalten. Wählen Sie diesen Punkt aus, öffnet sich Ihnen ein sehr umfangreiches Dialogfenster, in welchem Sie die Voreinstellungen für Ihren Loop treffen können. Machen Sie möglichst präzise Angaben, so finden Sie ihn später in anderen Songs schneller wieder.

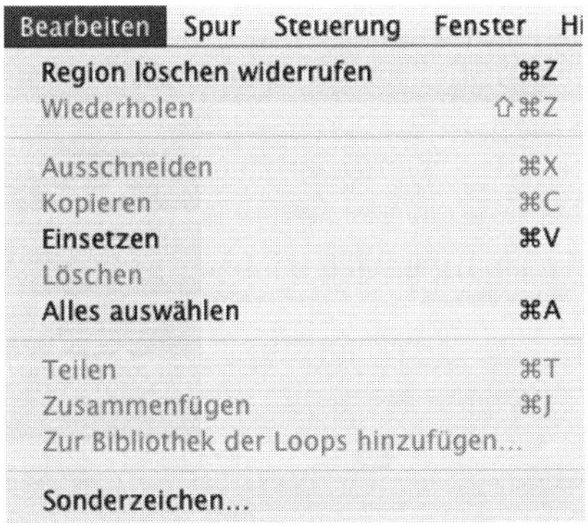

◀ Abbildung 1.33
Das Bearbeiten-Menü

Spur
Wichtige Funktionen bietet das Menü Spur. Hier treffen Sie die Einstellungen für die Spuren in der Timeline. Über kurz oder lang wer-

1 Der Einstieg in GarageBand

den Sie sicher viel häufiger zu den Tastaturbefehlen greifen, oder die vorhandenen Bedienelemente im Hauptfenster nutzen. Die Befehle sind soweit alle zu verstehen, bis auf Neue einfache Spur. Die hiermit angelegte neue Spur enthält keinerlei Vorgaben von Instrumenten oder Effekten und eignet sich damit am besten für eigene Aufnahmen, die Sie komplett ohne Apples Einfluss mit Effekten versehen wollen.

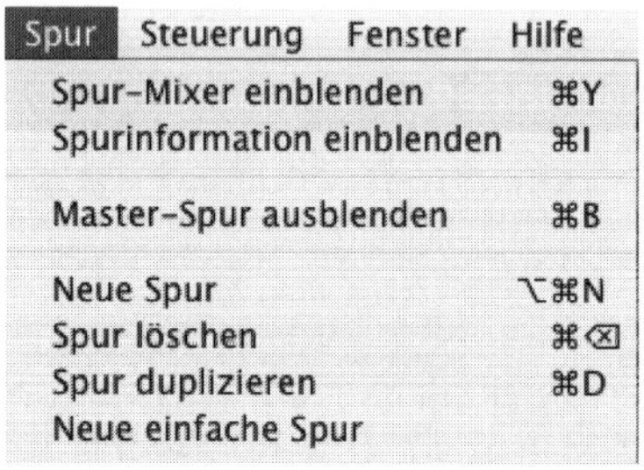

Abbildung 1.34 ▶
Im Menü Spur treffen Sie alle wichtigen Vorbereitungen, um Instrumente in Ihre Komposition einzubauen.

Steuerung

Im Menü Steuerung können Sie das Metronom an- bzw. ausschalten (⌘ + U) und auch entscheiden, ob Sie vorher ein Einzählen hören wollen. Damit wird Ihnen vor der Aufnahme ein Takt vorgezählt, mit dem Sie sich auf das Tempo einstellen können. Wählen Sie Am Raster ausrichten (⌘ + G), kleben die Regionen beim Verschieben am von Ihnen gewählten Raster und lassen sich nicht frei verschieben. So kann man sicher gehen, nicht rhythmisch falsch zu arbeiten. Außerdem können Sie über dieses Menü Loop-Browser, Editor und Stimmgerät ein- und ausblenden.

Abbildung 1.35 ▶
Über das Menü Steuerung hat man Zugriff auf wichtige Werkzeuge von GarageBand.

Fenster

Im Menü Fenster können Sie Ihr GarageBand-Fenster ins Dock verfrachten, mit Zoom auf volle Bildschirmgröße bringen und vor allem das mitgelieferte Software-Keyboard, die Tastatur, öffnen

(⌘ + K). Auch die – gegenüber GarageBand 1 neue – Musik-Tastatur erreichen Sie über dieses Menü, oder mit ⌘, ⇧ + K.

◄ **Abbildung 1.36**
Über das Menü FENSTER ordnen Sie Ihren Bildschirm an.

Hilfe
Was zuletzt bleibt, ist das Menü HILFE. Es hat nur zwei Punkte: GARAGEBAND HILFE und TASTATUR-KURZBEFEHLE. Beide öffnen die Apple-Hilfe, in der Sie die eine oder andere nützliche Anleitung für GarageBand finden.

2 Ein erster eigener Song

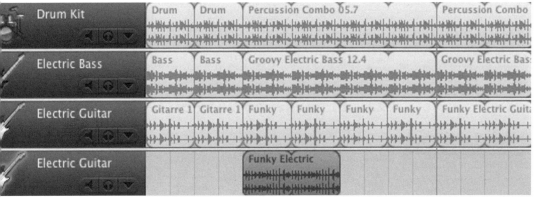

Los geht die Musik ...

- Einen neuen Song erstellen
- Kleine Takt-, Ton- und Notenkunde
- Musizieren lassen mit Apple Loops
- Der richtige Mix macht's!

2   Ein erster eigener Song

Sie werden in diesem Kapitel sehen, wie einfach es ist, mit GarageBand eigene Songs zu erstellen. Zuerst einmal nur mit Ihrem Mac und dem Programm, Sie brauchen sich noch nicht in Unkosten für zusätzliche Hardware zu stürzen. Probieren Sie einfach erst einmal aus, unseren Song nachzubauen. Wenn er Ihnen nicht gefällt, weil Sie eigentlich Schlager- oder Heavymetal-Fan sind – nun, dann bauen Sie sich Ihren eigenen Song nach unserer Anleitung. Ganz nebenbei werden wir Ihnen die notwendige Theorie vermitteln.

2.1   Einen neuen Song erstellen

Endlich ist es soweit, wir steigen voll ein in die Arbeit mit GarageBand. In diesem Kapitel werden wir dabei den einfachsten Weg gehen: Unser erster Song wird nur mit den Mitteln von GarageBand erstellt. Zusätzliches Equipment wie MIDI- oder echte Instrumente sind nicht erforderlich. Ebenso wichtig: Der in diesem Kapitel geschilderte Song entspricht den minimalen Systemanforderungen von GarageBand: Auch mit einem iBook G3 werden Sie alle Schritte nachvollziehen können, ohne dass ihm die Luft ausgeht.

Keine Sorge, wir werden Sie nicht überfordern, vielmehr werden wir Ihnen verraten, was sich unter den einzelnen Menüpunkten verbirgt und auch musikalische und tontechnische Begriffe werden wir nicht einfach so unerklärt in den Raum werfen.

Vorbereitungen treffen

Damit Sie mit GarageBand arbeiten können, müssen Sie ein paar Voraussetzungen mitbringen. Sie wollen mit GarageBand in die Welt der Musikproduktion einsteigen, guter Wille ist somit schon mal vorhanden. Haben Sie schon Ihre Familien, Nachbarn etc. informiert, dass Sie sich gleich mit Ihrem Mac einschließen werden und dann für niemanden mehr zu sprechen sind? Nein? Dann sollten Sie das jetzt nachholen. Und stellen Sie Ihren Haustieren schon mal Futter auf Vorrat hin, denn es könnte sein, dass Sie sich so sehr in GarageBand vertiefen, dass Sie bald alles um sich herum vergessen. Und mit Kopfhörern auf den Ohren nehmen Sie dann auch keine Klagelaute mehr wahr. Also, soweit alles vorbereitet?

Ein paar eigene Ideen sollten Sie jedoch auch mitbringen, um Ihre Songs zu komponieren. Sonst bleibt die Timeline leer und Sie bekommen schlechte Laune. Sie können sich natürlich auch von den

---

Systemleistung optimieren

Sie können Ihren Mac ein wenig leistungsbereiter machen, auch wenn das bei iBooks und PowerBooks die Akkulaufzeit verkürzt. Gehen Sie in die Systemeinstellungen und wählen Sie dort ENERGIE SPAREN aus. Stellen Sie bei ENERGIELAUFZEIT OPTIMIEREN um auf HÖHERE LEISTUNG. Das bringt auch auf einem iBook G3 die Möglichkeit, ein Software-Instrument zu nutzen, ohne das Book zum Kollaps zu treiben. Nehmen Sie unterwegs aber besser das Netzteil mit, damit Sie den Akku stets aufladen können.

Apple Loops inspirieren lassen. Wenn Sie Zeit haben, können Sie sich ja alle 1100 einmal durchhören. Viel Spaß dabei!

Neues Projekt erstellen
Aller Anfang ist leicht. Zumindest, wenn Sie mit einem Programm aus dem Hause Apple arbeiten. Also öffnen Sie als Erstes GarageBand durch einen Klick auf das Icon im Dock.

Je nachdem, ob Sie GarageBand das erste Mal öffnen, sich schon einen der Apple-Demo-Songs angehört haben, oder bereits selbst ein wenig herumexperimentiert haben, präsentiert sich GarageBand Ihnen nun auf unterschiedliche Weise. Sie werden gefragt, ob Sie einen vorhandenen Song öffnen wollen, einen neuen erstellen oder GarageBand doch gleich lieber wieder beenden wollen. Oder beim Öffnen des Programms erscheint das zuletzt bearbeitete Projekt.

Wir wollen in jedem Fall ganz von vorne anfangen. Haben Sie das Auswahlfenster vor sich, klicken Sie auf NEUEN SONG ERSTELLEN. Ansonsten wählen Sie aus dem ABLAGE-Menü NEU oder benutzen den Apple-Standard-Tastaturbefehl, um ein neues Dokument zu erstellen: ⌘ + N.

Neues Projekt anlegen:
⌘ + N

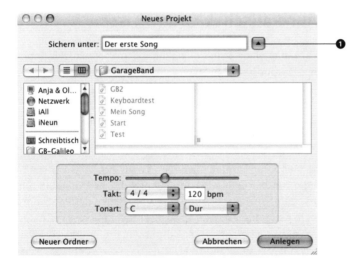

◄ **Abbildung 2.1**
Ein neues Projekt wird über ABLAGE • NEU angelegt.

Wir haben in Abbildung 2.1 auf das blaue Quadrat mit dem Pfeil rechts neben der Namenszeile ❶ geklickt, damit sich das Menü ausklappt, in welchem Sie sehen, wohin Ihr Song gespeichert wird. GarageBand legt alle neuen Projekte im Benutzer-Ordner MUSIK im Ordner GARAGEBAND ab. Sollten Sie Ihren Song woanders speichern wollen, können Sie das selbstverständlich tun. Klicken Sie sich wie in der Spaltendarstellung des Finders durch Ihre Festplatten und Ordner und speichern Ihr Projekt dann da ab, wo Sie es am liebsten hätten. Auch im Ordner GARAGEBAND können Sie mit NEUER ORDNER unten links noch ein weiteres Unterverzeichnis erstellen. Wir speichern unser Projekt »Der erste Song« einfach in den Standard-Ordner. Doch halt! Jetzt nicht einfach blind auf ANLEGEN klicken. Da gibt es dann doch noch das eine oder andere vorher zu beachten. Nicht, dass GarageBand Ihnen nicht die Möglichkeit böte, nachträglich alles einzustellen, aber wir wollen ordentlich sein und gleich alles richtig machen.

Das heißt auch, dass es jetzt erst einmal ein wenig Theorie zu lesen gibt. Denn die Software möchte schon hier von Ihnen wissen, in welchem TEMPO, TAKT und mit welcher TONART sie das Projekt anlegen soll.

Das wollen wir denjenigen unter Ihnen, die keine Musiker sind und sich auch nicht mehr an ihren Musikunterricht in der Schule zurückerinnern können, zunächst näher erläutern.

2.2 Musikalisches Grundwissen

Man kann in GarageBand Songs erstellen, indem man einfach Apple Loop an Apple Loop reiht, bis dabei etwas halbwegs Vernünftiges herauskommt. Man kann sich jedoch auch gründlicher ans Werk machen. Mit etwas Grundwissen zu Tempo, Takt und Notenwerten kommt man dabei weiter als durch bloßes Herumprobieren.

Tempo

Nahezu alle Menschen klopfen mit, wenn sie rhythmische Musik hören. Entweder mit dem Fuß oder mit der Hand. Das Trommeln mit den Fingern gehört auch dazu. Auch das Mitklatschen des Publikums bei so mancher stimmungsvollen Volksmusiksendung geschieht aus derselben Motivation heraus. Unser Körper synchronisiert sich automatisch mit dem Puls der gehörten Musik. Die heute gebräuchliche Maßeinheit für das Tempo ist bpm (»beats per minute«).

2.2 Musikalisches Grundwissen

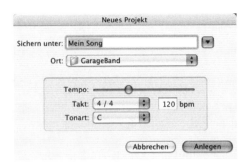

◄ Abbildung 2.2
GarageBand mit den Standardwerten bei Taktart, Tempo und Tonart

Ein äußerst gängiges Tempo in der Popmusik ist 120 bpm. Darum erscheint diese Tempoangabe bei GarageBand und anderen Sequenzerprogrammen auch als Standardwert beim Erstellen eines neuen Songs. Ein Tempo von 60 bpm entspricht definitionsgemäß genau einem Schlag pro Sekunde. Ein 4/4-Takt in diesem Tempo würde also vier Sekunden dauern, bei 120 bpm entsprechend zwei Sekunden. GarageBand ermöglicht Tempi von 60 – 240 bpm.

Tempobezeichnung	Übersetzung	bpm / M.M.
Largo	Sehr langsam	40–60
Larghetto	Ganz gemächlich	60–66
Adagio	Langsam	66–76
Andante	Ruhig gehend	76–108
Moderato	Mäßig bewegt	108–120
Allegro	Lebhaft	120–168
Presto	Schnell	169–208
Prestissimo	Sehr schnell	208–240

◄ Tabelle 2.1
Klassische Tempobezeichnungen vs. bpm

Exakte Tempoangaben gibt es seit etwa 1815. Damals hießen sie allerdings noch »M.M« für »Mälzels Metronom«. Der Mechaniker Johann Nepomuk Mälzel (1772–1838) baute nicht nur Aufsehen erregende Musikmaschinen und Ludwig van Beethovens berühmte Hörrohre, ohne die wohl nie die berühmte 9. Sinfonie entstanden wäre, sondern auch das mechanische Metronom. Beethoven war begeistert, dass nun die bisherigen, subjektiv wahrgenommenen Tempoangaben (z. B. allegro, andante, largo etc.) von exakten Werten abgelöst wurden. So konnten die Dirigenten seine Werke nicht mehr durch falsch empfundene Tempi verfremden. Der Meister war

▲ Abbildung 2.3
Mälzel-Metronom der Firma Wittner GmbH

darüber so froh, dass er Mälzel den 2. Satz seiner 8. Sinfonie widmete.

Takt

2 / 2
2 / 4
3 / 4
4 / 4
5 / 4
7 / 4
6 / 8
7 / 8
9 / 8
12 / 8

Abbildung 2.4 ▲
Mögliche Taktarten in GarageBand

Wenn Musik einfach so vor sich hin tickt und pulst, ist das zwar erst einmal nicht weiter schlimm, aber auch recht beliebig und langweilig. Unser Gehirn sehnt sich insgeheim nach mehr Ordnung und wiedererkennbaren Mustern. Diese Ordnung kann man z. B. erreichen, indem man einen Pulsschlag betont und den darauf folgenden unverändert lässt, also: betont – unbetont oder schwer – leicht.

Jetzt ist bereits eine Taktart hörbar: ein Zweiertakt. Das kennen Sie auch aus dem Sport, wenn zweisilbige Namen zum Anfeuern skandiert werden (z. B.: »Bal – lack, Bal – lack«). Lediglich die Wertigkeit der Pulsschläge zueinander ist noch nicht geklärt. Handelt es sich um einen 2/2, 2/4 oder 2/8 Takt? Das ist Definitionssache (siehe Notenwerte) und hauptsächlich für die Notation wichtig. Dem Gehirn ist das weitgehend egal. Der »Zweier-Charakter« dieser Taktart bleibt von solchen Überlegungen unberührt.

Die Taktarten gibt man in Bruchform an, d. h. der Zähler (obere Bruchzahl) gibt die Menge der Pulsschläge an, der Nenner (untere Bruchzahl) die Pulswertigkeit, also Halbe, Viertel etc.

Die typische Taktart für westliche Popmusik ist der 4/4-Takt. Ein Großteil der heute veröffentlichten Popmusik bedient sich dieser Taktart. Die »Popmusik« um 1800 hingegen bevorzugte den 3/4-Takt. Die Wiener Walzer waren enorm beliebt, und dem schnellen Tanz haftete anfangs etwas »Wollüstiges« an. Hallo Elvis!

Abbildung 2.5 ▲
Einfacher 2/4-Takt

Notenwerte

Obwohl Notenwerte eigentlich nichts anderes darstellen als Grundschulmathematik, haben sie in der Praxis Generationen von Lernenden oft Kopfzerbrechen bereitet. Dabei ist alles ganz einfach:

Durch den Wert 2 teilbare Notenwerte nennt man **binäre Notenwerte**. Das sind also halbe Noten, Viertelnoten, Achtelnoten, Sechzehntelnoten usw.

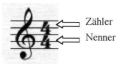

Abbildung 2.6 ▲
Notierter 4/4-Takt mit Notenschlüssel

Abbildung 2.7 ▶
Binäre Auflösungen im Editor von GarageBand

1/1 Note
1/2 Note
1/4 Note
1/8 Note
1/16 Note
1/32 Note

Gehen wir mal von einem 4/4-Takt aus: Mathematisch gesehen ist das nichts anderes als ein ganzer Takt, unterteilt in vier gleich große Teile – also Viertel (ganz so wie bei einer Torte). Der Notenwert der Pulsschläge (auch »Metrum« genannt) wird hier vom Nenner in Viertelnoten angegeben. Natürlich kann man die Torte (= Takt) auch in entsprechend kleinere Stücke teilen, also acht Achtel, 16 Sechzehntel usw.

Der kleinste binäre Notenwert, der in GarageBand dargestellt werden kann, ist 1/32 oder entsprechend 32 Rasterpunkten pro Takt. Kleinere Notenwerte sind relativ ungebräuchlich und führen kaum zu Übersichtlichkeit. Diese Einschränkung ist hier also sehr sinnvoll.

▲ **Abbildung 2.8**
Notation binärer Notenwerte, also durch zwei teilbare Vielfache einer ganzen Note.

Take Five!

2er-, 3er-, und 4er-Takte nennt man »einfache Taktarten«, 5er-, 6er-, 7er-Takte etc. nennt man »zusammengesetzte Taktarten«, da sie aus geraden und/oder ungeraden Taktarten zusammengestellt sind. Versuchen Sie mal, sich »Take Five« von Dave Brubeck vorzustellen! Dieser 5/4-Takt besteht aus einem 3/4- und einem 2/4-Takt.

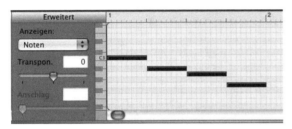

▲ **Abbildung 2.9**
Viertelnoten im 32stel-Raster (acht Teilstriche pro Viertel)

Entsprechend werden durch 3 teilbare Notenlängen **ternäre Notenwerte** genannt, und schon hier beginnt die Mathematik in der Musik aufdringlich zu werden. Bei der Teilung durch 2 oder deren Vielfache entstehen ja bekanntermaßen recht übersichtliche Dezimalzahlen wie 0,5 oder 0,25 etc. Bei der Teilung durch 3 jedoch wird alles anders. Teilt man einen ganzen Takt in drei gleich große Stücke, so ist jedes davon 0,3333... Teile groß. Das sieht sehr unmusikalisch aus, aber die Angst ist unbegründet. Die einzigen Unterschiede sind die andere Notationsweise und der im Vergleich zu den binären Kollegen völlig andere Klang. Hier treffen mathematisch und klanglich zwei unterschiedliche Welten aufeinander.

Ternäre Notenwerte werden als »Triolen« bezeichnet, und hier beginnt meistens die Verwirrung. Mathematisch gesehen sind Achteltriolen einfach 1/12-Noten – eigentlich kein Problem. In der Notenschrift müssen sich die armen Triolen jedoch der Bezeichnungen der binären Welt bedienen, obwohl sie damit rein gar nichts zu tun haben.

Es gibt keine speziellen Triolennoten. Wenn man also einen Takt in drei gleich große Stücke zerteilt, so wird das Ergebnis als

Probieren Sie es aus!

Jede Taktart hat einen ganz speziellen Charakter. Experimentieren Sie mit unterschiedlichen Taktarten und Tempi und legen Sie sich nicht zu schnell nur auf den 4/4-Takt beim Komponieren fest!

▲ **Abbildung 2.10**
Ein ganzer »Torten«-Takt mit Viertelnoten

2 Ein erster eigener Song

1/4 Triolen
1/8 Triolen
1/16 Triolen

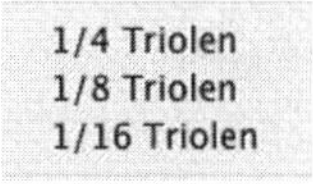

Abbildung 2.11 ▲
Ternäre Auflösung im Editor

»Halbe Triole« bezeichnet, weil hier drei anstatt zwei halbe Noten stehen. Die Noten werden mit einer Klammer und einer 3 als Triolen gekennzeichnet (siehe Abbildung 2.13).

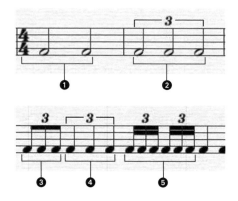

Abbildung 2.12 ▶
Zwei 4/4-Takte mit zwei halben Noten ❶ und einer halben Triole ❷

Abbildung 2.13 ▶
Notation verschiedener ternärer Notenwerte (Achteltriolen ❸, Vierteltriolen ❹ und Sechzehnteltriolen ❺)

In GarageBand ist der kleinste ternäre Notenwert eine Sechzehnteltriole. Achtung! Das entspricht mathematisch einer 1/24-Note oder 24 Rasterpunkten pro Takt. Die Notendarstellung bedient sich jedoch der Sechzehntelnoten, daher »Sechzehntel«-Triolen.

Triolen sind auch für den rollenden, treibenden Shuffle-Rhythmus verantwortlich, der wiederum seinen Ursprung im Blues und Jazz hat.

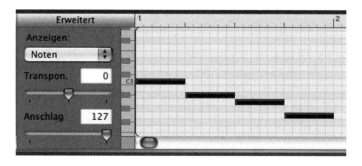

Abbildung 2.14 ▶
Viertelnoten im 16tel-Triolenraster (sechs Teilstriche pro Viertel)

Swing

Ganz einfach kann man sich einen Shuffle oder Swing vorstellen, indem man von einem dreisilbigen Wort die mittlere Silbe stumm lässt.

Wiederholen Sie beispielsweise das Wort »Panama« immer und immer wieder, so dass sich ein gleichmäßiger Triolenrhythmus ergibt. Jetzt sprechen Sie das »na« nur ganz leise aus, bis Sie es ganz stumm lassen können. Es darf nicht zu hören sein, muss aber dennoch seine zeitliche Position beibehalten. Daraus ergibt sich »Pa – ( ) – Ma, Pa – ( ) – Ma« usw. Genauso funktionieren Swing und Shuffle.

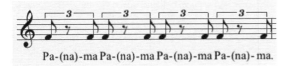

◀ Abbildung 2.15
Shuffle-Übung. Das (na) bleibt stumm, der Rhythmus bleibt trotzdem erhalten.

In GarageBand gibt es auch eine extra Swing-Quantisierung, sowohl im Achtel- als auch im Sechzehnteltriolen-Feel.

Grafisch erscheint dieser Modus im binären Raster. Beim Abspielen werden jedoch die schwach betonten Schläge (wie das »na« aus Abbildung 2.15) weiter nach rechts verschoben – abhängig vom Swing-Faktor – in den Bereich der dritten Silbe von »Pa-na-ma«. So wird aus steifen Achteln oder Sechzehnteln entspannter Südstaaten-Shuffle oder zickiger House-Beat.

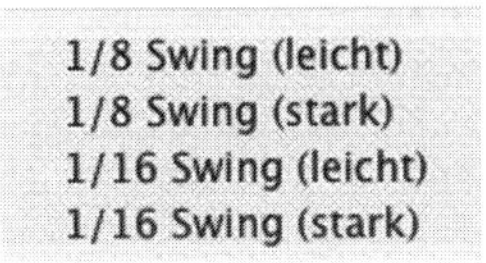

1/8 Swing (leicht)
1/8 Swing (stark)
1/16 Swing (leicht)
1/16 Swing (stark)

▲ Abbildung 2.16
Swing-Quantisierung im Editor

◀ Abbildung 2.17
Achtel- und Sechzehntel-Swing: Notierte Achtel- und Sechzehntelnoten werden triolisch interpretiert.

Tonart

Beim Anlegen eines neuen Songs können Sie in GarageBand außer Tempo und Taktart auch noch eine von zwölf Tonarten auswählen. Die Tonart bestimmt das tonale Zentrum, von dem aus das neue Stück startet.

Obwohl jeder Tonart ein eigener Klangcharakter zugeschrieben wird, sind auch praktische Überlegungen bei der Wahl entscheidend: Will man etwa über ein Playback später mit der Gitarre spielen, bietet sich eine Tonart an, mit der man die leeren Saiten der Gitarre gut benutzen kann, also E, A, D, G usw. Möchte man andererseits seinen Song mit einem echten Saxofonsolo veredeln, sollte man besser Tonarten nehmen, die diesem Instrument liegen (in diesem Fall so genannte »b-Tonarten« wie Bb oder Eb). Sänger kennen meistens die Tonarten, in denen ihr Stimmumfang am besten zur Geltung kommt. Bei der Liedkomposition wird das dann gleich mit beachtet. Wenn Ihre Musik also auch Gesang enthalten soll: erst Tonarten testen, dann komponieren!

▲ Abbildung 2.18
Zwölf wählbare Tonarten in GarageBand.

Tabelle 2.2 ▶
Enharmonische Verwechslung von b- und Kreuztonarten

»b« – Tonhöhe (int. / dt.)	»#« – Tonhöhe (int. / dt.)
Cb (ces/h)	B (h)
Db (des)	C# (cis)
Eb (es)	D# (dis)
Fb (fes)	E (e)
Gb (ges)	F# (fis)
Ab (as)	G# (gis)
Bb (b)	A# (ais/b)

GARAGEHAND = GARAGEBAND?

GarageBand bedient sich der internationalen Bezeichnungen für Tonhöhen, d. h.: die deutsche Note »h«, der Halbton unter dem »c« entspricht dem internationalen »b«. Das deutsche »b«, also das um einen Halbton erniedrigte »h« wird hier als »a#« bezeichnet. Der »deutsche Sonderweg« wird der Sage nach der schlampigen Handschrift eines Mönches im Mittelalter angelastet. Aber auch falls der arme Kopist in Wirklichkeit unschuldig war, fehlt für diesen Tonnamen jegliche logische Begründung. Im Alphabet folgt auf den Buchstaben A immer noch B und nicht etwa H.

Abbildung 2.19 ▲
Sortierfilter im Loop-Browser für das Tongeschlecht

Abbildung 2.20 ▲
Auswahlmenü für das Tongeschlecht Ihres Songs

Tongeschlecht

Im Loop-Browser können Sie die Loops auch nach deren Tongeschlecht ordnen. Keine Sorge, der Geschlechterkampf wird hier nicht auf Software-Ebene ausgetragen. Aber wie in der Natur haben sich auch in der abendländischen Musik zwei Haupterscheinungsformen herausgebildet, die völlig gleichberechtigt nebeneinander existieren. Und wie im richtigen Leben auch gibt es bei den Tongeschlechtern einen kleinen, aber entscheidenden Unterschied. Der dritte Ton (»die Terz«) einer Tonleiter entscheidet nämlich über deren Geschlecht. Ist der Abstand zum Grundton größer, spricht man von einer »Dur«-Tonart, ist er kleiner, von einer »Moll«-Tonart. Beide Klänge sind gleich stabil, so dass beide gut als tonales Zentrum taugen. Die Namensgebung ist lateinischen Ursprungs: Dur wird ein »harter«, Moll ein »weicher« Klang zugeordnet. Von dieser äußerst groben Einteilung sollte man sich aber nicht zu sehr beeindrucken lassen. Suchen Sie am besten das Tongeschlecht aus, das besser zu Ihrer musikalischen Idee passt.

Im Auswahlmenü können Sie auch BELIEBIG oder BEIDE auswählen. Dann werden Loops beider Tongeschlechter sowie andere Varianten wie z. B. Pentatonik angezeigt. Als echtes Tongeschlecht gelten aber streng genommen nur Dur und Moll.

Song-Aufbau

Pop-Musik ist im Grunde ein über 50 Jahre altes Klischee. Bei diesem Musikstil hat sich eine prinzipielle Abfolge von Formelementen herausgebildet:

Intro · Strophe · Refrain · Outro

Dabei werden Strophe und Refrain mehrmals wiederholt, häufig wird auch noch ein Zwischenstück in Form eines Instrumentensolos oder einer so genannten Bridge eingebaut. Ausgenommen sind natürlich die längeren Formen, die sich in der Hippie-Ära im wahrsten Sinne des Wortes »breit machten«. Hier wurde oft auf traditionellen Songaufbau verzichtet, leider mit wenig nachhaltigem Erfolg. Heute ist man weitgehend der Kurzform verpflichtet. Nach einer Minute sollte spätestens der Refrain kommen, und nach dreieinhalb Minuten das Lied verklungen sein. Ein Format, das sich wegen seiner Übersichtlichkeit bewährt hat, vergleichbar der Postkarte. Unser Gehirn bevorzugt eben den Kontrast der Formelemente, gepaart mit Wiederholung. Näheres zum Song-Aufbau lesen Sie im Kapitel »Song bearbeiten und abmischen« ab Seite 174.

2.3 Einen neuen Song anlegen

Nachdem die Theorie jetzt klar sein dürfte, widmen wir uns wieder unserem Song. Als Erstes entscheiden wir uns jetzt für die Standard-Einstellungen, die auch auf einen Popsong zutreffen, und klicken im Fenster auf ANLEGEN. Einfacher geht das für die meisten sicher mit der gewohnten Bestätigung durch ⏎.

▼ **Abbildung 2.21**
Der erste Anblick des neuen Songs – viel ist da noch nicht los.

2 Ein erster eigener Song

> **Das Keyboard**
>
> Apple liefert mit GarageBand auch zwei interne Software-Keyboards. Mit ⌘ + K können Sie entweder die einfache, oder mit ⇧ + ⌘ + K die Musik-Tastatur einblenden. Außerdem finden sie sich im Menü FENSTER. Mit diesen beiden Tastaturen können Sie auch ohne externes Keyboard Ihre eigenen Software-Instrumente einspielen. Wenn Sie bei der einfachen Tastatur an den unteren schraffierten Ecken ziehen, können Sie das Keyboard auf bis zu zehn Oktaven erweitern. Mit einem Klick oben in die Miniatur-Tastatur oder durch Klicken auf die kleinen Pfeile rechts und links können Sie den dargestellten Bereich ändern. Oben wird Ihnen angezeigt, welchen Tastatur-Bereich Sie gerade ausgewählt haben.

Das Projekt ist beim ersten Anblick ziemlich unscheinbar und vor allem grau. Außer einer (fast) leeren Spurliste und einer leeren Timeline gibt es noch nicht viel zu sehen und vor allem zu hören.

GarageBand will Sie gleich zu Beginn verführen, das mitgelieferte Software-Keyboard auszuprobieren. Mithilfe der Maus lassen sich auf dem kleinen Keyboard einfache Melodien spielen und aufzeichnen. Dieses Vorgehen ist allerdings eher mühsam und nur bedingt praxistauglich. Versuchen Sie mal spaßeshalber mit der Maus auf dem angezeigten Keyboard ein simples »Alle meine Entchen« zu spielen. Ohne zu stocken. Wenn Sie das aufzeichnen, müssen Sie hinterher viel Zeit investieren, die Noten zurechtzurücken. Je nach ausgewählter Spur, spielt das Keyboard immer das betreffende Instrument. Zum Glück gibt es mittlerweile einige kleine Tools, die es einem ermöglichen, wenigstens die Computer-Tastatur zur Eingabe zu nutzen (siehe Kapitel »GarageBand erweitern« auf Seite 288). Und auch Apple hat mit GarageBand 2 eine sehr gute Möglichkeit geschaffen, Ihre Tastatur zum Einspielen zu benutzen. Sie erreichen die so genannte »Musik-Tastatur« über das Menü FENSTER, bzw. mit ⌘ + ⇧ + K. Mehr zu der neuen Musik-Tastatur erfahren Sie ab Seite 121.

Es ist nicht unbedingt ratsam, eine Komposition, wie von Apple vorgeschlagen, mit dem Piano zu beginnen. Es sei denn, Sie möchten nur grob eine Melodie einspielen, dazu bietet sich das Piano als relativ neutrales Harmonie- und Melodie-Instrument durchaus an.

Eine Produktion beginnt meist mit der Aufnahme des Schlagzeugs, als Rhythmuslinie. Daran können sich dann alle anderen Musiker orientieren. Wir wollen aber erst einmal noch gar nichts selbst einspielen, und verlassen uns auf das, was Apple uns anbietet: die Apple Loops.

Zunächst schließen Sie die Tastatur mit ⌘ + W, nachdem Sie sie vorher angeklickt haben, oder über den roten Kopf oben links (dieser wird erst rot, wenn Sie mit Ihrer Maus in seinen näheren Umkreis vordringen). Als so genanntes Floating Window bleibt das Keyboard immer im Vordergrund und würde jetzt nur stören. Als Nächstes löschen Sie auch die vorgesehene Grand-Piano-Spur.

2.3 Einen neuen Song anlegen

◄ **Abbildung 2.22**
Über das Menü SPUR können Sie Spuren hinzufügen, Mixer, Informationen und Master-Spur einblenden und auch Spuren wieder löschen, die Sie nicht mehr benötigen.

Spuren lassen sich ganz einfach mit ⌘ + ⌫ löschen, allerdings sollten Sie dabei unbedingt darauf achten, die gewünschte Spur auch aktiviert zu haben. Das wird umso wichtiger, je mehr Spuren Ihr Projekt enthält. Sollten Sie dennoch einmal die falsche Spur löschen, bietet GarageBand Ihnen im BEARBEITEN-Menü mehr WIDERRUFEN-Schritte an, als Sie in der Regel benötigen werden. Einen Fehler können Sie mit ⌘ + Z zurücknehmen, das Wiederherstellen der zuvor rückgängig gemachten Aktion funktioniert mit der Tastenkombination ⌘ + ⇧ + Z. Beide Befehle finden Sie auch im BEARBEITEN-Menü. Sollten Sie sich einmal komplett verzettelt haben, haben Sie immer noch die Möglichkeit, mit ZURÜCK ZUR LETZTEN VERSION (ebenfalls im BEARBEITEN-Menü) zum letzten gespeicherten Stand der Dinge zurückzukehren. Daher ist es ratsam, regelmäßig abzuspeichern, damit nicht auf diese Weise die eine oder andere geniale Idee verloren geht.

Spur löschen:
⌘ + ⌫

Schritt zurück:
⌘ + Z

Wiederherstellen:
⌘ + ⇧ + Z

◄ **Abbildung 2.23**
Im BEARBEITEN-Menü können Sie neue Spuren erstellen, vorhandene löschen und noch einiges mehr.

2 Ein erster eigener Song

2.4 Loops einfügen und verlängern

Ganz nach Belieben können Sie sich nun Ihre Apple Loops aus dem Loop-Browser auswählen. Wenn Sie allerdings unseren Beispielsong aus diesem Kapitel genau nachbauen möchten, folgen Sie am besten unseren Schritten. Sie können das Projekt später immer noch nach eigenen Vorstellungen erweitern oder umbauen.

Abbildung 2.24 ▼
Der Loop-Browser in der Tastendarstellung mit ausgewählten Loops

❶

Loop-Browser öffnen:
⌘ + L

Loop-Auswahl zurücksetzen
Wollen Sie mit Ihrer Loop-Auswahl wieder bei Null anfangen, etwa weil Sie ein Schlagzeug eingesetzt haben und jetzt den Bass suchen, klicken Sie auf die Taste oben links: ZURÜCKSETZEN ❶.

Öffnen Sie den Loop-Browser mit einem Klick auf das Auge oder mit dem Tastaturkürzel ⌘ + L. Wir bleiben hier zunächst in der automatisch geöffneten Tastendarstellung. Sie haben jetzt verschiedene Auswahlkriterien, die Sie nach Belieben kombinieren können. Manche schließen sich auch gegenseitig aus. Haben Sie sich zum Beispiel für eine Instrumentengruppe entschieden, können Sie nicht noch eine weitere auswählen.

Wir haben uns für die Auswahlkriterien SCHLAGZEUG – ROCK/BLUES und ENSEMBLE entschieden. Das Tongeschlecht lassen wir dabei auf BELIEBIG stehen. Schließlich transponiert GarageBand es sowieso passend zu den Einstellungen, die wir vorher getroffen haben.

Loops vorhören
Natürlich wollen Sie den Apple Loop für Ihren Song nicht einfach nach seinem Namen auswählen. Anhören gehört schon dazu. Sie können die Loops vorhören, indem Sie einfach auf den Loop klicken.

Durch Loops blättern:
↓ / ↑

Er gefällt Ihnen nicht? Dann nehmen Sie doch den nächsten. Wenn Sie sich Schritt für Schritt durch die Ergebnisliste durcharbeiten möchten, geht dieses am besten mit den Pfeil-Tasten. Während Sie sich einen Loop anhören, nehmen Sie die ↓-Taste und schon spielt GarageBand Ihnen den nächsten Loop vor. Mit ↑ wird der davor stehende Loop abgespielt.

2.4 Loops einfügen und verlängern

Loops einfügen

Sie haben Ihren Lieblings-Loop gefunden? Wunderbar, dann kann's ja weitergehen: Wir haben den Loop PERCUSSION COMBO 05 ausgewählt. Dieser hat das für unser Projekt passende Tempo 120, und erstreckt sich über acht Beats (also zwei Takte bei 4/4-Takt). All diese Angaben finden Sie übrigens in den Spalten der Ergebnisliste wieder. Sie können diese auch in ihrer Breite ändern. Klicken Sie dafür auf den Trennstrich in der Titelzeile zwischen den einzelnen Spalten und ziehen Sie diesen nach rechts oder links.

Klicken Sie den Loop an, halten Sie ihn fest und ziehen Sie ihn nach oben in die Timeline. Der Cursor verwandelt sich dann und bekommt ein grünes Pluszeichen ❶. Außerdem wird Ihnen der ausgewählte Loop während des Vorgangs angezeigt. Anhand der schmalen dunkelgrauen Linie ❷ können Sie sehen, wo der Anfangspunkt Ihres Loops sitzen wird.

> **Favoriten**
>
> Gefällt Ihnen ein Loop besonders gut, können Sie ihn Ihrer Favoritenliste hinzufügen. Kreuzen Sie dazu das Kästchen in der Spalte Fav. ganz rechts an. Sie sehen die Spalte nicht? Scrollen Sie ganz nach rechts, da ist sie. Die Favoriten sind über beide Darstellungen des Loop-Browsers verfügbar.

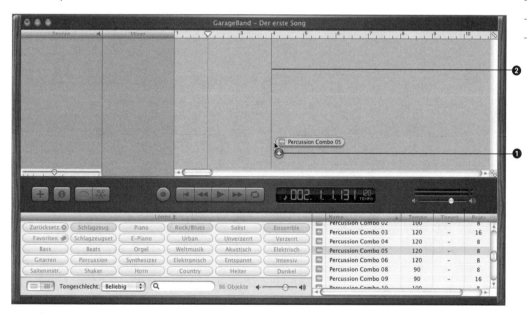

▲ **Abbildung 2.25**
Loops lassen sich per Drag & Drop aus dem Loop-Browser in die Timeline ziehen.

Ziehen Sie den Loop an den Anfang der Timeline und lassen Sie ihn los. GarageBand fügt nun automatisch eine neue Spur ein, passend zum ausgewählten Loop. In unserem Fall ist es ein echtes Instrument, zu erkennen am Blau und an der Darstellung als Welle. Ist Ihnen während des Einfüge-Vorgangs die Luft (respektive das Mauspad) ausgegangen und der Loop dadurch nicht ganz am Anfang gelandet, ist das nicht weiter tragisch, Sie können ihn einfach weiter an die gewünschte Position ziehen.

Regionen verlängern

So ein acht Beats (zwei Takte) langer Apple Loop reicht natürlich nicht für einen ganzen Song aus. In der Regel brauchen Sie mehr Material. Dafür gibt es verschiedene Möglichkeiten.

Wenn Sie über eine bestimmte Länge immer wieder den gleichen Loop ohne Änderungen verwenden wollen, können Sie ihn einfach loopen, oder zu Deutsch: wiederholen. Wunderbar, einen Loop loopen. Das klingt etwas redundant und ist so eigentlich auch nicht ganz korrekt.

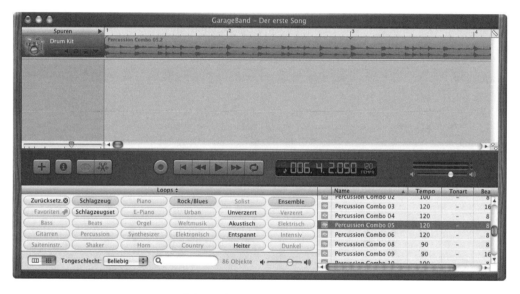

Abbildung 2.26 ▲
Die Apple Loops aus dem Loop-Browser (mit zugehöriger Region in der Timeline)

Von daher arbeiten wir von jetzt an, wenn ein Apple Loop aus dem Loop-Browser oder ein eingespieltes Instrument in die Timeline gelegt worden ist, mit dem korrekten Begriff **Region**. In fast jedem Audio-Programm, so auch in GarageBand, werden die einzelnen Parts in einer Spur grundsätzlich als Regionen bezeichnet. Regionen können in der Timeline kopiert und unabhängig voneinander bearbeitet werden.

Doch zurück zum Loopen. Sie loopen also eine Region. Beim Loopen einer Region in der Timeline handelt es sich um eine bloße Wiederholung dieser Region. Sie müssen dafür keine weitere Region anlegen, sondern einen Abspiel-Loop. Der besseren Verständlichkeit

2.4 Loops einfügen und verlängern

wegen werden wir diese Loop-Art in nächster Zeit auch **Abspiel-Loop** nennen, um den Überblick zu behalten. In der Apple-Hilfe ist hier nur von Loops die Rede (eventuell stoßen Sie auch auf den Begriff »Wiederhol-Region«).

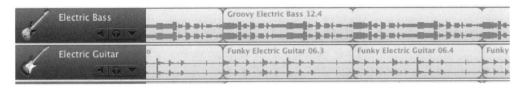

Um einen Abspiel-Loop zu erzeugen, gehen Sie mit der Maus am Ende einer Region an den Rand der oberen Hälfte. Ihr Mauszeiger verwandelt sich in einen Strich mit einem drehenden Pfeil. Jetzt können Sie Ihre Region aufziehen und sie dabei so lang werden lassen, wie Sie möchten. Sie wird dann, entsprechend der Länge, ständig wiederholt. Sie sehen an den kleinen Einkerbungen (siehe Abbildung 2.27), wo eine Wiederholung beginnt. Natürlich müssen Sie den Abspiel-Loop nicht komplett wiederholen, Sie können ihn auch schon nach zwei Schlägen stoppen.

◄ **Abbildung 2.27**
Wenn Sie genau hinsehen, können Sie beim ELECTRIC BASS die kleinen Einkerbungen in der Region erkennen, die einen Abspiel-Loop kennzeichnen. Die Regionen der ELECTRIC GUITAR hingegen sind komplett voneinander getrennt und damit eigenständig.

◄ **Abbildung 2.28**
Sie können Ihre Loops auch verlängern.

Sie können jedoch auch die klassische Variante wählen: Copy & Paste. Klicken Sie die Region an, kopieren Sie sie ([⌘] + [C]) und fügen Sie sie wieder ein ([⌘] + [V]). Das geschieht stets an der Stelle, an welcher der Tonkopf sich gerade befindet.

◄ **Abbildung 2.29**
Kopieren eines Loops mithilfe der [⌥]-Taste

Sie können die Länge einer Region auch nachträglich bearbeiten, wenn Sie zum Beispiel nur vier von acht Beats benötigen und sie eingrenzen möchten. Wenn Sie am Ende der Region statt in die obere in die untere Hälfte klicken, verwandelt sich der Mauszeiger in einen Balken mit einem einfachen Pfeil nach rechts (oder links, je nachdem in welche Richtung Sie ihn ziehen). So können Sie die Region hinten

Region kopieren:
[⌘] + [C]

Region einfügen:
[⌘] + [V]

Region ausschneiden:
[⌘] + [X]

2 Ein erster eigener Song

> **Loops von Regionen**
> Abspiel-Loops werden nur von einer Region erstellt. Sollte diese nur ein Teil des originalen Apple Loops sein, wird trotzdem nur die Region geloopt. Vorsicht, wenn Sie einen Abspiel-Loop von vorne kürzen wollen: Dann schiebt sich die Region von vorne weg auf ein Minimum zusammen.

> **Regionen kopieren**
> Noch einfacher geht das Kopieren einer Region, wenn Sie die ⌥-Taste gedrückt halten und dann die Region aufziehen. Das sieht dann aus wie in Abbildung 2.29. Sie können die kopierte Region dann an die gewünschte Stelle der Timeline ziehen. Während Sie ziehen, können Sie die ⌥-Taste übrigens schon wieder loslassen.

einfach wieder verkürzen, oder auch vorne, wenn Sie dort kürzen möchten. Handelt es sich um ein Software-Instrument, ist es möglich, die Region nach hinten über ihr eigentliches Ende hinaus zu verlängern, sofern die Informationen schon im Loop enthalten sind.

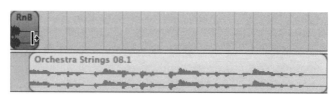

▲ Abbildung 2.30
Das Kürzen von Regionen innerhalb der Timeline ist ganz einfach.

2.5 Den Song aufbauen

Wenn Sie die Region mit dem Schlagzeug-Loop entsprechend verlängert haben, geht es weiter in der Planung unseres Song-Projekts.

Wiedergabe loopen

Sie können sich einen Teil Ihres Songs immer wieder und wieder abspielen lassen, so lange, bis Sie ihn nicht mehr hören können. Klicken Sie dafür einfach auf die Loop-Taste, zu finden bei den Transportfunktionen neben dem Vorspul-Knopf. Daraufhin wird direkt unter dem Beat-Lineal eine weitere schmale Leiste eingefügt, die in Teilen orange-gelb erstrahlt. Der farblich gekennzeichnete Teil ist der, der bei der Wiedergabe ständig wiederholt wird. Und schon wieder haben wir einen Loop. Wir nennen ihn weiterhin **Wiedergabe-Loop**.

Ein Wiedergabe-Loop kann durchaus hilfreich sein, um sich auf eine einzige Stelle des Songs zu konzentrieren. Sie können einen Wiedergabe-Loop natürlich dahin verschieben, wo Sie ihn gerade benötigen und auch auf die gewünschte Länge bringen. Ziehen Sie einfach das Ende oder den Anfang des gelben Balkens an die gewünschte Position. Ein Doppelklick irgendwo in der Loop-Leiste setzt einen kurzen Wiedergabe-Loop an die Stelle, an die Sie geklickt haben und löscht den vorigen Loop.

Um möglicher Verwirrung vorzubeugen, hier noch einmal eine Aufzählung aller Loop-Arten:

2.5 Den Song aufbauen

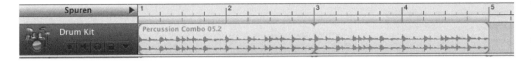

- **Apple Loops:** Fertig produzierte Musikdateien aus dem Loop-Browser zum Einbau in den Song. Zieht man Sie in die Timeline werden Regionen von Ihnen erstellt, die man beliebig verändern kann, ohne dass der Apple Loop selbst davon betroffen ist.
- **Abspiel-Loops:** Verlängern Sie eine Region in der Timeline durch Aufziehen am oberen rechten Rand, wird diese einfach wiederholt abgespielt.
- **Wiedergabe-Loops:** Ein Wiedergabe-Loop wird oberhalb der Timeline eingeblendet, die dort orange markierten Takte werden beim Abspielen in einer Schleife ständig wiederholt.

▲ Abbildung 2.31
Der kleine zusätzliche Balken oben an der Timeline ist ein weiterer Loop: der Wiedergabe-Loop.

Wir lassen uns jetzt einfach die ersten 16 Takte immer wieder vordudeln, hegen die ersten Zweifel, ob uns die Percussion-Combo wirklich so gefällt und beschließen, dass man ja irgendwo anfangen muss.

Bass-Spur einfügen

Als nächstes kommt mit der Bass-Spur das zweite Rhythmus-Instrument. Auch hier bieten die Apple Loops eine qualitativ gute Auswahl.

▼ Abbildung 2.32
Auch in der Spaltendarstellung des Loop-Browsers lässt es sich komfortabel suchen.

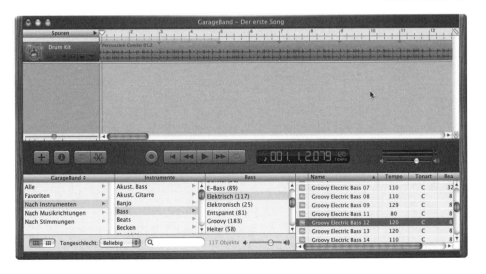

2 Ein erster eigener Song

> **Loops vorhören**
>
> Um gleich zu testen, ob neue Apple Loops auch zu Ihrem bisherigen Song passen, können Sie sie während der Wiedergabe vorhören. Starten Sie dafür zunächst die Wiedergabe und doppelklicken Sie danach auf einen Apple Loop im Loop-Browser. Schon hören Sie den Loop im Gesamtklangbild.

Wenn Sie unseren Song nachvollziehen, sortieren Sie Ihre Loops in der Spaltendarstellung so: NACH INSTRUMENTEN • BASS • ELEKTRISCH.

Die Zahl in Klammern in der letzten Spalte zeigt Ihnen an, wie viele Loops in der gewünschten Kategorie zur Verfügung stehen. Das sind nach unserer Vorauswahl 117 Loops, was bedeutet, wir müssen entweder alle vorhören, oder eine Vorauswahl nach ihrer Bezeichnung treffen. Oder die Suche weiter einschränken, indem wir zum Beispiel eine Tonart vorgeben. Schließlich entscheiden wir uns für den GROOVY ELECTRIC BASS 12. Zuvor haben wir beschlossen, alle Software-Instrumente bei den Bass-Loops auszuschließen, wir wollen den Song ja auch auf unseren G3-iBooks abspielen können.

Empfinden Sie den Loop, den Sie gerade vorhören, als zu laut oder leise im Verhältnis zum restlichen Song, können Sie seine Lautstärke mit dem Regler im Editor Ihren Vorstellungen anpassen. Dieser Wert wird dann beim Importieren des Loops in die Timeline mit übernommen.

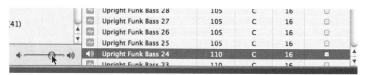

◄ **Abbildung 2.33**
Mit dem kleinen Regler am linken Rand können Sie schon während des Vorhörens die Loop-Lautstärke verändern.

Auch den Bass-Loop ziehen wir wieder in die Timeline und zwar ganz an den Anfang. GarageBand erstellt uns sogleich brav eine neue Spur und wir verlängern auch den Bass-Loop auf die Länge des Schlagzeug-Loops. Zunächst wollen wir ja nur eine Grundstruktur erstellen, da stören uns die immer gleichen Loops in der Gesamtkomposition noch nicht so sehr.

Regionen benennen

Die Gefahr, früher oder später den Überblick in den diversen Regionen zu verlieren, ist durchaus gegeben. Besonders bei komplexen Projekten empfiehlt es sich, die einzelnen Regionen zum Beispiel nach Abschnitten im Song zu benennen (Intro, Strophe etc.) Von daher sollten Sie sich gleich zu Beginn angewöhnen, Ihren Regionen in der Timeline sinnvolle Namen zu geben.

2.5 Den Song aufbauen

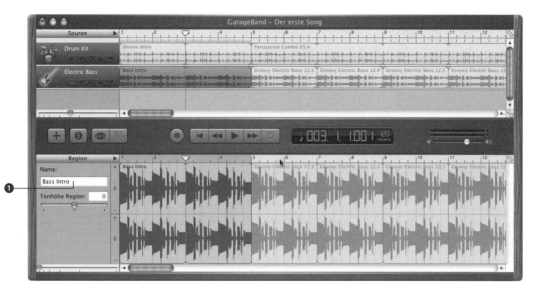

Wählen Sie zunächst die Region an, der Sie einen neuen Namen zuteilen möchten. Klicken Sie dann auf das Scheren-Symbol oder benutzen Sie den Tastaturbefehl ⌘ + E, und öffnen damit den Editor. Ganz links unter NAME können Sie der Region nun einen neuen Namen geben. Wir haben uns für ein 4-taktiges Intro entschieden und nennen die Regionen von Schlagzeug und Bass ganz einfach »Drums Intro« und »Bass Intro«.

◄ **Abbildung 2.34**
Neue Namen für die Regionen werden im Editor vergeben ❶.

◄ **Abbildung 2.35**
Im SPUR-Menü können Sie eine NEUE SPUR erzeugen. Die Spur ist dann leer und muss von Ihnen gefüllt werden.

Neue Spur einfügen

Anstelle unseres bisherigen Vorgehens, neue Spuren durch das Ziehen von Loops in die Timeline zu erzeugen, können Sie zunächst auch eine leere neue Spur anlegen. So angelegte Spuren lassen sich am besten für eigene Aufnahmen nutzen. Um Loops aus dem Loop-Browser zu benutzen, ist Drag & Drop die schnellere Variante. Es bleibt natürlich Ihnen überlassen, welches Verfahren Sie in Zukunft wählen, Sie sollten jedoch beide Möglichkeiten kennen.

Neue Spur anlegen:

Spur duplizieren

In GarageBand 2 haben Sie noch eine weitere interessante Möglichkeit: Sie können eine Spur duplizieren. Wählen Sie die gewünschte Spur an und gehen Sie im SPUR-Menü auf SPUR DUPLIZIEREN (oder ⌘ + D). Es werden dann sämtliche Einstellungen der Originalspur übernommen, jedoch ohne die Regionen in der Timeline.

Wählen Sie ganz einfach im Menü SPUR den Eintrag NEUE SPUR oder verwenden Sie das Tastaturkürzel ⌘ + ⌥ + N. Daraufhin öffnet sich das Fenster SPURINFORMATIONEN, in welchem Sie zunächst einige Einstellungen für die Spur treffen müssen.

Als Erstes werden Sie gefragt, ob Ihre neue Spur für ein echtes oder für ein Software-Instrument gedacht sein soll. Entscheiden Sie sich an dieser Stelle für ECHTES INSTRUMENT.

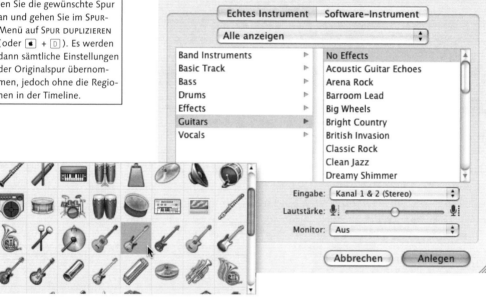

Abbildung 2.36 ▲
Für eine neue Spur müssen zunächst die Art des Instruments sowie dessen dazugehörige Charakteristik ausgewählt werden.

Anschließend geht es an die Auswahl eines Instruments und seiner Charakteristik. In unserem Song fehlt z. B. noch eine Gitarre. In der rechten Fensterhälfte tauchen dann die möglichen Charakteristiken mit einigen vorgespeicherten Effekten auf. Die Auswahl einer solchen Charakteristik macht durchaus Sinn, sobald Sie selbst ein Instrument einspielen wollen. Um vorhandene Loops einzufügen, wählen Sie besser NO EFFECTS. Sie können noch MONO oder STEREO auswählen und schließlich Ihrer Spur auch noch ein passendes Bildchen zuweisen. Dafür klicken Sie auf das kleine Dreieck des vorausgewählten Bildes.

Bestätigen Sie nun noch Ihre Angaben und schon haben Sie eine neue, leere Spur erzeugt. Wir fahren mit unserem Song aber zunächst fort, ohne diese Spur zu nutzen.

Mehr Instrumente einsetzen

Als nächstes wollen wir eine Gitarren-Spur anlegen. Diese soll auch gleich mit dem Schlagzeug und dem Bass das Intro unseres Songs einläuten. Sie können jetzt auf Ihre soeben angelegte Spur zurückgreifen, oder diese zunächst löschen und einen Loop aus dem Loop-Browser in die Timeline ziehen.

Für unseren Song haben wir einen bestimmten Loop gewählt, den Sie nun suchen dürfen: FUNKY ELECTRIC GUITAR 06. Viel Spaß beim Wühlen durch die Gitarren-Loops! Aber machen Sie es sich doch einfacher: Nutzen Sie die Suchfunktion.

Tippen Sie in das Suchfenster im Loop-Browser einen Teil des Begriffes FUNKY ELECTRIC GUITAR ein. Oder gleich alles. Drücken Sie ⏎. Sie erhalten eine Ergebnisliste, die nur Loops mit dem von Ihnen eingegebenen Begriffsteil enthalten. Suchen Sie jetzt die Nummer 06 und ziehen Sie diese an den Anfang der Timeline.

Auch die FUNKY ELECTRIC GUITAR 06 hat eine Länge von zwei Takten. Sie können die Region in der Timeline jetzt loopen.

Unser erster GarageBand-Song soll ja nur eine kleine Übung sein, um die Grundfunktionen des Programms kennen zu lernen und Fingerfertigkeit zu üben. Er ist also eher einfach gestrickt. Ein wesentlich größerer von uns ausgearbeiteter Song erwartet Sie noch im Kapitel »Song bearbeiten und abmischen«. Dort machen wir auch eigene Aufnahmen, ein komplettes Arrangement und noch einiges mehr. Sie dürfen gespannt sein. Hier bleiben wir zunächst bei den Grundfunktionen, denn diese sind noch keineswegs erschöpft.

Unser Intro ist jetzt soweit fertig. Verlängern Sie die einzelnen Instrumenten-Spuren jetzt zunächst um ein einige Takte. Am besten kopieren Sie Ihre Abspiel-Loops, dann haben Sie das Intro als eigenständigen Part in der Timeline stehen.

Den Hauptteil arrangieren

Als nächstes kommt ein weiteres Instrument hinzu. Wir wählen die RNB HORN SECTION 05 und setzen diese an den Anfang der Strophe. Sie wissen nun ja, wie Sie den Loop finden können. Wie immer steht es Ihnen frei, sich einen anderen Loop auszusuchen. Loopen Sie sich dafür am besten die Wiedergabe (Wiedergabe-Loop) und hören Sie in die Apple Loops hinein, während Sie den Song abspielen. Haben Sie unseren viertaktigen Loop genommen, kopieren Sie ihn zunächst dreimal (aber bitte nicht loopen).

Suche funktioniert nicht

GarageBand nimmt Sie nicht ernst? Sie haben brav den richtigen Namen eingetippt und nichts passiert? Dann befinden Sie sich wahrscheinlich noch in einer Vorauswahl einer anderen Kategorie. Wählen Sie ZURÜCKSETZEN bzw. setzen Sie die Auswahl wieder auf ALLE und schon ist GarageBand wieder zur Zusammenarbeit bereit.

Ändern über mehrere Spuren

Wenn Sie Regionen auf mehreren Spuren gleichzeitig bearbeiten (trennen, loopen, verlängern oder verkürzen) wollen, klicken Sie diese einfach nacheinander mit gedrückter ⇧-Taste an, so dass alle ausgewählt sind. Dann können Sie die Regionen gemeinsam verändern. Sie können auch mit der Maus an eine freie Stelle in der Timeline klicken und dann mit gedrückter Maustaste ein Rechteck über die Regionen ziehen, die Sie markieren wollen. Kopieren Sie die Regionen aller Spuren und nennen Sie diese am besten um, wenn Sie sie mit Intro benannt hatten. Danach verlängern Sie die Regionen bis Takt 32.

Abbildung 2.37 ▲
Immer mehr Spuren, immer mehr Instrumente, immer mehr Loops – so langsam wächst unser erster Song heran.

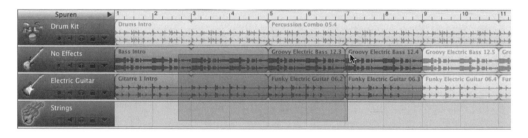

Abbildung 2.38 ▲
Mit gedrückter Maustaste können Sie über mehrere Spuren hinweg ein Rechteck ziehen und damit mehrere Regionen markieren.

Wundern Sie sich nicht über Abbildung 2.38: Zwischendurch probieren wir ein paar Streicher aus, aber letztendlich wollen Sie uns in diesem frühen Stadium noch nicht so recht gefallen, daher bleibt die Spur zunächst leer. Nicht benutzte Spuren auszublenden ist leider nicht möglich, aber man kann wenigstens ihre Reihenfolge ändern. Packen Sie die zu verschiebende Spur einfach an ihrer Kopfzeile und ziehen Sie sie mit gedrückter Maustaste an die gewünschte Position.

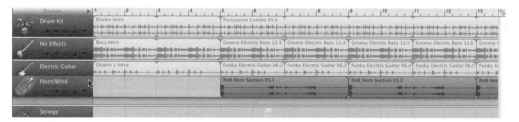

Abbildung 2.39 ▲
Die Reihenfolge der Spuren lässt sich auch noch nachträglich den eigenen Wünschen anpassen.

2.5 Den Song aufbauen

Um weitere Akzente in unserem Mini-Song zu setzen, suchen wir noch einen weiteren Gitarren-Loop, passend zum ersten, heraus. Es ist der FUNKY ELECTRIC GUITAR 02. Die Region wird nur einmal geloopt. Danach bleibt diese Spur erst einmal wieder leer, während die anderen Instrumente noch vier Takte weiterlaufen.

Dann kommen als Akzent doch noch die Streicher hinzu, die ORCHESTRA STRINGS 08. Setzen Sie den Beginn auf Takt 13. Darüber kommen noch die Bläser (HORN SECTION). Hören Sie sich das einmal an. Oder auch zweimal. Überzeugt Sie das? Nicht? Schieben Sie die Streicher um eine Viertelnote nach hinten. Klingt immer noch nicht gut? Na, dann lernen Sie jetzt etwas (halbwegs) Neues.

▼ **Abbildung 2.40**
Streicher setzen neue Akzente.

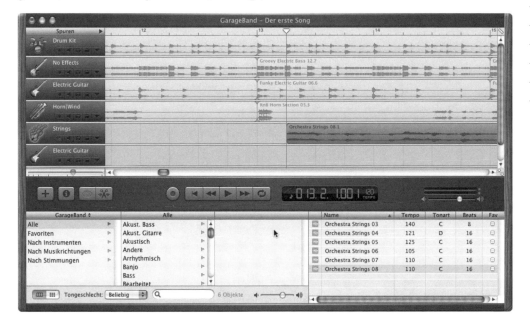

Regionen kürzen und trennen

Die Streicher vertragen sich nicht sonderlich gut mit den RNB HORNS. Deswegen werden jetzt die Bläser im Bereich der Streicher gekürzt.

Fassen Sie die RNB HORN-Region (nur die über den Strings) am Ende in der unteren Hälfte an, der Cursor verwandelt sich dann in einen Balken mit Pfeil nach rechts oder links. Nun brauchen Sie die Region nur noch zuzuziehen. Kürzen Sie alles, lassen Sie nur die erste Viertelnote übrig.

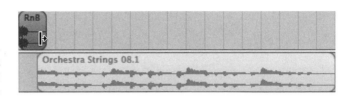

Abbildung 2.41 ▶
Kürzen Sie die RnB Horns bis nur noch die erste Viertel Note übrig bleibt.

Sie können eine Region auch in zwei (oder mehrere) Einzelteile zerschneiden. Dafür setzen Sie die Abspielposition in der Timeline direkt an die Stelle, an der Sie eine Region durchschneiden wollen.

Region teilen:
⌘ + T

Mit ⌘ + T teilen Sie die Region in zwei einzelne Regionen. Wenn Sie nicht so gerne Tastaturbefehle benutzen, sondern lieber die Maus durch die Gegend schubsen, gehen Sie dafür ins BEARBEITEN-Menü und wählen dort TEILEN. Wie Sie sehen, sind aus einer jetzt zwei Regionen entstanden. Die zweite können Sie wieder löschen.

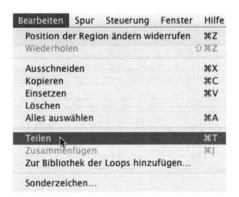

Abbildung 2.42 ▶
Auch im BEARBEITEN-Menü können Sie eine Region teilen.

Falsche Teilung

Haben Sie eine Region aus Versehen oder nicht ganz an der richtigen Stelle geteilt und einen Teil schon gelöscht? Macht nichts. Sie können die verbliebene Region jederzeit wieder aufziehen und in die gewünschte Länge bringen.

GarageBand bietet Ihnen noch eine weitere Möglichkeit, Ihre Regionen zu editieren. Vor allem für eigene Aufnahmen ist der Editor interessant. Denn hier können Sie ihr Audio-Material schneiden – dies zwar nur relativ grob im 1/32-Notenraster, aber dafür stets im richtigen Timing.

Gehen Sie im Editor an die richtige Stelle und wählen Sie eine möglichst hohe Auflösung, damit Sie präzise arbeiten können. Markieren Sie dann den Teil in der Welle, den Sie löschen möchten. Gelingt Ihnen das nicht auf Anhieb, oder ist der zu markierende Bereich länger als der Bildschirm anzeigen kann, macht das nichts. Mit gedrückter ⇧-Taste können Sie die Länge ändern, ohne dass Ihre bisherige Markierung verloren geht. Haben Sie die richtige Stelle markiert, können Sie diese mit ⌫ löschen.

2.5 Den Song aufbauen

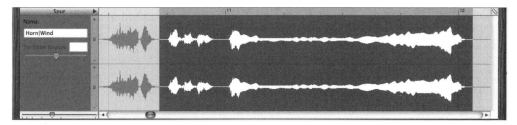

▲ Abbildung 2.43
Im Editor können Sie Ihre Regionen mit echten Instrumenten bearbeiten.

Weitere Loops einbauen
Suchen Sie sich zunächst als Rhythmus-Untermalung für den gesamten Song (nach dem Intro) noch ein paar Shaker aus dem Loop-Browser aus. Nehmen Sie die SHAKER 02 ab Takt 5 und loopen Sie sie bis zum Ende von Takt 32.

▲ Abbildung 2.44
Als Untermalung suchen wir noch die SHAKER 02 heraus.

Unser kleiner Song soll noch ein wenig interessanter und länger werden. Zunächst kehren wir dafür zum eigentlichen Thema zurück. Dafür gibt es ab Takt 17 jeweils vier Takte der einzelnen Instrumente mit Ausnahme der STRINGS. Die legen wir für den Rest des Songs zu den Akten. Nach diesen vier Takten (also bei Takt 21) kommt nun ein Break. Hier endet die zweite Gitarrenspur und auch die Bläser setzen aus. Die erste Gitarre lassen wir noch einen 3/4 Takt weiterspielen. Schlagzeug und Bass bleiben stehen.

In Takt 24 setzt die erste Gitarrenspur wieder ein, die Horns und die zweite Gitarre folgen in Takt 25. Die FUNKY ELECTRIC GUITAR, die Sie in Takt 24 wieder haben einsetzen lassen, starten Sie in Takt 25 noch einmal. Das heißt, die vordere Region wird gekürzt (siehe Abbildung 2.45 im Vergleich zu Abbildung 2.46). Loopen Sie die Spuren von Schlagzeug, Bass, erster Gitarre und Shaker bis zum Ende von Takt 32.

2 Ein erster eigener Song

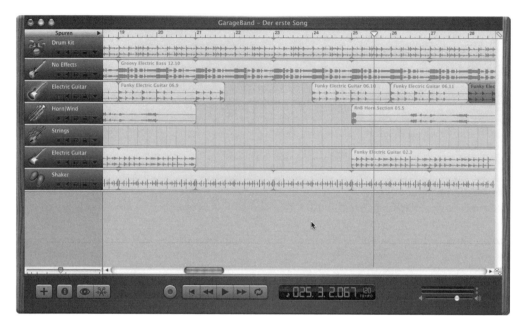

Abbildung 2.45 ▲
So sieht der erste Song inzwischen aus. Der Break ist gut erkennbar bei Takt 21.

Das hört sich soweit schon ganz gut an. Aber irgendwo fehlt da noch was. Wie wäre es noch mit einer Bläser-Variante für den Break? Suchen wir nach der RNB HORN SECTION 09 heraus und fügen den Loop in die Lücke ein (wie in Abbildung 2.45). Sie müssen natürlich nicht für jeden anderen Loop eines gleichen Instrumenten-Typs eine neue Spur anlegen.

Sollten Sie nicht genau genug gezielt haben, schieben Sie die Region einfach an die richtige Stelle. Vergessen Sie dann nicht, die Region, welche Sie durch das falsche Ablegen verkürzt haben, wieder auf die richtige Länge zu ziehen.

Ist ein Loop länger als eine Lücke, müssen Sie sich entscheiden, welche Region Sie dafür verkürzen. Sind Sie sich nicht gleich sicher, spielen Sie ein wenig herum und ziehen mal die eine, mal die andere Region auf und zu. Die andere Region wird dann automatisch jeweils an ihrem Anfangs- bzw. Endpunkt angepasst.

Geloopte Region zerschneiden

Um den Break noch ein wenig deutlicher zu machen, soll auch der Bass für eine Zeit seine Saiten halten. Der Einfachheit halber löschen Sie dafür den Bass-Part von Takt 21 bis Takt 25.

Sie haben aber nur einen einzigen Abspiel-Loop von der Region?

2.5 Den Song aufbauen

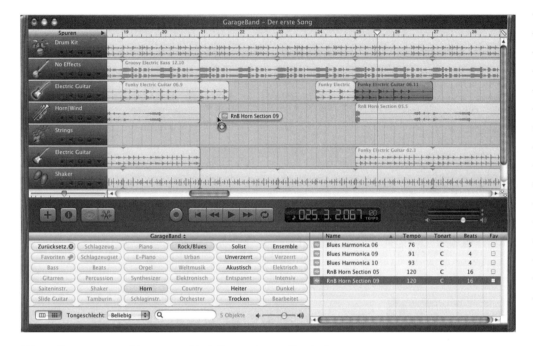

▲ **Abbildung 2.46**
Ein anderer RnB Horn-Loop wird in die Lücke der Spur eingefügt.

Wenn Sie etwas markieren, markiert Ihnen GarageBand die ganze Spur und löscht dann natürlich auch gleich alles? Einfach so markieren zwischen den einzelnen Loop-Einkerbungen geht nicht? Macht nichts, Sie müssen jetzt nicht den ganzen Loop bis Takt 21 kürzen und für Takt 25 kopieren. Sie können auch in einer geloopten Region ganz normal editieren. Das heißt, Sie können entweder Ihren Tonkopf einfach auf Takt 21 und danach auf 25 setzen und den Loop teilen, oder Sie können Ihre Fertigkeiten im Editor üben und die Region dort manuell schneiden.

Das Ende vom Lied

Unser Mini-Song neigt sich langsam dem Ende zu. Lassen Sie jetzt alle Spuren bis auf die Strings und die zweite Gitarre bis zum Ende von Takt 32 stehen. Die zweite Gitarre von Takt 25 bis 27 wird bisher nur einmal geloopt.

Nun verpassen wir unserem Song noch einen einfachen Schluss. Wenn alle anderen Instrumente verstummt sind, bekommt der Loop der zweiten Gitarre (Funky Electric Guitar 02) noch einen kurzen Auftritt in Takt 33 und 34. Damit er nicht so einsam ist und der Schluss des Songs noch etwas markanter wird, greifen wir erneut auf die Bläser zurück. In diesem Fall auf den Loop aus dem Break: RnB

Abbildung 2.47 ▼
So sieht das Ende unseres ersten Songs aus.

HORN SECTION 09. Auch er beginnt in Takt 33 und läuft einmal durch. Sie können jetzt noch ein wenig mit verschiedenen Schlagzeug-Loops herumexperimentieren und ein eigenes Lied-Ende kreieren.

2.6 Software-Instrumente einsetzen

Aus Kompatibilitätsgründen haben wir bisher in unserem Song komplett auf Software-Instrumente verzichtet. Unterschlagen können und wollen wir sie jedoch nicht.

Software-Instrumente einfügen

Wir nehmen uns wieder unseren Mini-Song vor und fügen im Break bei Takt 21 eine weitere Spur ein. Ziehen Sie dann ein Software-Instrument auf die neue Spur in der Timeline. Wir nehmen die FUNKY POP CONGA 01.

Unser iBook mit 700 MHz schafft das noch relativ gut. Es hat allerdings auch einen Arbeitsspeicher von immerhin 640 MB. Man kann in bescheidenem Umfang also auch an G3-iBooks mit Software-Instrumenten arbeiten.

Übrigens: Je mehr Sie ihren Mac auslasten, desto wahrscheinlicher werden Sie mit einem kleinen, aber feinen Feature von Garage-Band Bekanntschaft machen (wenn Sie stolzer Besitzer eines G5 sind, werden Sie es eher selten oder gar nicht zu Gesicht bekommen). Der Tonkopf beinhaltet nämlich eine Systemauslastungsanzeige. Und in der Tat, wenn Sie diese im Auge behalten, sehen Sie rechtzeitig, ob ihr Rechner gleich schlapp macht, weil er an seine Grenzen stößt. Das Dreieck oben am Tonkopf verwandelt sich dann

---

Software-Instrumente auch für G3-Macs

Sollten Sie unbedingt diesen, aber auch genau diesen einen Software-Instrumente-Loop verwenden wollen, obwohl Ihr Mac ihn einfach nicht mehr bewältigen kann, gibt es einen kleinen Trick. Erstellen Sie einfach eine neue Spur für ein echtes Instrument. In diese Spur ziehen Sie dann den Software-Instrumente-Loop. Er wird sogleich in ein echtes Instrument umgewandelt und verbraucht damit nicht mehr so viel Rechenleistung.
Sie können ein Software-Instrument auch ganz »offiziell« in ein echtes Instrument umwandeln, ohne vorher eine neue Spur anlegen zu müssen. Ziehen Sie den gewünschten Loop mit gedrückter ⌥-Taste einfach in die Timeline.

2.6 Software-Instrumente einsetzen

langsam von Weiß in Rot. Sehen Sie also Orange, ist das ein Alarmzeichen, dass Fehlermeldungen im Sinne von DIE FESTPLATTE IST ZU LANGSAM sehr bald auf ihrem Monitor zu sehen sein werden. Analog zum orangefarbigen Dreieck wird dann meist auch das Abspielen ein wenig ruckelig.

▲ **Abbildung 2.48**
Ziehen Sie einen Software-Instrumente-Loop mit gedrückter ⌥-Taste in die Timeline, so als wenn es sich um ein echtes Instrument handeln würde. Das spart Rechen-Power.

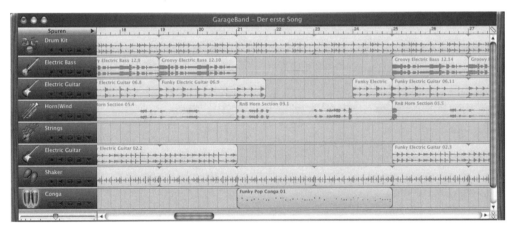

Suchen Sie im Loop-Browser diesmal nach einem grünen, nicht nach einem blauen Loop. So können Sie Software-Instrumente und echte Instrumente gut auseinander halten.

Die Spur sieht anders aus als der Rest in der Timeline. Es sei denn, Sie haben sie als echtes Instrument zuvor neu angelegt. Dann wird auch die Conga als Welle dargestellt. Mit dieser Umwandlung gehen die Editierfunktionen des jeweiligen Software-Instruments verloren,

▲ **Abbildung 2.49**
Ganz unten fügen wir im Break noch eine Conga-Spur als Software-Instrument ein.

aber das ist wahrscheinlich nicht ganz so schlimm, wie wenn Sie ganz auf den Loop verzichten müssten.

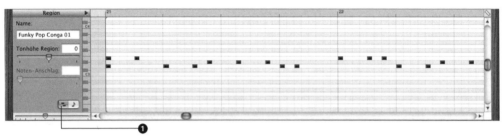

Abbildung 2.50 ▲
Der Editor für unsere Software-Congas in der Grafikansicht ❶. Die Noten werden in diesem Fall als MIDI-Daten dargestellt.

Abbildung 2.51 ▲
So sieht die Darstellung aus, wenn Sie bei REGION auf das kleine Notensymbol ❷ klicken. Eine perfekte Notation Ihres Software-Instruments.

Software-Instrumente editieren

Wir lassen die Congas so, wie sie sind, werden Ihnen jetzt aber trotzdem einen kurzen Überblick über die Arbeit mit dem Editor für Software-Instrumente geben. Viele der Funktionen werden erst richtig interessant, wenn Sie Ihre eigenen MIDI-Instrumente aufnehmen.

Im Editor sehen Sie in der MIDI-Daten-Darstellung zwischen der Regionen-Spalte und dem Editierfeld eine vertikal aufgestellte, stilisierte Keyboard-Tastatur. Diese zeigt Ihnen die Tonhöhe an. Sie können nun die Noten im gesamten Editor hin- und herschieben. Immer wenn Sie eine Note mit der Maus anfassen, spielt GarageBand sie Ihnen freundlicherweise vor, auch wenn Sie die Note verschieben.

Wollen Sie neue Noten in die Spur »hinein malen«, drücken Sie ⌘. Ihr Mauszeiger verwandelt sich dann in einen Bleistift. Jetzt können Sie Ihre Noten dahin setzen, wohin Sie sie gerne haben möchten. Wenn Sie eine Note in ihrer Tonlänge verändern möchten, klicken Sie diese einfach an und ziehen sie nach rechts, soweit Sie

> **Loop-Suche sortieren**
>
> Um im Loop-Browser besser suchen zu können, können Sie die Loops sortieren. Das gilt auch für die Einteilung nach echten und Software-Loops. Klicken Sie oben auf die Titelleiste über den blauen und grünen Icons. Dort erscheint dann ein Dreieck, das symbolisiert, dass die Loops jetzt nach Instrumenten-Art angeordnet sind.

mögen. Auch Copy & Paste funktioniert hervorragend im Editor. Die kopierte Note wird dabei am Tonkopf in der Tonhöhe eingefügt, in der die originale Note steht.

Mit der Noten-Darstellung geht das erfreulicherweise genauso einfach. Um die Darstellung nutzen zu können, sollten Sie allerdings Noten lesen können. Oder Sie lernen es jetzt mit Hilfe von Garage-Band und sehen sich immer an, wie Ihre Software-Instrumente in Noten umgesetzt aussehen.

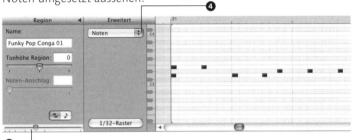

◄ **Abbildung 2.52**
Weitere Einstellungsmöglichkeiten finden Sie in der Spalte ERWEITERT.

Sie können im Editor noch weitere Parameter für Software-Instrumente einstellen. Klicken Sie dafür zunächst in das kleine Dreieck der Spalte REGION. Hier kann der ANSCHLAG eines Instrumentes über den Regler ganz unten verändert werden ❸. Sie können anhand der Farbe der Noten ungefähr ablesen, wie stark der Anschlag eines Instrumentes ist. Je schwächer, desto heller werden die Noten angezeigt. Weiter können Sie unter ❹ die Darstellung noch auf MODULATION, PITCHBEND und SUSTAIN stellen. Mehr dazu in Kapitel »Das Keyboard macht die Musik«. So viel sei verraten: Damit können Sie sich an Ihrem Keyboard so richtig austoben und Ihre Umwelt regelrecht in den Wahnsinn treiben!

2.7 Der Mix macht's

So, unser erster Song ist fertig. Schön und gut, aber so richtig ausgewogen ist das Klangbild noch nicht. Die Instrumente sind zwar eingespielt, aber die einzelnen Spuren noch nicht aufeinander abgestimmt. Sie haben alle eine relativ undefinierte Lautstärke. Bei einer richtigen Musikproduktion wird sehr viel Zeit darauf verwandt, die einzelnen Instrumente sensibel vom Volumen her aufeinander abzustimmen. Außerdem sollen Sie nicht alle aus der Mitte kommen, sonst wäre es ja kein Stereoklangbild. So steht also noch der Mixdown an. Zum Mixdown gehören auch die Entzerrer sowie die Wahl

Vergleichshören

Wollen Sie arbeiten wie ein Profi, vergleichen Sie Ihren Mix mit einer Ihnen sehr vertrauten CD. Hören Sie sich an, wie es dort klingt. Welches Instrument ist wie laut im Verhältnis zu den anderen? Wo befindet es sich im Stereo-Panorama: mehr rechts oder links, oder doch ganz in der Mitte?

der Effekte. Diese werden von uns gesondert in Kapitel »Filter, Dynamikprozessoren und Effekte« ab Seite 146 erklärt. Sie haben also jede Menge Möglichkeiten, Ihren Song akustisch zu verbessern.

Die Wahl des Abhörens
Jetzt kommen wir an den Punkt, an dem wir Ihnen im Interesse der Qualität für das Abhören Ihres Mixes zu höherwertigen Lautsprechern raten, denn jetzt kommt es auf die Details an. Wenn es nur irgendwie anders geht, verwenden Sie besser nicht die internen Lautsprecher Ihres Macintosh, auch die kleinen iSubs der iMacs sind nicht sonderlich gut dafür geeignet, einen Klang objektiv beurteilen zu können.

Schließen Sie Ihren Mac am besten über den Audio-Ausgang an Ihre Hi-Fi-Anlage an. Auch wenn diese nicht die besten Lautsprecher hat, so sind Sie doch zumindest mit ihrem Klang vertraut. Hochwertige Studiomonitore können Sie sich anschaffen, wenn Sie den Großteil Ihres Tages mit GarageBand verbringen und vielleicht auch über die Anschaffung eines noch komfortableren, vielleicht ja sogar Profi-Programms nachdenken.

Sie können natürlich auch gute Kopfhörer verwenden. Die haben Monitoren gegenüber sogar einige Vorteile. Sie werden ja mit Sicherheit nicht in einer ruhigen Studioumgebung arbeiten, sind also meist von irgendwelchen ablenkenden Störungsgeräuschen umgeben. Mit Kopfhörern können Sie wesentlich ungestörter arbeiten und sich besser konzentrieren. Außerdem können Sie die Einstellungen, die Sie z. B. mit den Balance-Reglern treffen, genauer beurteilen. Und (wenn Sie sich schon so in GarageBand vertiefen, dass Sie Ihre Mitbewohner vernachlässigen) auf diese Weise ersparen Sie Ihren Mitmenschen auch, Ihre Musik-Versuche mit anhören zu müssen. So dass die Kopfhörer auch dem häuslichen Frieden dienen.

Der Balance-Regler
Wir erwähnten es schon: Auf keinen Fall sollten alle Instrumente aus der Mitte ertönen. Wozu gibt es schließlich Stereo? Diese empfiehlt sich nicht nur für die Aufnahme eigener Loops. Es gibt darüber hinaus auch noch ein so genanntes **Stereo-Panorama**. Das heißt, bei der Abmischung werden die einzelnen Instrumente einer bestimmten Position im Raum zugeordnet. Die einen hört man mehr von links, die anderen eher von rechts. Stellen Sie sich ein Konzert vor. Egal ob Pop, Rock oder Klassik. Auf der Bühne stehen ja auch niemals alle Musiker hintereinander. Sähe irgendwie nicht gut aus. Doch

dabei geht es gar nicht so sehr um die Optik, sondern vielmehr um den Klang.

GarageBand hat im Spur-Mixer einen eigenen **Balance-Regler** für jede Spur – ganz wie bei einer Stereoanlage oder einem Autoradio. Mit dem Balance-Regler können Sie die Stereoverteilung bestimmen und jedem einzelnen Instrument seinen Platz im Panorama der Produktion zuteilen. Wir benutzen hier häufig das Wort Panorama. Das liegt schlicht daran, dass es in der Tontechnik der Standardbegriff dafür ist. Balance bezieht sich immer nur auf den Gesamtmix.

Wie war das denn bei Ihrem letzten Konzert? Klar, der Schlagzeuger saß hinten in der Mitte, aber wo bitte stand der Bassist? Wenn es Ihnen schwer fällt sich zu erinnern, dann hören Sie sich einfach eine Ihrer Lieblings-CDs an. Wie machen die Profis das? Hören Sie sich noch eine CD an. Vergleichen Sie. Prägen Sie sich ein, wie so ein Mix klingen soll, welche Spur wann wie laut ist und aus welcher Richtung sie kommt. Analysieren Sie die Abmischung. Allein durch bloßes Hinhören kann man schon viel lernen. Schließlich wollen Sie mit Ihrem eigenen Song eines Tages auch Applaus ernten, wenn auch nicht gleich goldene Schallplatten an Ihren Wänden landen werden.

Das heißt nicht, dass Sie in Zukunft Einheits-Lala à la Bohlen und Co. produzieren sollen, auch wenn die damit sehr erfolgreich sind. Machen Sie die Musik, die Ihnen gefällt, aber denken Sie immer daran, dass gewisse Standards einfach im Ohr der Musikhörer fest verwurzelt sind.

▲ **Abbildung 2.53**
Mit den Balance-Reglern können Sie Ihre Instrumente einzeln im Stereo-Panorama verteilen.

Sie können nun anfangen, mit dem **Balance-Drehknopf** (im Tontechnik-Kauderwelsch auch »panpot« für Panorama Potentiometer genannt) die einzelnen Instrumente im Stereobild zu verteilen. Diese Einstellungen gelten dabei immer für den ganzen Song. Wenn Sie Schallquellen während des Stücks im Panorama wandern lassen wollen, müssen Sie eine Automation zu Hilfe nehmen, die so genannte »Spur-Balance«, mit der sich der Balance-Drehknopf beim Abspielen des Songs automatisch verändert.

Ganz freie Hand haben Sie bei den Balance-Einstellungen natürlich nicht, denn eines müssen Sie noch beachten: das **Gesamt-Stereobild**. Behalten Sie immer die Master-Aussteuerungsanzeige im Blick. Über kurze Phasen hinweg ist es vollkommen in Ordnung, wenn die linke oder rechte Anzeige stärker ausschlägt als die jeweils andere. Das liegt schon an der Dynamik der Instrumente. Grundsätzlich muss die Balance zwischen Links und Rechts jedoch ausgeglichen sein. Oder wie würde es Ihnen gefallen, beim Hören einer CD

Balance-Regler benutzen

Sie können die Balance auf zwei Arten einstellen. Einmal ganz »frei Schnauze« und einmal in einem geordneten Raster. Wenn Sie mit der Maus ins Innere des Reglers klicken und ihn nach oben oder unten ziehen, können Sie die Balance genau so einstellen, wie sie sich am besten im Gesamtklangbild anhört. Klicken Sie hingegen auf den äußeren Rand des Knopfes und ziehen Sie die Maus, folgt die Einstellung im Raster der eingezeichneten Punkte.

bei jedem neuen Lied wieder zur Stereoanlage laufen zu müssen, um die Balance nachzuregeln? Das wäre nicht schön, achten Sie also am besten gleich darauf.

Spur-Balance individuell verändern

Mit GarageBand 2 bekam das Programm ein weiteres Feature, welches vorher von vielen vermisst wurde: die Panorama-Einstellung für ein Instrument im Laufe des Songs zu verändern. Das gibt einem mehr Möglichkeit zur Kreativität.

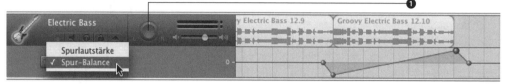

Abbildung 2.54 ▲
So einfach wandert Ihr Bass vom rechten zum linken Lautsprecher.

Klicken Sie auf das kleine Dreieck in der Spurkopfzeile ❶ und es öffnet sich eine weitere Zeile für die betreffende Spur. Hier können sie jetzt zwischen der Darstellung für die Spur-Lautstärke und für die Spur-Balance auswählen. Klicken Sie in der Timeline in die zusätzlich für die Spur-Balance angezeigte Linie, werden kleine Ankerpunkte erstellt, an denen Sie mit der Maus ziehen können. Je nachdem, ob Sie nach oben oder unten ziehen, erklingt das Instrument von links (oben) oder von rechts (unten). Sie können natürlich auch Mittelwerte wählen. Glücklicherweise hat Apple auch daran gedacht, Zahlenwerte einzubauen. Wenn Sie mit der Maus auf einen Punkt klicken, wird Ihnen die Verschiebung in positiven (für die rechte Seite) und negativen (für die linke Seite) Werten angezeigt. Aber Achtung, eine kleine Falle ist dabei noch eingebaut. So lange der kleine Kasten vor dem Wort »Spur-Balance« nicht blau leuchtet, ist die Funktion nicht aktiv. Sobald der Kasten leuchtet, wird die Balance-Regelung im Mixer deaktiviert. Das ist gut zu wissen, damit man sich nicht wundert, warum man an dem Knopf nichts mehr drehen kann.

Jetzt haben Sie Ihren Balance-Regler automatisiert. Ganz von alleine wird nun beim Abspielen die Panorama-Veränderung mit übernommen. Ebenfalls praktisch: Wenn Sie Ihre Automation abspielen, läuft der Balance-Regler im Mixer mit, achten Sie einmal darauf.

Um nun ein Instrument sinnvoll im Panorama anzuordnen, sollten Sie zunächst einen Gesamtmix erstellen und für jede Spur festlegen, aus welcher Ecke das Instrument ertönen soll. Das geht am besten über den Balance-Regler im Mixer. Wenn Sie dann im Laufe des Songs an einer Spur Balance-Änderungen vornehmen, wird hierbei

> **Der Balance-Regler tut nicht(s) mehr**
>
> Haben sie bei einem Instrument bereits die Spur-Balance benutzt, ignoriert GarageBand jede Änderung am Balance-Regler im Mixer. Auch wenn man die Spur-Balance zuvor deaktivert hat. Obwohl der Regler an sich dann nicht mehr deaktiviert ist. Erst wenn sämtliche per Hand gesetzte Punkte in der Balance-Spur gelöscht sind, können Sie den Regler wieder benutzen.

2.7 Der Mix macht's

von der zuvor ausgewählten Position ausgegangen. Das spart viel Arbeit beim Punkte-Ziehen, wenn die Grund-Position im Panorama schon einmal klar ist.

Lautstärke anpassen
Hören Sie sich Ihren Song zunächst genau an. Wechseln Sie dann zu einer ordentlich produzierten CD. Welche Instrumente spielen dort wie laut? Was ist anders als in Ihrem eigenen Song? Überlegen Sie erst einmal selber, was Sie verändern würden. Dann zeigen wir Ihnen hier, wie die richtige Abmischung funktioniert.

▼ **Abbildung 2.55**
Eine einheitliche Lautstärke für die ganze Spur stellen Sie mithilfe des Mixers ein.

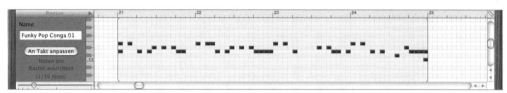

Apple hat GarageBand 2 jetzt dB (Dezibel)-Angaben zur Lautstärke-Einstellung in der Spur-Lautstärke gegönnt. Eine Funktion, die wir bei der ersten Version der Software noch schmerzlich vermisst hatten. So können Sie auch nach einem Solo, in dessen Verlauf Sie ein Instrument hervorgehoben haben, wieder präzise zu dessen vorheriger Lautstärke zurückkehren.

Bei der Lautstärke gilt dasselbe wie bei der Balance: Sobald Sie sich an der Spur-Lautstärke ausgetobt haben, bleibt der Lautstärke-Regler im Mixer außen vor.

Bloß keinen Einheitsbrei
Zunächst machen wir uns an die Einstellungen für die einzelnen Instrumente. Wir haben beim Arrangieren des Song-Aufbaus bisher nicht sonderlich auf die Lautstärkenverhältnisse geachtet. Jetzt haben wir den Salat. Oder besser gesagt: den Brei. Ein diffuses Durcheinander von Instrumenten. Aber das macht nichts. Aus diesem Grund gibt es schließlich den Mixer – nicht so komfortabel wie in manch anderem Mehrspur-Audio-Programm, ein wenig ungewohnt in der Bedienung, aber durchaus gut nutzbar.

Hören Sie? Ein Gemisch aus den Instrumenten dringt in Ihr Ohr. Eines vorweg: Änderungen, die Sie im Mixer vornehmen, können nicht rückgängig gemacht werden. Klicken Sie versehentlich in die falsche Spur, müssen Sie per Hand wieder zu den vorherigen Einstellungen zurückfinden.

Ausgangslautstärke beachten
Während Sie die einzelnen Spuren aufeinander abstimmen, verlieren Sie nie die Ausgangslautstärke in der Steuerungsleiste aus den Augen. Verlässt sie den grünen Bereich, sollten Sie, anstatt das nächste Instrument lauter zu machen, lieber die anderen etwas zurücknehmen. Zeigt die Anzeige die Farbe Rot, kommt es zu Verzerrungen bei der Wiedergabe.

Doch wie wird nun ein vernünftiger Mix aus unserem Song? Zunächst sollten Sie sich ein wenig Zeit und Ruhe gönnen, und sich auf das, was Sie hören, konzentrieren. Denn auf die Schnelle wird der Mix selten gut. Tun Sie es nicht, machen Sie uns hinterher nicht dafür verantwortlich, wenn Ihnen dann doch etwas nicht gefällt. Egal, ob bei diesem oder bei einem zukünftigen Song. Schließen Sie sich ein, melden Sie sich für die nächsten Stunden ab.

Es ist sinnvoll, sich die Spuren zunächst noch einmal einzeln durchzuhören, um genau herauszufinden, was das Instrument dort eigentlich ausmacht.

Abbildung 2.56 ▲
Als Erstes hören Sie mit dem Kopfhörer nur die gewählte Spur ab, die anderen werden zunächst stumm geschaltet.

Setzen Sie dann alle Spuren auf die von Apple vorgegebene Standard-Lautstärke zurück. Haben Sie schon eine relativ gute Abstimmung der Lautstärken zueinander, lassen Sie diese bestehen und ändern Sie nur noch das, was notwendig ist.

Die allgemeine Spurlautstärke

Für die Einstellung der Spurlautstärke mithilfe des Reglers brauchen Sie ein wenig Feingefühl, um auch kleinste Nuancen regeln zu können. Gehen Sie zunächst ans Intro und loopen Sie es in der Wiedergabe. So können Sie die drei Hauptinstrumente Schlagzeug, Bass und Gitarre aufeinander abstimmen. Wir nehmen zunächst alle ein wenig zurück, da jedes für sich schon an der Verzerrungsgrenze liegt. Hier reicht eine kleine Anpassung. Der Bass drängt sich ein wenig zu sehr in den Vordergrund, also wird er leiser gemacht als die anderen Instrumente.

Spielen Sie jetzt nach und nach den ganzen Song durch. Experimentieren Sie so lange herum, bis Ihnen die Abstimmungen wirklich gefallen. Besonders schwierig ist das an den Stellen, an denen beide Gitarren gleichzeitig spielen. Dabei entscheidet allein Ihr Geschmack, welcher Spur Sie mehr Hörbarkeit gönnen. Auf jeden Fall sollten Sie die Shaker ordentlich reduzieren. Diese stören auf Dauer, wenn sie permanent im Vordergrund schütteln. Schließlich sind sie nur ein Begleitinstrument.

Haben Sie die Grundeinstellung gefunden? Gut, dann machen wir uns ans Fein-Tuning.

Spurlautstärke im Fein-Tuning

Um mehr Spannung in eine Komposition zu bringen, haben Sie in GarageBand die Möglichkeit, die Lautstärke eines Instruments während des Songs individuell zu verändern. Ohne diese Möglichkeit könnten Sie etwa Ihr zuvor mit so viel Liebe eingespieltes Gitarren-

---

Standardlautstärke einstellen

Für sämtliche Lautstärke-Regler in GarageBand, egal ob im Loop-Browser, im Mixer oder beim Abspielen, gilt: Mit ⌥ + Klick lassen sich alle auf die Standard-Einstellung 0 dB zurücksetzen.

2.7 Der Mix macht's

Solo nicht adäquat hervorheben. Apple hat GarageBand für jede Spur noch eine zusätzliche Spur nur für die Lautstärke spendiert. Diese aktivieren Sie durch einen Klick auf das kleine Dreieck in der jeweiligen Spur ❶. In der sich öffnenden neuen Spur wählen Sie die Spurlautstärke. Dann müssen Sie noch das Rechteck davor anklicken, sodass es blau leuchtet, damit die Lautstärkelinie auch aktiv wird. Die Aktivierung erfolgt allerdings auch automatisch, sobald sie einen Lautstärkepunkt in der Linie setzen.

Sieht interessant aus, was? Damit sollen Sie also die Lautstärke der Spur bestimmen? Ganz genau! Keine Sorge, Sie gewöhnen sich schnell daran. Klicken Sie mit der Maus in die Linie in der Timeline. Sie sehen dort schöne bunte Punkte. Ziehen Sie mal daran. Hören Sie's ? Die Lautstärke verändert sich. So einfach funktioniert die grafische Anpassung des Lautstärkepegels.

> **Spurlautstärke vs. Mixer-Regler**
>
> Sobald Sie Änderungen an der grafischen Spurlautstärke vorgenommen haben, können Sie die Lautstärke nicht mehr über den Regler im Mixer ändern.

▼ **Abbildung 2.57**
Fein-Tuning mithilfe der Spurlautstärke

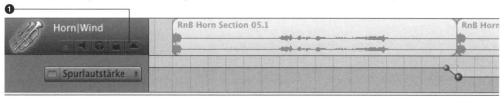

Sie können sich an der Wellenform oder den MIDI-Noten der Spur orientieren, wo im Song Sie sich gerade befinden und wo Sie anfangen, die Punkte zu setzen. Speichern Sie sich Ihren Song sicherheitshalber vorher ab, bevor Sie anfangen zu experimentieren.

Leider können Sie die Darstellung in der Höhe nicht vergrößern, was die Arbeit ein wenig komfortabler machen würde. Sie sind daher auf das Feingefühl Ihrer Maushand angewiesen, um kleine Nuancen in der Lautstärke anzupassen.

Bleibt die Frage, wie Sie überflüssige Punkte wieder loswerden. Klicken Sie einfach einen Punkt an, er wird dann ein wenig größer als die anderen und bekommt einen dunklen Rand. Dann drücken Sie ⌫, und weg ist der Störenfried.

Wollen Sie mehrere Punkte in Ihrer Position verändern oder löschen, geht das wie so oft auf zwei verschiedene Arten. Entweder Sie halten die ⇧-Taste gedrückt und klicken einen Punkt nach dem anderen an, oder Sie klicken mit der Maus an eine Stelle vor oder hinter die zu editierenden Punkten, halten die Maustaste gedrückt und ziehen den Mauszeiger dann über die Punkte hinweg.

Probieren Sie, mit mehreren Punkten gleichzeitig die Lautstärke für einen bestimmten Bereich anzupassen. Achten Sie dabei besonders darauf, wie sich der Klang beim Wechsel zum vorherigen bzw. nächsten nicht markierten Punkt verhält.

Die Spurinformationen

Darauf haben Sie schon die ganze Zeit drauf gewartet, oder? Warum bloß erwähnen wir dieses Fenster nicht? Gut, wir haben es schon erwähnt, als es um das Einfügen einer neuen Spur ging. Soweit wissen Sie also schon Bescheid. Aber es gibt da noch dieses kleine Dreieck DETAILS… Dahinter verbergen sich die Effekteinstellungen für die Spur. Und die sind so komplex, dass wir Ihnen die Spurinformationen an dieser Stelle nur kurz vorstellen möchten. Ihnen widmen wir ein eigenes Kapitel. Denn Effekte sind extrem wichtig für die Mischung einer Produktion. Man kann mit Ihnen sehr viel erreichen, aber auch schnell sehr viel kaputtmachen. Aus Freude über die Möglichkeiten neigt man schnell dazu, zu viel des Guten zu tun.

> **Aufrufen der Spurinformationen**
>
> Sie können das Fenster SPURINFORMATIONEN auf dreierlei Wegen öffnen:
> 1. Mit einem Doppelklick auf die entsprechende Spurkopfzeile bzw. den Mixer.
> 2. Bei angewählter Spur mit der Tastenkombination ⌘ + I.
> 3. Indem Sie die Spur anwählen und im Menü SPUR den Punkt SPURINFORMATIONEN EINBLENDEN auswählen.

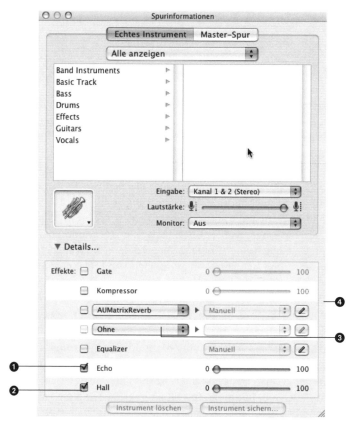

Abbildung 2.58 ▶
In den SPURINFORMATIONEN können Sie auch die Effekte auswählen und einstellen.

Um einen Effekt nutzen zu können, müssen Sie diesen vorher ankreuzen. Die Apple Loops sind schon von professionellen Tontechnikern mit passenden Effekten versehen worden, deshalb klingen zum Beispiel einige Schlagzeug-Loops wirklich so, als wären Sie in einer Garage aufgenommen worden, andere mehr wie in einer Konzerthalle.

Probieren Sie trotzdem die Effekte aus. Die Einstellmöglichkeiten von ECHO ❶ und HALL ❷ sind allerdings recht lächerlich. Man kann nur zwischen »nichts« und »voll« variieren. Klicken Sie in der Auswahlliste auf OHNE ❸, sehen Sie ganz unten die Funktion AUDIO UNIT EFFEKTE, mit deren Hilfe Sie Effekte mit unterschiedlichsten Parametern genau bestimmen können-

Audio Units sind so genannte Plug-Ins. Wenn Sie GarageBand installieren, installieren Sie sie automatisch mit in das Betriebssystem. Sie können sie in jedem Programm nutzen, das Audio Units unterstützt. Genauso können Sie auch sämtliche Audio Units anderer Audio-Programme und Hersteller in GarageBand verwenden. Mehr zu diesem Thema und zu den Einstellungen der Audio Units finden Sie im Kapitel »Filter, Dynamikprozessoren und Effekte« ab Seite 146.

Wählen Sie zum Beispiel einmal das AUMatrixReverb aus. Klicken Sie dann in den Bleistift ❹ rechts neben MANUELL und ein weiteres Fenster öffnet sich. Ihnen werden nun jede Menge Regler des Reverbs angezeigt. Reverb ist die englische Bezeichnung für Hall.

Wenn Sie jetzt sofort wissen wollen, wie Sie die Effekte sinnvoll anwenden und was um alles in der Welt diese ganzen Bezeichnungen bedeuten sollen, machen Sie doch einen Vorab-Exkurs zum Kapitel über Effekte. Wenn Sie ein wenig mehr Geduld haben und Ihre Neugier zügeln können, machen Sie in diesem Kapitel weiter. Oder Sie probieren einfach ein wenig herum (ja, wir wissen, dass Sie das schon längst getan haben).

Die Master-Spur regelt alles

Wir haben nun bereits die Grundeinstellungen für die Spurlautstärke vorgenommen, diese noch ein wenig abgestimmt und einen Blick auf die Spurinformationen geworfen. Jetzt machen wir uns an den letzten Mix.

Mit ⌘ + B oder über das Menü SPUR mit dem Eintrag MASTER-SPUR EINBLENDEN holen Sie sich die Master-Spur in ihr Arrangement. Sie sieht seit GarageBand 2 nicht mehr ganz wie eine »normale« Spur aus, mehr wie die Zusatzspuren für Lautstärke und Balance (siehe ❶ in Abbildung 2.59). Denn jetzt hat die Master-Spur

Master-Spur einblenden:
⌘ + B

neben der grundsätzlichen Einstellung für die Lautstärke noch eine weitere Funktion bekommen: Sie können mit ihr jetzt auch die Tonhöhe für den Song verändern. Demzufolge hat sie keinen direkten Namen mehr, es steht dort je nachdem, was Sie angewählt haben LAUTSTÄRKE oder TONHÖHE.

Egal wie groß oder klein Ihr Monitor ist, sie klebt immer am unteren Rand der Timeline, direkt über den Steuerungselementen. Angezeigt wird sie in lila und sieht anders aus als die anderen Spuren. Der Name, der in der Spurkopfzeile auftaucht, macht die grafische Darstellung logisch. Da die Master-Spur kein Audio- oder Midi-Material enthält, braucht Sie dafür keine Darstellung. Deswegen gibt es für sie nur die Lautstärke- bzw. Tonhöhenlinie.

Wozu ist die Master-Spur gut? Sie ist verantwortlich für alles, was den gesamten Mix betrifft. Was auf der Master-Spur eingestellt wird, bezieht sich automatisch auch auf alle anderen Spuren. Die Master-Spur hat das Sagen in Ihrem Song. Lautstärke, Tonhöhen-Veränderung und Effekte können mit ihrer Hilfe für alle Spuren gleich verteilt werden. Bei Effekten ist hier allerdings Vorsicht geboten. Im Allgemeinen verwendet man in der Master-Spur in erster Linie Kompressoren und Equalizer, die den gesamten Mix »fetter« und transparenter machen sollen.

Eine Blende für den Song
Mithilfe der Master-Spur können Sie Ihren Song zum Beispiel hervorragend ausblenden. Gehen wir wieder zurück zu unserem Projekt »Der erste Song«. Das Lied soll am Ende »gefadet« (ausgeblendet) werden. Gehen Sie dazu in die MASTER-LAUTSTÄRKE und setzen Sie zunächst zwei Punkte: einen für den Anfang der Blende (nach dem Ende der zweiten Gitarrenspur) und einen für das Ende vor unserem eigentlichen Schluss. Dieser soll mit der Blende gar nicht mehr zu hören sein. Der letzte Punkt muss auf dem Boden liegen, will heißen, ganz nach unten gezogen werden. In den angebotenen dB-Werten heißt das –144 dB. Leiser geht's nicht.

Hören Sie sich die Blende nun einmal an. Oder besser noch mehrfach. Wir haben nun ein gleichmäßiges Fade-Out über vier Takte. Sie können die Blende jedoch noch anpassen, so dass sie zum Beispiel am Anfang weniger stark ist. Am besten gehen Sie dafür in eine ziemlich hohe Auflösung, damit Sie genauer arbeiten können.

2.7 Der Mix macht's

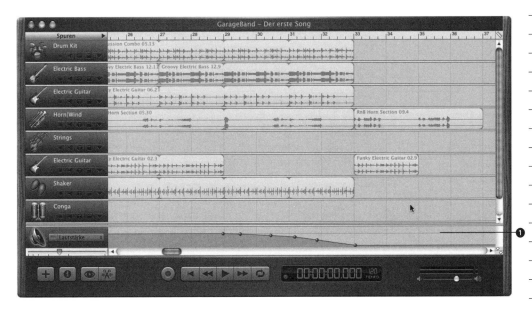

▲ Abbildung 2.59
Die Blende in der Master-Spur wirkt sich auf alle anderen Spuren aus.

Die Tonhöhe ändern
Wenn Ihnen der Song an sich zwar gefällt, die Tonhöhe aber nicht, können Sie sie ganz einfach ändern. Wechseln Sie in der Master-Spur im Aufklappmenü von LAUTSTÄRKE zu TONHÖHE. Sie können die Tonhöhe auch innerhalb des Songs ändern, um ein wenig Spannung zu erzeugen. Die Änderungen werden in Halbtonschritten im Verhältnis zur ursprünglichen Tonlage des Songs angegeben. Allerdings müssen Sie da schon sehr genau auf einen harmonischen Klang achten. Und sie sollten einen einigermaßen leistungsstarken Mac besitzen, sonst passiert beim Abhören am Wechselpunkt zunächst einmal gar nichts mehr. Nach ein paar Schrecksekunden erhalten Sie dann die Mitteilung, dass Ihr Mac gerade überfordert ist. Denn eine Tonhöhen-Änderung erfordert beim Abspielen viel Rechenleistung.

Unser Song ist nun fertig. Wie auch immer Sie ihn verändert haben, wichtig ist, dass Sie damit zufrieden sind. Überlegen Sie sich, ob der Song lieber einen richtigem Schluss haben oder langsam ausgeblendet werden soll. Denn jetzt wird es ernst: Wir werden den Song veröffentlichen.

2 Ein erster eigener Song

2.8 Exportieren und sichern

Der Song ist fertig. Wir werden ihn nun in iTunes veröffentlichen und auch als Archiv speichern, um ihn auch später noch bearbeiten zu können.

Export nach iTunes
Um einen Song in ein auf vielen Playern abspielbares Audio-Format umzuwandeln, müssen Sie ihn zunächst nach iTunes exportieren. Eine andere Möglichkeit gibt es nicht.

Schritt für Schritt: Song exportieren

1. Projekt abspeichern Zu allererst: Speichern Sie Ihren Song unbedingt ab, bevor Sie ihn exportieren. Die letzten Änderungen gehen sonst eventuell verloren! Haben Sie ihn abgespeichert, können Sie ihn jederzeit wieder bearbeiten, wenn etwas doch nicht so optimal klingt.

2. Exporteinstellungen überprüfen Zunächst sollten Sie einen Blick in die Einstellungen im Menü GARAGEBAND werfen. Dort treffen Sie wichtige Voreinstellungen. Das hilft ungemein, ihren Song später in iTunes wiederzufinden. Denken Sie sich eine beliebige nette, witzige Bezeichnung aus. Und merken Sie sichdie entsprechenden Einstellungen. Außerdem können Sie hier – sofern Sie Administratoren-Rechte besitzen – auch auswählen, ob Ihre Apple Loops nur von Ihnen selbst genutzt werden können, oder auch von anderen Benutzern.

2.8 Exportieren und sichern

Stellen Sie jetzt noch einmal sicher, dass Ihre Ausgangslautstärke in Ordnung ist und nicht in den roten Bereich geht. Dann wählen Sie aus dem ABLAGE-Menü den letzten Eintrag FÜR ITUNES EXPORTIEREN aus.

3. Export starten

Sofort öffnet sich ein Fenster, in dem Sie einen stetig wachsenden blauen Balken bewundern können. Darunter steht MIXDOWN ERSTELLEN. Ein Mixdown ist nichts anderes als das Zusammenfassen der einzelnen Spuren mitsamt allen ihren Einstellungen zu einem Stereo-Audio-File. Außer natürlich, Sie haben beim Anlegen des Songs MONO ausgewählt.

4. Mixdown erstellen

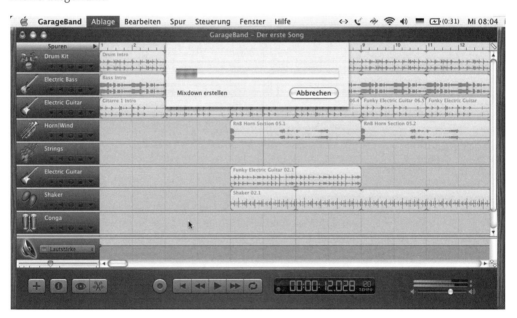

Ganz automatisch öffnet sich im Hintergrund iTunes. Prima, und jetzt? Meine Bibliothek, die kenn ich schon. Was passiert jetzt? Ach ja, da war doch am Anfang was mit Voreinstellungen in GarageBand. Suchen Sie die Wiedergabeliste mit dem Namen, den Sie zuvor in den GarageBand-Einstellungen gewählt haben.

5. Prüfen in iTunes

2 Ein erster eigener Song

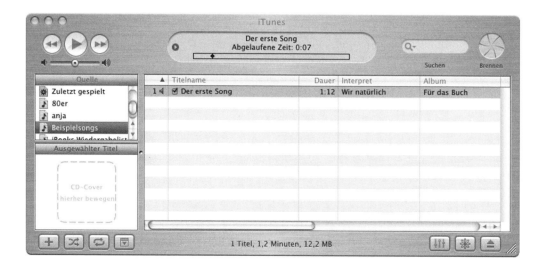

6. Song veröffentlichen Sie können sich Ihren Song nun auf CD brennen oder ins Internet stellen. Sie können ihn auf Ihren iPod exportieren (wenn Sie denn einen haben, Sie Glücklicher) oder als MP3 archivieren. Vorweg sei der Ordnung halber gesagt, dass Sie das alles nur mit Songs machen dürfen, in denen Sie kein kopiergeschütztes Material von anderen Künstlern verwendet haben.

Übrigens eignen sich die eigenen Kompositionen auch hervorragend, um mit iMovie erstellte Filme mit Musik zu untermalen. Mehr dazu **Ende** finden Sie im Kapitel über Weiterverarbeitung ab Seite 234.

Song als Archiv sichern
Sie können Ihren Song auch als Archiv sichern, und ihn damit bearbeitbar halten. Das geht ganz einfach über das ABLAGE-Menü. Wählen Sie dort ALS ARCHIV SICHERN und anschießend den Speicherort für Ihren Song aus. Auf diese Weise können Sie Ihr Werk ganz kompakt, inklusive aller Loops, auf jedem anderen Mac mit GarageBand abspielen und müssen nicht fürchten, dass irgendein Loop auf dem anderen Computer vielleicht nicht vorhanden sein könnte.

3 Echte Instrumente und Gesang

Richtig musizieren mit GarageBand

- Das interne Mikrofon nutzen
- Externe Quellen anschließen
- Instrumente live aufnehmen
- Alles über Mikrofonaufnahmen

3 Echte Instrumente und Gesang

Mit GarageBand wird Ihr Mac zum kompletten Aufnahmestudio – auch im klassischen Sinne: Mit GarageBand können Sie sogar echte Instrumente und Gesang aufzeichnen und die Ergebnisse hinterher genauso abmischen, nachbearbeiten und arrangieren wie alle anderen Klänge.

Schnappen Sie sich ihr Instrument! Das lange Warten war nicht umsonst. Spaß ist jetzt auf jeden Fall garantiert, denn in diesem Kapitel können Sie eigenhändig als Tonkünstler zum Instrument Ihrer Wahl greifen. Jetzt wird richtig Musik gemacht!

In diesem Kapitel schnuppern wir erstmals an den vielen Möglichkeiten, die GarageBand mitbringt, denn es ist wahrhaftig mehr als nur eine riesengroße Jukebox mit vorgefertigten Loops. Sie können vom E-Piano bis zum Turntable alle elektrischen Klangquellen aufnehmen und danach nach Belieben bearbeiten. Auch für notorische Sänger gibt es keinen Grund, ihr Talent in den Schatten zu stellen, denn auch der Anschluss eines Mikrofons ist kein Problem.

3.1 Das interne Mikrofon

Aufnahme starten:
R

Geschwindigkeit zählt!
Wenn Ihnen eine musikalische Idee durch den Kopf geht, müssen Sie ganz schnell handeln! Starten Sie GarageBand, und singen oder pfeifen Sie Ihren Einfall über das interne Mikrofon auf die Festplatte. Wenn Sie erst warten, bis Ihre Peripherie-Geräte bereit sind, kann sich Ihre Idee bereits in Luft aufgelöst haben. Ist die Idee aber erst einmal eingefangen, haben Sie alle Zeit der Welt, daran zu arbeiten!

Schön an GarageBand ist, dass es sich nicht ziert, als musikalischer Notizblock gebraucht zu werden. Sie haben ein iBook oder ein PowerBook und – viel wichtiger – eine Melodie im Kopf, die Sie unbedingt festhalten wollen? Hervorragend! Schalten Sie den Computer an. Starten Sie GarageBand, erzeugen Sie noch schnell eine NEUE EINFACHE SPUR und drücken Sie die Aufnahmetaste oder R. Jetzt läuft bereits die Aufnahme, und Sie können singen, pfeifen, brüllen oder lachen. GarageBand nimmt es auf, und das keine zwei Minuten nach dem Einschalten des Computers. Das ist wirklich toll, und kommt dem flüchtigen Wesen kreativer Ideen sehr entgegen.

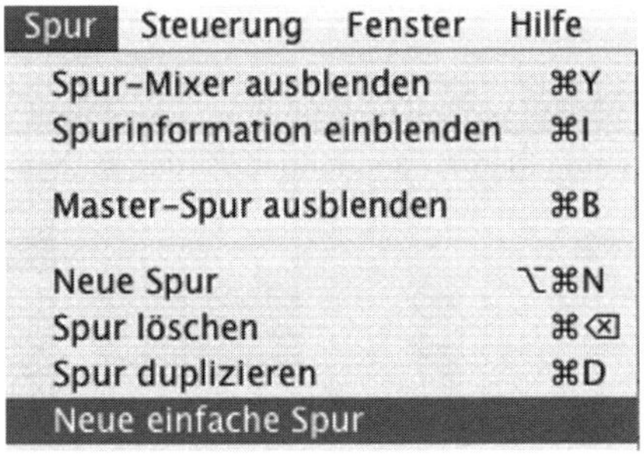

Abbildung 3.1 ▶
Anlegen einer EINFACHEN SPUR

3.1 Das interne Mikrofon

Solche Signale von Billigmikrofonen haben sogar schon oft den Weg zum Mega-Seller geschafft. In vielen Studiomischpulten ist ein kleines Mikro eingebaut, das so genannte »Talkback-Mikro«. Es dient eigentlich zur Kommunikation mit den Musikern hinter der Glasscheibe. Man kann dessen Signal aber auch direkt aufnehmen. Manche Künstler nutzen diesen »Billig-Sound« bewusst als Effekt und verewigen ihn auf CD.

Ebensolche Spontaneität haben wir auch dem eingebauten Mikrofon zu verdanken. Natürlich ist es qualitativ nicht mit einem Studiomikrofon zu vergleichen, aber es ist immerhin ein Kondensatormikrofon, für das Sie weder Vorverstärker, Batterie noch eine Phantomspeisung benötigen. Es ist immer funktionsbereit, sobald Ihr Computer es auch ist. Und für eine schnelle Idee ist es gut genug.

Wenn der Pegel zu hoch oder zu gering ist, müssen Sie nur die Spurinformationen der Aufnahmespur öffnen (Doppelklick auf das Spursymbol), dort den Regler zwischen den beiden Mikrofonen verschieben und so die Eingangslautstärke erhöhen bzw. verringern.

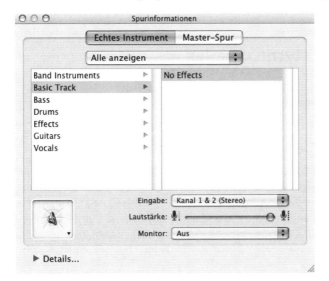

◀ Abbildung 3.2
Mit dem Regler zwischen den Mikrofonsymbolen können Sie schnell das Eingangssignal einpegeln.

Diese Einstellungen können Sie natürlich genauso gut in den Systemeinstellungen TON verändern. Der Vorteil hierbei ist die große Pegelanzeige, mit der man zusätzlich eine sehr gute Sichtkontrolle hat. Sie können natürlich nur etwas von Ihrem Eingangssignal hören, wenn die Spur in Aufnahmebereitschaft geschaltet ist.

3 Echte Instrumente und Gesang

Achtung!
Bitte verwechseln Sie nicht den Eingangspegel mit dem Spurpegel! Der Spurpegel zeigt das Signal Nach dem Eingangsverstärker an. Auch die Spurlautstärke beeinflusst die Eingangslautstärke überhaupt nicht. Denken Sie an Ihre Badewanne! Den Wasserhahn interessiert auch nicht, wieviel aus der Badewanne wieder herausfließt.

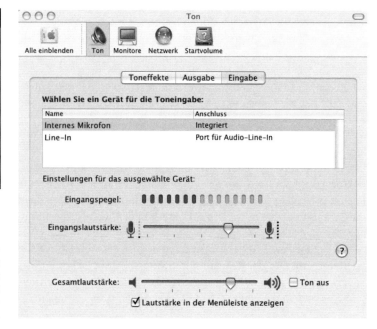

Abbildung 3.3 ▶
In den SYSTEMEINSTELLUNGEN können Sie ebenfalls den Eingangspegel des internen Mikrofons oder einer Line-Quelle verändern.

3.2 Externe Quellen

Das interne Mikrofon ist natürlich ausgeschaltet, wenn Sie eine externe Quelle in die Klinkenbuchse Ihres Computers stecken. Dann hat das Signal, das an der Buchse anliegt, Priorität. Auch wenn ein externer USB- oder FireWire-Wandler angeschlossen und in den GarageBand-Einstellungen als Eingangsquelle angewählt ist, kann das interne Mikro nicht benutzt werden.

Ob Mikro, E-Gitarre oder Synthesizer – bevor man externe Signale in den Rechner bekommt, muss man diese erst einmal an den Computer anschließen: Willkommen in der Kabel- und Steckerabteilung in unserem Buch! Prinzipiell unterscheiden wir dabei drei Arten von elektrischen Tonsignalen und Anschlussmöglichkeiten:

Mikrofonpegel (MIC)

Der Mikrofonpegel ist ein mittleres bis schwaches Signal im Millivolt-Bereich, je nach Bauart des angeschlossenen Mikrofons. Gute Kondensatormikrofone geben aufgrund der Spannungsversorgung auch hohe Pegel aus; bei dynamischen Mikrofonen (Tauchspule, Bändchen) hingegen ist das Signal äußerst gering, da nur die in die kleinen

Magneten induzierte Wechselspannung eins zu eins weitergegeben wird. Hier muss viel höher verstärkt werden, und damit steigt leider auch der Pegel der Störsignale.

Um dem entgegenzuwirken, haben Mikrofonkabel drei Adern. Durch einen Trick wird das Signal auf zwei Adern übertragen, allerdings in entgegengesetzter Phasenlage. Diese Art der Signalübertragung nennt man »symmetrisch«. Beim Vorverstärker angekommen, werden beide Adern erneut verpolt. Jetzt ist das Mikrofonsignal wieder normal, und ist durch die Verdopplung sogar um 6 dB lauter. Störsignale, die in das Kabel einstreuen, werden durch diese erneute Verpolung beim Empfänger komplett ausgelöscht, denn sie sind ja während der Übertragung gleichphasig. Sie können sich das dann vorstellen wie zwei exakt gleich schwere Gewichte einer schräg stehenden Waage, die genau gleichzeitig auf je eine der beiden Waagschalen fallen. Die Waage wird nicht ausschlagen und die Schrägstellung bleibt erhalten. Die Impulse der beiden Gewichte heben sich gegenseitig auf und nur das Nutzsignal bleibt übrig.

Durch diesen einfachen, aber genialen Trick können sogar große Strecken überwunden werden. Auf großen Musik-Festivals kommen schon mal 200 Meter Kabelstrecke zusammen. Allerdings sollte man nicht versuchen, ein kleines Mikrofonsignal über diese Distanz unverstärkt über ein Kabel zu jagen. Warum, erfahren Sie gleich im Anschluss.

▲ **Abbildung 3.4**
Symmetrische XLR-Steckverbindung für Mikrofon- und Line-Pegel (Amphenol Corporation)

Hochpegel (LINE)

Der Name verrät es: Hier sind hohe Pegel am Start, und das ist gut so. Wir kennen das Prinzip von Strommasten: Hochspannung sorgt für geringere Energieverluste bei langen Kabelwegen. Je geringer die Spannung, desto größer der Spannungsverlust pro Entfernungseinheit. Somit ist das Line-Signal im Vorteil, denn Rauschen und Störspannungen sind dann im Verhältnis zum Nutzsignal sehr schwach. Semiprofessionelle Geräte mit unsymmetrischer Anschlusstechnik geben etwa 0,3–0,5 Volt aus. Für diese Signale gibt es symmetrische und unsymmetrische Anschlüsse. Die unsymmetrische Variante kennen Sie von Ihrer Stereoanlage. Die hier verwendeten Stecker und Buchsen werden »Cinch« oder auch manchmal »RCA« genannt. Sie haben nur eine Signalader und eine Masseverbindung. Line-Pegel können aber auch mit symmetrischen Kabeln (z. B. Mikrofonkabeln) übertragen werden. Hier sind 6,3 mm Klinken- und XLR-Stecker möglich. Symmetrische Line-Pegel am Ausgang von Mischpulten liegen zwischen 1 und 5 Volt.

> **Der Pad-Schalter**
>
> Manche Tonquellen haben sehr hohe Ausgangspegel, so dass man am Wandler oder Mischpult sogar mit minimaler Verstärkung ins Clippinggerät. Mischpulte haben oftmals einen so genannten Pad-Schalter, der zu starke Signale am Eingang um 20–30 Dezibel dämpft. Dann kann der Regelbereich des Vorverstärkers wieder genutzt werden. Wenn Sie ein Kondensatormikrofon dämpfen wollen, benutzen Sie bitte nach Möglichkeit den Pad-Schalter am Mischpult oder Vorverstärker. Der Schalter am Mikrofon verringert nämlich meistens auch die Phantomspannung, und das verschlechtert den Dynamikumfang des Mikrofons.

3 Echte Instrumente und Gesang

Abbildung 3.5 ▲
Cinch-Stecker für unsymmetrische Line-Pegel (Amphenol Corporation)

Abbildung 3.6 ▲
6,3 mm-Stereoklinke für symmetrische Line-Pegel (Amphenol Corporation)

▲ **Abbildung 3.7**
Ein hochwertiges, unsymmetrisches Instrumentenkabel (Monster Cable Products Inc.)

Instrumentenpegel (INST)

Und hier kommt das Schlusslicht, was die Spannung betrifft (im Mikrovolt-Bereich). INST-Signale werden von Bassisten und Gitarristen erzeugt, besser gesagt von den Tonabnehmern Ihrer Instrumente. Auch in manchen elektroakustischen Pianos wie dem Fender Rhodes oder dem Wurlitzer Piano sind diese Tonabnehmer eingebaut, die statt von Saiten von Metallzungen angeregt werden. Diese Signalart benötigt zudem einen speziellen Eingangswiderstand, weshalb Wandler oftmals einen gesonderten Instrumenteneingang haben. Diese können »INST« oder »HiZ« heißen, wobei »HiZ« für hohen Eingangswiderstand steht.

Haben Sie schon einmal mit einem E-Gitarristen Musik gemacht? Sobald dieser seinen »Ohrenkiller« (Gitarrenverstärker) angeschaltet und seine »Axt« (Gitarre) eingestöpselt hat und noch nicht spielt (kommt zugegeben selten vor!), hören Sie laute Nebengeräusche und Brummen; teilweise sogar ausländische Radiosender. Das Gitarrenkabel wirkt wie eine Antenne, und der arme Gitarrenverstärker muss das kleine, unsymmetrische Signälchen so hoch verstärken, dass eben auch die Nebengeräusche hörbar gemacht werden (erzählen Sie das mit dem Radioempfang aber bitte nicht der GEZ, sonst müssen Sie noch Rundfunkgebühren bezahlen).

Unser Pegel-Ranking

Haben Sie im Lotto gewonnen? Besitzt Ihr Vater ein Tonstudio? Oder kennen Sie zufällig den Besitzer des Instrumentengeschäftes nebenan? Sollten Ihnen alle Möglichkeiten offen stehen, empfehlen wir Ihnen die Anschlüsse nach folgendem Ranking. Dabei gilt: Mehr Ausgangspegel gleich weniger Rauschen.

1. Platz: Symmetrische Linepegel

2. Platz: Unsymmetrische Linepegel

3. Platz: Kondensatormikrofonpegel

4. Platz: Pegel dynamischer Mikrofone

5. Platz: Instrumentenpegel von Tonabnehmern

3.3 Die Live-Aufnahme

Bevor es zur Aufnahme kommt, müssen erstmal die Aufnahmegeräte angeschlossen und eingestellt werden.

Audio-Eingang auswählen
Wie Sie sehen, gibt es jede Menge Stecker, mit denen externe Mikrofone und Instrumente angeschlossen werden können. Jetzt müssen wir uns damit beschäftigen, wie das Signal über das Kabel endlich in unseren Mac kommt. Man kann entweder den iStudio-Link oder einen ähnlichen Adapter für den internen Mac-Toneingang benutzen, oder komfortabel alles an ein externes Audio-Interface anschließen. Alles zu diesen Geräten und was Sie noch wissen müssen, um externe Instrumente an Ihren Mac anzuschließen, verrät Ihnen Kapitel 10 ab Seite 254.

> **Plattenspieler anschließen**
> Wenn Sie einen Plattenspieler in GarageBand aufnehmen wollen, benötigen Sie je nach Tonabnehmerprinzip einen speziellen MC- oder MM-Vorverstärker, obwohl die Cinch-Stecker zum direkten Einstöpseln einladen. Das Signal vom Tonabnehmer muss jedoch erst speziell entzerrt werden, bevor man es der weiteren Signalkette zumuten kann. Es gibt jedoch auch einige USB-Wandler, die bereits mit Plattenspielereingängen ausgerüstet sind.

◄ **Abbildung 3.8**
Macht die Arbeit für den Mac: das M-Audio USB Pre. Einfach in den USB-Port stecken und anschließen, was immer Sie möchten.

Sind Ihre Tonquellen richtig angeschlossen, müssen Sie nun GarageBand noch mitteilen, woher der Sound kommen wird. Über ⌘ + *,* kommen Sie in das Menü zum Anpassen der Einstellungen. Lassen Sie AUDIOEINGANG hier auf AUDIO (INTEGRIERT) stehen, erwartet Ihr Mac ein Signal von der integrierten Mini-Klinke.

◄ **Abbildung 3.9**
Wenn Sie mit externen Audio-Eingängen arbeiten wollen, müssen Sie die GarageBand-Audio-Einstellungen entsprechend umstellen.

Der Puffer

In Abbildung 3.9 sehen Sie noch eine weitere wichtige Einstellung für die Aufnahme: die Optimierung des Puffers.

Ein Pufferspeicher (engl. »buffer«) ist in etwa vergleichbar mit einem Stausee, der das Wasser eines Flusses anstaut, um zu gewährleisten, dass immer gleichmäßig viel Wasser (in unserem Falle also Tondaten) abfließen kann. Das geht mit einer Zeitverzögerung einher. Klar – das Wasser, das gerade oben in den Stausee fließt, kann ja nicht sofort unten wieder abfließen.

Bei der Aufnahme ist genau dieses ein Problem. Wenn Sie zu vorhandenem Tonmaterial neues hinzufügen möchten, wird es zunächst in einem Puffer zwischengespeichert. Ist dieser Speicher groß gewählt, führt das aber dazu, dass das vorhandene Material stark verzögert abgespielt wird. Nach der Aufnahme des neuen Materials werden Sie dann feststellen, dass Ihre Performance schleppt, obwohl Sie alles richtig eingespielt haben. Berufen Sie sich ab jetzt bei schlechtem Timing am besten immer auf »zu großen Puffer«!

Diese so genannte »Latenz« führt also zu Problemen. Deshalb sollten Sie während der Aufnahmephase den Puffer immer möglichst klein wählen. Damit ist die Latenz so gering, dass Sie ohne hörbare Verzögerung einspielen können. Nach der Aufnahmesession sollten Sie diese Einstellung wieder rückgängig machen, denn dann haben Sie womöglich viele Spuren, die gleichzeitig wiedergegeben werden müssen. Hier ist ein großer Puffer hilfreich, der erst einmal alle Spuren einsammelt und dann ausgibt. Schließlich müssen ja eventuell auch noch Effekte und Lautstärkekurven mit einberechnet werden. Und dafür geben wir dem Prozessor dann doch gerne wieder ein kleines bisschen Zeit, oder?

Einpegeln

Sie haben alles richtig eingestellt, das Instrument eingestöpselt und den Puffer auf klein gestellt? Jetzt geht es nur noch um den richtigen Aufnahmepegel. Ziel dabei ist, so viel wie möglich von der Schallquelle aufzunehmen, ohne dass es zur Übersteuerung kommt. Den richtigen Aufnahmepegel kann man gut mit der Belichtung in der Fotografie vergleichen: Ist der Lichtpegel zu hoch, nennt man das Foto überbelichtet. Ein Tonsignal würde analog dazu verzerrt erklingen. Ist der Pegel hingegen zu niedrig, ist das Bild unterbelichtet und somit zu dunkel. Das wäre im Tonbereich ein zu leises, verrauschtes Signal.

Mikro kaputt?

Sie haben alles richtig angeschlossen, aber kein einziges Lämpchen der Pegelanzeige leuchtet auf? Dann kann es sein, dass Sie ein Kondensatormikrofon benutzen, und das benötigt eine Spannungsversorgung (Phantomspeisung). Drücken Sie den entsprechenden Knopf an Ihrem externen Vorverstärker. Die Beschriftung kann unterschiedlich sein, z. B. »P48«, »48V« oder »Phantom«.

Sorgen Sie also immer für ein gut belichtetes Klangbild. Gehen Sie dafür in APFEL • SYSTEMEINSTELLUNGEN • HARDWARE • TON • EINGABE, wählen Sie den betreffenden Audio-Eingang aus und stellen Sie die Eingangslautstärke entsprechend ein. Der EINGANGSPEGEL soll dabei zwar immer fleißig arbeiten, die roten Clipping-Lämpchen aber nicht aufflackern.

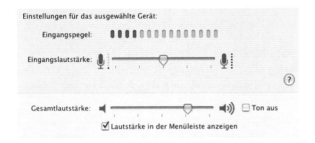

◀ Abbildung 3.10
Die Eingangslautstärke entscheidet über die Qualität der Aufnahme.

Sie möchten Gesang aufnehmen? Wenn Sie den Mikrofonpegel einstellen, sollten Sie etwas vorsichtiger pegeln. Die Erfahrung zeigt, dass man dazu neigt, während der Aufnahme lauter zu singen als beim Einpegeln. Das ist der ganz normale »Adrenalin-Faktor«. Es ist immer schade, wenn man eine Version verliert, weil die Vorstufe verzerrt. Vielleicht ist ja gleich der erste Take der Beste!

Spur einstellen
Als nächstes stellen wir noch unsere Aufnahmespur richtig ein. Klicken Sie dafür doppelt auf Ihr Spur-Symbol und schalten Sie in den Spurinformationen die MONITOR-Funktion ein. Wenn MONITOR aktiviert ist und Sie mit einem Mikrofon aufnehmen, müssen Sie unbedingt darauf achten, dass Sie nur mit Kopfhörern abhören. Externe Lautsprecher sollten Sie vorher stumm schalten, sonst kann es eine waschechte Rückkoppelung geben.

◀ Abbildung 3.11
Sie hören nichts oder nur auf einem Ohr? Falls Sie das Problem mit EINGABE, LAUTSTÄRKE und MONITOR nicht lösen können, sollten Sie unbedingt einen Arzt aufsuchen!

Überprüfen Sie nun auch noch, ob das Spurformat stimmt (bei EINGABE). Wenn Sie ein Monosignal aufnehmen, z. B. eine Stimme, muss auch das Spurformat MONO sein, sonst ertönt Ihre Aufnahme nur auf einer Seite. Das können Sie zwar auch nach der Aufnahme korrigieren, Sie können es aber auch gleich richtig machen. Bei EINGABE können Sie auch bestimmen, welcher Kanal bei einer Monoaufnahme abgegriffen werden soll: Kanal 1 (links) oder Kanal 2 (rechts). Bei 8-Kanal-Wandlern haben Sie natürlich entsprechend acht Kanäle zur Auswahl. Ein Spurname kann auch nicht schaden, und ein buntes Icon hilft bei der Übersicht.

Das Stimmgerät (Tuner)

Stimmgerät aktivieren:
⌘ + F

Unsere langjährige Aufnahmepraxis zeigt: auf einem ungestimmten Instrument klingen auch die routiniertesten Profis schlecht. Besonders anfällig für Verstimmungen sind natürlich Gitarren aller Art sowie Blasinstrumente. Als praktisches, neues Feature von GarageBand 2 verbirgt sich im Zeitfenster ein einfaches, aber sehr hilfreiches Stimmgerät. Man aktiviert es durch einen Klick auf die kleine Stimmgabel im Display. Wahlweise kann man aber auch das Tastaturkürzel ⌘ + F verwenden.

Achtung!
Die Stimmgabel ist nicht aktiv, wenn im Spurmixer kein echtes Instrument angewählt ist!

Dieses chromatische Stimmgerät (engl. tuner) zeigt die Stimmung eines Tones an, der gerade in einer aufnahmebereiten Spur mit einem echten Instrument erklingt. Das kann eine Gitarre, ein Keyboard oder auch eine Stimme sein – Hauptsache es produziert einigermaßen saubere Grundtöne. Akkorde können natürlich nicht analysiert werden und führen zur Irritation der Anzeige. Sie sollten genauso wenig versuchen, die Tonhöhe ihres Tambourins zu überprüfen, denn das ist leider völlig zwecklos.

Die nackte Wahrheit?
Versuchen Sie doch einmal, mit Hilfe des Stimmgeräts und des eingebauten Mikrofons Ihres Rechners einen sauberen Ton Ihrer Wahl zu singen. Die Anzeige wird Sie höchstwahrscheinlich ernüchtern, denn sie wird wohl mehr oder weniger stark hin- und herwandern. Das ist nicht so schlimm, wie es aussieht, zeigt aber auch, wie schwer es ist, einen Ton sauber zu intonieren. Wenn Sie Singen üben, können Sie das Stimmgerät gerne ab und zu zur Kontrolle ihrer Intonation benutzen, aber quälen Sie sich nicht unnötig! Das Ohr nimmt nur die durchschnittliche Tonhöhe wahr. Auch bei gut gestimmten Instrumenten schwankt die Anzeige ständig während der Ton erklingt, auch wenn es perfekt gestimmt ist. Das können Sie besonders gut mit einem Saiteninstrument ausprobieren.

Ein perfekt gestimmter Ton wird von dem etwas dickeren Leuchtelement in der Mitte angezeigt. Gleichzeitig wird der Tonname analysiert und erscheint als Buchstabe links im Display. Bitte wundern Sie sich nicht: es werden nur so genannte »tiefalterierte« Töne angezeigt, also z. B. ges (Gb) statt fis (F#). Da wir uns aber im sicheren Hafen der gleichschwebend-temperierten Stimmung befinden, sind diese Töne zu 100 Prozent identisch mit ihren entsprechenden Kreuz-Kollegen. Eine Übersicht dazu finden Sie in Tabelle 2.2 auf Seite 64.

Die Anzeige umfasst eine Skala, die jeweils 50 cent über oder unter der »idealen« Tonhöhe anzeigen kann. Die Idealtonhöhe bezieht sich auf den Kammerton a = 440 Hz. Dieser Standard wird von den meisten Musikern im Pop-Bereich akzeptiert. Bei klassischer Musik ist diese Norm allerdings nicht immer gültig. Manche Instrumentalisten und Orchester stimmen ihre Instrumente gerne ein paar Hertz höher, um einen helleren Gesamtklang zu erzielen, also z. B. a =

444 Hz oder sogar a = 450 Hz. Barockinstrumente hingegen sind oft auf einen tieferen Kammerton gestimmt. Falls Sie diesem Klientel angehören, haben Sie leider Pech gehabt und sollten sich ein externes, skalierbares Stimmgerät anschaffen.

▲ **Abbildung 3.12**
Ein geradezu vorbildliches »E« im grünen Bereich

Unser wirklich gut gemeinter Praxis-Tipp: stimmen Sie Ihr Instrument am besten nach jedem Aufnahmetake nach! Ihre Ohren gewöhnen sich leider sehr schnell an die sich langsam verstimmenden Instrumente. Am nächsten Tag ist die Enttäuschung dann groß. Mit diesem Problem haben auch große internationale Künstler zu tun, und wir als Tonleute haben die manchmal nicht gerade angenehme Aufgabe, sie während der Aufnahme ständig an das Stimmen zu erinnern. Aber gute Stimmung gibt's am Ende eben nur, wenn die Stimmung stimmt.

▲ **Abbildung 3.13**
Dieses »E« ist etwas zu hoch ...

▲ **Abbildung 3.14**
... und dieses etwas zu tief.

Die Aufnahme

So langsam nähern wir uns aber wirklich dem roten Aufnahmeknopf. Als letzten Gedanken davor sollten Sie sich überlegen, ob nicht ein Einzähler angebracht wäre. Im Menü STEUERUNG können Sie EINZÄHLEN aktivieren, und falls Sie noch keine stabile Rhythmusgruppe haben, das Metronom über ⌘ + U einschalten.

Metronom einschalten:
⌘ + U

▲ **Abbildung 3.15**
Der Einzähler gewährleistet einen guten Start in die Aufnahme.

Sie können in den Einstellungen (⌘ + ,) bestimmen, ob das Metronom nur während der Aufnahme oder auch während der Wiedergabe ertönen soll.

Aber jetzt! Nochmals die Aufnahme gestartet, und spätestens nach dem Einzähler (ein Takt) sollten Sie keine Hemmungen mehr haben.

> **Cent?**
>
> Nein – das hat in diesem Fall nichts mit Währung zu tun. Es handelt sich um ein logarithmisches Maß für Intervalle, und das gab es bereits lange vor unserer geliebten Einheitswährung. Ein Halbton wird dabei in 100 cent geteilt. Daher umfasst eine Oktave auch exakt 1200 cent. Ein cent entspricht einem »hundertstel Halbton« und ist zwar hörbar, aber trotzdem verdammt wenig.

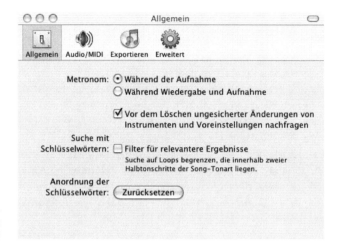

Abbildung 3.16 ▶
Die Metronom-Einstellungen
– wir zählen auf sie!

Singen mit Kopfhörer

Als Letztes noch ein Tipp: Zum Einsingen sollten Sie immer besser einen Kopfhörer verwenden. Wenn Sie nämlich das Playback über die eingebauten Lautsprecher wiedergeben, findet sich ein Teil dieses Signals auf der Aufnahme wieder. Das kann zu seltsamen Klangeffekten führen. Wenn Sie das Metronom eingeschaltet haben, streut es ebenfalls über die Lautsprecher in die Aufnahme ein. Setzen Sie am Besten einen halboffenen oder geschlossenen Kopfhörer auf. Viele Sänger setzen sich dann eine Ohrmuschel nur halb auf, um eine bessere Kontrolle über Ihre Stimme zu haben. Wenn Sie das Playback zu laut auf dem Kopfhörer haben, kann es über Ihr Mikrofon sogar zu Rückkopplungen kommen. Und ihren Ohren werden ein paar Dezibel weniger auch nicht schaden.

3.4 Mikrofonaufnahmen

Es gibt E-Gitarren, E-Bässe, natürlich Synthesizer und E-Pianos, dann wird es allerdings schon schwierig mit elektronischen Instrumenten, die wir mittels Kabeln direkt an den Mac anschließen können. Vielleicht noch E-Drums und E-Violinen? So etwas hat man in der Regel zu Hause nicht im Schrank, vielmehr steht die gute alte Gitarre bereit, die Geige oder Blockflöte.

Wer analog musiziert oder Gesang aufnehmen möchte, muss für seine Aufnahmen nach wie vor auf ein Mikrofon zurückgreifen. Das bedeutet jedoch, wieder vor einer eigenen Wissenschaft zu stehen.

Das Einmaleins für eine erfolgreiche Mikrofonaufnahme haben wir für Sie nachfolgend zusammengefasst.

Bleiben wir dafür erst einmal wieder bildhaft. Das Mikrofon ist gleichsam unsere »akustische Kamera«. Wir entscheiden, wie unser Motiv abgebildet wird. Machen wir eine intime Porträtaufnahme mit einer Großformatkamera, ein Landschaftsbild mit einem Weitwinkelobjektiv oder ein verwackeltes Kultfoto mit einer Pocketkamera? Wenn wir uns dem Motiv stark nähern, erkennen wir kleinste Details, verlieren aber den Überblick. Sind wir weit entfernt, haben wir einen Überblick ohne jedes Detail.

Genau so ist es mit Mikrofonen: Es gibt edle Kondensatormikrofone mit großen Membrankapseln, die schmeichelnd die Schallquelle größer und schöner machen, als sie wirklich ist. Dann gibt es präzise Kleinmembran-Mikros, die sich etwas nüchterner verhalten. Und es gibt gerichtete Nieren- oder Hypernieren-Mikrofone, die Zoom-Objektiven ähneln, oder Kugelmikrofone, die eine Weitwinkel-Perspektive abbilden. Das im Mac eingebaute Mikrofon ähnelt bei alledem dem Objektiv einer Lochkamera.

In Tabelle 3.1 finden Sie noch einmal einen kleinen, groben und unvollständigen, aber hilfreichen Überblick (Protestschreiben und Drohbriefe von Tonmeistern nehmen wir selbstverständlich jederzeit schuldbewusst entgegen). Im Kapitel »Hardware für die Musik am Mac« ab Seite 270 finden Sie noch einmal genauere Beschreibungen der Mikrofontypen und ihrer Richtcharakteristiken:

Mikrofontyp	Charakteristik	Gut für …	Nicht gut für …
Großmembran (Kondensator)	Niere	Sprache, Sologesang, alle Instrumente	Draußen
Großmembran (dynamisch)	Niere	Sologesang, Bass Drum, Tom Toms, Blechblas-instrumente	Klein-Percussion, Saiteninstrumente
Kleinmembran (Kondensator)	Niere	Holz- und Blechblasinstrumente, Saiteninstrumente, Klavier, Percussion	Nahbesprechung, Bass Drum, Bass, draußen
Kleinmembran (Kondensator)	Kugel	AB-Stereoaufnahmen, klassischer Gesang, akustische Instrumente	Schlechte Raumakustik

◀ Tabelle 3.1
Überblick über gebräuchliche Mikrofontypen und Anwendungsgebiete

Tabelle 3.1 ▶
Überblick über gebräuchliche Mikrofontypen und Anwendungsgebiete (Forts.)

Mikrofontyp	Charakteristik	Gut für …	Nicht gut für …
Kleinmembran (dynamisch)	Hyperniere Superniere	Bühne, Sologesang, Sprache, Interviews, Snare Drum, Tom Toms, Verstärker	Bass Drum, räumliche Aufnahmen, größere Abstände
Bändchen	Acht	Sprache, Gesang, HiHat, Becken, Percussion, Bläser, Streichinstrumente	Zu starke Nahbesprechung (Bändchen kann zerstört weden!)

Natürlich dürfen und sollen Sie mit jedem Mikrofon alles ausprobieren. Aber gelegentlich soll es ja auch bei GarageBand-Usern mal schnell gehen, und für diesen Fall können Sie mal schnell einen Blick auf die Tabelle 3.1 werfen.

Alle Mikrofone ändern ihren Frequenzgang mit der Richtung, aus der sie besprochen, besungen oder sonst wie beschallt werden. Das heißt, dass schon kleine Änderungen in der Aufstellung große klangliche Unterschiede hervorrufen. Oftmals können Sie durch etwas Sorgfalt bei der Positionierung unnötige Zeit bei der Nachbearbeitung durch Equalizer und Kompressoren sparen.

Bei Gesangsaufnahmen empfehlen wir immer einen »Plop-Killer« oder wenigstens einen Schaumstoff-Windschutz. Ein einziges zu starkes »p« kann eine ansonsten wunderschöne Gesangsaufnahme zunichte machen, wenn es klingt wie die Explosion einer Mörsergranate.

Abbildung 3.17 ▲
Popschutz der Firma Neumann GmbH

Stereo aufnehmen

Versuchen Sie doch auch einmal eine Stereoaufnahme. Wenn Sie zwei gleiche Mikrofone haben, sollten Sie diese Möglichkeit nutzen, denn in Stereo aufgenommene Instrumente und Stimmen klingen immer sehr natürlich (wir haben ja schließlich auch zwei Ohren). Bei Sologesang sollten Sie aber von einer Stereoaufnahme absehen. Die Erfahrung zeigt, dass das Springen der Hauptstimme im Panorama (durch Kopfbewegungen) wesentlich mehr irritiert, als es das Ohr erfreut. Beim Background-Chor bieten sich Stereoaufnahmen dann wieder hervorragend an.

Es gäbe so viel über Stereo-Aufnahmetechniken zu sagen, dass jeglicher Versuch, hier ins Detail zu gehen, den Rahmen dieses Buches sprengen würde.

Wir zeigen Ihnen hier nur drei Techniken, mit denen Sie experimentieren können, immer zwei identische Mikrofone vorausgesetzt.

Alle drei Stereoverfahren können Sie mit Groß- und Kleinmembran-Mikrofonen durchführen.

AB-Anordnung

Die AB-Anordnung ist eine Technik, die auf Laufzeitverzögerungen zwischen den beiden Mikrofonen basiert. Kommt ein Signal von links, trifft es etwas später am rechten Mikrofon ein als am linken. Dadurch ergibt sich ein sehr tiefes, eindrucksvolles Klangbild. Die L/R-Ortung ist dagegen eher mäßig.

Die beiden Mikros werden dazu einfach auf einer Grundlinie 20-50 cm nebeneinander aufgestellt und zeigen frontal auf die Schallquelle. Der Stereoeffekt kommt durch den Laufzeitunterschied zwischen beiden Mikrofonen zu Stande. Je weiter die Mikros von einander entfernt sind, desto größer wird die Schallquelle zwischen beiden Boxen abgebildet (desto störender wird aber auch das »Klangloch« in der Mitte). Einen Flügel können Sie also mit größeren Mikrofonabständen abbilden als eine Gitarre. Sie sollten aber die 50 cm nicht überschreiten, sonst nehmen Sie starke Klangeinbußen in Kauf, wenn das Signal in Mono abgehört wird. Diese Stereotechnik können Sie übrigens (je nach Raumakustik) mit Kugel- oder Nierenmikrofonen durchführen. Sie klingt gut etwa bei akustischen Gitarren, Akkordeon, Klavier, Chören und Ensembles und als Overhead-Mikrofonie beim Schlagzeug. Experimentieren Sie mit dem Abstand, aber gehen Sie tunlichst nicht allzu weit von der Schallquelle weg.

XY-Anordnung

Diese Anordnung funktioniert nur mit Nierenmikrofonen. Hierbei macht der Pegelunterschied zwischen rechtem und linkem Mikro den Stereoeindruck. Der Witz dabei ist, dass sich beide Mikrofonkapseln am selben Ort befinden und im Winkel von 90–120 Grad gegeneinander verdreht werden. Das können Sie sich mithilfe Ihrer Zeigefinger vorstellen: Strecken Sie beide Zeigefinger aus und legen Sie die Fingerkuppen übereinander, so dass ein Scharnier entsteht. Verändern Sie jetzt den Abstand Ihrer Hände zueinander so, bis beide Finger einen Winkel von 90–120 Grad zueinander haben. Die Fingerkuppen (»Mikrofonkapseln«) müssen dabei immer zusammenbleiben. Etwas verwirrend ist hierbei, dass das linke Mikrofon nach rechts zeigt und umgekehrt. Aber damit werden Sie fertig. Diese Stereotechnik ist absolut problemlos und monokompatibel, klingt aber etwas weniger spektakulär als AB. Die Ortung hingegen

---

Was ist eigentlich Stereo?

Stereo ist der Versuch, einen räumlichen Klang auf zwei Lautsprechern akustisch nachzubilden. Das ist so ähnlich wie der Versuch, allein durch das Trinken von Rotwein zum Mond fliegen zu wollen. Mit dem richtigen Rotwein und der richtigen Menge könnte man sich zwar einbilden, man hätte es geschafft, aber es bleibt immer eine mehr oder weniger gute Illusion. Na und? Dann lassen Sie uns also einfach an gelungenen Raum-Illusionen arbeiten! Den Rotwein genehmigen wir uns hinterher.

Was heißt »monokompatibel«?

Wenn die Signale von linkem und rechtem Kanal zeitlich verzögert sind (und das sind sie bei AB- und ORTF-Stereofonie), und mono abgehört werden, kommt es zu Höhenverlusten. XY-Stereofonie hingegen ist absolut monokompatibel, da kein Laufzeitunterschied entsteht. Beim Abhören in Mono werden beide Kanäle ohne Höhenverluste aufaddiert. Monokompatibilität (tolles Wort!) ist Rundfunk und Fernsehen wichtig (viele Küchenradios und Fernseher sind Monogeräte).

3 Echte Instrumente und Gesang

Abbildung 3.18 ▲
AB-Stereoanordnung mit zwei Kleinmembran-Kugelmikrofonen (DPA-Microphones)

Abbildung 3.19 ▲
XY-Anordnung von zwei Kleinmembran-Mikrofonen mit Nierencharakteristik (Schoeps GmbH)

Abbildung 3.20 ▲
ORTF-Anordnung mit zwei Kleinmembran-Nierenmikrofonen (Schoeps GmbH)

Welches Audio-Format?
Die Regionen, die Sie aufnehmen, werden als AIFF-Dateien gespeichert. Pro Minute müssen Sie mit circa 10 MB belegtem Speicherplatz auf Ihrer Festplatte rechnen.

ist hervorragend. Ein Tipp: Probieren Sie diese Technik doch einmal bei einer Akustikgitarre, mit etwa 10 cm Abstand und etwas unterhalb des Stegs. Dann haben Sie auf einem Kanal den Klang der Saiten, auf dem anderen den des Korpus. Das ergibt einen sehr angenehm klingenden Stereo-Effekt.

ORTF-Anordung

Diese schöne Abkürzung steht für »Office de Radiodiffusion-Télévision Française«. Dies ist eine Technik, die französische Rundfunk-Ingenieure ausgetüftelt haben. Und was sollen Sie jetzt mit Ihren Fingern machen? Ganz einfach: Drücken Sie beide Unterarme aneinander, so dass sich Ellenbogen und Handballen berühren. Ihre Handrücken zeigen nach oben. Jetzt strecken Sie nur noch die Zeigefinger – unsere »Mikrofone« – aus, die anderen Finger haben Pause. Das Ganze muss ein bisschen ziehen, dann ist es richtig. Die Zeigefingerkuppen sollten jetzt 17 cm voneinander entfernt sein, und Ihre Zeigefinger einen Winkel von 110 Grad zueinander haben.

So müssen Sie jedenfalls Ihre beiden Nierenmikrofone aufstellen, um ein tolles Allround-Stereoverfahren zu bekommen. Richtig schlechte Ergebnisse können Sie damit eigentlich in keiner Aufnahmesituation erzielen. Man könnte ORTF klanglich als Kompromiss zwischen AB und XY beschreiben, und das ist es auch physikalisch: eine Mischung aus Pegel- und Laufzeitstereofonie. Das Ganze heißt dann »Äquivalenz-Stereofonie«. Das müssen Sie zwar nicht wissen, aber mit solchen Worten kann man eine ganze Menge Eindruck schinden. Oh là, là ...

3.5 Für »Versionen-Messies«

Keine Angst, jetzt kommt kein Psycho-Test. Wir möchten nur eines von Ihnen wissen: Wie halten Sie es mit den Versionen, die Sie aufgenommen haben? Werfen Sie alles, was Ihren Ansprüchen nicht hundertprozentig gerecht wird, sofort wieder weg, oder sichern Sie Generationen »ganz guter« Versionen auf einer Parkspur? Warten Sie also auf den »einzigen, wahrhaftigen« Take? Oder verschieben Sie die Entscheidung darüber auf den Tag, an dem Sie auch Ihren Keller aufräumen werden?

Beide Vorgehensweisen sind völlig legitim. Bei der letzten Variante sollten Sie nur den Überblick behalten, und dazu gehört eine anständige Benennung der Regionen. Sonst werden Sie nämlich ga-

rantiert nach einer halben Stunde keine Ahnung mehr haben, welcher bunte Schnipsel jetzt noch mal Ihre drittliebste Version von »My Heart Will Go On« war. Die Takes bekommen in GarageBand nämlich leider nicht mal eine Nummerierung mit auf den Weg. Sie heißen lediglich nach dem Spurnamen, also z. B. »No Effects«. Wenn Sie dann also 173 lila Schnipsel mit »No Effects« vor sich liegen haben, erinnern Sie sich bitte an unsere Worte! Wir haben Sie gewarnt! Gehen Sie lieber vor wie folgt:
1. Klicken Sie auf den entsprechenden Take.
2. Der Editor öffnet sich.
3. Im linken Teil des Editors (»Region«) geben Sie eine neue Benennung ein (z. B. »Take 4 Timing gut«).
4. Schließen Sie den Editor.

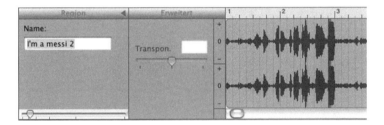

◀ Abbildung 3.21
So benennen Sie eine Region im Editor.

Überlegen Sie sich selbst ein System, wie Sie diejenigen Regionen kurz und zutreffend beschreiben, die Sie aufheben. Sie müssen sich darin in der Regel nur allein zurechtfinden. Zum Zwischenlagern der Versionen können Sie auch eine eigene Spur erzeugen und diese dann stumm schalten.

4 Das Keyboard macht die Musik

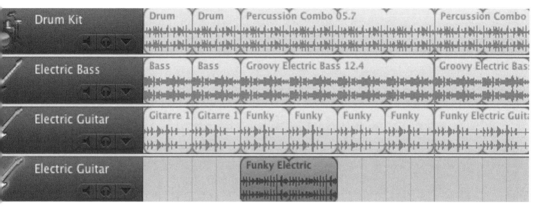

Musik machen mit Software-Instrumenten

- Was sind Software-Instrumente?
- Aufnehmen mit dem Keyboard
- MIDI-Regionen bearbeiten

Noch vor 15 Jahren hatten Sie eigentlich keine Chance, an gute Sounds zu kommen, ohne sich das entsprechende Instrument tatsächlich zu kaufen. GarageBand bietet Ihnen quasi umsonst eine beachtenswerte Klangbibliothek in Form von so genannten »Software-Instrumenten« an, die dem Original vom Klang her teilweise zum Verwechseln ähnlich sind. All das liegt nur einen Mausklick entfernt.

Wir haben nun bereits zwei Wege gesehen, wie wir mit GarageBand Musik aufnehmen können. In Kapitel 2 haben wir es uns ganz einfach gemacht und uns der unzähligen fertig eingespielten Sounds der Apple Loops bedient. In Kapitel 3 haben wir dann echte Instrumente und Gesang eingespielt. Nun wollen wir uns einen dritten Weg anschauen, wie wir Klänge in unsere Kompositionen integrieren können: Willkommen im Software-Orchester!

4.1 Software-Instrumente

GarageBand stellt nicht nur viele Loops bereit, also fertig eingespielte Musikschnipsel, sondern auch viele andere (virtuelle) Software-Instrumente. Diese können am besten über ein externes Keyboard bedient werden.

Das Software-Keyboard

Wenn Sie einen neuen Song erzeugen, wird automatisch eine Spur mit einem Software-Instrument namens GRAND PIANO angelegt. Mit diesem künstlichen Flügel können Sie relativ schnell eine spontane Idee festhalten. Selbst Dieter Bohlen hat zum Komponieren einen Flügel, obwohl er nachweislich kein Pianist ist. Wenn es mal ganz schnell gehen muss, kann man sogar das – ebenfalls kostenlose – Software-Keyboard akzeptieren. Dieses lässt sich leider nur mittels Mausklick bespielen. Hoffentlich schwebt Ihnen nichts Mehrstimmiges vor, denn das könnte schwierig werden.

Abbildung 4.1 ▶ Das Software-Keyboard in GarageBand: zu bedienen nur über die Maus. Durch Klick auf die Pfeile vergrößert sich der Tonumfang.

Das Software-Keyboard können Sie mit dem Kurzbefehl ⌘ + K aktivieren. Sobald Sie die Aufnahme starten, können Sie mit der Maus über die virtuellen Tasten huschen und aufnehmen. Falls Sie sich fragen, was die Bezeichnungen »C2« und »C3« bedeuten, wollen wir das an dieser Stelle noch einmal aufklären: Das aus dem Klavierunterricht bei Fräulein Griesgram bekannte »Schlüssel-C« , also die Taste beim nicht-virtuellen Klavier, unter welcher sich normalerweise das Deckelschloss befindet, ist in internationaler Schreibweise das »C3«. Auf Deutsch wäre es das »eingestrichene« C, oder auch c'. Falls Ihnen das nicht weiterhilft, probieren Sie es doch einfach aus, oder schmökern mal in unserem Theorieteil im Kapitel »Ein erster eigener Song« auf Seite 60.

Software-Keyboard aufrufen: ⌘ + K

Das Musik-Keyboard

Beim Musik-Keyboard handelt es sich um ein hervorragendes Feature, das bei GarageBand in der Version 2 eingeführt wurde. Statt nur einstimmig mit der Maus können Sie hier auch mehrstimmige Akkorde über die Tastatur Ihres Computers einspielen – und das nicht einmal schlecht. Das ideale Tool für einen schnellen »Jam« in der S-Bahn. Natürlich ersetzt es kein externes USB-Keyboard, und anschlagsdynamisch ist die Computer-Tastatur natürlich nicht, aber man kann wirklich erstaunlich gut damit arbeiten, wenn es schnell gehen muss oder wenn man nur ganz selten etwas von Hand einspielt. Selbst Modulations- und Tonhöhenrad werden mit Tasten simuliert. An dieser Stelle ein dickes Lob an die Programmierer bei Apple!

▼ **Abbildung 4.2**
Die Musik-Tastatur in ihrer ganzen Pracht

Musik-Keyboard :
⌥ + ⌘ + K

Mit dem Tastaturbefehl ⌥ + ⌘ + K wird die Musik-Tastatur geöffnet und erscheint – genau wie der kleine Bruder – als Floating Window auf der Programmoberfläche. Das Ganze ist eigentlich selbsterklärend, denn die Computer-Tastatur ist in die Klaviertasten grafisch integriert. So kann man mit der mittleren Tastenreihe die weißen Tasten, und mit der oberen die schwarzen Tasten bedienen. Auf diese Weise können immerhin anderthalb Oktaven auf der Tastatur realisiert werden, und das reicht für die meisten Akkorde oder Melodien erst mal aus.

Tonhöhen- und Modulationsrad werden mit den Zahlen 1 bis 8 bedient. Die Tonhöhe lässt sich voreingestellt durch Druck auf die Tasten 1 oder 2 um jeweils einen Ganzton nach oben oder unten transponieren. Das ist ein sehr praxisnaher Wert, mit dem die Meisten zurechtkommen werden. Modulationseffekte können in sechs Stufen zwischen »aus« und »maximal« eingespielt werden. In der unteren Tastenreihe kann man mittels der Tasten Y und X die Oktavlage wechseln, während sich die Anschlagslautstärke mit C und V schrittweise verändern lässt. Sogar eine Sustain-Funktion (Haltepedal) ist vorgesehen. Der Druck auf die ⇥-Taste simuliert das Haltepedal. Selbstverständlich werden alle Parameter als MIDI-Daten aufgezeichnet.

Externes Keyboard

Mit der Maus oder den Computertasten auf einem Keyboard herumzuklicken, ist auf Dauer einfach nicht das Wahre. Wer es also ernst meint mit dem Musizieren, der sollte unbedingt über eine Hardware-Lösung nachdenken. Die internen Keyboards lassen sich ganz einfach ersetzen durch eine externe Tastatur, die sich über ein MIDI-Interface oder den USB-Port anschließen lässt. Ein schönes und nicht allzu teures Modell ist etwa das Oxygen8 von M-Audio (siehe Abbildung 4.3). Wir gehen in diesem Kapitel davon aus, dass Sie bereits ein Keyboard angeschlossen haben und es schon funktioniert. Möchten Sie sich ein solches aber erst noch zulegen, anschließen oder installieren, sollten Sie zuerst das Kapitel »Hardware für die Musik am Mac« ab Seite 254 lesen. Dort erfahren Sie alles Wichtige über MIDI-Keyboards.

Ist ein Keyboard angeschlossen und Mac OS X richtig konfiguriert, sollte GarageBand eigentlich sofort in der Lage sein, Töne von sich zu geben. Um das zu testen, klicken Sie entweder auf die Spur mit dem GRAND PIANO, oder legen dafür eine neue Spur mit einem aktiven Software-Instrument Ihrer Wahl an. Dazu wählen Sie im

Menü SPUR eine NEUE SPUR, und wählen in dem erscheinenden Fenster ein Software-Instrument aus. Wenn die Spur dann angelegt ist, müssen Sie nur noch auf die Aufnahmetaste drücken, um Ihre musikalischen Ideen im Sound Ihrer Wahl aufzunehmen.

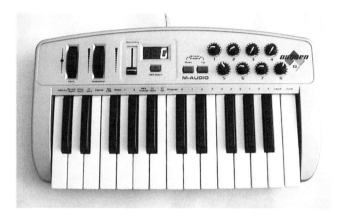

◄ **Abbildung 4.3**
Kleine feine Lösung: das USB/MIDI-Keyboard Oxygen8 von M-Audio

4.2 Achtung, Aufnahme!

Egal, was Sie jetzt gerade aufgenommen haben: Sie haben statt Audio-Daten **MIDI-Daten** erzeugt. Wenn Ihnen der Klang Ihres Software-Instruments nicht gefällt, nehmen Sie einfach ein anderes. Ihre eingespielten MIDI-Daten interessiert das überhaupt nicht. Es handelt sich ja lediglich um Steuerdaten, die auf jedem x-beliebigen Software-Instrument wiedergegeben werden können. Zugegeben – »Für Elise« klingt auf einer Schlagzeugspur wiedergegeben dann aber doch etwas ungewöhnlich.

Sie haben es gleich im ersten Anlauf geschafft? Alles klingt genau so, wie Sie es sich vorgestellt haben? Dann sollten Sie besser sofort aufhören mit GarageBand herumzuspielen. Draußen warten Ruhm und Ehre!

Oder gehören Sie zu uns normal Sterblichen? Ihre Finger fangen an zu schwitzen, nachdem Sie die Aufnahmetaste gedrückt haben? Im letzten Moment haben Sie noch ordentlich daneben geklickt? Oder waren Sie mal wieder schneller als der Takt?

Dann geht es Ihnen wie fast jedem Musiker, wenn er im Produktionsstudio steht. Doch kein Problem, denn GarageBand ermöglicht es Ihnen, eine Sequenz im Wiederholungsmodus einzuspielen. Im Englischen heißt dieser »Cycle Mode«, und er ist neben dem kreis-

4 Das Keyboard macht die Musik

förmigen Schaltsymbol mit den zwei Pfeilen zu finden ❶. Sie können ihn damit genauso ein- und ausschalten wie die Aufnahme- und die Play-Taste.

Ist der Cycle Mode aktiviert, können Sie mit der Maus einen gelben Balken ❷ am Zeitlineal so platzieren, dass eine kritische Stelle des Songs damit ausgewählt wird. Drücken Sie jetzt den Play- oder Aufnahme-Button, werden alle Spuren in der ausgewählten Stelle immer wieder von Neuem abgespielt. Bei der Aufnahme können Sie nun in das Gesamtarrangement mit der ausgewählten Spur neue Töne einspielen.

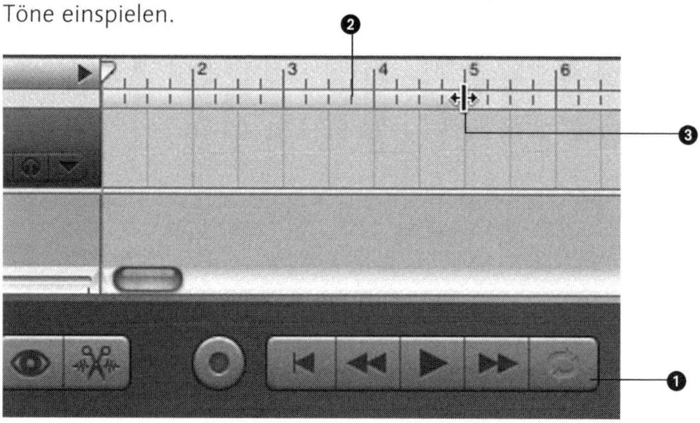

Abbildung 4.4 ▶
Ist der Cycle Mode aktiviert, kann der Wiederholungsbereich mit der Maus in Länge und Position editiert werden ❸.

Beachten Sie bei der Aufnahme, dass Software-Instrumente bei jeder Wiederholung direkt aufnehmen, so dass bereits eingespielte Regionen beliebig ergänzt werden können. Auf diese Weise können Sie schwierige Parts in Etappen einspielen – wenn Sie wollen, sogar Note für Note. Wie wäre es z. B. mit einem Klavierkonzert von Rachmaninow? Holen Sie schon mal die Noten und bringen Sie ein bisschen Zeit mit!

Regionen von echten Instrumenten werden im Cycle Mode hingegen nur beim ersten Durchlauf aufgezeichnet, und danach nur noch abgespielt. Diese Arbeitsweise kann aber auch für echte Instrumente von Vorteil sein, denn so erzeugt man klar definierte Regionen von immer gleicher Länge. Hebt man mehrere Versionen auf, kann man sie hinterher besser positionieren.

4.3 Editieren von MIDI-Daten

Der entscheidende Vorteil von MIDI-Daten gegenüber »echten« Audio-Daten, wie sie mit richtigen Instrumenten eingespielt werden, sind die unkomplizierten und nahezu unbegrenzten Bearbeitungsmöglichkeiten. Wird ein MIDI-Event bei der Aufnahme aufgezeichnet, kann es nachträglich beliebig transponiert, verlängert oder verkürzt werden.

GarageBand bietet für die MIDI-Bearbeitung einen eigenen Editor. Dieser kann entweder durch den Kurzbefehl ⌘ + E oder durch Druck auf die SCHERENTASTE links unten auf der GarageBand-Oberfläche unterhalb der Spuren eingeblendet werden.

MIDI-Editor einblenden:
⌘ + E

◄ Abbildung 4.5
Der Editor wird über das Menü STEUERUNG eingeblendet.

Die Entwickler von GarageBand haben sich bei der Auswahl der veränderbaren MIDI-Events bewusst auf das Notwendigste beschränkt. Das Programm soll schließlich nicht mit professionellen Sequencer-Programmen konkurrieren, in denen man alle noch so exotischen MIDI-Events in komplexer Weise editieren kann. GarageBand heißt ja ganz bewusst nicht etwa »iStudio«, sondern soll eher zu spontanen Ergebnissen führen.

Wenn wir eine Spur mit einem Software-Instrument auswählen, werden uns im Editor im Bereich Erweitert in Form eines Auswahlmenüs die folgenden MIDI-Events angeboten:

▸ NOTEN
▸ MODULATION (Modulationsrad)
▸ PITCHBEND (Tonhöhenrad)
▸ SUSTAIN (Haltepedal)
▸ AUSDRUCK
▸ VOLUMENPEDAL

▲ Abbildung 4.6
Auch die Scherentaste öffnet den Editor.

▲ Abbildung 4.7
Welcher Parametertyp darf's denn sein?

Das reicht zum Musikmachen fürs Erste aus. Nehmen Sie einfach mal ein paar Töne mit dem Grand Piano auf, markieren Sie die Spur und öffnen Sie den Editor. Sehen wir uns die veränderbaren Events einmal etwas genauer an.

Noten (Partiturdarstellung)

Für alle Musiker, die Noten lesen können, wird diese erst seit GarageBand 2 ermöglichte Art des Editierens wahrscheinlich am bequemsten sein. Die wirklich gelungene Notendarstellung ist übersichtlich und erklärt sich beinahe von selbst (trotzdem dürfen Sie natürlich gerne weiter lesen).

Abbildung 4.8 ▼
Um die Partiturdarstellung von NOTEN zu wählen, klicken Sie auf die kleine Note ❶.

Wenn Sie Veränderungen an Ihrer Partitur vornehmen wollen, klicken Sie die entsprechende Note an und verschieben sie beliebig nach oben oder unten. Beim Anklicken einer Note in der Partitur wird diese grau und gleichzeitig mit einem grünen Balken hinterlegt, der die Tonlänge anzeigt. Sie ahnen es sicherlich schon – den Balken können Sie auch mit einfachem Anklicken und Mausziehen verlängern oder verkürzen. Der Mauszeiger verändert sich dabei zu einem kleinen Rechtspfeil, wenn Sie ihn auf den Balken bewegen. Natürlich können Sie auch mehrere Noten gleichzeitig anwählen. Dafür kreisen Sie mit gedrückter Maustaste die entsprechenden Notenköpfe ein, oder klicken diese mehrfach bei gedrückter ⇧-Taste an. Ganz wie Sie wollen.

Der Knopf ❷ mit den Notenwerten zeigt Ihnen einerseits den Rasterwert an, mit dessen Auflösung die Notendarstellung angezeigt wird, andererseits dient er auch der Korrektur. Wenn Sie ihn drücken, werden selektierte Noten auf den nächststehenden Rasterwert gerückt. Den Rasterwert können Sie an dem kleinen Lineal ❸ in der rechten, oberen Ecke des Editors verändern.

> **Raster, Mann!**
> Wenn Sie einen zu kleinen Notenwert für das Raster wählen, kann die Notendarstellung leider sehr unübersichtlich werden.

4.3 Editieren von MIDI-Daten

◄ **Abbildung 4.9**
Die Schieberegler an der linken Seite des Editors sind zum Verändern der Tonhöhe einer gesamten Region (transponieren) und zum Verändern der Anschlagsstärke ausgewählter Noten.

GarageBand wäre kein Apple-Programm, wenn man in der Partiturdarstellung nicht auch Noten grafisch einfügen könnte.

Um die Note Ihrer Wahl einzufügen, wählen Sie einen Notenwert aus dem Quadrat mit der Note aus. Hier finden sich alle gängigen Notenwerte wieder (normal, punktiert, triolisch), bis hinunter zur 32stel-Note. Wenn Sie jetzt die Befehlstaste drücken, kann die Note in die Partitur geschrieben werden.

Auch Haltepedal-(»Ped-«)Events kann man auswählen. Hierbei zeigt sich noch ein weiteres, sehr gut gelöstes Detail: Beim Einfügen eines Pedal-Events erscheint auch gleichzeitig ein kleiner Stern rechts neben dem Pedal-Symbol. Dieser Stern steht für das Loslassen des Haltepedals. Klar – wenn man das Pedal am Klavier nicht auch mal wieder loslässt, verschwimmen alle nachfolgenden Noten. Durch einfaches Verschieben lässt sich der Zeitpunkt des Loslassens bestimmen. Genial einfach!

◄ **Abbildung 4.10**
Pedal und Stern gehören zusammen. Durch Verschieben des Sterns wird die Haltedauer verändert.

127

Noten (Balkendarstellung)

Für nicht ganz so notenfeste Musiker gibt es im Noteneditor auch die Balkendarstellung. Klicken Sie dazu auf das Kästchen neben der Note mit den stilisierten Balken ❶.

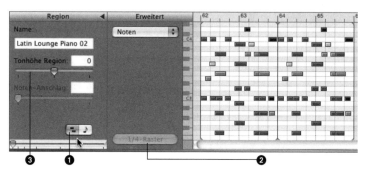

Abbildung 4.11 ►
Hier gibt's anstatt Noten Balken ohne Ende!

Nehmen wir einmal an, Sie haben sich verspielt, und Ihr einst so wunderschöner Dur-Akkord klingt jetzt, sagen wir mal, »anders«. Selektieren Sie einfach die betroffenen Noten, im Editor dargestellt als Balken verschiedener Tonlängen. Durch einfaches Schieben nach oben oder unten können Sie nun das Malheur ausbessern. Während des Verschiebens erklingen die überstrichenen Töne. Wenn der Akkord so schön war, dass Sie ihn noch einmal verwenden wollen, können Sie die betreffenden Noten bei gedrückter ⌥-Taste mit ⌘ + C kopieren und mit ⌘ + V einfügen, wo immer Sie möchten.

Wie bitte? Auch das Timing stimmt nicht und Ihr Einsatz war zu spät? Dann drücken Sie – wie im Partiturmodus auch – den Quantisierungsknopf ❷.

Ach, und Sie haben zudem noch zu stark in die Tasten gehauen? Und das, obwohl es doch ein Liebeslied sein soll? Na gut, auch das ist nicht schwer auszubügeln: Bringen Sie einfach die selektierten Noten mit dem Schieberegler NOTEN-ANSCHLAG ❸ auf einen gewünschten Lautstärkewert von 0 (Ton aus) bis 127 (maximale Lautstärke). Fertig.

Der Akkord klingt immer noch zu kurz? Wenn Sie jetzt den Mauszeiger hinter einen Notenbalken bewegen, verwandelt er sich zu einem kleinen Schiebe-Werkzeug, mit dem Sie die Notenlänge jeweils in Rasterschritten verändern können. Ziehen Sie die ausgewählten Töne einfach so lang, wie Sie möchten.

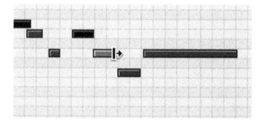

◀ **Abbildung 4.12**
Eine Note kann einfach in die Länge gezogen oder entsprechend gekürzt werden.

Beim Transponieren (TONHÖHE REGION) bleibt die vertikale Position des Balkens unverändert, die Veränderung der Tonhöhe um den in Halbtönen angegebenen Betrag nach oben oder unten wird nicht in der Zeitleiste angezeigt. Der gesamte Wertebereich von –36 bis +36 entspricht insgesamt 6 Oktaven (oder 72 Halbtönen). Eine Oktave entspricht 12 Halbtönen.

Transponieren

Saxofonisten müssen oft »im Kopf« transponieren, denn in vielen Kompositionen fehlt eine extra für das Instrument ausgeschriebene Partitur. Spielt z. B. ein Tenorsaxofonist aus einer C-Stimme, so muss er jede geschriebene Note einen Ganzton höher greifen, denn sein Instrument ist in B (englisch: B flat) gestimmt. Das heißt alle Noten erklingen einen Ganzton tiefer.

Modulation

Mit dem MIDI-Event MODULATION können für einige Software-Instrumente Klangparameter gesteuert werden, die man z. B. mit dem Modulationsrad an einem MIDI-Keyboard erzeugt hat.

Auf einer MIDI-Tastatur kann man mit einem solchen Event beispielsweise eine Tonhöhen-Modulation (Tremolo) auslösen. Ausprobieren können Sie diesen Effekt etwa bei einem Lead-Synthesizer oder einem Brass-Instrument. Wählen Sie dazu zum Beispiel das Software-Instrument SOLO STAR aus der Kategorie SYNTH LEAD in den Spurinformationen aus.

Falls das Tremolo zu heftig ist oder ein anderer Modulationseffekt nicht ausgeprägt genug rüberkommt, können Sie die Modulation in GarageBand mit ein paar Mausklicks verändern: Öffnen Sie den Editor und wählen Sie anstatt der Notendarstellung MODULATION ❶ (Abbildung 4.13) aus. Die einzelnen Modulation-Events sind als Punkte auf einer Skala dargestellt. Sie können einfach angeklickt und frei verschoben werden. Beim Drücken von ⌘ verwandelt sich der Mauszeiger in einen kleinen Stift, mit dem Sie zusätzliche Events einfügen können. Alle Events sind durch eine Art Gummiband miteinander verbunden. Selektierte Punkte können mit der ⌫-Taste gelöscht werden. Durch Verschieben eines Punktes über die nachfolgenden hinweg werden diese überschrieben. Sie tauchen aber wieder auf, wenn man den Punkt wieder zurückschiebt.

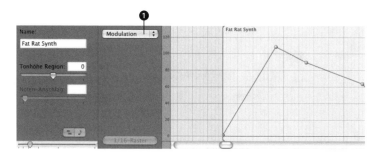

Abbildung 4.13 ▶
Modulation-Events im Editor. Ein jedes kann einzeln verändert werden, indem man es mit der Maus verschiebt.

Pitchbend

Wenn Sie Ihren Song mit einer ordentlichen Portion Rock'n'Roll würzen wollen, kommen Sie an einem verzerrten Gitarrensolo kaum vorbei. Sie spielen aber keine Gitarre? Kein Problem! Wählen Sie das Software-Instrument BIG ELECTRIC LEAD aus, nehmen Sie das Pitch Wheel Ihres MIDI-Keyboards in die Hand und ziehen Sie damit hemmungslos an den Saiten Ihrer Software-Gitarre. Sind Sie über das Ziel hinaus geschossen, wählen Sie PITCHBEND ❷ und Sie so können in GarageBand wieder sprichwörtlich »die Wogen glätten«, indem Sie Ihre Daten-Berge mit der Maus etwas abflachen. Modulations-, Sustain- und Pitch-Wheel-Daten sind bei GarageBand übrigens nicht an das Raster gebunden. Das ist gelebter Rock'n'Roll!

Modulation vs. Pitch Wheel

Das Modulationsrad eines Synthesizers unterscheidet sich auch mechanisch vom Tonhöhenrad. Während das Modulationsrad frei beweglich ist und in jeder beliebigen Position stehen bleibt, ist das Pitch Wheel zentriert. Eine Feder sorgt dafür, dass es nach dem Loslassen wieder in die Mittelstellung zurückspringt, damit man nicht versehentlich auf einem »verstimmten« Instrument spielt.

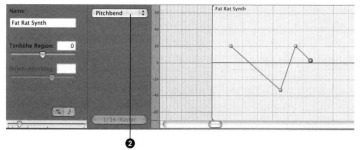

Abbildung 4.14 ▶
Auch Pitch-Wheel-Events werden im Editor angezeigt. In GarageBand heißen sie aber PITCHBEND

Sustain

Der Event-Typ SUSTAIN ❸ repräsentiert die Bewegung eines Haltepedals am Piano oder Synthesizer. Bei diesem Pedal gibt es nur zwei Zustände: »gedrückt« oder »nicht gedrückt«, die Töne werden dadurch entweder im Ausklang verlängert oder eben nicht. Es handelt sich also eigentlich um einen klassischen Schalter. Dennoch ist der zeitliche Gebrauch des Pedals oftmals entscheidend über die Qualität der Darbietung. Ähnlich wie beim Autofahren!

Sie können Pedalbewegungen entweder live aufzeichnen oder sie nachträglich manuell einfügen. Auch hier verwandelt die ⌘ den Mauszeiger in einen Stift, mit dem die Punkte eingezeichnet werden

4.3 Editieren von MIDI-Daten

können. Im Partitur-Modus werden die Sustain-Events grafisch als »Ped« und »*« angezeigt.

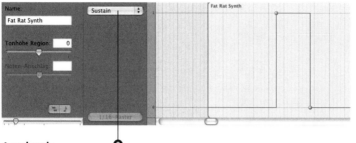

◄ **Abbildung 4.15**
Sustain-Events im Editor – entweder wird das Haltepedal gedrückt oder losgelassen.

Ausdruck
Dieser MIDI-Parameter ❹ wird einigen unter Ihnen unter dem englischen Namen »Expression« bekannt sein. Ein entsprechendes Pedal könnte zum Beispiel das Öffnen eines Filters bei einem Synthesizer oder auch die »Zugriegel« bei einer virtuellen Hammond-Orgel steuern. Auch hier sind 128 Werte möglich.

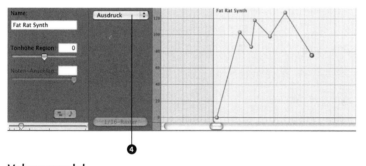

◄ **Abbildung 4.16**
Mit soviel Ausdruck können Sie Eindruck machen!

Volumenpedal
Dieser letzte Auswahlparameter ❺ simuliert die Funktion eines Volumenpedals. Das kann man nun wirklich mit dem Gaspedal eines Autos vergleichen, aber Sie hätten wahrscheinlich auch ohne diesen Vergleich gewusst, worum es sich dreht, oder?

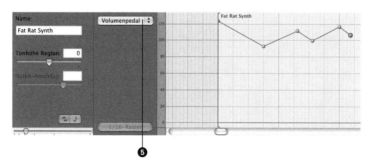

◄ **Abbildung 4.17**
Mit diesen MIDI-Daten könnten Sie sogar die Börsenkurse Ihrer Lieblingsaktie vertonen. Besonders dramatisch klingen natürlich die vom Neuen Markt!

5 Akustische Grundlagen

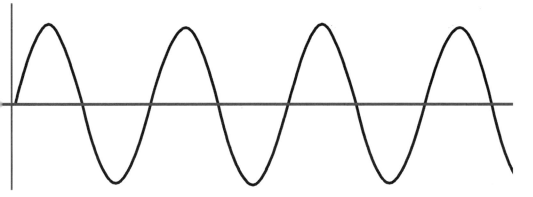

Etwas Theorie zum besseren Verstehen

- Grundwissen für Audio-Effekte
- Was ist und wie entsteht Schall?
- Wie verbreitet sich Schall im Raum?
- Wie wirken Hall-Effekte?

5 Akustische Grundlagen

In diesem Kapitel führen wir Sie in die Grundlagen der Akustik ein. Wir machen das nicht, um Sie vorsätzlich mit Theorie zu langweilen. Vielmehr, damit Sie verstehen können, wie Klang überhaupt entsteht und was Sie tun können, falls einmal etwas nicht so klingt, wie Sie das gerne hätten.

Jetzt erstmal Theorie. Ja, es geht einfach nicht anders. Sicher können Sie einfach drauf los probieren und die GarageBand-Effekte aus dem nächsten Kapitel irgendwie anwenden. Aber wollen Sie nicht vielleicht auch wissen, was dahinter steckt? Was die einzelnen Parameter bedeuten? Was Sie Ihrer Musik damit eigentlich antun? Damit Sie wirklich von Grund auf informiert werden, wenn Sie es wollen, erklären wir Ihnen hier die wichtigsten Grundlagen der Akustik. Das hilft Ihnen später zu verstehen, was bei den einzelnen Effekten mit Ihren Tönen passiert. Und ganz uninteressant ist das Thema sowieso nicht. Warum klingt ein Badezimmer anders als ein Wohnzimmer? Klar, Kacheln sind anders als Tapeten und Vorhänge. Und sonst? Nach Genuss dieses Kapitels können Sie noch dazu im Freundeskreis mit Ihrem Wissen glänzen und munter fachsimpeln. Einige der Begriffe dieses Kapitels werden Sie später bei den Effekte-Plug-Ins wiederfinden.

5.1 Nur Schall, kein Rauch!

Der Ton

Den Anfang machen wir mit dem grundlegenden Element, dem Ton. Ein **Ton** ist eine sinusförmige **Schallschwingung** im Hörbereich, die sich periodisch wiederholt. Ein **Tongemisch** besteht aus mehreren Tönen beliebiger Frequenz. Die **Amplitude** bezeichnet die maximale Auslenkung einer Schallschwingung und wird als Lautstärke wahrgenommen.

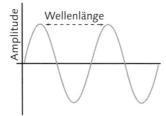

Abbildung 5.1 ▶ Ein Ton ist eine Schwingung mit einer Wellenlänge und einer Amplitude.

Ein **Klang** ist eine Schallschwingung, also ein Ton im Hörbereich. Jeder Klang kann in einzelne Sinustöne, also einfachste Schwingungen, zerlegt werden. Ein Ton, z. B. vom Klavier, besteht aus mehreren Tönen, man nennt ihn auch komplexen Ton oder einfachen bzw. harmonischen Klang. Er setzt sich zusammen aus Grund- und Obertönen. Die Frequenzen der **Obertöne** stehen im ganzzahligen vielfachen Verhältnis zum Grundton. Obertöne haben meist kleinere Amplituden, die die Grundschwingung überlagern, sie bestimmen die Klangfarbe. **Formanten** sind charakteristische Teile des Frequenzbereiches, die bei Anregung besonders schwingen, und Instrumenten wie Stimmen einen typischen Klang verleihen.

Als **Rauschen** bezeichnet man ein Schallphänomen, bei dem alle Frequenzen – statistisch verteilt – gleichmäßig auftreten. Rauschen setzt sich aus sehr vielen, dicht nebeneinander liegenden Sinusschwingungen zusammen. **Weißes Rauschen** klingt höhenbetont, da das Gehör im Hochtonbereich empfindlicher ist als im Bassbereich, aber laut Definition in beiden Frequenzbereichen der gleiche Energiewert steckt. Alle Frequenzen haben die gleiche Amplitude. Man findet weißes Rauschen beim Ruherauschen von elektronischen Geräten. **Rosa Rauschen** klingt hingegen ausgewogener als das weiße Rauschen, es ist aussagekräftiger für gehörbezogene Messungen. Die Amplitude nimmt beim rosa Rauschen um 3 dB pro Oktave ab. Deswegen kann man es auch als an das Gehör angepasstes Rauschen bezeichnen. Die Amplitude der Teiltöne nimmt bei Frequenzverdoppelung um den Faktor 0,7 ab.

Frequenzbereiche

Der **Frequenzbereich des Menschen** liegt bei seiner Geburt zwischen 20 Hz und 20 KHz (20 000 Hz). Das Gehör wird alle zehn Jahre (ohne äußere Einflüsse) im oberen Frequenzbereich um 1 KHz schlechter. Sehr alte Menschen beklagen oftmals, dass es im Sommer gar keine Grillen mehr gäbe (was natürlich nicht wahr ist). In Wirklichkeit liegt das Zirpen der Grillen in einem Hochtonbereich, den Menschen dieses Alters leider nicht mehr wahrnehmen können.

Als **Infraschall** bezeichnet man den Frequenzbereich unterhalb von etwa 20 Hz, als **Ultraschall** alles oberhalb des Hörbereiches. Das Kürzel **NF** steht für Niederfrequenz, in der sich der menschliche Hörbereich, also auch Musik, abspielt, **HF** steht für Hochfrequenz, wie sie für Träger, z. B. bei der UKW-Übertragung, eingesetzt wird.

Schallausbreitung

Als **Schallerzeuger** bezeichnet man alles, was die Luft zum Schwingen anregt, z. B. Instrumente und die Stimme. Zur **Schallübertragung** müssen Moleküle vorhanden sein. Schall kann im luftleeren Raum nicht übertragen werden. Eine **Schallausbreitung** ist eine Druckveränderung in der Luft. Hierbei stoßen sich die einzelnen Luftmoleküle gegenseitig an und breiten sich aus. Die Schallwelle ist die Ausbreitung einer Schwingung in einem Medium (meistens Luft). Schall ist ein permanenter Wechsel der Druckverhältnisse. Die Verdichtung durch Anstoßen der Luftmoleküle bezeichnet man auch als Luftschall. Er breitet sich als Longitudinalwelle oder Dichtewelle aus. Hierbei ist die Schwingungsrichtung gleich der Ausbreitungsrichtung. Der Körperschall (z. B. Wasser) breitet sich in Transversalwellen aus. Die Schwingungsrichtung der Teilchen ist senkrecht zur Ausbreitungsrichtung.

Der Pegel

Es gibt verschiedene Pegelarten: Ein **relativer Pegel** hat keinen direkten Bezug, d. h. er ist immer um x dB lauter oder leiser. Einem **absoluten Pegel** muss ein eindeutiger Wert, also eine bestimmte elektrische Spannung oder ein Schalldruckwert zugeordnet werden. Der doppelte Schalldruck wird vom Menschen jedoch zugleich nicht als doppelt so laut empfunden. Die Angaben in **dB** richten sich nach dem subjektiven Lautstärkeempfinden der Menschen. Eine Verdoppelung der Lautstärke, wie es dem Menschen erscheint, ist genau 1 Bel. Da das Bel aber eine zu grobe Einheit darstellt, wählte man das **deziBel**, d. h. 10 dB = 1 Bel.

Kugelwelle und Nahbesprechungseffekt

Strahlt die Schallwelle kugelförmig ab, so befindet sich im Nahfeld eine Kugelwelle, die mit wachsender Entfernung in eine ebene Welle übergeht. Das können Sie an stillen Wasseroberflächen nachprüfen, wenn Sie etwa einen Stein ins Wasser werfen. Im Nahbereich um das Zentrum sind die Pegelunterschiede auf wenigen Zentimetern immens, während nach einigen Wellenbergen und -tälern (Kreisen) die Wellenfront immer größer, der Pegelunterschied aber geringer wird. Je nach Bauart werden die Membrane von Mikrofonen durch den Druckunterschied vor und hinter der Membrane ausgelenkt.

Das kennen Sie, wenn es draußen windig ist, und bei Ihnen eine Tür zuschlägt. Der Druckunterschied (Gradient) etwa zwischen der Hausvorderseite und der Hinterseite will sich ausgleichen, die Membrane (in diesem Fall Ihre Tür) wird durch den Luftstrom »ausgelenkt« und fällt mit einem Riesenkrach ins Schloss. Viele Mikrofone – nämlich die so genannten Druckgradientenempfänger – besitzen einen **Nahbesprechungseffekt**, d.h. die Basswiedergabe steigt im Nahbereich stark an. Sollten Sie eines davon besitzen, brauchen Sie sich von nun an nicht mehr zu wundern, warum sich der Klang und die empfundene Lautstärke verändern, wenn man einen gewissen Abstand zum Mikrofon unter- bzw. überschreitet.

5.2 Schall trifft Hindernis

Was passiert nun, wenn Schall auf ein Hindernis trifft? Er erfährt entweder **Reflexion** (Bündelung, Streuung), **Brechung** (bzw. Beugung) oder **Absorption** (Diffusion). Diese Effekte wollen wir uns nun im Einzelnen anschauen, denn sie sind auch beim Einsatz von Hall-Plug-Ins von großer Bedeutung (siehe auch Kapitel »Filter, Dynamikprozessoren und Effekte« ab Seite 166).

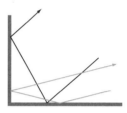

▲ Abbildung 5.2
Reflektierter Schall in Räumen

Schallreflexion

Die **Schallreflexion** ist vergleichbar mit der Reflexion in der Optik, wenn die Abmessungen des Reflektors mindestens die fünffache Wellenlänge haben.

Der einfachste Fall ist eine Reflexion an einer ebenen Fläche. Hierfür gilt die Regel Einfallswinkel gleich Ausfallswinkel. Dies gilt auch für gekrümmte Flächen. Als Reflexionsfläche legt man die Tangente durch den Reflexionspunkt.

Von 0 bis 20 ms machen sich Verzögerungen als Klangfärbungen bemerkbar, darüber tritt der Echoeffekt in den Vordergrund (bei Impulsschall). 1 ms entspricht 34 cm Wegdifferenz. 20 bis 50 ms sind ein guter Bereich, um den Hall einsetzen zu lassen. Man kann diesen Bereich auch nutzen, um eine höhere Deutlichkeit zu erzeugen.

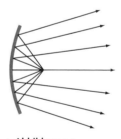

▲ Abbildung 5.3
Reflektierter Schall an gebeugten Flächen. Hier dargestellt die beste Lösung mit gestreuten Strahlen, die sich nicht gegenseitig in die Quere kommen und auslöschen oder ähnliche Probleme bereiten.

Schallbrechung

Als **Schallbrechung** bezeichnet man die Fortpflanzung der Schallwellen in einem anderen Medium und einem anderen Winkel. Sie spielt nur bedingt eine Rolle, vorwiegend bei Luftdruckunterschieden.

Schallbrechung erfolgt in Richtung des Mediums mit der langsameren Schallgeschwindigkeit (kalte Luftschicht). Dadurch ergibt sich eine Überreichweite des Schalls. Der Brechungswinkel ist temperaturabhängig, je größer der Unterschied, desto größer wird auch der Winkel.

Als **Flatterechos** bezeichnet man Resonanzen, die durch Überlagerungen entstehen. Je nach Wellenlänge können sie sich zu stehenden Wellen entwickeln.

Stehende Wellen (Flatterechos) entstehen für Frequenzen, deren halbe Wellenlänge gleich dem Abstand zweier schallharter paralleler Wände ist und deren ganzzahligem Vielfachen. Sie sind Eigenresonanzen des Raumes, man hört sie vorwiegend im tiefen Frequenzbereich. Stehende Wellen brauchen eine gewisse Einschwingzeit.

Ein Beispiel: In einem rechteckigen Raum mit der Höhe 3 m, Breite 4 m und Länge 5,5 m bilden sich zwischen den Wänden stehende Wellen aus. Berechnen Sie doch mal die stehenden Wellen der jeweils tiefstmöglichen Frequenz. Trifft eine Schallwelle auf einen Gegenstand mit einer Ausdehnung in der Größenordnung einer Wellenlänge oder darunter, so wird die Ausbreitung der Schallwelle nicht gestört, sondern sie wird um den Gegenstand herumgebeugt. Für die Ausbreitung des Hörschalls mit einer Wellenlänge zwischen 2 cm und 20 m hat das die Folge, dass tief frequente Anteile von den meisten Hindernissen nicht beeinflusst werden. Höher frequente Anteile werden aber reflektiert. Dies führt zu einem dumpferen Gesamtklangbild hinter den Hindernissen.

Absorption

Das Absorptionsverhalten von Wänden etc. ist sehr wichtig bei der Berechnung von Hall-Effekten und damit nicht ganz uninteressant für uns. Hier liegt der Grund, warum einige Raumklänge unnatürlich klingen, denn tiefe Frequenzen werden in Räumen ganz anders weitergeleitet als hohe Frequenzen.

Bei der Absorption wird der Schallwelle Energie entzogen und damit die Schwingung der Luftmoleküle gedämpft. Dadurch wird die Schallwelle nur noch teilweise oder gar nicht mehr reflektiert.

Die Ausstattung eines Raumes mit Absorbern ist die gebräuchlichste bauliche Maßnahme zur Veränderung der Akustik.

Eine Schallabsorption lässt sich auf verschiedene Weise erreichen:
▶ In offenporigen Materialien (Schaumstoffen) wird die Bewegung der Luftmoleküle durch Reibung gebremst.
▶ Ein Resonator verstärkt die Bewegung der Luftmoleküle. Dadurch vergrößert sich aber die Reibung, was zur Absorption

führt. Diese Helmholtz-Resonatoren wirken nur in einem eng begrenzten Frequenzband um die Resonanzfrequenz.
▶ Werden Platten durch Schallwellen zum Mitschwingen angeregt und werden diese Schwingungen gleichzeitig wieder gedämpft, erreicht man ebenfalls eine schmalbandige Absorption. Durch Kombination verschiedener Materialien lässt sich aber auch eine breitbandige Absorption erreichen.

Tief frequenter Schall dringt tiefer in eine Wand ein als hoch frequenter Schall.
In der Wand erfolgt eine Absorption und Brechung der Schallstrahlen. Es entstehen Reibungsverluste, die Schallenergie wird in Wärmeenergie umgewandelt. In der Wand selbst wird der nicht absorbierte Schall als Körperschall weitergeleitet.

Höhenabsorber
Der Absorptionsverlauf kann durch die Dichte beeinflusst werden. Höhenabsorber bestehen aus porösen, wattigen Materialien. Eine Erweiterung des Frequenzbereiches nach unten kann man durch Perforation oder Vertiefungen in der Oberfläche erreichen.

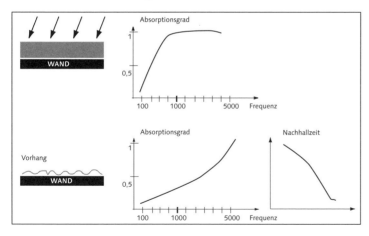

◀ **Abbildung 5.4**
Höhenabsorber sind zum Beispiel Vorhänge oder andere weiche Materialien. Ein einfacher poröser Dämmstoff wie im oberen Bild ist erst ab ca. 1 kHz aktiv.

Mittenabsorber
Mittenabsorber sind meist gleichzeitig auch Höhenabsorber. Sie werden wie diese gebaut, haben aber eine größere Schichtdicke und Perforationen in der Abdeckung.

5 Akustische Grundlagen

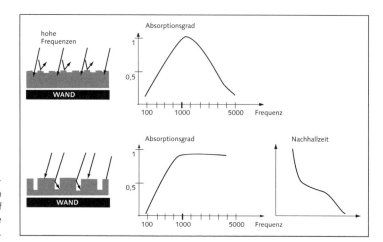

Abbildung 5.5 ▶
Mittenabsorber haben einen anderen Frequenzverlauf in der Absorption als reine Höhenabsorber.

Tiefenabsorber

Als Tiefenabsorber verwendet man so genannte Resonatoren. Sie wirken auch auf die unteren Mitten. Es gibt zwei Arten von Resonatoren: die Helmholtz-Resonatoren, die ein schwingendes Luftvolumen mit Resonanzfrequenzen in einem schmalen Frequenzband erzeugen und die Platten- bzw. Membran-Absorber, die die Eigenresonanz einer schwingenden Platte ausnutzen und dem Raum somit Schallenergie entziehen..

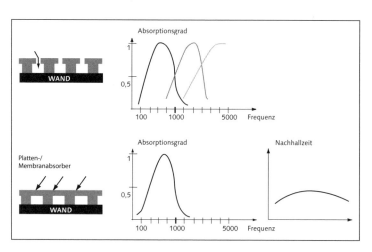

Abbildung 5.6 ▶
Die Resonanzfrequenz in Tiefenabsorbern ist verschiebbar, sie kann durch innere Dämpfung mit Schluckmaterial breitbandiger gemacht werden.

Im unteren Bild ist oben eine Holzplatte angebracht. In der Platte entstehen Biegeschwingungen, das Luftvolumen hat eine Federwirkung. Die schwingende Platte hat Eigenresonanzen, die Resonanzfrequenz wird bestimmt durch die Masse der Platte und die Größe des Luftvolumens.

Helmholtz-Resonatoren
Ein typischer Helmholtz-Resonator wäre z. B. eine leere Flasche. Sie erzeugt beim Anblasen ihren individuellen Resonanzton. Die Resonanzfrequenz ist verschiebbar, sie kann durch innere Dämpfung mit Schluckmaterial breitbandiger gemacht werden. In der Platte entstehen Biegeschwingungen, das Luftvolumen hat eine Federwirkung. Die schwingende Platte hat Eigenresonanzen, die Resonanzfrequenz wird bestimmt durch die Masse der Platte und die Größe des Luftvolumens. Man benutzt die Membranabsorber als so genannte »Bassfallen«.

5.3 Hall

Der **Hall** bestimmt stark unser Raumempfinden. Wir gewinnen dadurch ganz automatisch Informationen über die Beschaffenheit des Raumes, in dem wir uns aufhalten. Ist er klein, groß, hat er harte oder weiche Wände? In diesem Abschnitt geht es um die Grundlagen, was einen Hall ausmacht, wie er aufgebaut ist. Hall als Oberbegriff bezeichnet den gesamten diffusen Schall in einem Raum:
▶ Einen harten oder prägnanten Klangeinsatz des Raumes erreicht man, wenn der Anhall bis zu 50 ms lang ist. Dadurch wird eine hohe Deutlichkeit erzielt (gut für Sprache).
▶ Wenn der Anhall länger dauert als 50 ms, erreicht man einen weichen Klangeinsatz, was eher für Musik geeignet ist.
▶ Der hörbare Anteil des Raumes hängt ab von der Lautstärke der Schallquelle.
▶ Das Lautstärkeempfinden entspricht dem Schalldruck, man hört allerdings den Schalldruckpegelverlauf.
▶ Die Lautstärke bestimmt auch den Hallradius, also den Bereich, in dem Direkt- und Diffusschall gleich stark zu hören sind.

Direktschall
Der Schall gelangt auf direktem Wege zum Ohr, wird durch nichts behindert und umgeleitet. Der **Direktschall** ist die wichtigste Voraussetzung für gute Verständlichkeit. Er ermöglicht es auch die Richtung festzustellen, aus der der Schall kommt.

Die ersten Reflexionen (**Early Reflections**) sind die erste reflektierte Wellenfront. Dies ist für das Gehör »lebenswichtig«, da hierdurch Informationen über den Raum gegeben werden, genauer über:
- Oberflächenstruktur der Wände und Decke
- Lage, Position der Schallquelle
- Form des Raumes (Cluster), das kann bei »besseren« Effektgeräten über Parameter eingegeben werden.

Die ersten Reflexionen sind zusammen mit dem Direktschall für die empfundene Lautstärke verantwortlich. Ihr Pegel kann um bis zu 10 dB höher sein als der des Direktschalls, ohne dass dadurch die Ortung der Schallquelle beeinträchtigt wird (**Haas-Effekt**). Die Wahrnehmung der ersten Reflexionen ist abhängig von ihrer Verzögerung:
- Bis 20 ms verursachen sie Klangfärbungen.
- Zwischen 20 bis 50 ms erhöhen sie die Deutlichkeit.
- Ab 50 ms werden sie immer mehr als Echo wahrgenommen.

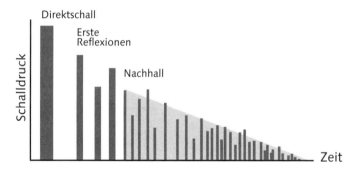

Abbildung 5.7 ▶
Der »Aufbau« von Hall mit Direktschall, ersten Reflexionen und Nachhall.

Nachhall (Diffusion)
Nach einer gewissen Zeit verschmelzen die Reflexionen immer mehr zum Nachhall. Es sind keine einzelnen Reflexionen mehr wahrnehmbar.

Nachhallzeit nennt man die Zeit, in der der Schalldruckpegel nach dem Ende der Erregung einer Schallwelle um 60 dB (1/1000) abnimmt. Die Nachhallzeit zeigt eine Abhängigkeit von der Frequenz der Schallwelle. Normalerweise nimmt die Nachhallzeit mit steigender Frequenz ab. Für Räume gibt man eine mittlere Nachhallzeit an. Sie beträgt z. B. in Studioräumen für Wortproduktionen ca. 0,3 s, in großen Kirchen über 3 s.

Das diffuse Schallfeld baut sich in kleineren Räumen schneller auf. Der Pegelanteil des Diffusschalls sollte geringer sein als der des Direktschalls.

Hallradius
Hier entspricht der Schalldruckpegel des Diffusfeldes dem Schalldruckpegel des Direktschalls. Der **Hallradius** ändert sich in Abhängigkeit von der Lautstärke und der Frequenz der Schallquelle. Dadurch kann es auch vorkommen, dass der Hallradius gebündelt in eine Richtung geht. Er ändert sich also ständig.

Je größer der Raum ist, desto größer ist auch der Hallradius. Er wird kleiner, wenn die Nachhallzeit zunimmt. Je stärker absorbierend die Wände, umso kleiner wird der Hallradius, da weniger Relexionen auftreten.

Der Nachhall ist so komplex, dass sich auch der Klang des diffusen Schallfeldes ändert. Es hat aber überall den gleichen Pegel. Innerhalb des Hallradius bei zwei inkohärenten Signalen steigt der Pegel um 3 dB.

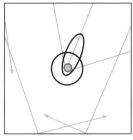

▲ **Abbildung 5.8**
Eine schematische Darstellung des Hallradius

6 Filter, Dynamikprozessoren und Effekte

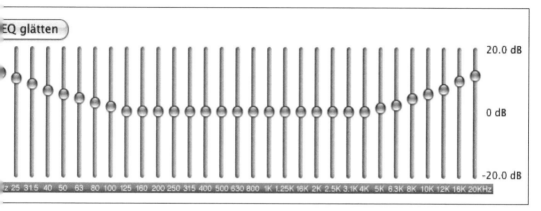

Hilfsmittel zum Aufpolieren Ihrer Songs

▶ Audio Units und GarageBand-Effekte

▶ So setzen Sie Filter und Equalizer ein

▶ Regelverstärker und Dynamikprozessoren

▶ Einsatz von Hall, Echo und weiteren Effekten

Nachdem Sie sich im letzten Kapitel durch ein wenig Theorie gearbeitet haben, kommt jetzt die Belohnung: Sie lernen, praktischen Nutzen daraus zu ziehen. In diesem Kapitel erfahren Sie alles, was Sie über den Umgang mit den Effekte-Plug-Ins in GarageBand wissen müssen.

6.1 Etwas vorweg

Um den richtigen Sound für Ihre GarageBand-Kompositionen zu finden, sollten Sie die bereits im Programm und System enthaltenen Plug-Ins benutzen. Die mitgelieferten Apple Loops sind allesamt schon von Toningenieuren bearbeitet und klingen sehr gut. Wenn Sie hingegen Ihre eigenen Aufnahmen anhören, wird Ihnen sicher auffallen, dass Ihre Gitarre einfach nicht so klingt, wie Sie es sich vorgestellt haben. Oder der Gesang ist so trocken. Doch das können Sie dank der Effekte- und Filter-Plug-Ins problemlos ändern.

GarageBand bringt zum einen eigene, einfache Plug-Ins zur Klangbearbeitung mit, zum anderen können Sie auch auf so genannte Audio-Unit-Plug-Ins zurückgreifen. Auch hiervon liefert Apple im Paket mit GarageBand gleich ein paar an Sie aus. Die GarageBand-Plug-Ins sind im Großen und Ganzen etwas einfacherer Natur. So kann man zum Beispiel beim Hall nur den Hall-Anteil bestimmen, nicht aber, wie der Hall selbst klingen soll. Wir zeigen Ihnen in diesem Kapitel Filter, Dynamikprozessoren und Effekte im Allgemeinen, natürlich mit besonderem Bezug auf die mitgelieferten GarageBand- und Audio-Unit-Effekte.

Wenn Sie in GarageBand eine neue Spur erstellen und dafür ein Instrument auswählen, ist dieses automatisch mit passenden Effekten versehen. Diese können Sie natürlich noch verändern. Wenn Sie die Instrumente einmal durchprobieren, werden Sie feststellen, dass zum Beispiel eine Classical Acoustic Guitar ganz anders klingt als eine Clean Electric. Auch die »einfachen« GarageBand-Plug-Ins wurden mit sehr guten Voreinstellungen ausgestattet. Diese erreichen Sie über das Aufklappmenü, in welchem standardmäßig Manuell steht.

Eine kurze Erklärung zum Aufbau unseres Kapitels: Wir stellen Ihnen die Plug-Ins sortiert nach ihrer Art vor, nicht nach der Auflistung in den Spurinformationen. Denn sonst müssten wir thematisch ständig hin- und herspringen. Somit finden Sie zum Beispiel Equalizer verschiedener Art gesammelt bei den Filtern. Auch werden wir Ihnen das eine oder andere Feature erklären, das im Lieferumfang von GarageBand noch nicht enthalten ist. Trotzdem sollten Sie die entsprechenden Filter, Regelverstärker oder auch Effekte kennen, damit Sie diese verwenden können, wenn Sie vielleicht mal ein Plug-In zum Download im Internet entdecken.

Sie werden von uns immer wieder den Satz lesen: Hören Sie hin. Denn Hören ist das A und O bei der Abmischung. Wir wollen Ihnen das immer wieder bewusst machen, auch kleinste Veränderungen können große Auswirkungen auf Ihren Mix haben. Dabei geben wir Ihnen keine Anleitungen, was genau Sie jetzt hören sollen. Sie sollen einfach für sich vergleichen, was passiert, wenn Sie diesen oder jenen Regler benutzen. Manchmal sind die Änderungen vielleicht sogar zu geringfügig, als dass Sie sie überhaupt wahrnehmen. Über Kopfhörer nehmen Sie übrigens mehr wahr als über weiter weg stehende Lautsprecher.

6.2 Audio-Unit-Plug-Ins

Mit der Vorstellung von Mac OS X erblickte auch das Format der Audio-Units das Licht der Welt. Dahinter verbirgt sich Apples Schnittstelle für Plug-Ins und Software-Instrumente.

Sie finden die Audio-Units an zentraler Ablagestelle auf ihrem Apple-Computer. Sind Sie zum Beispiel noch VST-Plug-Ins im klassischen Mac OS gewöhnt, wie Sie mit Steinbergs Cubase, Emagics Logic oder anderen Audio-Programmen bisher verwendet wurden, werden Sie feststellen, dass die Verwaltung nun einfacher geworden ist. Sie müssen nicht mehr in jedem Programm extra die Effekte installieren, diese sind jetzt zentral abgelegt und jede Software kann darauf zugreifen. Die Audio-Units finden Sie in Ihrem Benutzerordner LIBRARY/AUDIO/PRESETS/APPLE (bzw. in Ordnern anderer Hersteller).

▼ **Abbildung 6.1**
Der Pfad zu den Audio-Units führt über die Library des Benutzerordners.

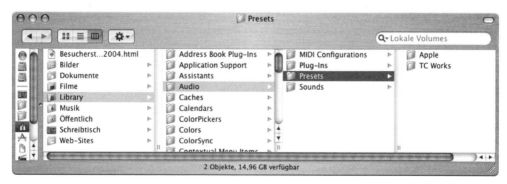

An dieser Stelle sei uns eine (etwas längere) Anmerkung zu Apple Audio-Unit-Plug-Ins erlaubt: Um die deutsche Lokalisierung der Effekte zu verstehen, bedarf es teilweise schon einiger Fantasie. Nicht nur, weil die Fenster teilweise zu klein sind, um die Bezeichnungen ganz ausgeschrieben darzustellen. Nein, die Benennung der einzelnen Parameter ist für uns deshalb nicht immer ganz einfach zu verstehen, weil sie häufig mit den für Tontechniker allgemein gültigen Bezeichnungen nicht übereinstimmt. Nach einigem Überlegen kamen wir darauf, dass für die deutsche Version schlichtweg die englischen Bezeichnungen (in anderer Audio-Soft- und Hardware meist international verwandt) wortwörtlich ins Deutsche übersetzt wurden. Wir haben sie also zurückübersetzt und dann die gebräuchlichen Bezeichnungen mit dazugeschrieben. Sie sollen ja auch mit Effekten anderer Hersteller zurechtkommen. Aber keine Sorge, was die Apple-Audio-Units anbetrifft: Sie werden hinsichtlich ihrer Verständlichkeit ständig verbessert. Was den Klang angeht, sind sie ohnehin schon große Klasse.

6.3 Der Weg zu den Plug-Ins

Zur Wiederholung zeigen wir Ihnen hier noch einmal kurz, wie Sie die Plug-Ins in GarageBand überhaupt benutzen können. Das ist vom Grundprinzip her denkbar einfach. Wählen Sie einfach die Spur in Ihrem Arrangement aus, die Sie bearbeiten wollen. Dann gehen Sie in die betreffenden Spurinformationen und klicken dort auf DETAILS ❶. Schon sehen Sie in der recht unscheinbaren unteren Fensterhälfte Wörter wie KOMPRESSOR, EQUALIZER, DELAY und HALL. Außer beim Equalizer gibt es allerdings nichts weiter einzustellen. Natürlich erklären wir Ihnen in diesem Kapitel, was genau Sie an Ihrem Sound ändern können – und womit.

Klicken Sie nun einmal auf eines der Aufklappmenüs, wo jetzt so harmlos OHNE steht. Eine lange Liste öffnet sich: Oben stehen immer die GARAGEBAND EFFEKTE, unten die AUDIO-UNIT EFFEKTE. Auch Audio-Unit-Plug-Ins anderer Hersteller werden hier automatisch mit angezeigt. Aus der Liste können Sie nun das gewünschte Plug-In auswählen und bearbeiten.

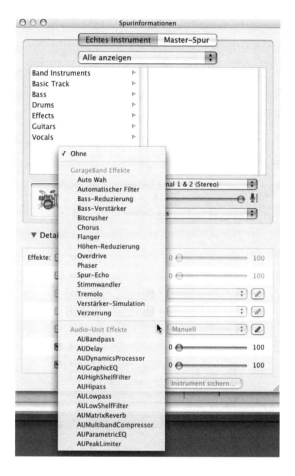

◀ Abbildung 6.2
Auf sämtliche Plug-Ins können Sie über die SPURINFORMATIONEN zugreifen.

6.4 Eigene Voreinstellungen für Plug-Ins

Bei den GarageBand Plug-Ins ist es auch möglich, sich eigene Voreinstellungen (engl. preset) zu basteln. Haben Sie einen besonders schönen Filter oder Effekt eingestellt, den Sie unbedingt aufheben wollen, damit Sie ihn auch für andere Instrumente oder Songs verwenden können, bietet Ihnen Apple einen einfachen Weg. Über das Voreinstellungsmenü (steht standardmäßig auf MANUELL) gelangen Sie an VOREINSTELLUNG ERSTELLEN... Doch halt! Wer jetzt denkt, erst aufrufen, dann erstellen, liegt mit dieser Vermutung nur bedingt richtig. Denn sobald Sie diesen Menüpunkt auswählen, können Sie für Ihre Einstellung nur noch einen Namen vergeben. Nun steht sie Ihnen für den ausgewählten Effekt immer zur Verfügung. Und zwar so, wie sie zu dem Zeitpunkt war, als Sie sie gespeichert haben. Nachträgliche Änderungen werden nicht automatisch übernommen. Die Anzeige springt wieder auf MANUELL. Wollen Sie nachträgliche Änderungen an Ihrer Einstellung »retten«, müssen Sie diese unter einem neuen Namen abspeichern. Ein vorhandenes Preset lässt sich also nicht einfach so aktualisieren. Jede Änderung kostet Sie einen neuen Namen.

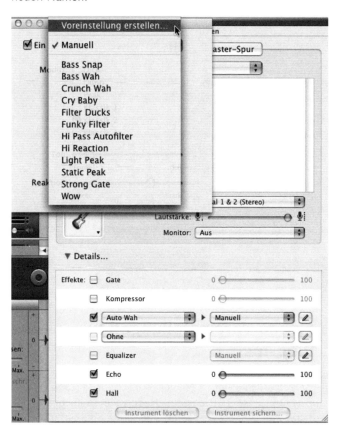

Abbildung 6.3 ▶
Es ist kein Problem, für jedes GarageBand Plug-In eigene Voreinstellungen abzuspeichern.

Sobald Sie nach der Änderung zu einer anderen Voreinstellung wechseln wollen, öffnet sich ein Warnfenster. Sie können die Änderungen jetzt entweder wieder verwerfen oder abspeichern. Natürlich können Sie das Ganze auch abbrechen und an der aktuellen Einstellung weiter arbeiten.

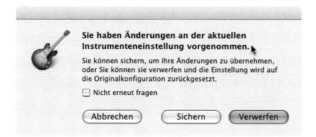

◄ Abbildung 6.4
Sobald Sie an einer Einstellung etwas geändert haben und zu einer anderen wechseln wollen, erscheint ein Warnfenster.

Sie haben zu viele Voreinstellungen und wollen wieder welche loswerden? Wechseln Sie zum Löschen eines Presets in den Finder, gehen Sie in Ihren Benutzerordner und folgen Sie dem Pfad LIBRARY/APPLICATION SUPPORT/GARAGEBAND/INSTRUMENT LIBRARY/PLUG-IN SETTINGS. Dort finden Sie dann die Ordner aller GarageBand Plug-Ins, für die Sie schon eigene Presets erstellt haben. Diejenigen, die sie wieder loswerden wollen, ziehen Sie einfach in den Papierkorb.

6.5 Filter

Filter verändern die Klangwellen. Sie sollten stets sinnvoll und dosiert eingesetzt werden, wenn sie den Klang eines Audios aufwerten sollen. Wollen Sie allerdings ganz besondere Klangeffekte erfinden, ist Experimentieren natürlich erlaubt. Zum Glück werden die Filter in GarageBand ja auch nicht direkt in das Audio-File eingerechnet, sondern lassen sich jederzeit wieder deaktivieren.

Hoch-, Tief- und Bandpassfilter lassen bestimmte Frequenzen unbeeinflusst durch und schwächen andere ab. Bei manchen Filtern werden Sie im Laufe der Zeit auf unterschiedliche Bezeichnungen treffen. **Hochpassfilter** (High Pass oder auch Low Cut) filtern z. B. tieffrequentes Rumpeln heraus, **Tiefpassfilter** (Low Pass oder High Cut) hochfrequentes Rauschen.

Die so genannte **Filtergrenzfrequenz** (**Cut Off Frequency**) ist erreicht, wenn eine Dämpfung der Frequenzen um genau 3 dB erreicht ist. Kurz vor der Grenzfrequenz erfolgt die so genannte Resonanz. Im Idealfall sollte die Dämpfung der Frequenzen außerhalb des Filterbereichs unendlich groß sein, was aber praktisch unerreichbar ist. Die Dämpfung nimmt mit der Differenz zwischen der jeweiligen Frequenz und der Grenzfrequenz zu. Diese Differenz heißt **Flankensteilheit**. Bei Hardware gilt: Ein Filterpol hat stets eine Flankensteilheit von 6 dB pro Oktave. Um eine größere Flankensteilheit zu

6 Filter, Dynamikprozessoren und Effekte

erreichen, muss man mehrere Filter hintereinander schalten. Ein 4-Pol-Filter hat somit eine Flankensteilheit von 24 dB pro Oktave. Diese Flankensteilheit ist häufig umschaltbar von z. B. 12 auf 24 dB.

Hochpassfilter finden Sie im täglichen Leben zum Beispiel in den Hochtönern von Lautsprecherboxen. Tiefpassfilter befinden sich in den Tieftönern von Lautsprecherboxen, in Synthesizern und AD-Wandlern. Mithilfe von Band-, Hoch- und Tiefpassfiltern können Sie bestimmte Frequenzen besonders akzentuieren oder auch vermindern.

GarageBand Filter

GarageBand wurde von Apple mit relativ einfachen Filter-Plug-Ins ausgestattet. Es gibt eine Bass- und eine Höhen-Reduzierung, bei der Sie lediglich einen nicht näher genannten Frequenzbereich zwischen TIEF und HOCH auswählen können. Diese Filter können z. B. als »Trittschallfilter« lästige, tieffrequente Störgeräusche ausblenden, oder eine Schallquelle durch Absenken der Höhen akustisch in den Hintergrund der Mischung stellen. Probieren Sie einfach aus, was passiert, denn letztendlich wissen Sie nicht, welche Frequenz Sie wie stark absenken. Aber erlaubt ist, was gefällt.

Außerdem gibt es einen automatischen Filter, der immerhin vier Regler zur Verfügung stellt, jedoch auch diese ohne genaue Zahlenskala. Sie können die FREQUENZ bestimmen, die bearbeitet werden soll, die RESONANZ und INTENSITÄT, mit der der Filter arbeitet, und das TEMPO, in dem die Schwingungen der Resonanz erfolgen. Nehmen Sie am besten eine der Voreinstellungen und passen diese Ihren Wünschen an.

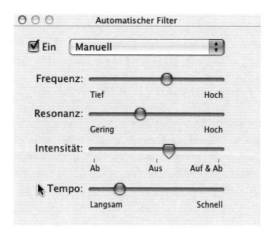

Abbildung 6.5 ▶
Der automatische Filter von GarageBand bietet schon ein paar Möglichkeiten zur Einstellung.

AUHighShelf und AULowShelf

Ein HighShelf-Filter rückt hohen Frequenzen zu Leibe. Ab der eingestellten CUTOFF-FREQUENZ werden die höher liegenden Frequenzen begrenzt; das geschieht nicht komplett, sondern graduell. Mit PEGEL (im englischen Plug-In heißt es Gain) können Sie bestimmen, wie stark die durchgelassenen Frequenzen betont werden. Beim Low-Shelf-Filter gilt das Ganze umgekehrt.

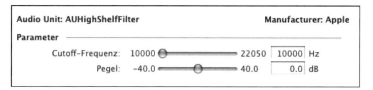

◄ Abbildung 6.6
Apples AUHighShelfFilter begrenzt höher liegende Frequenzen.

◄ Abbildung 6.7
Der AULowShelfFilter ist das Gegenstück zum HighShelf.

AUHipass und AULowpass

Auch bei Hi(gh)pass und Lowpass bestimmt die CUTOFF-FREQUENZ, ab welcher Frequenz die Töne nicht mehr »durchgelassen« werden. Das Verwirrende an diesen Filtern ist am Anfang sicherlich, dass nicht etwa – wie man meinen sollte – HighShelf-Filter und Hipass ähnliches tun, sondern dass vielmehr mit dem LowShelf-Filter ähnliche Ergebnisse erzielt werden wie mit Hipass.

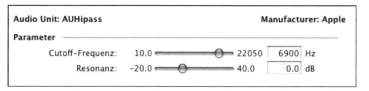

◄ Abbildung 6.8
Beim Hipass-Filter werden nur Frequenzen ab einer bestimmten Höhe durchgelassen.

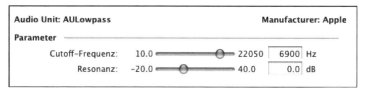

◄ Abbildung 6.9
Der Lowpass-Filter begrenzt höher liegende Frequenzen.

Bandpass

Ein Bandpass-Filter beruht auf der seriellen Verschaltung eines Hoch- und Tiefpasses mit der Maßgabe, dass die Grenzfrequenz des Tiefpasses höher liegt als die des Hochpasses. Um es weniger kompliziert auszudrücken: Ein Bandpassfilter lässt nur Frequenzen einer bestimmt Bandbreite passieren.

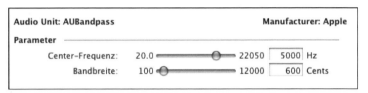

◀ Abbildung 6.10
Apples Audio-Unit AUBandpass ermöglicht es, nur bestimmte Frequenzen durchzulassen.

Bei Apples AUBandpass müssen Sie eine CENTER-FREQUENZ (mittlere Frequenz) bestimmen, die zentral erhalten bleiben soll. Die BANDBREITE bestimmt, wie weit der Bereich ist, der durchgelassen wird. Sinnvoll ist der Einsatz eines Bandpass-Filters zum Beispiel dann, wenn ein Instrument genau in einem von anderen Instrumenten unbenutzten Frequenzbereich besser wahrgenommen werden soll. Mit einem Bandpass werden die restlichen Frequenzen dieses Instrumentes beschnitten.

Bandsperre

Mit GarageBand wird zwar kein Bandsperre-Filter mitgeliefert, aber Sie sollten von dessen Existenz zumindest gehört haben. Eine Bandsperre beruht auf der parallelen Verschaltung eines Hoch- und Tiefpasses mit der Maßgabe, dass die Grenzfrequenz des Tiefpasses niedriger liegt als die des Hochpasses. Auch dieser Filter lässt sich anders erklären: Ein bestimmter Frequenzbereich wird einfach ausgesperrt. Eine Bandsperre ist quasi das Gegenteil eines Bandpasses. Ein Notchfilter oder auch Kerbfilter hat eine enge, schmalbandige Sperre, z. B. für das Ausfiltern von Netzbrummen (50 Hz).

Allpassfilter

Ein Allpass oder auch All Pass Filter korrigiert den Phasengang einer Frequenz, da alle Filter auch den Frequenzgang der Phase verändern. Auch diesen gibt es bei GarageBand nicht.

AuPeakLimiter

Mithilfe eines Peak Limiters (Spitzenbegrenzer) können Sie die plötzlich auftretenden Spitzen in einem Audio-Signal beschneiden. Er eignet sich wirklich nur für zu laute, relativ kurze Spitzen einer bestimmten Frequenz in einer Spur, und nicht dafür, die Lautstärke einer Spur über längere Strecken in allen Frequenzbereichen herabzusetzen.

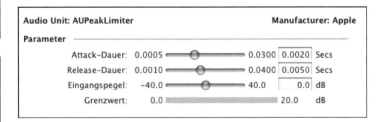

▲ Abbildung 6.11
Mit dem AUPEAKLIMITER können Sie kurze Spitzen begrenzen.

Dass sich ein Peak Limiter nur für relativ kurze Übersteuerungen eignet, liegt nicht etwa an dem Wort Peak (Spitze) in seinem Namen. Seine Bezeichnung resultiert vielmehr aus seiner Funktion und der Einstellbarkeit seiner Parameter. Die ATTACK-DAUER (Attack Time) bestimmt, wie schnell der Limiter auf die Spitzen reagiert. Die RELEASE-DAUER gibt an, in welchem Tempo der Limiter wieder loslässt. Stellen Sie die Release-Dauer nicht allzu kurz ein, sonst klingt es eventuell unnatürlich hart und der Hörer nimmt Sprünge wahr. Der EINGANGSPEGEL bestimmt, ab welchem Pegel der Limiter reagiert. Der GRENZWERT (der leider nicht einstellbar ist) ist dafür verantwortlich, wie stark die auftretenden Spitzen gedämpft werden.

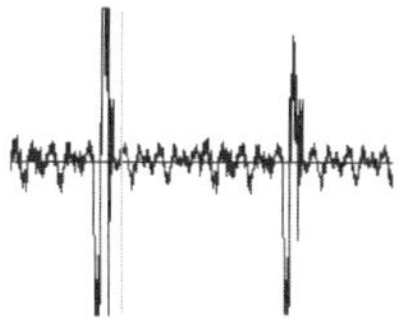

▲ **Abbildung 6.12**
Ups! Bei derart plötzlichen Spitzen im Audio-Material hilft ein Limiter.

6.6 Equalizer

Viele von Ihnen werden das Prinzip Equalizer sicher in der einen oder anderen Form kennen. Eigentlich besitzt fast jedes Autoradio oder jede Stereoanlage zumindest einen sehr einfachen EQ. Sicher ist Ihnen der Loudness-Knopf vertraut, der nach dem Empfinden der meisten Hörer die Klangqualität vor allem im Auto verbessert. Dieser Knopf macht nichts anderes als ein Equalizer. Diese Änderung der Frequenzkurve wird gerne als »Badewannenfilter« bezeichnet. Die tiefen und die hohen Frequenzen werden angehoben, damit mehr Bässe und Höhen auch bei billigen Autolautsprechern wahrgenommen werden können. Das gibt dann den psychoakustischen Effekt von mehr »Wumms«.

Mithilfe von Equalizern, zu Deutsch Entzerrern, lassen sich also einzelne Frequenzen besonders hervorheben oder absenken. Um einen Frequenzbereich anzuheben, ist allerdings Voraussetzung, dass die gewünschte Frequenz im Originalmaterial überhaupt vorhanden ist, denn Wunder können Equalizer auch nicht vollbringen.

6 Filter, Dynamikprozessoren und Effekte

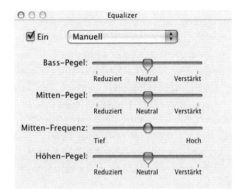

Abbildung 6.13 ►
Der EQUALIZER von Garage-Band liefert bereits einige Voreinstellungen.

Effekte stumm schalten

Bevor Sie den Equalizer (oder andere AU-Effekte) in GarageBand erfolgreich verwenden können, müssen Sie nicht nur in den Spurinformationen die gewünschte Spur anwählen. Sie müssen auch das kleine Kästchen EIN oben links anklicken. Das hat den Vorteil, dass Sie, um zu hören, wie die Spur mit oder ohne EQ klingt, einfach nur das Kästchen an oder ausschalten müssen.

Der GarageBand-EQ ist relativ einfach zu bedienen, auch die Bezeichnungen für die Einstellungen machen das deutlich. Sie können ganz simpel die nicht näher spezifizierten Höhen- und Tiefen-Pegel anheben oder absenken. Für die Mitten können Sie außer dem Pegel auch noch die Frequenz bestimmen, die ihrerseits von der Pegel-Einstellung darüber beeinflusst wird. Sie können hier selbst entscheiden, ob die mittleren Frequenzen eher im hohen oder tiefen Bereich verändert werden. Bedenken Sie bitte, dass alle Equalizer dem Signal entweder Energie zufügen oder entziehen, je nachdem, ob Sie Frequenzbereiche anheben oder absenken. Der Gesamtpegel des Signals ändert sich damit also zwangsläufig.

Parametrische Equalizer

Bei einem parametrischen Entzerrer lassen sich die einzelnen Parameter beliebig verändern.

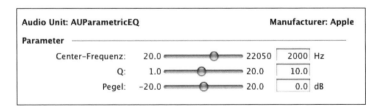

Abbildung 6.14 ►
Der parametrische Equalizer der Apple Audio Units

CENTER-FREQUENZ (Center Frequency) bezeichnet die Frequenz, um die herum der Bereich in der Breite von Q (Quantity bzw. Bandbreite) angehoben oder abgesenkt wird. Der PEGEL bestimmt, wie stark die Frequenz angehoben oder abgesenkt wird. Mit einem parametrischen Equalizer haben Sie den größten Einfluss darauf, wie Sie eine Frequenz verändern wollen, da Sie hiermit auch die Breite der Veränderung bestimmen können. »1.0« ist bei Apples AUParametricEQ ganz fein, nur ein ganz schmales Frequenzband wird beeinflusst, bei »20.0« passiert schon wesentlich mehr.

Parametrische Equalizer lassen sich meist sehr gut verwenden, wenn Sie irgendetwas am Sound stört. Gehen Sie dabei wie folgt vor: Wählen Sie einen sehr geringen Q-Wert, heben Sie den Pegel relativ stark an und gehen Sie dann mit dem Schieberegler den gesamten Center-Frequenz-Bereich durch. Klingt es an einer Stelle ganz besonders grausam, können Sie nun diese Frequenz etwas zurücknehmen. Aber Vorsicht, auch hier sollten Sie stets dosiert vorgehen. Manchmal ist genau diese gefundene Frequenz charakteristisch für das Instrument und sollte deswegen besser erhalten bleiben. Hören Sie auch hier genau hin, was passiert und ob es eine wirkliche Verbesserung darstellt.

Grafische Equalizer
Mit einem grafischen Entzerrer können mehrere festgelegte Frequenzbereiche einzeln angehoben oder abgesenkt werden. Die Mittenfrequenzen sind nicht veränderbar, sie haben Abstände, die gleich bleibenden musikalischen Intervallen entsprechen. Deshalb sind grafische EQs als Oktav- oder Terzbandequalizer ausgelegt. Die Bandbreite der einzelnen Frequenzen ist so ausgelegt, dass eine Veränderung um den gleichen Betrag in allen Frequenzbereichen wieder einen insgesamt linearen Frequenzgang ergibt.

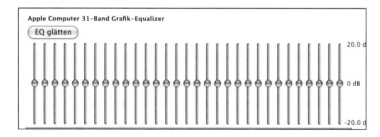

◀ **Abbildung 6.15**
Wow! Der grafische Equalizer besitzt ganz viele Schieberegler.

Ein typischer grafischer Equalizer mit 31 Bändern heißt Terzbandequalizer. Aus 31 Frequenzen vom Verhältnis 5:4 ergibt sich das gesamte Hörspektrum.

Das Ziel einer Abmischung im Studio ist immer, eine »durchsichtige« Mischung zu erreichen. Jedes Instrument hat einen eigenen, typischen Frequenzbereich. Bei der Abmischung ist es daher ratsam, diesen typischen Frequenzbereich bei dem entsprechenden Instrument anzuheben, bei allen anderen aber abzusenken.

Auch Apple setzt als grafischen Entzerrer den Terzbandequalizer ein. Ganz unten sehen Sie die Frequenzen, die Sie anheben oder absenken können. Die Bandbreite, in der dieses geschieht, ist festgelegt, damit müssen Sie leben. Mit einem grafischen EQ lässt sich der berühmte Loudness-Knopf sehr gut darstellen und nachbauen. Probieren Sie es doch mal aus. Heben Sie die tiefsten und die höchsten Frequenzen nach außen hin an. Und wie immer: Hören Sie sich aufmerksam an, was Sie damit erreichen. Vielleicht finden Sie Ihren Loudness-Knopf hinterher gar nicht mehr so toll.

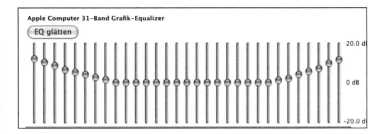

Abbildung 6.16 ►
Ungefähr so sieht ein Loudness-Knopf im grafischen Equalizer dargestellt aus. So sehr verändert ein kleiner Knopf den Klang.

6.7 Regelverstärker/Dynamikprozessoren

Regelverstärker verändern die Dynamik eines Signals, d.h. den Pegelunterschied zwischen dem geringsten und höchsten möglichen Pegel. Das Ohr ist in der Lage, einen Dynamikbereich von 120-130 Hz zu erfassen.

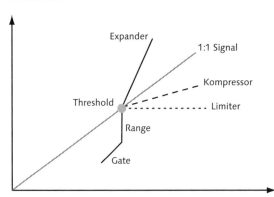

Abbildung 6.17 ►
Kompressor, Expander, Limiter und Gate sind Dynamikprozessoren, sie nehmen Einfluss auf die Dynamik des Originalsignals.

Kompressor

Zunächst einmal die Grundregeln für Kompressoren. Die meisten Begriffe werden Sie auch bei den GarageBand-Kompressoren so oder so ähnlich wieder finden. Also merken Sie sie sich gut.

Ein **Kompressor** komprimiert die Dynamik eines Signals, basierend auf einer so genannten Gain Reduction (Pegelreduktion). Hören Sie sich mal alte Platten (CDs) an und achten Sie dabei auf die Aussteuerungsanzeige. Vergleichen Sie das dann mit einer aktuellen CD. Sie werden sehen: Da zappelt fast nichts mehr. Heutzutage wird vor allem Pop- und Rock-Musik extrem komprimiert, damit es möglichst druckvoll klingt. Kompressoren sind aus der alltäglichen Musik-Produktion (mit Ausnahme von Klassik u. ä.) eigentlich nicht mehr wegzudenken.

Mit dem **Threshold** (deutsch: Schwellenwert) bestimmt man den Pegel, der nicht überschritten werden darf und ab dem der Kompressor den Pegel zurücknimmt. Er kann in einem weiten Bereich eingestellt werden. Zum einen kann man die Verstärkung der Eingangsstufe verändern. Je höher man die Verstärkung einstellt, desto niedriger liegt der Threshold des Kompressors.

Die Trägheit, mit der der Kompressor hierbei reagiert, wird durch die **Attack Time** bestimmt, d. h. sie gibt denjenigen Zeitpunkt nach der Überschreitung des Threshold an, an dem die Gain Reduction erfolgt. Die **Release Time** gibt die »Loslasszeit« an, also den Zeitpunkt nach der Unterschreitung des Thresholds, an dem die Gain Reduction wieder nachlässt.

Attack und Release sind bei manchen (Hardware-) Kompressoren nur im so genannten **Peak Modus** aktiv. Das kann gerne mal eine Falle sein, wenn man diesen unter Umständen sehr kleinen Knopf nicht entdeckt.

◄ **Abbildung 6.18**
Der TC Native CL vereint Kompressor und Limiter in einem Plug In.

6 Filter, Dynamikprozessoren und Effekte

Der **Kompressor** wird häufig auch in Kombination mit anderen Effekten angeboten. Beim TC Native CL kann man Kompressor und Limiter in einem Effekte-Plug-In nutzen. Sie sind aber getrennt regelbar. Im Histogramm kann man immer wunderbar erkennen, welche Frequenzen wie stark vertreten sind. Der Kompressor enthält alle zuvor erläuterten Begriffe wie Threshold, Ratio etc.

AUMultibandCompressor

Auch Apple bietet bei seinen Audio-Units einen so genannten DynamicsProcessor an, den wir Ihnen weiter unten vorstellen werden. Zunächst einmal kommt der AUMultibandCompressor an der Reihe. Ein Multiband-Kompressor bietet für verschiedene Frequenzbereiche individuelle Kompressionsmöglichkeiten. Man kann eine höhere Lautstärke erzielen, ohne dass z. B. die Bass Drum die Stimme beeinflusst. Durch die Trennung der Bänder ist eine höhere Kompression möglich.

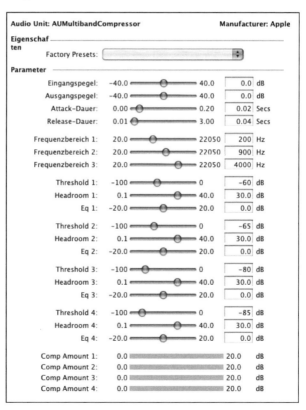

Abbildung 6.19 ► Apples Multiband-Kompressor besitzt verdammt viele Schieberegler.

6.7 Regelverstärker/Dynamikprozessoren

Auf den ersten Blick sehen Sie beim AUMultibandCompressor ein ziemlich großes Fenster mit vielen Einstellungsmöglichkeiten. Sehen Sie sich doch zunächst einmal die FACTORY PRESETS an und schauen Sie, was sich da verändert hat. Dann wird Ihnen vielleicht manches klarer. Ansonsten helfen wir Ihnen so gut es geht dabei, den Durchblick zu bewahren.

EINGANGS- und AUSGANGSPEGEL, ATTACK und RELEASE kennen Sie mittlerweile. Der Begriff FREQUENZBEREICH wird etwas deutlicher, wenn man das englische Gegenstück des Multiband-Kompressors vor Augen hat: Dort heißt es Crossover. Hiermit werden die Übergangsfrequenzen von einem Band zum nächsten festgelegt. Lassen Sie sich nicht von den vielen EQs irritieren. Die EQ-Werte sind in dB angegeben. Das heißt, Sie bestimmen, ob ein Band mehr oder weniger stark betont wird. Einfacher verständlich wäre hier sicher der Begriff Gain (Pegel) gewesen. Die grauen Balken neben COMP AMOUNT erwachen zum Leben, sobald Sie Ihren Song abspielen. Dann zeigen sie Ihnen in Blau an, wie stark das jeweilige Frequenzband arbeitet.

AUDynamicsProcessor

Bei der Bezeichnung der Parameter hat Apple wieder einmal englische und deutsche Fachbegriffe munter vermischt. Aber wenigstens kann man damit einigermaßen klarkommen und relativ einfach die richtigen Dinge zuordnen. Das war in der ersten Version bei weitem noch nicht so. Erfreulicherweise hat dieses Plug-In auch Voreinstellungen (FACTORY PRESETS) zu bieten.

> **Expander**
>
> Ein Expander funktioniert genau umgekehrt wie ein Kompressor. Er vermindert seine Verstärkung, wenn das Eingangssignal unter den Threshold sinkt, und expandiert dann dessen Dynamik. Signale unterhalb des Thresholds werden mehr oder weniger zurückgeregelt. Bei Pegeln oberhalb des Thresholds erfolgt eine lineare Verstärkung. Unter der Release Time versteht man beim Expander die Zeit, die bis zum Erreichen von zwei Drittel der endgültigen Rückregelung vergeht. Die Attack Time gibt an, nach welcher Zeit zwei Drittel der ursprünglich linearen Kennlinie wieder erreicht sind. Man setzt Expander zur Unterdrückung störender Hintergrundgeräusche ein. Ein Upward-Expander expandiert die Dynamik oberhalb des Thresholds. Der Downward-Expander expandiert die Dynamik unterhalb des Thresholds: Was leiser war, wird also praktisch noch leiser.

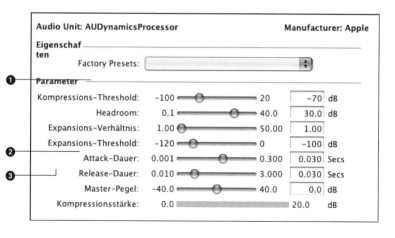

◄ Abbildung 6.20
Apples AUDynamicsProcessor enthält Kompressor und Expander.

De-Esser

Mit einem De-Esser soll der Frequenzbereich der Zischlaute komprimiert werden. Er ist besonders bei Sprechaufnahmen sehr hilfreich. Hierbei wird nur der Frequenzbereich begrenzt, in dem es wirklich notwendig ist. Man kann einen De-Esser auch noch in ein Summensignal einschleifen. Die Wirkungsweise eines gut eingestellten De-Essers kann häufig akustisch gar nicht kontrolliert werden. Das Ohr ist nicht in der Lage, eine Herabsetzung des Pegels von Zischlauten selbst um einige dB zu erfassen. Bei Gesang und Instrumenten ist ein De-Esser nicht so entscheidend, von daher ist auch keiner bei den mitgelieferten Plug-Ins zu finden.

Gate

Das Gate dämpft den Pegel unterhalb des Thresholds (also bei Unterschreitung) um einen festen Betrag, der als Range in dB angegeben wird, typischerweise vollständig. Das Regelverhalten des Gate muss nicht ruckartig erfolgen, da die Hüllkurvenparameter Attack, Hold und Release ein sanftes Ein- und Ausblenden ermöglichen. Das Gate besitzt im Gegensatz zum Expander keinen Ratio-Parameter. Im AUDynamicsPocessor findet sich versteckt in den FACTORY PRESETS ein simuliertes GATE. Ein Noise-Gate nutzt man zum Ausfiltern von Rauschen (Single Ended Noise Reduction).

Der DynamicsProcessor vereint Expander und Kompressor. Hier begegnen Ihnen dann die eingangs erwähnten Begriffe THRESHOLD, ATTACK und RELEASE. Sie werden sie wirklich bei jedem vernünftigen Kompressor wieder finden. Der HEADROOM ❶ ist eine Toleranz, die bestimmt, wie hart der Kompressor arbeitet. Damit müssen Sie ein wenig herumspielen. Mit dem MASTER-PEGEL ❷ bestimmen Sie die Ausgangslautstärke des Plug-Ins. Der graue Balken neben KOMPRESSIONSSTÄRKE ❸ ist sehr hilfreich beim Einsatz des DynamicsProcessors. Sobald Sie die Wiedergabe starten, wird Ihnen in Blau angezeigt, wie stark der Kompressor arbeitet.

6.8 Delay-Effekte

Zum Abschluss kommen wir noch auf weitere Effekte zu sprechen. Wir beginnen mit den Delay-Effekten. Ein Delay ist eine Verzögerung. Mithilfe eines Delay-Effektes werden Echos einer Audio-Spur erzeugt.

Wie oft bei einem Delay das Original wiederholt wird, wird bestimmt durch die so genannte Feedbackrate. Hier hat Apple beim AUDelay nicht übersetzt, was durchaus vernünftig ist. Beim einfachen SPUR-ECHO hingegen ist es eingedeutscht und heißt ECHO-WIEDERHOLUNGEN. Der Parameter ist bei beiden Plug-Ins jedoch derselbe. Die Feedbackrate wird meist in Prozent angegeben, d. h. bei einer Feedbackrate von 100% erfolgt praktisch ein unendliches Delay. Delays führen immer zu Resonanzen.

Kurze Verzögerungszeiten mit hohen Rückkopplungsraten resultieren in Resonanzen, deren Frequenzen sich umgekehrt proportional zur Verzögerungszeit verhalten. Ein wenig Fingerspitzengefühl sollten Sie also walten lassen. Sonst kommt es unter Umständen zu einem Kammfilter-Effekt.

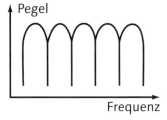

▲ Abbildung 6.21
Beim Kammfilter-Effekt löschen sich Frequenzen gegenseitig aus.

6.8 Delay-Effekte

Um das deutlicher zu machen, an dieser Stelle ausnahmsweise ein Rechenbeispiel. Das haben wir Ihnen bisher meist erspart. Aber dieses hier ist wirklich sinnvoll, denn damit können Sie musikalisch korrekt eine Delay-Time berechnen. Kurze Delay Times werden für Chorus- und Flanger-Effekte benutzt, die in den folgenden Abschnitten erklärt werden.

Echo-Zeit muss immer einem digitalen Taktmaß entsprechen. Wenn das Tempo bekannt ist, kann man die einzustellende Delay-Time wie folgt berechnen:

- Tempo Mälzels Metronom (MM) = bpm
- 60 bpm = 1/4 Note
- 60 : Tempo in bpm = Länge der 1/4 Note in Sekunden (1 s = 1 000 ms)
- 1 ms Verzögerung = 1 000 pro Sekunde => 1 000 Hertz
- 0,5 ms => 2 kHz x 2 ms => 500 Hz

Externe Hardware-Delays

Heutzutage arbeitet man bei externen Hardware-Delays eigentlich ausschließlich mit digitalen Verzögerungsgeräten. Analoge Eingangssignale werden über einen Analog-Digital-Wandler an einen RAM-Speicher weitergeleitet, wo sie gespeichert werden können. Die Dauer des Speichervorgangs bestimmt die Verzögerungszeit. Mehrfachechos können durch Rückkopplung des Ausgangssignals auf den Eingang erzeugt werden. Aber das sprengt den Rahmen von GarageBand, auch wenn diese Technik heutzutage immer noch den Plug-Ins zu Grunde liegt. Das heißt, beim AU-Delay werden Sie das Prinzip im Trocken/Nass-Mix wieder finden (siehe Seite 164).

Spur-Echo

Ein einfach einstellbares Delay ist GarageBands SPUR-ECHO. Angaben des FEEDBACKS, in diesem Fall also der Echo-Wiederholungen in WENIGER und MEHR, zeigen deutlich, dass GarageBand ein Apple-Programm für jedermann ist. Aber so kann wohl auch jeder etwas damit anfangen.

◄ Abbildung 6.22
Der Effekt SPUR-ECHO

ECHO-DAUER entspricht der Delay Time, die sich hier natürlich nicht genau berechnen lässt. Für Profis sicher ein Minus, für Otto-Normal-Anwender erleichtert es das Leben mit GarageBand aber ungemein. Und inwieweit jedermanns Ohr wahrnimmt, ob das Delay genau »ausgetimed« ist, sei mal dahingestellt. Mit der FÄRBUNG DER WIE-

DERHOLUNG sollten Sie einfach herumexperimentieren. Was hier sinnvoll ist, hängt stark von dem Original-Sound ab. Die INTENSITÄT bestimmt sozusagen die Aufdringlichkeit, mit der das Echo sich bemerkbar macht.

AUDelay

Sehr präzise Einstellungen sind mit SPUR-ECHO nicht möglich. Dafür gibt es das AUDelay. Ein Effekt, der ganz nebenbei zum Schmunzeln anregt. Zumindest in der deutschen Lokalisierung. Hier findet man englische und deutsche Bezeichnungen wild durcheinander gemischt, zudem fehlt augenscheinlich das Wort »Frequenz« nach LOWPASS CUTOFF.

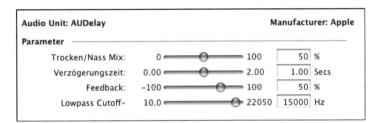

Abbildung 6.23 ▶
Sieht nicht umfangreicher aus als das Spur-Echo, bietet aber dennoch präzisere Einstellungsmöglichkeiten: das AUDelay.

Angefangen wird auf Deutsch mit dem TROCKEN/NASS MIX. Das Wort Mix bezieht sich hierbei auf das Klangverhältnis der einzelnen Wiederholungen. Je nasser, desto verwaschener wird auch der Klang. Sie können sich übrigens mit dem Schieberegler an das Ergebnis herantasten, oder gleich rechts in die Felder die gewünschten Zahlen eintippen. Die VERZÖGERUNGSZEIT ist die Delay Time. Wie man diese genau berechnen kann, haben wir Ihnen weiter oben erklärt. Jetzt können Sie Ihren Freunden beweisen, was Sie so alles drauf haben. Vorsicht beim FEEDBACK. Wenn Sie es auf 100% einstellen, sollten Sie sicherheitshalber auch wissen, wie Sie Ihre Boxen ganz schnell leise bekommen. Denn bei manchen Instrumenten schaukelt sich der Effekt dann so hoch, dass es verdammt laut wird und natürlich auch nicht sofort aufhört, wenn Sie GarageBand stoppen. Am Ende steht dann das von Live-Veranstaltungen bekannte Quietschen (das wieder eine andere Ursache hat, aber das gehört nicht hierher). Tasten Sie sich lieber langsam heran, beginnen Sie mit kleineren Werten. Übrigens gibt es auch negative Feedbacks, das »–100« ist keinesfalls ein Versehen. Das AUDelay hat auch noch einen eigenen LOWPASS CUTOFF-Filter eingebaut, der ab der angegebenen Zahl Frequenzen daran hindert, sich durch den Filter zu schleichen.

Chorus

Der Chorus-Effekt bewirkt einen schwebenderen Klang. Er beruht auf einem Zusammenmischen von trockenem Originalsignal und dem verzögerten Signal. Die Verzögerungszeit liegt in einer Größenordnung von 10–50 ms und wird durch einen LFO (Low Frequency Oscillator) periodisch modelliert. Zwischen Effekt- und Originalsignal entstehen durch Phasenverschiebungen bedingte Schwebungen. Depth/Width bestimmen den Hub, die Stärke der Modulation. Rate/Speed bestimmt die Frequenz, also das Tempo der Modulation.

Leider finden Sie die eben erklärten Parameter nicht in GarageBand wieder. Wie alle GarageBand-Effekte ist auch dieser eher einfach gehalten. So kann zum einen jeder damit umgehen, zum anderen verbrauchen die Effekte nicht ganz so viel Rechenleistung. Sie können beim Chorus bestimmen, mit welcher INTENSITÄT er klingen soll und wie schnell. Das TEMPO entspricht also der Geschwindigkeit der Schwebung.

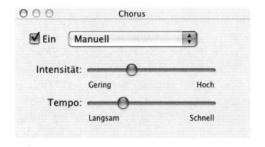

◀ **Abbildung 6.24**
Der kleine CHORUS von GarageBand

Flanger

Der Flanger ergibt einen ähnlichen Effekt wie der Chorus. Er unterscheidet sich nur durch niedrigere Delay-Times von 0,5 – 10 ms und sehr hohe Feedbackraten.

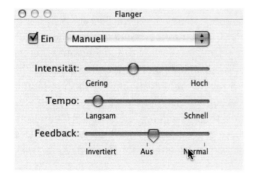

◀ **Abbildung 6.25**
Ein FLANGER sorgt für einen »schwebenderen« Klang.

Dementsprechend sind auch die Regler des GarageBand-Flangers denen des Chorus ziemlich ähnlich. Allerdings hat der Flanger noch einen mehr: den für das Feedback. Mit ihm bestimmen Sie, wie oft der Effektanteil dem Signal wieder zugeführt wird.

6.9 Hall-Effekte

Nun kommen wir zum meistgenutzten Effektgerät bei Musikproduktionen. Wie Hall genau funktioniert, haben Sie bereits im Kapitel »Akustische Grundlagen« ab Seite 141 gelernt. Hier kommt der Teil mit den Plug-Ins dazu. Einige wichtige Begriffe wollen wir hier trotzdem noch einmal kurz erklären, denn ein Hall-Effekt ist vor allem für Gesang sehr wichtig. Außerdem finden Sie sie auch als Apple-Plug-In wieder:

- **Early Reflections:** Der Pegel muss nicht konstant abnehmen, die Pegelabnahme hängt von der Beschaffenheit der einzelnen Wände ab. Abstände und Pegel sind nicht gleichmäßig.
- **Diffuses Schallfeld:** Der Pegel ist geringer und nimmt stetig ab. Die Dichte oder auch Density ist die Bezeichnung für die Menge der Reflektionen in Bezug auf die Zeit. Unter der Diffusion versteht man die Abstände der Reflexionen, bei geringer Diffusion entstehen Klumpen. Der Abstand zwischen dem Originalsignal und der ersten Reflexion entspricht dem Parameter Pre Delay. Setzt man das Pre Delay auf 0 ms, schadet das dem Klang. Das Signal wird verwaschen, es verliert an Druck, ist schlechter ortbar und schlechter verständlich. Im realen Leben gibt es in jedem Raum immer ein Pre Delay.

AUMatrixReverb
Das AUMatrixReverb ist eines der klanglich besten AU Plug-Ins von Apple überhaupt, auch wenn es ziemlich kompliziert aussieht.

Hier finden Sie ebenfalls wieder zahlreiche Regler mit mehr oder weniger verständlichen Bezeichnungen. Erfreulicherweise liefert Apple hier wirklich gute Voreinstellungen mit, die die Verständlichkeit ungemein erleichtern können und auch die wichtigsten Räume grundlegend abdecken. Wenn Sie sich nicht allzu sehr mit den vielen Parametern auseinandersetzen wollen, greifen Sie auf die Presets zurück und passen Sie diese gegebenenfalls noch ein wenig an. Das ist sicherlich die einfachste und auch effektivste Möglichkeit mit die-

6.9 Hall-Effekte

sem Effekt zur besten Lösung zu kommen. Es folgen dennoch weitere Erklärungen für »Bastler«.

◄ Abbildung 6.26
Apples AUMATRIXREVERB mit vielen Einstellungsmöglichkeiten

Eine allgemeine Anmerkung zum AUMatrixReverb sei uns noch erlaubt: Die Bezeichnungen der Parameter haben wenig mit dem zu tun, was einem im tontechnischen Alltag sonst begegnet. Sie sind doch etwas gewöhnungsbedürftig und haben uns zunächst einiges Kopfzerbrechen bereitet. Auch der Aufbau ist sehr eigen, wobei eigen in diesem Fall keineswegs mit »nicht so gut« gleichzusetzen ist, ganz im Gegenteil.

Unter FACTORY PRESETS können Sie vorkonfigurierte Einstellungen des Reverbs hervorholen.

Bei der DARSTELLUNGSQUALITÄT können Sie sich freuen, wenn Sie mehr als ein iBook besitzen. Denn je besser ausgestattet der Rechner, umso besser der Klang des Reverbs. Die Darstellungsqualität bestimmt die CPU-Belastung, je höher, desto »feiner« werden die Reflexionen berechnet. Dementsprechend besser klingt der Hall.

Doch kommen wir zu den Parametern: Der TROCKEN/NASS MIX bestimmt das Verhältnis vom Originalsignal zum Halleffekt. Je weiter Sie sich den 100% nähern, desto mehr Effekt hören Sie.

6 Filter, Dynamikprozessoren und Effekte

> **Schwierige Begriffe**
>
> In der Form KLEIN/GROSS MIX sind uns Parameter noch bei keinem anderen Reverb untergekommen. Auch was nun mit GROSSER DELAY-BEREICH und KLEINER DELAY-BEREICH gemeint ist, erschloss sich uns nicht sofort. Die Parameter werden aber deutlich anhand der Erklärungen der anderen Parameter im AUMatrixReverb.

Grundsätzlich ist das AUMatrixReverb in zwei Bereiche unterteilt: KLEIN und GROSS. Okay, ganz genau ist das nicht erkennbar, da beides munter vermischt ist, aber glauben Sie uns: Es ist so. Das Signal durchläuft zunächst den Klein-Anteil des Effektes und landet anschließend im Groß-Bereich. Das macht das eigenständige Einstellen nicht gerade einfach, ist aber ziemlich genial. Mit KLEIN wird die Raumgröße für die Early Reflections bestimmt, die ersten Reflexionen, die von den Wänden, Decken und Böden zurückgesandt werden. Diese gehen bis zu 50 ms. Klein ist auch mitverantwortlich für den Raumklang. GROSS wird in Sekunden angegeben und hat uns eine Weile beschäftigt. Es bezieht sich auf den späten Hall-Anteil, das diffuse Schallfeld. Je höher Sie diese Zahl setzen, desto länger klingt der Hall und desto größer wird der simulierte Raum.

Die Parameter KLEIN und GROSS erklären auch den KLEIN/GROSS MIX. Dieser bestimmt, welchen Anteil am Hall die ersten Reflexionen haben, und welchen das diffuse Schallfeld.

Mit dem EINGANGSDELAY ist das Pre Delay gemeint. Zur Erinnerung: Das Pre Delay ist die Zeit, die vom Originalsignal bis zu den ersten Reflexionen (Early Reflections) vergeht.

GROSSER DELAY: Auch dieser Parameter hat uns Kopfzerbrechen bereitet. Im Grunde ist es aber ganz einfach: Hier geht es um die Verzögerung vom kleinen zum großen Anteil des Raums. Also um das Delay zwischen Early Reflections und diffusem Schallfeld.

KLEINE DICHTE bezieht sich auf die Dichte (Density) der ersten Reflexionen. Leider ohne Maßangabe, aber je höher der Wert, desto dichter ist der Klang des Effekts. Die Dichte steht in einer Wechselwirkung mit KLEIN bzw. GROSS und Sie sollten sich dementsprechend auf Ihren Höreindruck verlassen, d. h. darauf, was Ihnen gefällt. Mit GROSSE DICHTE ist entsprechend die Dichte des Klangs vom diffusen Schallfeld gemeint.

GROSSER DELAY-BEREICH ist wieder so ein merkwürdiger Ausdruck. Er bestimmt den Verzögerungsbereich-Wertebereich für GROSS.

Es folgt GERINGE HOCHFREQ.~ – da fehlt doch etwas. Im Englischen steht an dieser Stelle der komplette Ausdruck »small hifreq absorption«. Das »absorption« ist hierbei ganz wichtig. Sie erinnern sich noch an unser Akustik-Kapitel? Auf Seite 138 haben wir erläutert, dass die hohen Frequenzen schneller verklingen als die tiefen, da sie leichter absorbiert werden. Mit diesem Regler bestimmen Sie, wie schnell die hohen Frequenzen der ersten Reflexionen verklingen. »Gering« ist also ein wenig falsch übersetzt, gemeint ist »klein«.

Je schneller die hohen Frequenzen weg sind, desto dumpfer wird der Klang des Halls. Das findet man in anderen Hall-Effekten meist mit der Bezeichnung »High Cut«.

Starke Hochfreq.~ – auch hier fehlt etwas, doch das macht nichts, denn wir wissen ja jetzt, dass es um die Absorption geht. Und das »stark« heißt im Englischen auch »large«. Hier geht es also um die Absorption der hohen Frequenzen im diffusen Schallfeld.

Mit Kleiner Delay-bereich ist das Gegenstück zu Grosser Delaybereich gemeint. Er bestimmt den Verzögerungsbereich-Wertebereich für Klein.

Ähnlich wie beim Chorus-Effekt wird mit der Modulationsrate der Hall-Effekt noch ein wenig moduliert, was in den meisten Fällen geschieht, um den Hall noch ein wenig schwebender klingen zu lassen. Bei der Rate geht es darum, wie schnell moduliert wird.

Mit der Modulationstiefe wird noch einmal der Klang der Modulation verändert. Probieren Sie es mal aus, Sie werden merken, dass sich die Tonhöhe ändert, und der Klang des Effektes manchmal schon ein wenig unförmig anmutet.

TC MegaReverb
Da Hall ein so wichtiger Effekt ist, zeigen wir Ihnen hier noch einen anderen, für den es eine weitgehend selbsterklärende grafische Darstellung gibt: das MegaReverb von TC Works.

Das sieht schon auf den ersten Blick anders aus als das AUMatrix-Reverb von Apple. Aber es kostet auch richtig Geld. Wir zeigen es Ihnen hier, weil die Bezeichnungen eher Standard sind, und weil bereits die grafische Darstellung dem Anwender eine Idee von den Möglichkeiten vermittelt. So verändert sich die Wall Diffusion ❶ zum Beispiel von Kacheln bis hin zu einer deutlich erkennbaren Tapete. Da weiß jeder, welchen Raumklang er gerade simuliert. Auch die Predelays ❷ können Sie sich hier räumlich vorstellen, mal ganz abgesehen von der Raumform und Raumgröße.

Der Highcut Filter ❸ entspricht der geringen und starken Hochfreqenz im MatrixReverb. Auch können Sie mit Decay/Frequency ❹ für drei verschiedene Frequenzbänder (die Sie in Ihrer Breite verändern können) eine unterschiedliche Zeit einstellen. Dem MegaReverb liegt ein anderes Prinzip zu Grunde, hier wird der Raum nicht in zwei Bereiche aufgeteilt, das diffuse Schallfeld ergibt sich aus den anderen Parametern wie Raumgröße und Wall Diffusion.

6 Filter, Dynamikprozessoren und Effekte

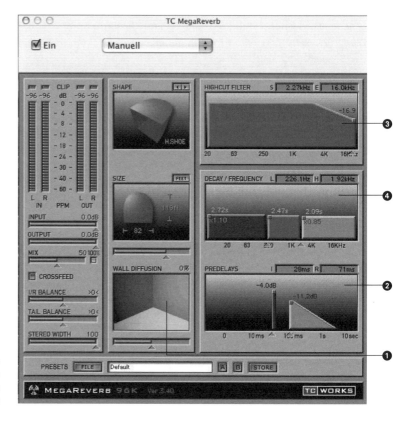

Abbildung 6.27 ▶
Das grafisch übersichtliche MegaReverb von TC Works

6.10 Stimmwandler

Dieser Effekt kann mit nur zwei Reglern die Tonhöhe und den Toncharakter von einstimmigem Audiomaterial in Echtzeit verändern. So kann man beispielsweise aus einer Männerstimme eine Frauenstimme machen und umgekehrt, in dem man die charakteristischen Frequenzbereiche (Formanten) mit dem Regler TON verschiebt. Man kann auch die Tonhöhe von Stimme und Instrumenten mit dem Regler TONHÖHE um bis zu 2 Oktaven (+/- 24 Halbtöne) transponieren, ohne die Abspieldauer zu verändern. Das ist praktisch, funktioniert aber wirklich nur mit einstimmigen Signalen. Auch sollte man sich nicht der Illusion hingeben, aus einem brummigen Bass eine piepsige Sopranstimme machen zu können, ohne Artefakte zu erzeugen. Extremeinstellungen sind also zu vermeiden, wenn Sie unbemerkt mogeln wollen. Wenn Sie aber an dem Klang der Extrem-Einstellungen Gefallen finden: nur zu! Wir wollen Ihrer Kreativität nicht im Wege stehen.

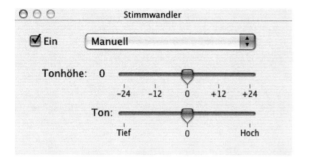

◄ **Abbildung 6.28**
Soll aus einer Männer- eine Frauenstimme werden? Bitteschön, mit dem STIMMWANDLER ist (fast) alles möglich.

7 Song bearbeiten und abmischen

Hand anlegen an unseren Demo-Song

- Unser Demo-Song »Gravity«
- Feinschliff der einzelnen Spuren
- Effekte und Filter einsetzen
- Tipps für das Abmischen

7 Song bearbeiten und abmischen

Nach den letzten Kapiteln sollten Sie jetzt eigentlich das theoretische Rüstzeug besitzen, um mit GarageBand arbeiten zu können. Für Ungeduldige, die ohne die vorhergehenden Kapitel gleich so richtig loslegen möchten, haben wir aber einige wichtige Informationen noch einmal mit eingebaut. Aber wir merken schon: Sie drängeln.

Im Kapitel »Erster eigener Song« haben wir bereits einen ersten eigenen kompletten Song erstellt und bearbeitet. Dabei ging es uns weniger um die Ausgefeiltheit der Komposition, sondern vielmehr darum, erst einmal AppleLoops einzusetzen und ein wenig mit den wichtigsten Funktionen von GarageBand herumzuspielen. Ein weiterer Vorteil war, dass bei diesem ersten Projekt auch nicht ganz so leistungsstarke Macs noch mitkommen können sollten.

In diesem Kapitel wollen wir nun ernst machen und uns ein größeres Projekt anschauen. Dabei machen wir uns systematisch ans Werk.

Setzt man GarageBand richtig ein, kann man damit nahezu professionelle Ergebnisse erzielen. Auch wenn es eher etwas spielerisch daher kommt und der Preis so erstaunlich günstig ist: Von seinen Funktionen her bietet GarageBand tatsächlich Vieles, was in ein professionelles virtuelles Aufnahmestudio gehört.

Von der Aufnahme bis zur Erstellung einer Demo-CD werden wir ein komplettes Projekt umsetzen. Dafür haben wir extra einen eigenen Demo-Song erstellt. Er trägt den Namen »Gravity« und ist auf der beiliegenden CD-ROM zu diesem Buch zu finden.

Viele der in Folge beschriebenen Funktionen kennen Sie bereits von allgemeinen Erklärungen. In diesem Kapitel sehen Sie, wie sie in einem richtigen Projekt angewandt werden. In unserem Beispiel-Song können Sie auch selbst damit herumprobieren, denn »learning by doing« ist beim Musikmachen immer noch das Beste.

> **Den Demo-Song laden**
>
> Bitte kopieren Sie den gesamten Inhalt der CD-ROM auf die Festplatte Ihres Rechners oder auf eine externe Festplatte, bevor Sie mit den Dateien arbeiten. Das Abspielen direkt von der CD-ROM verweigert GarageBand nämlich konsequent.

7.1 Unser Demo-Song

Unser Demo-Song »Gravity«: Wahrscheinlich wird er nicht gerade die Charts erstürmen, er bietet jedoch alles, was ein Demo-Song braucht. Außerdem findet man bei ihm viele Funktionen und Effekte von GarageBand wieder. Er enthält wirklich jede Menge Beispiel- und Anschauungsmaterial. Beim Komponieren war es unser Ziel, am

Beispiel eines Songs zu zeigen, was man mit GarageBand alles machen kann und was nicht.

Auf der CD-ROM zum Buch finden Sie den Song gleich in mehreren Versionen vor, damit Sie ihn auch mit weniger leistungsstarken Rechnern abspielen können. Das ideal editierbare Dokument liegt im Ordner DEMOSONG\SONG und heißt:

- GRAVITY MIX.band
  Hier sind alle Spuren zuerst geschützt, um Rechenleistung beim Anhören zu sparen.

In einigen Versionen haben wir einige Spuren gebounced, also zu einer Spur zusammengefasst. Sie finden sie im CD-Ordner DEMOSONG\DOWNMIXES:

- GRAVITY_GUITAR MIX.band
- GRAVITY_GUITAR+KEYB MIX.band
- GRAVITY_GUITAR+KEYB +DRUMS MIX.band
  Wir haben z. B. die Gitarrenspuren, einige Keyboards und die Drums inklusive der Effekte mit der Funktion ZU ITUNES EXPORTIEREN als einzelne? AIFF-Datei abgespeichert und als einzelne Spur zurück in den Song importiert (mehr zum Export zu iTunes finden Sie ab Seite 234). Mit dieser Vorgehensweise kann man die Spurenanzahl reduzieren und damit Rechenleistung sparen. Sei es, um mit älteren Prozessoren zu arbeiten, oder die frei gewordenen Ressourcen mit Effekten oder zusätzlichen Spuren zu füllen.

Eine weitere Version enthält zudem weder Effekte noch Lautstärkekurven. Sie finden sie im Ordner DEMOSONG\SONG. Sie heißt:

- GRAVITY_NO MIX.band
  und wartet darauf, dass Sie sich an ihr zu schaffen machen – ob zum Nachbauen unseres Buchbeispiels oder einfach zum Austoben! Aber dazu später.

Formteile eines Songs

Wir gehen einfach mal von der Vermutung aus, dass Sie nicht gerade vorhaben, mit GarageBand eine große Oper zu komponieren und aufzunehmen. Obwohl wir prinzipiell auch dazu bereit wären, Ihnen die klassische Formenlehre vom Madrigal bis zur Sonatenhauptsatzform näher zu bringen, würde das den Umfang dieses Buches dann wohl doch zu sehr sprengen. Der Anschaulichkeit und Einfachheit halber konzentrieren wir uns hier besser auf musikalische Formen, die in der Popmusik gebräuchlich sind, um Ihnen den Aufbau unseres Demo-Songs zu erklären.

Ohne Form gibt es keine Funktion. Dieser Grundsatz gilt besonders in der Musik. Formelemente übernehmen immer ganz bestimmte Funktionen, um unseren Gehirnwindungen die Botschaft der Musik (und sei sie noch so abstrakt) zu vermitteln. Die Daten auf Ihrem Rechner müssen ja auch eine ganz bestimmte Form haben, um eine Funktion zu übernehmen. Also lassen Sie uns jetzt erstmal ganz »formell« über Musik reden, und einen Überblick über die wichtigsten Bausteine eines Songs geben. Wir werden sie später selbst einsetzen.

Tabelle 7.1 ▶
Die gebräuchlichsten Formteile eines Songs

Englische Bezeichnung	Deutsche Bezeichnung	Funktion
Intro	Einleitung	Einstimmung der Zuhörer auf das Stück, Spannung wird erzeugt.
Verse	Vers, Strophe	Vokal: Handlung wird transportiert mit Text.
		Instrumental: Musikalisches Thema wird vorgestellt.
Chorus, Refrain	Refrain	Hauptaussage / Höhepunkt des Stücks, wird an mehreren Stellen im Lied (oft unverändert) wiederholt.
Bridge	Brücke	Verbindung zwischen zwei starken Formelementen, meist zwischen Vers und Refrain. Baut Spannung auf.
Solo	Solo	Ein Solist improvisiert über Verse oder Chorus.
Interlude	Zwischenspiel	Lockert die Form auf und leitet den letzten Höhepunkt des Liedes ein.
Groove	–	Rhythmischer Teil ohne Melodie.
Ending	Schlussteil	Definierter musikalischer Schluss. Leicht erkennbar, danach folgt Stille.
Fade-In / Fade-Out	Aufblende / Abblende	Langsamer Ein- oder Ausstieg, oft durch Lauter- oder Leiserwerden.

Englische Bezeichnung	Deutsche Bezeichnung	Funktion
Riff	Motiv	Charakteristische Figur in einer Komposition (vgl. »Smoke on the Water«)
Break	Bruch	Die Song-Struktur wird kurz unterbrochen. Dient zur Auflockerung, ist aber kleiner als eine Bridge.
Fill	Variation	Kleine Variation. Meist am Ende eines Formelements.

◄ Tabelle 7.1
Die gebräuchlichsten Formteile eines Songs (Forts.)

Überblick über »Gravity«

Um uns einen Überblick über die Formteile in unserem Song »Gravity« zu verschaffen, hören wir uns erst einmal das Endprodukt an, bevor wir die einzelnen Spuren besprechen. Öffnen Sie dazu die Datei »GRAVITY MIX.band« mit einem Doppelklick (oder über ÖFFNEN in GarageBand) und drücken Sie die Starttaste. Wenn Sie jetzt genau hinhören, finden Sie in dem Song den folgenden Aufbau:

Takt	Beschreibung	Bemerkung
1-5	Drum Intro	Rhythmik wird vorgestellt.
5-13	Guitar Intro	Spannung wird aufgebaut, Gitarrenriffs.
13-21	Verse	Synth und Piano teilen sich die Melodie.
21-37	Chorus	Piano spielt das Hauptthema.
37-41	Interlude	Verdichten zum Gitarrensolo
41-57	Solo	Gitarrensolo über Chorus
57-65	Bridge	Brückenteil zum Ende
65-68	Ending	Schlussakkord mit Ausklang

◄ Tabelle 7.2
Die Struktur unseres Demo-Songs »Gravity«

Auch wenn man den Song nicht gerade als »typischen Popsong« bezeichnen kann, haben wir versucht, so viele Klischees und Formelemente wie möglich in diese zwei Minuten zu packen.

Tonart, Tempo und Takt

Der Grundton unseres Stücks ist G. Dennoch müsste man laut GarageBand-Terminologie die Tonart als »A#« angeben. Wie bitte?

Die Erklärung liegt (wir erinnern uns vage) im Tongeschlecht, und das ist in unserem Fall Moll. Leider kennt GarageBand aber keine Molltonarten. Daher muss man eine Dur-Tonleiter finden, die

Siehe »Tongeschlecht« auf Seite 64

exakt die gleichen Töne verwendet wie g-moll. Nach eingehender Suche finden wir sie eine kleine Terz (drei Halbtöne) über dem G. Der deutsche Name für diesen Ton ist »b«. Die so genannte »parallele Durtonart« von g-moll ist also B-Dur. Die Tonarten-Auswahl unseres kleinen Krachmacher-Programms hat aber dummerweise auch keine einzige b-Tonart zur Auswahl.

Siehe »Tonart« auf Seite 64

Was tun? Ganz einfach, wir benötigen eine »enharmonische Verwechslung«. Natürlich! Umdeutung ist das Gebot der Stunde. Sie kennen das vielleicht von Ihrer Steuererklärung. Und genau so wie andere, natürlich nicht Sie oder ich, die Wirtshausrechung des feuchtfröhlichen Abends als »Geschäftsessen« umdeuten, machen wir aus »B« einfach ein »Ais« (und für internationale Beobachter: aus »Bb« ein »A#«).

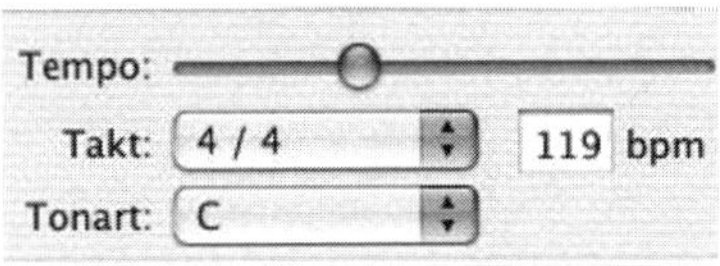

Abbildung 7.1 ▶ Die Master-Tonart: Alles ist relativ!

Bei Tempo und Takt ist alles viel einfacher. Das Tempo ist mit 119 bpm angegeben. Die Taktart beträgt schnörkellose 4/4, also unseren Standardtakt für Popsongs.

119 bpm. Warum haben wir den Song nicht im Standardtempo 120 bpm abgespeichert?

Die Antwort liegt im Ausprobieren. Schalten Sie einfach einmal durch einen Klick auf das kleine Lautsprechersymbol am Kopf der Spur alle Audio-Spuren stumm. Die Audio-Regionen würden einer Tempoänderung nicht automatisch folgen. Nun erhöhen Sie das Tempo einfach auf 120 bpm. Sie merken, schon diese geringe Änderung hat große Auswirkung auf den gesamten Charakter unseres Songs. Er klingt hektischer, zumal die Quantisierung auf 16TEL SWING (LEICHT) steht. Die ohnehin schon kleineren Abstände der unbetonten Sechzehntelnoten zur nächsten betonten Note werden mit höherem Tempo noch kleiner und klingen nun leicht gehetzt. Ein schönes Beispiel dafür, wie sich in der Musik kleine Änderungen von Parametern unerwartet stark auswirken können.

> **Die parallele Molltonart**
> Hierbei handelt es sich um eine Tonart, die sich der gleichen Töne bedient wie die Dur-Tonleiter, die sich auf ihrer dritten Stufe bildet. Die Töne (und die Vorzeichen) sind also identisch, das Tonzentrum und der Klangcharakter aber nicht. Stellen Sie sich eine Halskette mit zwölf unterschiedlichen, farbigen Perlen vor. Sie öffnen die Knüpfung, nehmen die beiden ersten Perlen heraus, und fädeln sie am anderen Ende der Kette wieder auf. Jetzt besteht die Kette aus denselben Elementen, ist immer noch eine Kette, sieht aber anders aus als vorher.

Master-Spur
Das rhythmische Grundgerüst unserer Komposition steht nun bereits. Jetzt wollen wir uns die einzelnen Bestandteile unseres Liedes genauer anschauen. Dafür gehen wir jede Spur mit dem entspre-

chenden Instrument durch und schauen uns die Funktion des Instruments, die Lautstärke, das Panorama, seine Effekte und die Besonderheiten im MIDI-Bereich genau an.

Wenn Sie eine der prozessorfreundlicheren Downmix-Versionen unseres Songs geöffnet haben, können Sie sich die zusammengefassten Spuren noch einmal einzeln (Solo) durchhören, während Sie die folgenden kurzen Beschreibungen der einzelnen Instrumente lesen. Oder Sie laden den Song in der Komplettversion und hören immer nur die gerade beschriebene Spur ab, falls Ihr Mac anfängt zu meckern. Ersparen wir uns also die Musikwissenschaften, verlassen wir uns auf unsere Lauscher und legen gleich ganz praktisch los.

Unser erster Blick richtet sich auf die Master-Spur. Obwohl sie beim Öffnen des Songs optisch ausgeblendet ist, ist sie grundsätzlich immer aktiv. Sie regelt die Gesamtlautstärke des Songs sowie alle übergeordneten Parameter wie Tempo, Tonart und Taktart. Man kann in ihr auch die für alle Spuren geltenden Effekte ein- und ausschalten sowie steuern.

Wie Sie in Abbildung 7.1 sehen, steht die in der Master-Spur angezeigte globale Tonart auf C. Die tatsächliche Tonart unseres Songs ist aber g-moll. Lassen Sie sich jetzt bitte nicht verwirren! Diese Anzeige liegt daran, dass die Master-Spur einfach mit jedem neuen Song neu angelegt wird. Da man nicht immer schon im Voraus die genaue Tonart des entstehenden Kunstwerks kennt, legt man den Song erst einmal in der Standard-Tonart C an. Nachträgliche Änderungen der globalen Tonart sind dann immer relativ zur tatsächlichen Tonart zu sehen. Möchte man etwa nachträglich den Song um einen Ganzton nach oben transponieren (klingend wie a-moll), so muss man in der Master-Spur die Tonart von C auf D umstellen.

Grand Piano

Das Piano übernimmt – bis auf ein paar Akkorde im Schlussteil – eine überwiegend melodische Funktion. Das zarte, perkussive Klavier soll einerseits der Gitarre nicht im Wege stehen, andererseits auch eine stilistische Verbindung zum E-Bass und dem akustischen Schlagzeug-Loop bilden. Der Panoramaregler ❶ ist leicht nach links gedreht, um im Stereobild einen Gegenpol zum Gravity Synth zu bilden, der den zweiten Teil der Melodie spielt und leicht rechts positioniert ist.

Die Noten auf dieser Spur sind komplett unquantisiert, um die Melodie nicht mechanisch klingen zu lassen.

Kompositionstipp

Die Erfahrung zeigt, dass man nicht alle musikalischen Parameter seines Songs gleichzeitig in den Vordergrund rücken sollte. Die Zuhörer werden kaum auf gewagte Harmonien, komplexe Melodien und ungewöhnliche Rhythmik zugleich achten können und wollen. Wenn man mit ungeraden Taktarten umgeht, sollte man daher besser die anderen Parameter etwas vereinfachen. Das gilt natürlich auch umgekehrt.

Quantisierung

Unter Quantisierung versteht man das Zurechtrücken von MIDI-Events auf rhythmische Rasterpunkte. Dabei wird ein unquantisiertes Event auf den nächstliegenden Rasterpunkt gerückt.

Die Farb-Codes in GarageBand

Die Farben der Spuren und der Regionen verraten auf einen Blick deren Inhalt:
▶ Grün = MIDI-Tracks
▶ Blau = Loops
▶ Lila = Audiomaterial, das selbst aufgenommen wurde.
▶ Orange = externes Audiomaterial bzw. in GarageBand 1 mit echten Instrumenten eingespieltes Material

7 Song bearbeiten und abmischen

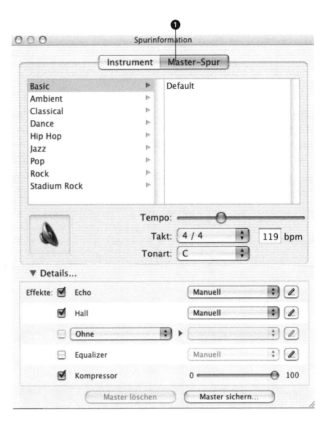

Abbildung 7.2 ►
Die Master-Spur: An ihr kommt niemand vorbei! Sie enthält einige Grundeinstellungen für das Projekt und ist immer aktiv, auch wenn sie auf dem Bildschirm ausgeblendet ist.

Siehe »Sustain« auf Seite 130

Der Schlussakkord ist mit einem Sustain-Event verlängert, also einem gedrückten Haltepedal, das den Ton in die Länge streckt. Ansonsten ist er als Preset-Sound eingestellt, er erscheint immer als erste Spur in einem neuen Song, und wird nur mit etwas Echo und etwas mehr Hall an den allgemeinen Sound angepasst.

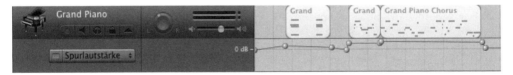

Abbildung 7.3 ▲
Grand Piano – großes Piano, kleiner Part

Cheerful Trance

Dieser fette Analog-Synthesizer mit Brass-Sound (der typische Oberheim-Sound der 8oer-Jahre) aus dem hauseigenen »Gerätepark« von GarageBand hat verschiedene Aufgaben: Im Intro markiert er die Tonart mit abgehackten Akkorden und erzeugt Spannung. Im Chorus sind nur wenige, kurze Fills eingestreut, um die Struktur etwas aufzulockern. In der Bridge zwischen Takt 57-65 kommt diesem Instrument sogar noch eine tragende Rolle zu, und zwar in Form einer durchgehenden Sechzehntelfigur in der Funktion als so genanntes »Bass-Pedal«. Das ist nicht etwa ein Fußpedal für Bassisten, sondern ein gleich bleibender Bass-Ton (auch: »Pedal-Ton«), über dem sich die Akkorde verändern.

In diesem konkreten Fall wird der Bass-Ton zwar im Sechzehntelraster oktaviert, d. h. um zwölf Halbtöne transponiert, aber auch die Oktave einer Note ändert nichts an ihrer tonalen Funktion. Ein D bleibt immer ein D, egal ob hoch oder tief. Wenn Sie in einem mehrstöckigen Haus die Treppe nach oben oder unten laufen, gibt es ja auch in jeder Etage einen Fußboden und eine Decke, egal ob im Erdgeschoss oder im Penthouse. Die Funktion des Fußbodens oder der Decke bleibt dabei gleich!

▼ Abbildung 7.4
Cheerful Trance: Grüße aus Oberheim.

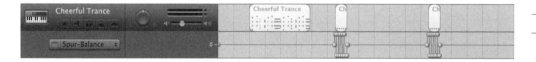

Swirling Droplets

Dieser schwebende Analog-Synthesizer trägt die Hauptlast der Akkorde in unserem Song. Aufgrund dieser Aufgabe bleibt er im Panorama stabilisierend in der Mitte.

Er bildet eine Klangfläche, neudeutsch auch »Pad« genannt. Das »Swirling« bringt etwas Lebendigkeit und Textur in die langen Akkorde.

Gravity Synth

Eigentlich stammt dieses Instrument von SWIRLING DROPLETS ab. Wir haben nur einige kleine Einstellungen an der Cutoff-Frequenz und der Resonanz verändert, um einen etwas kernigeren Sound zu bekommen, der auch auf das Modulationsrad auf dem Software-Keyboard gut reagiert.

Dieses Instrument ist sowohl Melodiegeber im ersten Teil des Verse, als auch für kleine Fills zuständig. Natürlich dürfen hier Echo und Hall nicht fehlen. Im Panorama ist der GRAVITY SYNTH leicht rechts positioniert, um sich vom Piano abzugrenzen.

Where the hell is Oberheim?

In den 80er-Jahren wurden die Synthesizer des amerikanischen Konstrukteurs Tom Oberheim schnell zum Inbegriff des amerikanischen Sounds. Legendäre polyfone Synthesizer wie der OB-XA, der OB-8 und der Matrix-12 haben sich in der Popmusik unsterblich gemacht. Zehn Jahre später wurden jedoch wieder Höchstpreise für einen echten Oberheim gezahlt. Der Sound ist nach wie vor gefragt. Kennen Sie das Intro von Van Halens Mega-Hit »Jump«? Dann kennen Sie auch den Oberheim-Sound!

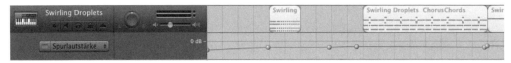

Abbildung 7.5 ▲
Swirling Droplets: Sweets from Space für Abwechslung in den Akkorden.

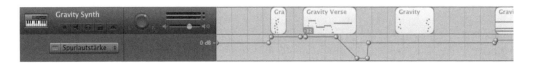

Abbildung 7.6 ▲
Gravity Synth: Die Schwerkraft zieht ihn an.

Aquatic Sunbeam

Ebenfalls ein Analog-Synthesizer mit sehr langsamer Anschwellzeit (Attack Time), der ein sphärisches Synth-Pad ergibt.

Dieses Instrument übernimmt im Verse die Akkorde. In den nachfolgenden Teilen »dickt« er die Melodie an und spielt im Solo eine so genannte »guide line«. Das ist eine schrittweise abfallende, sich aus den Akkorden ergebende Melodie, die Solisten auch als Orientierung für ihre Improvisation nehmen.

Abbildung 7.7 ▲
Aquatic Sunbeam: Klingt wie ein Cocktail!

Abbildung 7.8 ▼
Trance Bass: Noch mehr Höhen und Tiefen für unseren Song.

Trance Bass

Dieser monophone (einstimmige) Synthi-Bass ist unverändert den bei den Software-Instrumenten zur Auswahl stehenden Bass-Sounds entnommen. In unserem Song wird er nur im Intro als Sub-Bass eingesetzt. Im weiteren Verlauf des Stücks dient er in höheren Oktaven als Lead-Synthi für kleine Einwürfe und Fills, also eine Art »Joker«. In dieser Spur wurde mit Modulations- und Tonraddaten nicht gespart. Beachten Sie auch, was sich bei der Spur-Balance tut. Einige Phrasen wandern schnell zwischen linkem und rechtem Kanal hin und her.

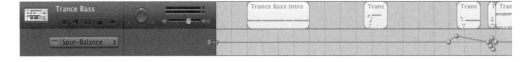

Solo Git

Jetzt kommt der Star unserer Spuren. Zu Beginn des Liedes kommen einige Loops aus dem GarageBand-Fundus zum Einsatz, die wir eingefügt haben, um im Intro schon alle Gitarren-Sounds vorzustellen. Das Solo von Hayo Demmig (lila) ab Takt 40 erlöst den Demo-Song von der Schwere seiner Aufgaben. Es ist der musikalische Höhepunkt des Songs, und sollte entsprechend gewürdigt werden. Die Gitarre wurde schon komplett mit Effekten wie Verzerrung, Kompression und Delay aufgenommen. Im Mix ergab sich aber, dass das Signal noch etwas präsenter sein sollte. Daher wurden mit dem Equalizer die Höhen angehoben und die Tiefen abgesenkt. Der Hall-Anteil lässt die Gitarre ein bisschen über das Playback »fliegen«. Im Panorama ist die Gitarre natürlich in der Mitte zu hören. Übrigens wurden aus diesem Grund alle drei Gitarrenspuren in unserem Song gleich mono aufgenommen.

Siehe »Equalizer« auf Seite 155

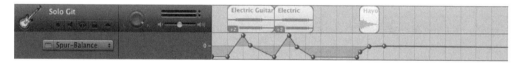

▲ Abbildung 7.9
Solo Git: Anschnallen – es geht los!

Wah Wah Git

Jetzt kommen noch mehr Gitarren. Auch auf dieser Spur befinden sich einige Teile der eingespielten Gitarren-Parts von Hayo Demmig. Die Wah-Wah-Gitarre kommt im Interlude und in der Bridge vor. Zusätzlich ist noch ein Gitarren-Loop namens THICK GUITAR DELAY 01 auf dieser Spur, die ansonsten ja ziemlich leer ist.

Das Signal der Wah-Wah-Gitarre ist enorm reich an **Transienten**. Nein, hierbei handelt es sich nicht um sexuell orientierungslose Pflanzenarten oder Ähnliches, sondern um kurze Impulse, die hohe Pegelspitzen erzeugen. Die Durchschnittslautstärke bleibt dabei aber gering. Trotzdem kann es in dieser Spur schnell zu Clipping, also Pegelüberschreitungen, kommen, auch wenn keine Verzerrungen hörbar sind.

Wir setzen also besser einen Kompressor ein. Aber nicht zu viel, denn starke Kompression (mit kurzen Anschwellzeiten) dämpft die Transienten und macht den Sound muffig. Der Equalizer kitzelt noch etwas den perkussiven Charakter des Sounds heraus, und ein kleiner Hall-Anteil rundet das Signal ab. Die Gitarre wurde bereits mit dem Wah-Wah-Effekt aufgenommen. Im Panorama liegt sie leicht links, als Gegengewicht zur nächsten Spur, der SINGLE NOTE-GUITAR.

> **Wah-Wah-Wahnsinn!**
>
> Das Wah-Wah-Pedal ist ein Fußpedal für Gitarristen, mit dem ein Filter in der Frequenz verändert wird. Je nachdem, wie viel »Gas« der Gitarrist gibt, wird der Klang dunkler oder heller. Der entstehende Effekt klingt dann manchmal tatsächlich wie »Wah-Wah«. Wenn Sie die Titelmusik von »Die Straßen von San Francisco« noch im Ohr haben, wissen Sie, was gemeint ist. Probieren Sie dazu den GarageBand-Effekt AUTO-WAH mit der Single-Note-Gitarre des Demo-Songs aus!

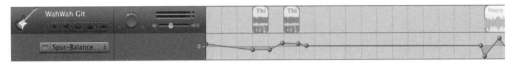

Abbildung 7.10 ▲
Die Wah Wah Git braucht jeder Hit!

Single Note Git
Auch hier funktioniert die Gitarre mehr als Schlaginstrument. Wie der Name schon sagt, werden einzelne Noten als Rhythmus-Pattern gespielt. Bevor Hayo im Verse, Chorus und Solo damit zur Geltung kommt, liegt im Intro noch zweimal der Loop ECHOING STRING 01. In dieser Spur sind keinerlei besondere Effekte notwendig. Die Loops sind bereits mit Effekt produziert, und Hayos Gitarre ist so leise gemischt, dass Effekte gar nicht zur Geltung kommen würden. Trotzdem ist sie leicht rechts im Klangbild gut zu hören.

Abbildung 7.11 ▼
Die Single Note Git sorgt für Rhythmus.

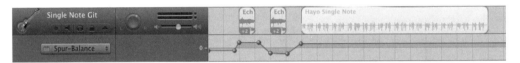

Fingerstyle Electric Bass
Hierzu gibt es nicht viel zu sagen. Dieses Instrument ist ein typischer Allround-E-Bass aus der Preset-Liste. Ohne Effekte wie Hall oder Delay und mitten im Panorama sorgt er für das klangliche und tonale Fundament. Lediglich ein Equalizer betont den knurrig-mittigen E-Bass-Sound.

Abbildung 7.12 ▲
Fingerstyle Electric Bass: Hier wird noch von Hand gezupft!

Funky Drums
Auf dieser Spur befinden sich die Schlagzeug-Loops VINTAGE FUNK KIT 01, EFFECTED DRUM KIT 03 und CLUB DANCE BEAT 057 aus dem Loop-Browser. Als einziger Effekt befindet sich ein kleinen Lowcut-Filter im Signalweg (in der GarageBand-Sprache liebevoll »Bassreduzierung« genannt). Dieser ist notwendig, um die tieffrequenten Anteile der Loops etwas zu begrenzen und damit dem E-Bass nicht so sehr in die Quere zu kommen. Unser Übersetzungsvorschlag für diesen Effekt ist »Entmulmer«. Aber hören Sie selbst!

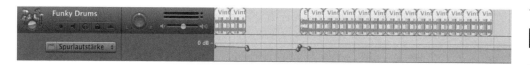

Distorted Drums

Diese Spur setzen wir für den etwas schrägen Effekt im Interlude ein. Dafür haben wir einen harmlosen Loop (FUNKY LATIN DRUMS 01) heimtückisch mittels Verzerrer, Echo und Hall verunstaltet. Des Weiteren befinden sich auf der Spur noch zwei einzelne Crash-Schläge aus der Konserve. Wenigstens der Panoramaregler bleibt in der Mitte. Welch ein Skandal!

▲ **Abbildung 7.13**
Die Schlagzeugspur: Schlagzeug pur!

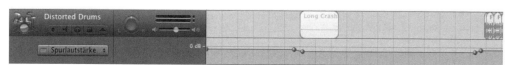

Techno Kit

Diese Spur beherbergt hauptsächlich einen Shaker, der fast ununterbrochen durchgespielt wird. Er ist weiter links im Panorama, als Gegengewicht zum TAMBOURINE und dem HIP HOP KIT. Des Weiteren sind noch vereinzelte Akzentschläge von Becken oder anderen Schlaginstrumenten eingearbeitet. Der Shaker wurde übrigens über die Tastatur des M-Audio Oxygen8 eingespielt, damit die Sechzehntelnoten nicht so mechanisch klingen. Obwohl zeitlich quantisiert, ist doch eine Struktur durch unterschiedliche Lautstärkewerte zu hören.

▲ **Abbildung 7.14**
Distorted Drums verzerren die Wahrnehmung. Gut für schräge Effekte!

▼ **Abbildung 7.15**
Das Techno Kit für den Rhythmus: Dieser Kit hält!

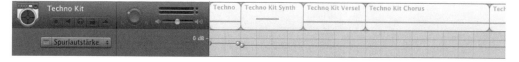

Hip Hop Kit

Auch hier ist der Name nicht gerade Programm. Stattdessen sind nur die in dem Kit enthaltenen Percussion-Sounds gefragt. Auf dieser Spur sind lediglich Fills eingespielt, wie zum Beispiel der TIMBALES-FILL im Gitarrensolo. Etwas Echo und Hall dicken die Sounds an.

▼ **Abbildung 7.16**
Hip Hop Kit: Nicht für Rapper, sondern fills like heaven!

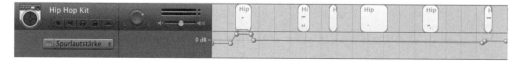

Tambourine

Und zum Schluss noch das gute alte Tambourine. Obwohl ein Tambourine streng genommen ein Schlagfell besitzt, legen wir es einfach als Apple-Loop in unseren Song. Es gehört einfach zur Popmusik dazu. Durch kein anderes Instrument werden Sechzehntelnoten besser in Szene gesetzt. Da sich der Begriff sich auch für die felllose Variante eingebürgert hat, heißt unser Schellenkranz eben ganz ungeniert, dafür aber international anerkannt TAMBOURINE. Diese Region ist übrigens als Loop definiert, d. h. virtuell geloopt.

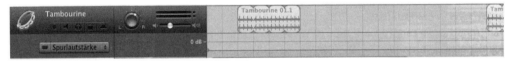

Abbildung 7.17 ▼
Tambourine: musikalisch mächtig, aber chronisch unterschätzt.

7.2 Der Feinschliff

Die Spuren in unserem Demo-Song setzen sich zusammen aus allen drei möglichen Quellen in GarageBand:

- **Apple Loops:** Die blauen Regionen sind allesamt Loops aus der Apple-Loop-Kollektion. Sie sind fertig eingespielt, abgemischt und einfach einbaubar in eigene Songs.
- **MIDI-Tracks:** Die grünen Regionen wurden allesamt mit den Software-Instrumenten in GarageBand eingespielt – egal, ob mit externem oder internem Keyboard.
- **Audio-Tracks:** Die lilafarbenen bzw. orangefarbenen Regionen wurden mit echten Instrumenten eingespielt, in unserem Song (bis auf die Gitarrenriffs im Intro und zwei Beckenschläge) von dem Frankfurter Gitarristen Hayo Demmig. Die orange Farbe signalisiert eigentlich, dass das Material in das Projekt importiert wurde. Das stimmt zwar nicht, liegt in diesem speziellen Fall aber daran, dass die Tracks mit einer früheren Programmversion aufgenommen wurden und daher auf der Dateiebene Unterschiede zur Version 2.0 aufweisen. GarageBand 1.1-Nutzer sehen diese Tracks aber ganz normal in Lila.

Sie können nun natürlich auch noch eigene Tracks aufnehmen und den Song damit verfeinern. Benutzen Sie dafür einfach die Anleitungen aus den Kapiteln »Echte Instrumente und Gesang« und »Das Keyboard macht die Musik«.

Sind Ihre Aufnahmen und die »Stoffsammlung« somit abgeschlossen, ist Ihre Arbeit aber noch längst nicht fertig. Denn jetzt gilt es Ordnung in das Chaos zu bringen, und vielleicht auch so manche Stelle etwas auszubessern.

Vielleicht ist ein Einsatz etwas verschleppt worden, oder der letzte Ton einfach zu viel? Denken Sie dran: Nobody's perfect! Restlos alle kommerziellen CD-Produktionen sind vor der Vervielfältigung durch unzählige Stadien der »Retusche« gegangen. Falls Sie glauben, das sei nur in der Popmusik so – vergessen Sie's! Bei Klassik-Aufnahmen wird zum Teil jede Sechzehntelnote geschnitten. Das kann man ziemlich gut vergleichen mit den Titelbildern von Programmzeitschriften. Die prominente, leicht bekleidete Filmschönheit wird darauf kein einziges verfärbtes Fleckchen im Gesicht haben, die Zähne sind stets perfekt angeordnet und strahlend weiß. Ähnlich wie unsere Augen werden auch unsere Ohren täglich mit perfekt intonierten Stimmen, lupenreinen Schlagzeug-Beats und himmlischen Streicherklängen verwöhnt und belogen. Aber gleiches Recht für alle! Auch mit GarageBand können wir unsere Musik schöner machen als sie eigentlich ist. Daher zeigen wir Ihnen jetzt alle Möglichkeiten, Ihre Audio-Daten zu editieren:

In GarageBand können Sie alle Bestandteile in Ihrem Song fein säuberlich bearbeiten, umsetzen und zurechtschneiden. Um die folgenden Erklärungen selbst nachvollziehen zu können, nehmen Sie sich am besten jeweils eine Spur aus »Gravity« vor und probieren die Erklärungen gleich daran aus.

Stimmung und Takt anpassen
Wenn Sie nicht in den letzten Jahren auf einem kleinen Südsee-Atoll, völlig ohne Radio und Fernsehen oder ohne Kontakt zur Außenwelt gelebt haben, kennen Sie sicher den Megahit von Cher »Do You Believe in Life after Love?«. Dabei ist Ihnen wahrscheinlich an manchen Stellen des Liedes dieser seltsame Gesangssound aufgefallen, der Chers Stimme synthetisch verfremdet. Es handelt sich dabei um eine bis zum Anschlag ausgereizte Intonationskorrektur für die Stimme. In diesem Falle war es wohl eher ein Stilmittel als Stimmkosmetik, denn Cher konnte schon viele Jahrzehnte vorher (ja, sie ist älter als 20!) ganz anständig Töne intonieren. Warum erzählen wir Ihnen das? Weil Ihnen GarageBand dieses mittlerweile bei allen Stars und Sternchen gerne eingesetzte Tool einfach mal so kostenlos mit in die iLife-Kiste reinpackt. Mit nur einem klitzekleinen Reglerchen im Editor, und das heißt so nett und verschämt STIMMUNG ANPASSEN. So etwas bräuchte man auch mal für Tage, an denen man den Steuerbescheid im Briefkasten findet!

7 Song bearbeiten und abmischen

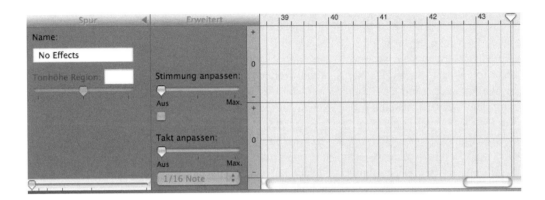

Abbildung 7.18 ▶
Gute Stimmung und richtiger Takt garantiert! Über die beiden Regler im Editor können Sie bei echten Instrumenten beides verändern.

Mit dem Regler STIMMUNG ANPASSEN können Sie bestimmen, wie sehr die Intonationskorrektur in das Geschehen eingreift. Die Software analysiert dabei, wie nahe Ihr Audiomaterial vom nächsten »richtigen« Ton entfernt ist, und passt es an. Wenn Sie das kleine Kästchen mit der Aufschrift AUF TONART BESCHRÄNKEN anklicken, berücksichtigt das Programm nur Töne, die in Ihrer Master-Tonart enthalten sind. Ganz schön clever, nicht wahr? Bei maximaler Einstellung können natürlich auch Artefakte auftreten, die dem »Cher-Sound« ähneln. Das gilt besonders für Material, bei dem die Töne von oben oder unten angesungen wurden. Wenn die Intonationskorrektur allerdings gar nichts mehr damit anfangen kann, müssen Sie alles leider noch mal einspielen oder –singen, es sei denn, Sie verwenden die mieseste Lüge des schlecht intonierenden Amateurmusikers: »Das ist mein Blues-Feeling«. Dafür kommen Sie nicht in den Musiker-Himmel!

Der Regler TAKT ANPASSEN bestimmt, wie sehr die Rhythmik von der des Songs abweicht, und rückt das Audiomaterial zurecht. Hierbei sollte man bedenken, dass diese Funktion nur mit deutlich rhythmischen Klängen zurecht kommt. Der Algorithmus orientiert sich an den Transienten (also sehr schnell ansteigenden Lautstärkeimpulsen), die z. B. bei Schlagzeug- oder Percussion-Beats am deutlichsten ausgeprägt sind. Je weniger davon vorhanden sind, desto schlechter kann man sich von der Funktion erwarten.

Am Raster ausrichten

Wenn die Funktion AM RASTER AUSRICHTEN (⌘ + G) aktiv ist, betrifft das sämtliche Editierfunktionen wie Schneiden, Verschieben, Verlängern usw. Dann können Sie nur noch innerhalb der Rasterpunkte editieren. Sie können die Rastergröße an dem kleinen Lineal in der rechten, oberen Ecke des Spurenfensters oder des Editorfensters einstellen. Wenn Ihnen die feinste Rasterauflösung (32stel) zu grob ist, sollten Sie die Funktion durch erneutes Drücken von ⌘ + G wieder ausschalten.

Regionen bearbeiten

Zugegeben, es gibt Programme, mit denen man noch komfortabler schneiden kann als mit GarageBand. Aber derartigen Luxus kann man von so einem Programm auch nicht erwarten. Immerhin handelt es sich hier um eine sehr preiswerte, im Vergleich zu anderen

Programmen fast kostenlose Software, und nicht um eine Audio-Workstation für einen fünfstelligen Euro-Betrag. Wie lautete doch neulich der Aufkleber-Spruch auf dem Heck einer alten »Ente«: »Zufriedenheit schlägt Reichtum!«. Ein schönes Motto! Dennoch sollten wir auch nicht zu tief stapeln, denn wir haben trotzdem eine ganze Menge Möglichkeiten.

Wo schneidet man? Obwohl Sie auch im Spurenbereich grob schneiden können, ist doch der **Editor** wesentlich besser dafür geeignet. Aktivieren Sie nun z. B. die Spur SOLO GIT, gehen Sie in den Editor und probieren Sie an einer beliebigen Stelle die folgenden Funktionen aus:

Vorsicht bei Stimmung/ Takt anpassen!
Bedenken Sie, dass die Funktionen STIMMUNG ANPASSEN und TAKT ANPASSEN relativ viele Prozessor-Resourcen in Anspruch nehmen. Sie sollten sie auf wichtige Spuren beschränken, oder die entsprechenden Spuren mithilfe des »Vorhängeschlösschens« rendern lassen.

Regionen trennen
Ziehen Sie entweder den Tonkopf an dem Dreieck auf eine bestimmte Stelle oder klicken Sie direkt auf das Zeitlineal über der Region. Mit der Tastenkombination [⌘] + [T] zerteilen Sie die Region an dieser Stelle. Erst beim Zerschneiden von Audio-Regionen werden die entstandenen Teile durchnummeriert, also z. B. »No Effects.3«. Auch hier sollten Sie sich durch konsequente Benennung vor Schnipselfrust schützen.

Regionen trennen:
[⌘] + [T]

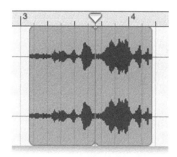

◀ Abbildung 7.19
Falls Sie die Trennung bereuen, können Sie die beiden mit [⌘] + [J] wieder zusammenbringen.

Regionen verkürzen
Ist Ihnen eine Region zu lang geraten, müssen Sie den Mauszeiger in den unteren Randbereich der Region bewegen, bis er sich in einen senkrechten Strich mit einem kleinen, waagerechten Pfeil verwandelt. Je nachdem, ob Sie sich am Anfang oder Ende der Region bewegen, können Sie diese von rechts oder von links verlängern oder verkürzen.

7   Song bearbeiten und abmischen

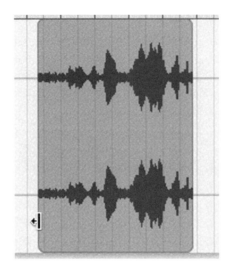

Abbildung 7.20 ▶
Lassen Sie sich von der Pfeilrichtung nicht beirren, auch die Gegenrichtung ist möglich!

Regionen loopen
Der Mauszeiger verwandelt sich in der rechten, oberen Ecke der Region in das Loop-Werkzeug, das tatsächlich aussieht wie ein kleiner Looping. Klicken Sie die Maus und wiederholen Sie damit Ihre Region sooft Sie wollen, oder noch besser sooft der Song es verträgt.

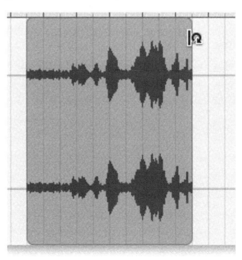

Abbildung 7.21 ▶
Das Loop-Werkzeug bringt Ihre Ideen ins Rollen.

Regionen auswählen oder verschieben
Bewegen Sie den Mauszeiger in die linke, obere Ecke, wird er zu zwei kleinen, in entgegengesetzte Richtungen zeigenden Dreiecken, die

durch einen Strich in der Mitte getrennt sind. Mit einem Klick können Sie die Region nun einfach auswählen und dann nach links oder rechts verschieben.

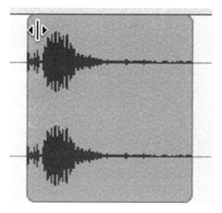

◄ **Abbildung 7.22**
So können Sie im Editor Regionen auswählen und verschieben.

Regionen ausschneiden
Fahren Sie dazu über die Mitte einer Region, bis der Mauszeiger zu einem Fadenkreuz wird. Mit gehaltener Maustaste können Sie nun einen Bereich auswählen. Wenn Sie loslassen, erscheint Ihre Auswahl in einem schicken Blau. Klicken Sie nun erneut mit dem Fadenkreuz auf den überstrichenen Bereich. Sofort wird eine neue Region ausgeschnitten und kann neu platziert werden.

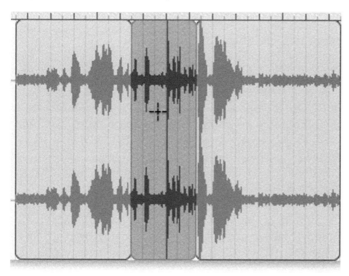

◄ **Abbildung 7.23**
Eine neue Region entsteht.

7 Song bearbeiten und abmischen

Regionen kopieren und einsetzen

Regionen kopieren:
⌘ + C

Regionen einsetzen:
⌘ + V

Wählen Sie eine Region oder einen Teilbereich aus. Danach können Sie die Auswahl auf zwei Arten kopieren und wieder einfügen: Laden Sie Ihre Auswahl mit ⌘ + C in den Zwischenspeicher, wählen Sie dann eine Stelle mit dem Tonkopf aus und drücken Sie ⌘ + V. Wenn Sie lieber mit der Maus arbeiten, halten Sie die Auswahltaste gedrückt und ziehen die Region mit gedrückter Maustaste an die gewünschte Stelle. Eine Kopie erscheint. Lassen Sie dann die Maustaste los. Die kopierte Region liegt an Ihrem neuen Bestimmungsort.

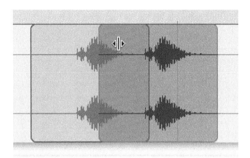

Abbildung 7.24 ▶
Das Klonen von Regionen ist völlig legal!

Regionen löschen

Regionen löschen:
⌘ + X

Selektieren Sie eine einzelne Region, oder überstreichen Sie mit dem Fadenkreuz alles, was Sie löschen wollen. Sie können auch mehrere Regionen mit gedrückter ⇧ zusammen auswählen. Dann löschen Sie alles mit ⌫ oder ⌘ + X. Und tschüss!

Regionen zusammenfügen

Regionen zusammenfügen:
⌘ + J

Wenn Ihnen die Schnipselei auf die Nerven geht, und Sie zum wiederholten Male aus Versehen eine Region verschoben haben, sollten Sie anfangen, etwas Ordnung in Ihren Song zu bringen, indem Sie aus vielen kleinen Song-Teilen wenige große machen. Selektieren Sie dafür alle Regionen, die Sie zu einer einzigen zusammenfügen wollen, und drücken Sie anschließend ⌘ + J. Jetzt werden Sie von Ihrem kleinen Rechthaber-Programm darüber aufgeklärt, dass »bei nicht-kontinuierlichen Audio-Regionen eine neue Audiodatei erzeugt werden muss«.

Nehmen Sie die Belehrung mit Gleichmut hin und drücken Sie vertrauensvoll auf ERZEUGEN. Sogleich wird ein Mixdown erstellt, und Ihre Schnipsel werden zu einer Region zusammengefügt, die als Namenszusatz mit ».merged« (englisch für »zusammengefasst«) gekennzeichnet ist.

7.2 Der Feinschliff

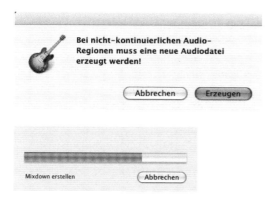

◀ **Abbildung 7.25**
Klicken Sie beruhigt auf
ERZEUGEN. Sie können zusammengefügte Regionen auch wieder auseinander schneiden.

◀ **Abbildung 7.26**
Jetzt werden die Schnipsel in einer neuen AIFF-Datei zusammengeklebt.

Regionen in Loop-Browser übernehmen

Finden Sie eigens eingespielte Regionen so gut, dass Sie sie wieder einsetzen oder gar mit anderen GarageBand-Nutzern teilen möchten, können Sie sie auch in den Loop-Browser übernehmen.

Selektieren Sie einfach die gewünschte lila Region und wählen Sie im Menü BEARBEITEN die Funktion ZUR BIBLIOTHEK DER LOOPS HINZUFÜGEN aus. Daraufhin erscheint ein Fenster, mithilfe dessen Sie eine Katalogisierung vornehmen können. Über ANLEGEN wird die Region in den Loop-Browser überführt.

◀ **Abbildung 7.27**
Geben Sie Ihrer eingespielten Region einen Namen und legen Sie fest, in welche Kategorien sie im Loop-Browser eingeordnet werden soll.

7 Song bearbeiten und abmischen

Editieren von Software-Instrumenten

Die Auswahl an Software-Instrumenten bei GarageBand ist hervorragend geraten. Es geht einfach nichts über eine gut klingende Klangbibliothek, mit der man seine Einfälle erst einmal skizzenhaft festhalten kann. Doch wenn die Skizze gezeichnet ist, müssen die Farben angerührt werden. Und wenn Ihnen ein Sound noch nicht hundertprozentig gefällt, müssen Sie eben selbst Hand anlegen.

 Schritt für Schritt: Software-Klang bearbeiten

1. Spurinformationen öffnen

Machen Sie einen Doppelklick auf das Spur-Icon, oder wählen Sie die betreffende Spur aus und klicken auf das Auge links unten in GarageBand. Die Spurinformation öffnet sich. Achten Sie darauf, das die DETAILS aufgeklappt sind. Wenn nicht, klicken Sie auf dass Dreieck davor.

> **Hören statt sehen**
>
> Sie können den Klang, den Sie gerade bearbeiten, natürlich jederzeit mit Ihrem MIDI/USB-Keyboard kontrollieren, oder währenddessen die Wiedergabe starten.

In der ersten Zeile der DETAILS ist der (Ton-)GENERATOR für das jeweils ausgewählte Instrument zu finden. Wählen Sie einen ande-

7.2 Der Feinschliff

ren Generator aus, falls Sie den Charakter des Instruments grundsätzlich verändern wollen.

2. Generator auswählen

Um die Klangeinstellungen des Generators nach Ihren Wünschen zu verändern, wählen Sie die Einstellung MANUELL und klicken auf den Stift daneben. Die folgende Parameterauswahl erscheint. Diese unterscheidet sich je nach Generator. Hier die Einstellungen für ANALOG PAD.

3. Generator manuell einstellen

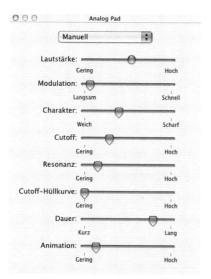

Zum Ende sollten Sie die Einstellungen unter einem eigenen Namen sichern. Klicken Sie dazu in das Auswahlmenü im oberen Teil, wo momentan noch MANUELL steht, gehen Sie auf VOREINSTELLUNG ERSTELLEN und geben Sie Ihrer Konfiguration einen Namen. In Folge erscheint Ihr eingestellter Generator auch in der Auswahlliste.

4. Generator-Einstellungen sichern

Ende

Editieren von MIDI-Regionen

Noch einmal zur Erinnerung: MIDI-Regionen sind jene, die Sie mit Software-Instrumenten über das virtuelle Keyboard oder mit einem externen MIDI-Keyboard in GarageBand eingespielt haben, und solche, die im Loop-Browser mit einer grünen Note gekennzeichnet sind.

MIDI-Regionen bearbeiten Sie genau so, wie oben beschrieben die Audio-Regionen. Beim Zusammenfügen von MIDI-Regionen muss allerdings nicht extra ein Mixdown erstellt werden. Solange alles Software ist, geht das völlig ohne Rechenzeit.

Im Editor, unterhalb der Abspiel-Buttons, können Sie Noten auch verlängern, verkürzen, transponieren, im Pegel verändern und vieles mehr, was wir uns schon auf Seite 125 im Kapitel »Das Keyboard macht die Musik« genauer angeschaut haben. Hier können Sie aus Ihrem eingespielten Material noch einmal das Beste herausarbeiten.

Sie können hier auch noch nachträglich MIDI-Events wie SUSTAIN (Haltepedal), MODULATION (Modulationsrad), PITCHBEND (Tonhöhenrad), sowie AUSDRUCK und VOLUMENPEDAL bearbeiten oder erzeugen (für genauere Informationen siehe Kapitel »Das Keyboard macht die Musik« ab Seite 125).

Das wichtigste Werkzeug im Editor ist der Stift, mit dem man neue MIDI-Events einfügen kann. Dazu müssen Sie nur die ⌘ drücken, und schon erscheint der Mauszeiger als kleiner Stift.

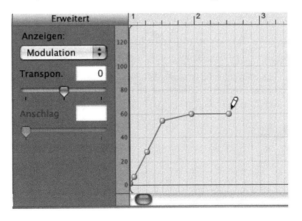

Abbildung 7.28 ▶
Mit dem Stift können Sie sich besonders bei Steuerdaten kreativ ausleben. Hier wird für die Takte 1 bis 3 noch nachträglich am Modulationsrad gedreht.

Wichtig für die Mischung ist natürlich das Timing. Wenn Sie merken, dass einige eingespielte Noten hörbar daneben liegen, sollten Sie diese besser am Raster ausrichten. Wägen Sie dafür aber immer ab, ob es nicht besser ist, einzelne Noten zu quantisieren, statt gleich die ganze Region zurechtzurücken, denn das kann manchmal zu statisch klingen. Sehen Sie sich zum Beispiel mal die Spur »Grand Piano« in »Gravity« an. Die Melodie ab Takt 16 ist absichtlich nicht quantisiert. Damit zieht sie mehr Aufmerksamkeit auf sich, weil sie sich dadurch vom Playback absetzt.

Durch Editieren der Notenlautstärke bei ANSCHLAG können Sie sich auch viel Arbeit mit dem Kompressor sparen (besonders bei Bass-Sounds). Also: Freunden Sie sich mit Ihrem Editor gut an, es gibt dort immer viel zu tun!

7.3 Der eigene Mix

Sie haben jede Spur richtig eingespielt, eingestellt und fein geschliffen? Dann ist es so weit. Wir wenden uns jetzt von den einzelnen Bestandteilen unseres Songs ab und dem Ganzen zu.

Was nun kommt, ist Ihr erster eigener **Mixdown**. Ihre Spuren bekommen nun unterschiedliche Lautstärkepegel, einige werden noch mit Equalizer, Kompression und Effekten versehen, und am Ende wird alles zusammengemischt. Sie sollten sich auf jeden Fall ein bisschen Zeit dafür nehmen, denn unser Song bietet doch eine Menge unterschiedlicher Teile und Spuren, die aufeinander abgestimmt werden müssen.

Der Mixdown bildet den Abschluss der kreativen Arbeit an einem Song, und bietet noch vielfältige Möglichkeiten der Manipulation. Natürlich sind auch hierbei nicht alle Features, die GarageBand für den Mixdown bietet, mit denen der großen Programme vergleichbar. Und am komfortabelsten mischt es sich sowieso an einem sehr großen, sehr teuren Mischpult mit Fader-Automation, ganz klar. Wenn Sie also 500 000 EUR auf der hohen Kante haben, empfehle ich Ihnen ein 96-Kanal-Mischpult aus Süd-England! Oder noch besser zwei – wenn Sie uns bitte auch eines mitbringen könnten!

Sofern Sie für den Mixdown noch kein eigenes Material haben, um eine Mischung zu erstellen, können Sie sich auch am Demo-Song schadlos halten. Auf der beiliegenden CD-ROM finden Sie dafür extra eine ungemischte Version unseres Songs. Öffnen Sie die Datei »GRAVITY_NO MIX.band«, nachdem Sie diese aus dem Ordner DEMOSONG/SONG auf der CD auf Ihre Festplatte kopiert haben. Sie können jetzt sofort beginnen, den Spuren ganz nach Ihrem Geschmack Effekte zu geben und Lautstärkekurven einzuzeichnen. Wenn Ihnen der Song zu umfangreich ist, können Sie ihn auch kürzen oder einzelne Spuren löschen. Probieren Sie alles aus! Das Original der Datei auf der CD bleibt ja von Ihnen unberührt.

Mixen Sie die Spuren des Songs zuerst nach Ihrem eigenen Geschmack und Gehör. Wenn Sie schauen möchten, ob Sie es »richtig« oder vielmehr »noch besser« machen können, vergleichen Sie die Einstellungen einfach mit der fertig gemixten Version »GRAVITY_MIX.band« auf der CD.

Vorbereitungen
Bevor wir nun alle Spuren zusammenwerfen, sollten wir idealerweise noch ein paar Vorbereitungen treffen:
1. Geben Sie allen Spuren ordentliche, systematisch ausgewählte Namen. Auch die entsprechenden Instrumenten-Icons helfen bei der Übersicht.
2. Fassen Sie Audio- und MIDI-Regionen so gut es geht zusammen. So verhindern Sie ein versehentliches Verschieben einer kleinen Einzelregion.
3. Speichern Sie eine Kopie Ihres ungemischten Songs an einem sicheren Ort, um später wieder darauf zurückgreifen zu können.
4. Suchen Sie sich einen Abhörplatz mit wenig störender Geräuschkulisse. Je weniger Geräusch-Grundpegel, desto besser können Sie mischen.
5. Schließen Sie die bestmöglichen Lautsprecher an Ihren Computer an. Setzen Sie sich ins so genannte »Stereo-Dreieck«. Sie können mit einem Metermaß oder einem Stück Schnur den Abstand Ihrer beiden Boxen zueinander abmessen. An Ihrem Sitzplatz sollten Sie denselben Abstand zu jeder Ihrer Boxen haben, wie diese voneinander entfernt sind, um richtig stereo hören zu können.
6. Die Boxen sollten nicht hinter dem Bildschirm Ihres Computers stehen, sondern auf einer Linie mit ihm, um Reflexionen zu vermeiden. Stellen Sie sich Ihre Lautsprecher wie Lampen vor, mit denen Sie Ihre Ohren bestrahlen wollen. Dazwischen sollten möglichst wenig Flächen den Schall reflektieren. Die Hochtöner Ihrer Lautsprecher sollten sich außerdem auf Ohrhöhe befinden.
7. Wenn Sie keine guten Lautsprecher haben, können Sie auch Kopfhörer (aber bitte keine Walkman-Mini-Kopfhörer) benutzen. Gönnen Sie Ihren Ohren dann aber regelmäßig die Chance, sich zu erholen. Übertreiben Sie es nicht mit der Lautstärke. Der Schalldruck, der sich so unmittelbar vor Ihrem Trommelfell aufbaut, ist nicht zu unterschätzen.

7.3 Der eigene Mix

Ziele für den Mixdown

Beim Mixdown sollte man sich prinzipiell immer sehr gut in die potenziellen Zuhörer hineinversetzen. Ein guter Mix erfüllt grundsätzlich die höchsten Höransprüche mit den folgend genannten Kriterien. Sie sind die Ziele, die wir im Mix erreichen sollten:

- **Transparenz:** Alle Instrumente, die vorkommen, sollen auch gehört werden. Klangbrei löst beim Zuhörer unbewussten Stress aus, weil das Gehörte nicht mehr richtig interpretiert werden kann.
- **Dichte:** Es sollten keine Löcher im Klangbild und keine Pegelabfälle zu hören sein, die beim Zuhörer Irritationen auslösen können.
- **Ausgewogenheit:** Kein Instrument sollte übermäßig hervorstechen. Ein zu stark dröhnender Bass irritiert genauso wie eine zu aufdringliche Sologitarre. Achten Sie auf eine gute Balance der Instrumente zueinander!
- **Räumlichkeit:** Wenn alle Instrumente trocken, mittig und gleich laut sind, wirkt das Klangbild flach und führt zu schneller Ermüdung beim Hörer. Versuchen Sie mit Panorama-Zuordnung und Effekten eine für die Ohren interessante Spreizung und Tiefenstaffelung zu erreichen, ohne die Instrumente zu sehr zu »zersiedeln«. Räumlichkeit ist Schönheit!

Oder ganz kurz ausgedrückt: In einer guten Mischung halten sich Irritation und Langeweile die Waage!

Lautstärke harmonisieren

Die Lautstärkeverhältnisse der einzelnen Spuren zueinander sind das wichtigste Element in einer Mischung! Die (stark vereinfachte) Botschaft des Pegels an unsere Ohren lautet grundsätzlich:

- **laut** = nah und wichtig
- **leise** = entfernt und weniger wichtig

Um die Lautstärke in »Gravity« zu harmonisieren, schalten Sie erst einmal alle Spuren bis auf den Bass und das Schlagzeug stumm. Bringen Sie Bass und Schlagzeug in ein ausgewogenes Lautstärkeverhältnis. Diese beiden Instrumente bilden die rhythmische und tonale Basis des Songs. Also sind sie wichtig. Benutzen Sie dazu vorerst nur die Lautstärkeregler der Spuren. Mit Lautstärkekurven müssen Sie sich in dieser Phase noch nicht befassen.

> **Tipp**
>
> Achten Sie schon beim Komponieren auf Überschneidungen in der Instrumentierung! Ein gutes Arrangement macht viele Equalizereinstellungen überflüssig. Vermeiden Sie z. B. ein Saxofon unter der Singstimme, oder lassen Sie nicht Gitarre und Klavier gleichzeitig Akkorde spielen. Und um mit der Stimme gegen heftig verzerrte Gitarren anzukommen, muss man eben ziemlich hoch und laut singen (schreien). Achten Sie mal darauf: Ein guter Pop-Song ist meistens farbenreich, aber doch sehr aufgeräumt arrangiert, damit die knappe 3-Minuten-Botschaft auch gleich verstanden wird.

▲ **Abbildung 7.29**
Mit dem Lautstärkeregler machen Sie eine erste Vormischung.

> **Ein paar Worte zur Pegelanzeige**
>
> Bei aller Liebe zum Programm: die Gesamtpegel-Anzeige ist noch verbesserungswürdig. Da sie bei rechenaufwändigen Songs dem aktuellen Geschehen teilweise um Sekunden nachhängt, und dann zu allem Überfluss auch noch ins Ruckeln kommt, ist sie im Ernstfall kein guter Ratgeber. Durch den Zufallsfaktor Grafikaufbau werden auch bei jedem Durchlauf andere »Stellen« angezeigt. Man kann eigentlich nur versuchen, die Pegelanzeige nicht in den gelb-roten Bereich zu fahren, da dort sehr schnell Clipping zu erwarten ist. Schade! Eine gute Pegelanzeige ist in Tonstudios ein unerlässliches Hilfsmittel.

Erst wenn die beiden Instrumente im Verhältnis zueinander stimmen, können Sie langsam die Begleitstimmen oder Akkorde von Keyboard oder Gitarre dazu geben. Seien Sie mit der Vergabe von Volumen lieber etwas knauserig, denn Sie müssen auch noch Platz für eine Melodie lassen. Wenn Sie schließlich zum Schluss die Melodie oder den Gesang in ein gutes Verhältnis zum Rest gebracht haben, ist eine erste Balance hergestellt, ein erster Schritt gemacht.

▲ **Abbildung 7.30**
Die Gesamtpegel-Anzeige ist bei umfangreichen Projekten schnell überfordert.

Panorama ausbalancieren

Die Anordnung von Instrumenten im Klangraum zwischen beiden Lautsprechern (Panorama) macht das Klangbild subjektiv größer, denn es gaukelt uns eine ausgedehnte Schallquelle vor. Bevor Sie sich hier an die Einstellungen machen, sollten Sie sich fragen, ob Sie das überhaupt wollen. Wenn Sie etwa die HIHAT ganz nach rechts legen, und die STAND TOM ganz nach links, machen Sie das Schlagzeug unter Umständen so »breit«, als würden Sie in Wirklichkeit nur wenige Zentimeter davor stehen. Wenn Sie es heftig mögen und das so wollen, okay! Wenn Sie es nicht wollen, sollten Sie etwas moderater zur Tat schreiten.

Abbildung 7.31 ▲
Wichtig für den Mix: der Balanceregler

> **Balance steht für Waage**
>
> Das Wort Balance ist sehr passend, denn bei einer Mischung stellt man eine für die Ohren interessante und ausgewogene Mischung aus Rhythmus und Melodie, zwischen führenden und begleitenden Instrumenten her. Im Englischen ist die Bezeichnung für »Mischtonmeister« entsprechend »Balance Engineer«! Über Lautstärkekurven (»Spurlautstärke«) sprechen wir etwas weiter unten.

Während bei klassischen Aufnahmen große Aufmerksamkeit auf die korrekte Reproduktion der Anordnung der Instrumente im Stereobild gelegt wird, ist das in der Popmusik eher eine stilistische Frage. In den 60er- und 70er-Jahren war Stereo noch ein neues, spannendes Format, und es wurde viel damit experimentiert. Da kam das Schlagzeug mal nur von links, der Gesang nur aus der rechten Box oder umgekehrt. Heutzutage ist die Popmusik weit weniger experimentierfreudig. Viele moderne Produktionen klingen sehr kompakt aus der Mitte, und sind eigentlich ziemlich mono(-ton).

Ein guter Rat: Bei Hauptinstrumenten sollten Sie extreme Stellungen erst einmal vermeiden. Füllstimmen können Sie aber auch extrem rechts oder links legen. Idealerweise setzen Sie dabei auf der gegenüberliegenden Seite immer ein anderes Füllinstrument dagegen (denken Sie an den »Balance Engineer«).

Equalizer für Klangfarbe

Die Equalizer haben wir uns schon im Kapitel »Filter, Dynamikprozessoren und Effekte« ab Seite 155 genauer angeschaut. Noch einmal zur Erinnerung: Das deutsche Wort dafür lautet »Entzerrer«. Ein schrecklicher Name für ein sehr wichtiges und kreatives Klang-Tool.

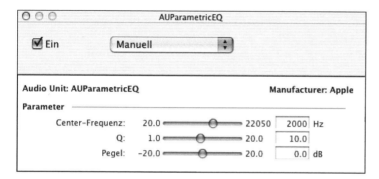

◀ Abbildung 7.32
Der AUParametric EQ

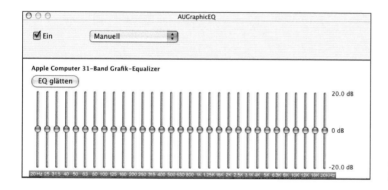

◀ Abbildung 7.33
Der AUGraphic EQ

Mit dem Equalizer verändern wir die Klangfarbe. GarageBand stellt uns dazu einen kleinen eigenen Equalizer bereit (zu finden über SPURINFORMATIONEN • DETAILS • EQUALIZER • STIFT). In den Apple Audio-Units (zu erreichen über SPURINFORMATIONEN • EFFEKTE • PULLDOWN-MENÜ) gibt es zudem den parametrischen EQ, mit dem man alle Parameter (Verstärkung, Frequenz, Filtergüte) verändern kann, sowie den grafischen EQ, bei dem die Frequenzen und die Filtergüte fixiert sind, und nur der Pegel des jeweiligen Bandes eingestellt werden kann.

Alles über Equalisation, also auf Deutsch: das »Entzerren« von Tönen, haben wir bereits für Sie zusammengetragen. Hier wollen wir uns damit beschäftigen, was unsere Ohren damit anfangen. Sie interpretieren Klangfarbe primär so:

- **helle, obertonreiche Klangfarbe** = Schallquelle ist nah
- **dumpfe, obertonarme Klangfarbe** = Schallquelle ist fern

> **Equalizer vs. Filter**
> Mit einem parametrischen Equalizer kann man an jeder Stelle des Spektrums eingreifen, ein Filter beschneidet das Signal hingegen nur »von unten« oder »von oben«. Das kann aber oftmals schon wahre Wunder wirken und macht den Einsatz eines EQs überflüssig. Probieren Sie es mit einer Vocal-Spur aus. Schneiden Sie den Tiefenbereich ab, so dass die Stimme schon etwas dünner klingt. Oder reduzieren Sie einen Bass-Sound etwas in den Höhen. Oftmals reicht so ein kleiner Eingriff mit dem Filter aus, um Überschneidungen im Klangbild deutlich zu reduzieren. In der Effekt-Auswahlliste heißen diese Filter übrigens »Höhen-Reduzierung« (HighCut) und »Bass-Reduzierung« (LowCut).

Wenn Sie also möchten, dass ein Instrument etwas nach vorne rückt, geben Sie Ihm mit dem Equalizer etwas Präsenz im Hochtonbereich. Wenn Sie merken, dass sich Frequenzbereiche stark überschneiden, es z. B. im Bassbereich mulmig klingt, oder ein wichtiges Instrument zu dumpf erscheint, sollten Sie ebenfalls zum Equalizer oder Filter greifen.

Teilen Sie den Instrumenten Ihre »Ecke« im Frequenzgemisch zu. Wenn sich alle Instrumente im gleichen Frequenzbereich überlappen, ergibt das eine undurchsichtige Klangsoße.

Lassen Sie den Bass im Tieftonbereich ordentlich brummen, und nehmen Sie ihm (je nach Bass-Sound natürlich) ein paar Dezibel in den Mitten. Legen Sie damit das Fundament.

Auch beim Schlagzeug gibt es tiefe Töne, nämlich die Bass-Drum. Die kann sich oftmals mit dem Bass überschneiden, und das ist ein unschönes Kellerduell! Nur einer kann gewinnen. Wenn also der Bass in seiner Stimme kaum in obere Bereiche vordringt, sollten Sie ihm den Vortritt lassen, und lieber dem Schlagzeug ein paar Bassfrequenzen wegnehmen. Geben Sie dann lieber der Bass-Drum etwas Attack bei 3–5 kHz, damit der Anschlag besser zu hören ist. Benutzen Sie dafür ruhig die Equalizer-Voreinstellungen.

Für den Mensch hörbare Frequenzbereiche kann man grob in vier Kategorien einteilen:

◀ Tabelle 7.3
Die grobe Einteilung des Hörbereichs in vier Frequenzbänder

Name	Frequenzbereich
Bässe	20~500 Hz
Tiefe Mitten	250 Hz~2 kHz
Hohe Mitten	2~6 kHz
Höhen	620 kHz

Der Bereich unterhalb von 20 Hz ist vom Ohr nicht mehr tonal zu orten, sondern wird nur noch als Körperschall wahrgenommen. Dieser Infraschall-Bereich wird im Kino für dramatische Sound-Effekte wie etwa Explosionen, Erdbeben, drohende Gefahren etc. genutzt. Im Mehrkanalton wird für diesen Frequenzbereich ein eigener Kanal bereitgestellt, da eine Wiedergabe auf normalen Lautsprechern gar nicht möglich wäre.

Frequenzen über 16 kHz sind vom menschlichen Ohr kaum mehr wahrnehmbar, jedenfalls nicht tonal. Ab 20 kHz spricht man von »Ultraschall«. Dennoch klingt ein erweiterter Übertragungsbereich (größer als 16 kHz) für das Ohr »luftiger«. Bei manchen Equalizern heißt der erweiterte Höhenbereich deshalb auch »Air-Band«.

Um nun zu sehen, was das alles für das Musizieren bedeutet, haben wir zur groben Orientierung eine kleine Übersicht über die charakteristischen Frequenzbereiche einiger Instrumente zusammengestellt. Natürlich sind die Angaben nur grobe Richtwerte, aber durchaus brauchbar für die Equalizer-Einstellungen.

◄ Tabelle 7.4
Die wichtigsten Instrumente im Überblick

Instrument	Charakteristischer Freqenzbereich	Bemerkungen
Frauenstimme	Mitten/hohe Mitten	Grundtöne zwischen 200 Hz und 2 kHz, bessere Sprachverständlichkeit um 4 kHz, Zischlaute bei 6–8 kHz, nasal bei 1–2 kHz, kein Nutzsignal unter 200 Hz
Männerstimme	Tiefe Mitten/Mitten	Grundtöne zwischen 100 und 800 Hz, bessere Sprachverständlichkeit um 4 kHz, nasal bei 1-2 kHz, Zischlaute bei 5–7 kHz. Kein Nutzsignal unter 80 Hz.
Bass	Bässe/tiefe Mitten	Grundtöne zwischen 50 und 350 Hz. Saiten bei 1–2 kHz, kein Nutzsignal über 4 kHz.
Gitarre	Bässe/Mitten	Saiten bei 2–3 kHz, kein Nutzsignal unter 80 Hz.
Klavier	Bässe/Mitten/Höhen	Größter Frequenzumfang
Bass Drum	Bässe/hohe Mitten	Grundton bei 60-100 Hz, »Kick« bei 3–5 kHz.
Snare-Drum	Mitten	Grundton bei 200–250 Hz, Crisp bei 2 kHz, kein Nutzsignal unter 150 Hz.
HiHat, Becken, Triangel, Tambourine etc.	Hohe Mitten, Höhen	Kein Nutzsignal unter 2 kHz, Frequenzen bis 16 kHz möglich!
Tom Toms	Mitten	Grundton bei 300–800 Hz

Zoomen im Equalizer

Sie können mit dem Equalizer Instrumente auch weiter nach vorne ins Klangbild rücken, indem Sie den Höhenbereich bei 8-12 kHz etwas anheben. Sie erhöhen dadurch die Energie des Obertonspektrums, und unser Gehör interpretiert diese Tatsache als größere Nähe zum Objekt. Tatsächlich nimmt der Hochtonbereich mit wachsender Entfernung stark ab. Zoomen Sie also wichtige Instrumente nach vorne. Umgekehrt können Sie auch Spuren im Klangbild nach hinten rücken, indem Sie Höhen reduzieren.

> **Equalizer und der Pegel**
>
> Equalizer greifen in den Pegel Ihrer Spur ein, denn Sie verstärken oder verringern den Energieinhalt einzelner Frequenzbereiche. Achten Sie darum auf Ihren Spurpegel, und regeln Sie bei Bedarf nach!

Wenn man sich die Tabelle ansieht, merkt man, dass sich im unteren Mittenbereich sehr viele Instrumente überschneiden. Klar, denn in diesem Frequenzbereich liegen schließlich die ganzen Bass- und Melodietöne sowie die Akkordnoten, und das führt oft zu einem undurchsichtigen Mittenbrei. Trauen Sie sich, Instrumente stark mit dem EQ zu bearbeiten, und nur ihren charakteristischen Frequenzbereich herauszuheben. Die Spuren klingen dann einzeln vielleicht etwas seltsam, in der Mischung fällt das aber nicht störend auf. Im Gegenteil, dadurch gewinnt Ihr Mix an Durchsichtigkeit. Im Demo-Song ist beispielsweise die »Single Note Git«-Spur mit dem Equalizer stark verschlankt worden.

Dynamik für Lebendigkeit

Auch die Einstellungsmöglichkeiten zur Dynamik haben wir uns schon genauer angeschaut im Kapitel »Filter, Dynamikprozessoren und Effekte« ab Seite 158. Zur Erinnerung: Je mehr Dynamik (Lautstärkeunterschiede) Musik bietet, desto mehr ist unser Ohr gefordert. Sie lenkt die Aufmerksamkeit auf sich. Nun möchte man sicherlich nicht in jedem Musikstil, dass alle Instrumente sich durch extrem dynamisches Spiel ständig in den Vordergrund rücken, und z. B. vom Gesang ablenken. Was für ein Streichquartett gut ist, muss noch lange nicht für einen Rock-Song gut sein. Popmusik muss einfach relativ laut und dicht klingen, die Botschaft muss in drei Minuten ankommen.

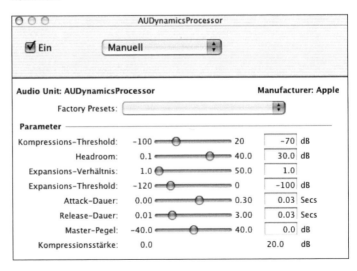

Abbildung 7.34 ▶
Der AUDynamicsProcessor

7.3 Der eigene Mix

Wenn wir die Dynamik eines Instruments begrenzen, also den Unterschied zwischen lautestem und geringstem Pegel verringern, können wir es im Gegenzug dafür lauter machen. Denken Sie nur daran, wie viel mehr in einen gut gepackten Kofferraum passt! Wir können das Signal mit einem Dynamikprozessor nach oben und nach unten hin begrenzen. Dafür gibt es verschiedene Geräte. Sehen wir uns noch einmal die wichtigsten an:

Limiter: Der Torwart. Er fängt mit blitzschneller Reaktionszeit den Torschuss aus dem Strafraum (Threshold) ab. Der Limiter zeichnet sich durch sehr kurze Attack-Werte und eine relativ hohe Verdichtung (5:1, 10:1, 20:1) aus. Limiter werden auch gerne während der Aufnahme eingesetzt, um Verzerrungen durch unerwartete Pegelspitzen zu vermeiden (bei Live-Aufnahmen ist das besonders wichtig!). Wenn Sie also sehr »schnelles« Material haben, z. B. Perkussion oder Rhythmusgitarre, brauchen Sie diesen Typen als Verbündeten gegen die roten Lämpchen.

Kompressor: Der Verdichter. Im Fußballjargon wäre das vergleichbar mit einem Abwehrspieler, der schon früh verhindert, dass ein feindlicher Stürmer (die Pegelspitze) in den Strafraum eindringt. Er verwickelt den Stürmer in einen Zweikampf, und gewinnt somit Zeit für die anderen Spieler, den Strafraum dicht zu machen. Beim Kompressor ist der Schwellenwert meistens wesentlich niedriger als beim Limiter, dafür ist die Verdichtung (Ratio) auch viel geringer (1,5:1 – 3:1). Da das Signal dadurch erst einmal generell leiser wird, kann man es ausgangsseitig wesentlich lauter machen (**Gain**). Dadurch nimmt die Schall-Energie zu. Das Signal hat an Dynamik verloren, aber an Lautstärke gewonnen. Genial! Je schneller Sie die Anschwellzeit (Attack Time) wählen, desto weniger freche Transienten verhageln Ihnen den Pegel. Der Klang wird dadurch auch dumpfer und weniger durchsichtig. Durch längere Rückstellzeiten (Release Time) verdichten Sie die Dynamik ebenfalls, riskieren aber auch eventuell ein unangenehmes »Pumpen«. Hier müssen Sie einfach ein wenig probieren, bis der Sound passt! Schlagzeugspuren eignen sich gut zum Experimentieren.

Noise Gate: Der Türsteher. Was hier nicht über den Schwellenwert kommt (Rauschen, Brummen), wird gnadenlos abgeblendet (Gain Reduction). Das Tor (Gate) bleibt zu. Geschlossene Veranstaltung! Bei Promis und »Mitgliedern« (Nutzsignal) muss das Tor aber schnell aufgehen, also gibt es eine schnelle Attack Time. Ach ja, noch eine Bitte: Vergessen Sie das im GarageBand-Manual eingeführte Wort »Geräuschgatter«. Dieses Wort klingt nicht nur absurd, sondern ist für Amateure und Profis gleichermaßen unüblich. Oder nennen Sie pubertierende Kinder »Zehnalter«?

Expander: Der Sanfte. Er ist bei weitem nicht so rigoros wie das Noise Gate. Unerwünschtes Klangmaterial macht er einfach etwas leiser. Das reicht meistens schon. Es geht eben auch diplomatisch!

Multiband-Kompressor: Der Penible. Er komprimiert unterschiedliche Frequenzbereiche individuell. Damit kann man drastisch in das Klangbild eingreifen, leider aber auch schnell über das Ziel hinausschießen. Meistens werden solche Geräte nur für komplexe Signale (z. B. Drums, Flächen-Sounds) oder für die Master-Spur benutzt. Für eine Bassgitarre oder ein einzelnes Tambourine wäre das etwas zu viel des Guten.

Echo für mehr Breite

Wozu braucht man einen Echo-Effekt, wenn man im Flachland wohnt? Ganz einfach, das Echo (oder auch »Delay« genannt) kann einen trockenen, kurzen Sound enorm verbreitern oder z. B. auch eine Gitarrenfigur verdoppeln. Man kann damit natürlich auch eine Menge akustischen Matsch erzeugen, aber ohne Delay-Effekte geht in der Popmusik gar nichts! Was wäre eine Bombast-Ballade ohne eine Bombast-Stimme? Und wie wird die erzeugt? Sie ahnen es – mit dem guten, alten Echo.

Wie bereits ausführlicher im Kapitel »Filter, Dynamikprozessoren und Effekte« auf Seite 162 beschrieben, können Sie in GarageBand über die Spurinformationen das einfache ECHO, ECHO-SPUR oder das Audio-Unit AUDELAY benutzen. SPUR-ECHO und AUDELAY haben ähnliche Editiermöglichkeiten, das einfache ECHO nur einen Intensitätsregler. Mit allen kann man aber gute Erfolge erzielen. Man kann die Programmierer hier nur loben!

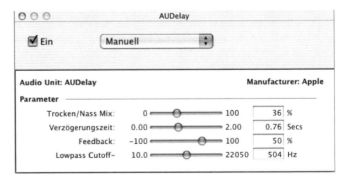

Abbildung 7.35 ▶
Das AUDelay bietet die typischen Echo-Parameter.

Sehen wir uns die Parameter des AUDelay noch einmal an. Fast jedes Digital-Delay auf dem Markt hat diese oder ähnlich funktionierende Einstellmöglichkeiten:

- TROCKEN/NASS-MIX (wet/dry): Anteil von Direkt- und Effektsignal
- VERZÖGERUNGSZEIT in Sekunden
- FEEDBACK: Häufigkeit der Echowiederholungen
- LOWPASS CUTOFF: Eckfrequenz für die Höhensperre. Sie filtert bei Bedarf das verzögerte Signal und macht es dumpfer. Dabei wird die Höhenabsorption von natürlichen Echos simuliert. Über die weiten Strecken, die der Schall im Falle von Echos zurücklegen muss, werden durch die Luftmoleküle hohe Frequenzen absorbiert. Sie kennen das: Entfernter Schall klingt immer dumpf.

Experimentieren Sie mit den Delay-Einstellungen. Natürlich eignen sich impulshafte Instrumente erst einmal besser dafür. Nehmen Sie beispielsweise einen Shaker, eine Conga oder eine Schlagzeugspur des Demo-Songs.

> **Delay-Tipp**
> Delay-Effekte klingen auf Stimmen noch besser, wenn sie im Anschluss verhallt werden. Probieren Sie es aus!

Hall für mehr Tiefe

Hall-Effekte sind in einer Mischung von großer Bedeutung. Mit Hall gibt man einem Mix vor allem räumliche Tiefe. Ganz grob gesagt, vermittelt uns das Verhältnis zwischen Direktschall und Hall-Anteil Folgendes:

- **viel Hall / wenig Direktschall** = Schallquelle ist weiter entfernt
- **wenig Hall / viel Direktschall** = Schallquelle ist nah

Diese Formel deckt sich in etwa mit unserer Hörerfahrung. Allerdings ist es (wie immer im Leben) nicht ganz so einfach. Experimentieren Sie in Ihrer eigenen Mischung mit dem Hall-Anteil. Sie können schon mit dem Spur-Hall gute Ergebnisse erzielen, denn die Programmierer von GarageBand haben dafür gesorgt, dass mit dem Schieberegler mehrere wichtige Hall-Parameter im Hintergrund gesteuert werden. Für Spezialisten, die diese Parameter gerne einzeln im Zugriff haben, verweisen wir auf das AUMatrixReverb und die Erklärungen dazu ab Seite 166.

Wenn Sie dort alles über das AUMatrixReverb gelesen haben, wissen Sie, dass sich unser Raumeindruck hauptsächlich über die ersten Reflexionen des Direktschalls ergibt, oder besser gesagt, über den zeitlichen Abstand von Originalsignal und Reflexionen. Das Gehirn kann daraus sofort eine Raumgröße berechnen, und das erleichtert etwa die Orientierung im Dunkeln. Der Nachhall hingegen gibt dem Gehirn lediglich zweitrangige Informationen, wie etwa über die Geometrie und die Wandbeschaffenheit des Raumes. Langer Nachhall, z. B. auf einer Schlagzeugspur, führt schnell zu einem verschmierten Klangteppich. In diesem Fall sollten Sie also besser mit so genannter »Ambience« arbeiten, also viel Reflexionsanteil, kurzes Pre Delay und sehr wenig Nachhall. Dieser Trick wird oft in Mischungen angewendet, um das Schlagzeug besser aus dem Playback herauszulösen. Tragende Melodieinstrumente und Stimmen hingegen kann man mit einer Hall-Fahne andicken, damit Sie noch länger nachwirken. Dabei sollte man aber auch das Pre Delay nicht zu kurz wählen, um den Direktanteil nicht von der Hall-Fahne verwischen zu lassen.

Spezialeffekte
Mit den Parametern Lautstärke, Panorama, Klangfarbe (EQ), Echo und Hall können Sie Ihre Mischung bereits wunderbar dreidimensional staffeln. Während all diese Effekte auf natürliche Phänomene zurückzuführen sind, wird es jetzt etwas fantasievoller. All die folgenden Exoten finden Sie in den SPURINFORMATIONEN im Bereich EFFEKTE in einem der Pull-down-Menüs unter GARAGEBAND EFFEKTE. Viel Spaß damit!

Tabelle 7.5 ▶
Der »Zauberkasten« von GarageBand

Name	Beschreibung
Verzerrung	Macht aus netten, unverzerrten Gitarren bösartig jaulende Monster, Massive Verzerrung à la Marshall etc., Funktioniert wie der Eingang eines Gitarrenverstärkers
Overdrive	Weiche Übersteuerung des Signals
Bitcrusher	Digitale Degeneration, Zersetzt bei Extremeinstellungen das Signal bis zur Unkenntlichkeit
Automatischer Filter	Die langsame Variante des Wah Wahs. Sehr geeignet für wabernde Techno-Synthi-Patterns
Chorus	Verbreitert durch Schweben den Sound, Gut geeignet für Stimme, Gitarre, E-Piano und Synthesizer
Flanger	Ein kurzes, moduliertes Delay verursacht einen psychedelischen Space-Effekt, Statische Klangflächen können damit gut zum Leben erweckt werden
Phaser	Erzeugt eine Art »Blubber-Effekt«

Name	Beschreibung
Tremolo	Lautstärkemodulation mit Panorama-Effekt
Auto Wah	Simuliert ein Wah-Wah-Pedal
Verstärker-Simulation	Sehr speicherintensiv mit vier Verstärker-Grundmodellen und typischer Klangregelung.

◄ **Tabelle 7.5**
Der »Zauberkasten« von GarageBand (Forts.)

All diese Effekte sind zum Teil sehr drastisch. Man muss schon ein bisschen aufpassen, dass man nicht über das Ziel hinausschießt. Aber ein subtiler Chorus auf einer Lead-Stimme oder ein Phaser auf einer öden Synthi-Fläche bringen zum Beispiel Lebendigkeit in den Mix, weil diese Effekte eine Art »Eigenleben« führen. Übrigens: Mit einem Verzerrer kann man nicht nur Gitarren verzerren. Eine kleine Prise Verzerrung auf einer Vocal-Spur kann eine Stimme manchmal besser aus dem Playback hervorheben. Hier gibt es keine Patentrezepte – nur Ihre Kreativität!

Lautstärkekurven

Sie haben sich nun durch die ganzen Effekte gearbeitet, Ihre Mischung klangoptimiert, editiert, komprimiert, verhallt, mit Chorus und mit Flanger versehen? Und es klingt immer noch langweilig?

Das hätten wir Ihnen auch vorher sagen können (haben wir aber nicht)! Denn Sie sind noch nicht ganz fertig. Als Letztes stellen wir nun noch die Lautstärkekurven für unsere Spuren ein.

Wenn Sie nicht ab und zu ein paar Lautstärken variieren, geben Sie Ihrem Gehör den optimalen Anlass, sich einzuhören und zu langweilen. Außerdem wird Ihr Stück ja nicht nur aus liegenden Akkorden bestehen.

In unserem Demo-Song »Gravity« können Sie ganz gut beobachten, wie sich ab und zu kleine Fills in den Vordergrund drängeln, um danach gleich wieder abzutauchen. Auch wenn der Bass nicht schön genug ausklingt, muss am Lautstärkeverlauf gearbeitet werden.

Ganz klar, das hier ist die schwierigste Aufgabe beim Mischen. Aber Sie können uns glauben, dass sich die Mühe auch wirklich immer lohnt!

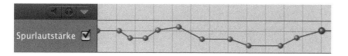

◄ **Abbildung 7.36**
So muss eine Lautstärkekurve aussehen: Denken Sie einfach an Ihre Aktienfonds!

Einen neuen Lautstärkepunkt setzt man ganz einfach mit einem Mausklick auf die Kurve. Löschen kann man ihn durch Selektion und

[⤺], oder indem man einen benachbarten Punkt von links oder rechts darüber schiebt. Denken Sie daran: Eine statische Mischung ist todlangweilig. Das geht für einen ersten Zwischenmix, aber sonst nicht. Also, sammeln Sie Punkte!

Tipps zum Abmischen
Die Werkzeuge haben Sie jetzt kennen gelernt und auch schon damit gearbeitet. Am Ende unseres Mixdowns möchten wir Ihnen noch ein paar allgemeine Tipps mit auf den Weg geben, mit denen Ihre Abmischung garantiert noch besser wird:

> **Spuren einzeln anhören**
> Nutzen Sie die Solo-Funktion, um die Spuren einzeln zu kontrollieren. Klicken Sie dazu auf das kleine Kopfhörersymbol in der entsprechenden Spur. Alle anderen Spuren werden damit stummgeschaltet. Sie hören die angewählte Spur inklusive aller Effekte und Panorama-Einstellungen. Man nennt diese Funktion auch »Solo in Place«.

1. **Hören Sie sich alle Spuren immer erst einmal einzeln durch!**
   Das klingt übertrieben aufwändig, aber so bekommen Sie den besten Einblick in den Song. Hier hören Sie genau, welchen Platz die Spur in Ihrer Mischung bekommen soll, also weiter vorn im Klangbild oder weiter hinten, und welche Funktion das einzelne Instrument ausüben soll. Außerdem können Sie kleine Fehler, falsche oder überflüssige Noten finden, die sich im Mix störend bemerkbar machen. Die Einzelspuren sollten also schon in sich harmonisch klingen und keine irritierenden Stellen vorweisen. Versuchen Sie Pegelsprünge sofort zu korrigieren.

2. **Bringen Sie zuerst die wichtigsten Spuren des Songs in ein ausgewogenes Verhältnis zueinander!**
   So verlieren Sie sich nicht in Details. Wichtige Spuren sind z. B. Bass, Schlagzeug, Akkorde und Soloinstrument.

3. **Variieren Sie die Abhörlautstärke!**
   Das Ohr ist erst ab Lautstärken von ca. 83 dB (C) – das ist wesentlich mehr als die berüchtigte »Zimmerlautstärke« – in der Lage, das gesamte Frequenzspektrum »linear« zu hören. Bei leiseren Pegeln ist das Gehör im Bass- und Hochtonbereich weniger empfindlich. Diesen Effekt versucht bei manchen Stereoanlagen die »Loudness«-Taste zu kompensieren. Wenn Sie also Ihren Mix klanglich objektiv beurteilen wollen, drehen Sie mal so richtig auf. Hingegen lassen sich Lautstärkeverhältnisse besser bei leiseren Abhörlautstärken bestimmen. Das gilt auch für Tonhöhen. Wenn Sie sich nicht sicher sind, ob die Stimmung Ihrer Gitarre zum Rest des Songs passt, sollten Sie diesen mal leiser abhören.

4. **Hören Sie Ihren Mix an verschiedenen Orten ab!**
   Mischen ist immer auch ein Kompromiss. Was auf dem einen Lautsprecherpaar gut klingt, kann auf Ihrer Auto-Anlage völlig unausgewogen klingen. Hier zeigt sich wieder, dass auch kleine Veränderungen große Wirkung zeigen können. Machen Sie die Sologitarre ein klein wenig leiser, so klingt sie wahrscheinlich auf beiden Lautsprechersystemen gut, und somit ist auch die Chance größer, dass sich der Song auf prinzipiell allen Lautsprechersystemen gut anhört. Sie sollten den Mix auch einmal mit Kopfhörern kontrollieren. Hier fallen Fehler im Panorama besonders deutlich auf. Exportieren Sie den momentanen Stand Ihres Songs zu iTunes und brennen Sie davon eine CD (iTunes-Einstellungen beachten!). Diese können Sie sich dann auf verschiedenen Stereoanlagen anhören. Nerven Sie Ihre Freunde oder klingeln Sie bei der schönen Nachbarin/dem schönen Nachbarn (Sie erinnern sich an die Kaffeewerbung?). Das kann nicht nur Ihre sozialen Kontakte beleben, sondern auch Ihren Mix.

5. **Schützen Sie Ihre Ohren vor starken Impulsen!**
   Bei 83 dB (C) könnten Sie theoretisch bis zu acht Stunden ohne die Gefahr von Hörschäden arbeiten. Diese Zeitdauer wird aber mit jedem Dezibel geringer. Achten Sie auch darauf, dass Sie stark impulshafte Signale (z. B. Snare-Drum, Percussion, akustische Gitarren) bei allzu großen Lautstärken vermeiden. Neue Untersuchungen haben nämlich ergeben, dass gerade diese extrem schnell in der Lautstärke ansteigenden Signale – so genannte »Transienten« – die Hörzellen nachhaltig schädigen können. Interessanterweise fand man in einer abgelegenen chinesischen Provinz, fernab von zivilisatorischen Einflüssen (Fluglärm, Autoverkehr, Industrie, Disco etc.) eine große Häufung von signifikanten Hörschäden. Vermuteter Grund: der kulturell begründete Gebrauch von Feuerwerk. Das legt nahe, dass weniger die durchschnittliche Lautstärke für die Schädigung unserer Ohren verantwortlich ist, sondern kurzzeitige, sehr laute Impulse.

6. **Gönnen Sie sich öfter eine kleine Pause!**
   Ihre Ohren ermüden bei dieser hoch konzentrierten Hörarbeit sehr schnell. Außerdem besitzt unser Gehirn bei der Interpretation des Gehörten die (eigentlich) wunderbare Fähigkeit, sich schnell an das jeweilige Klangbild zu gewöhnen, und sei es auch noch so schlecht. Nach einer Stunde Mischung sind Ihre Ohren

---

Eine wahre Geschichte

Ein bekannter Mischtonmeister aus den Niederlanden, der große Mehrkanalmischungen für internationale Künstler (u. a. Herbert Grönemeyer) herstellt, zählt einen kleinen Fernseher zu seinem unverzichtbaren Arbeitsgerät. Nach etwa einer halben Stunde intensiver Arbeit schaltet er seinen Fernseher an. Nach dem wahllosen Genuss von etwa fünf Minuten des mehr oder weniger anspruchsvollen Nachmittagsprogramms schaltet er aus und widmet sich wieder seiner Mischung. Laut seiner Aussage ist es völlig egal, was das Fernsehprogramm bietet. Er benötigt lediglich Zerstreuung, um sich von einer fokussierten Hörsituation wieder auf ein neutrales Nievau zu begeben. Besonders gerne mag er übrigens die alten Folgen von »Raumschiff Enterprise«!

etwa so objektiv wie ein Politiker im Wahlkampf. Holen Sie sich eine Tasse mit einem koffeinhaltigen Heißgetränk oder vertreten Sie sich kurz die Beine. Kleiner Tipp: Am besten lassen sich Ihre Ohren übrigens mit Ruhe oder natürlichem Rauschen zurücksetzen, also Bäume im Wind oder Wasserplätschern. Ideal wäre also für Sie eine Berghütte in der Nähe eines kleinen Wasserfalls. Da hätten Sie vielleicht auch Platz für das große Mischpult aus Süd-England.

7. **Beim Pannen nicht pennen!**
Tiefe Klänge können von unseren Ohren nicht genau geortet werden. Dafür sind unsere Ohren nicht weit genug voneinander entfernt und die Wellenlängen zu groß. Stellen Sie sich vor, Sie stehen mit beiden Beinen im Meer. Eine Wellenfront kommt hereingerauscht und umspült Ihre Beine. Aus welcher Richtung kommt die Welle? Etwas mehr von rechts, etwas mehr von links? Welches Bein wird zuerst vom Wasser umspült? Nun, für dieses Experiment sind Sie, Ihre Beine und deren Abstand zueinander schlicht ungeeignet, da Sie als Hindernis im Vergleich zur Größe der Wellenfront viel zu klein sind (nehmen Sie das jetzt bitte nicht persönlich!). Wenn Sie aber in einer mit Wasser gefüllten Badewanne stehen (bei ruhiger Wasseroberfläche), und Ihnen fällt ein Stück Seife hinein, können Sie (natürlich ohne hinzuschauen) die Richtung der Wellenfront besser bestimmen, da diese wesentlich kleiner ist. Praktisch bedeutet das, dass es leider völlig unnütz ist, einen Sub-Bass aus der linken Box kommen zu lassen, denn unsere Ohren können ihn von dort nicht orten. Heller klingende Instrumente, also Gitarren, Shaker etc. werden hingegen sehr gut geortet. Bei extremen Panorama-Einstellungen sollte man aber darauf achten, dass das gesamte Klangbild nicht auf eine Seite kippt. Dann lieber den Pegel des Signals erheblich reduzieren oder ein entsprechendes Instrument genau gegenüber ins Panorama legen. Lassen Sie Instrumente oder Effekte mittels SPUR-BALANCE im Panorama »wandern«. Das lockert auf, bringt aber das gesamte Klangbild nicht aus dem Gleichgewicht.

8. **Clipping vermeiden!**
Wenn die roten Lämpchen entweder an den Pegelanzeigen der Spur oder der Summe rot aufleuchten, ist der Maximalpegel überschritten. Das ist zwar strafrechtlich nicht relevant, kann

---

Der Stereo-Trick

Um einen besonders breiten Sound zu erzeugen, können Sie z. B. Ihren Gitarrenpart zweimal einspielen. Legen Sie dann die eine Version nach links, die andere nach rechts ins Panorama. Das funktioniert aber nur durch die minimalen zeitlichen und klanglichen Unterschiede zwischen beiden Versionen. Wenn Sie eine Spur lediglich kopieren, und die exakte Kopie auf die andere Seite legen, ergibt sich trotzdem nur ein Mono-Klangbild. Der Unterschied macht's!

aber klanglich zu Problemen in Form von hörbaren Verzerrungen führen. Denken Sie daran, dass nicht alle Spuren gleichzeitig Maximalpegel haben können. Auch sehr impulshafte Signale können die Lämpchen schnell in den roten Bereich treiben. Reduzieren Sie dann lieber alle Spuren ein wenig, oder benutzen Sie einen Kompressor/Limiter, um Pegelspitzen in der betreffenden Spur abzufangen. Ein gelegentliches, kurzes Aufleuchten muss aber nicht gleich das Ende bedeuten. Gerade die Gesamt-Pegelanzeige in der rechten, unteren Ecke ist grafisch recht schnell überfordert. Manche Pegelüberschreitungen sind auch gar nicht wahrnehmbar. Dennoch ist Vorsicht geraten, denn wir haben es nicht mit einer analogen Bandmaschine zu tun. In der digitalen Welt gibt es keine »weiche« Verzerrung. Probieren Sie es aus!

9. **Vergleichen Sie!**
Suchen Sie sich eine Referenzaufnahme, mit der Sie Ihre Mischung vergleichen können. Diese können Sie sogar direkt als Sound-File in GarageBand importieren. Während der Mischung bleibt sie stumm geschaltet, bei Bedarf können Sie die Spur dann Solo hören. Auf diese Weise können Sie am besten vergleichen.

10. **Mehr Rechnerleistung mit »Spur schützen«!**
Nichts ist einer kreativen Phase abträglicher, als Warnhinweise auf zu geringe Systemressourcen. Wenn Ihre Rechnerleistung in die Knie geht, sollten Sie versuchen, Spuren, die Sie nicht mehr bearbeiten müssen, zu schützen. Das bedeutet, Sie klicken am Spurkopf der betreffenden Spuren auf das kleine Vorhängeschloss. Wenn Sie jetzt das nächste Mal die Wiedergabe starten, rendert das Programm die komplette Spur bis zum Ende mit allen Sounddaten, Effekten, Lautstärke- und Balancekurven auf Festplatte, bevor der Abspielvorgang gestartet wird. Das dauert zwischen 20 Sekunden und 3 Minuten, je nach Datenmenge. Aber es lohnt sich, denn Ihr Rechner dankt es Ihnen mit eindrucksvoller Performance. Wann immer Sie doch noch etwas verändern wollen, können Sie das jederzeit tun. Sie müssen nur den Hinweis von GarageBand erdulden, dass die Spur geschützt ist. Daher sollten Sie den Schutz wieder vollständig entfernen (Schloss = grau), wenn Sie an einer Spur größere Veränderungen planen, denn bei jedem Druck auf die Wiedergabetaste würde sonst alles wieder neu berechnet werden.

7 Song bearbeiten und abmischen

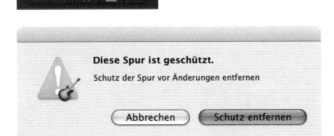

Abbildung 7.37 ►
Jetzt ist die Spur geschützt. Das Schloss ist geschlossen und leuchtet grün.

Abbildung 7.38 ►
Wenn Sie doch noch etwas verändern wollen, müssen Sie hier auf SCHUTZ ENTFERNEN klicken.

Wir sind am Ende unseres Projektes angelangt. Das waren viele Tipps und Erklärungen! Ihr Mix steht? Herzlichen Glückwunsch dazu! Jetzt heißt es nur noch, Ihren Song als Archiv zu sichern und über iTunes zu exportieren. Beides ist nicht schwer. Im Kapitel »Ein erster eigener Song« ab Seite 98 haben wir beides schon durchgeführt! Sie wissen auch schon genau, was Sie mit Ihrem Song vorhaben? Dann empfehlen wir Ihnen einen Blick in Kapitel »Weiterverarbeitung der Songs« ab Seite 234. Dort zeigen wir Ihnen, wie Sie Ihren Song auf CD brennen, in iDVD oder iPhoto einsetzen und schließlich sogar im Internet veröffentlichen können!

8 GarageBand für jeden Geschmack

rücksetz.⊗	Schlagzeug	Piano	Rock/Blues	Solist	Ensemble
Favoriten	Schlagzeug	E-Piano	Urban	Unverzerrt	Verzerrt
Bass	Beats	Orgel	Weltmusik	Akustisch	Elektrisch
Gitarren	Percussion	Synthesizer	Elektronisch	Entspannt	Intensiv
Streicher	Shaker	Horn	Country	Heiter	Dunkel
Slide Guitar	Tamburin	Schlaginstr.	Orchester	Trocken	Bearbeitet
Gesang	Plattenspieler	Clavinet	Kinomusik	Groovy	Arrhythmisch
Texturen	Conga	Harmonika	Jazz	Melodisch	Dissonant
FX	Bongo	Vibraphon	Experimentell	Teil	Füller

Basisrezepte von Techno bis Country

▶ Ein Führer durch den Loop-Browser

▶ Song-Vorlagen für die wichtigsten Stile

▶ Zehn Tipps fürs Komponieren

▶ Die Vertonung von Filmen

Ein Blick in den Loop-Browser offenbart es: GarageBand ist für allerhand Musikstile und -richtungen einsetzbar. Von »Heiter« bis »Trocken«, von »Groovy« bis »Dissonant«, von »Jazz« bis »Rock«. Dieses Kapitel soll Ihnen helfen, sich beim Komponieren in GarageBand stilistisch zu orientieren. Sie müssen ja nicht das ganze Rad neu erfinden.

8.1 Musikstile in GarageBand

GarageBand bietet Ihnen einige Kategorien an, in die alle verfügbaren Loops eingeordnet werden – ob diese nun wollen oder nicht. Man kann sich ernsthaft fragen, ob man Musik generell nur in diese wenigen Stilistiken einteilen kann. Natürlich lautet die Antwort darauf entschieden: Nein! Es gibt auf unserem Planeten glücklicherweise eine so überwältigende Zahl verschiedener Musikstile, dass eine Einordnung in wenige, grobe Kategorien einfach scheitern muss. Irgendeinem tut man immer Unrecht. Das fängt schon in unseren Breiten an: Ist denn die Musik von Johann Sebastian Bach »Klassik« im Sinne der Musikwissenschaft? Oder die Zwölftonmusik Arnold Schönbergs? Streng genommen, haben diese Komponisten mit der Klassik-Epoche jedoch nichts zu tun, die eigentliche (Wiener) Klassik-Epoche fällt nur in die Zeit zwischen 1770 (Haydn, Mozart) und 1827 (Beethovens Tod), also eine relativ kleine musikalische Epoche. Tatsache jedoch ist, dass all diese unterschiedliche Musik unter dem Label »klassische Musik« im Radio gesendet und im Plattengeschäft verkauft wird.

Abbildung 8.1 ▶
Alle Genres im Loop-Browser.

Und jetzt kommt es noch härter, denn was haben Bob Dylan und Jeanette Biedermann gemeinsam? Nun, sie werden unter dem gemeinsamen Etikett »Rock« verkauft (Protestbriefe bitte an den Verlag). Und haben Sie sich auch schon oft gewundert, warum Sie die CDs Ihrer Lieblingsband im Fach »Pop« gefunden haben, obwohl Sie felsenfest davon überzeugt waren, es handle sich um »Oldskool-Ambient-Surf-Punk«? Sie sehen: Es ist immer schwierig, komplexe Dinge mit einfachen Schlagworten zu beschreiben. Andererseits ist genau das erforderlich, um wenigstens eine grundsätzliche Orientierung herzustellen. Und das macht GarageBand eben auch. Nehmen wir also die angebotenen Genres der Reihe nach unter die Lupe.

Zu jedem Genre haben wir Ihnen übrigens auch einen Basis-Song auf der beiliegenden CD dazugelegt. Öffnen Sie diesen einfach in GarageBand und nehmen Sie ihn dort genau unter die Lupe. Die Stücke sind natürlich keine kompletten Songs, sie sollen vielmehr als Beispiel oder Grundlage für Ihre Kompositionen dienen.

Andere

Das fängt ja gut an. Unter dieser Kategorie sammelt sich alles, was nicht in die anderen Fächer passt. Lediglich ein paar seltsame Drum-Loops sind dieser Sparte zugeordnet. Diese Tatsache kann man sich jedoch zu Nutze machen, und bei mit dem Soundtrack Loop Dienstprogramm eigen erstellten Loops (siehe Kapitel »Tipps, Tricks und Troubleshooting« auf Seite 298) genau diese Kategorie in den »Tags« ankreuzen. Dann kann man in GarageBand sein eigenes Material schneller wieder finden.

Beispiel-Song auf CD:
Musikstile/Andere.aiff

◀ Abbildung 8.2
In diesem Genre ist alles anders.

Country

Yieeehaaa! Diese Musiksparte ist natürlich eine Reminiszenz an den amerikanischen Markt. Schließlich ist GarageBand eine amerikanische Software, auch wenn sie wohl in Hamburg programmiert wurde. In den USA strahlt der Großteil der Radiosender nicht etwa Hip-Hop oder Rap aus, nein – Sie ahnen es: Den größten Marktanteil bei der weißen Bevölkerungsgruppe hat Country-Music. Doch bevor man jetzt in allzu überzogene Klischees verfällt, sollte man beachten, welche Vielfalt innerhalb dieses Genres geboten wird. Natürlich gibt es

Beispiel-Song auf CD:
Musikstile/Country.aiff

da auch die traditionellen »Hillbillies« mit Fiedel und Banjo, aber das ist eigentlich nur ein Randbereich der amerikanischen Musik (ähnlich unserer eigentlichen »Volksmusik« mit Zither und Maultrommel). Den größten Teil von Country bestreitet ein Stilgemisch aus Folk, Rock und Blues. Da wird die Grenze zur Popmusik oftmals überschritten, und eine gute Country-Rock-Nummer kann sogar europäische Rock-Hardliner zum Mitwippen animieren, zumal jedes Jahr wirklich hervorragende Sängerinnen und Sänger der Nashville-Szene entspringen.

◀ Abbildung 8.3
Country bietet jede Menge Gitarren- und Bass-Riffs.

Aber obwohl auch hier die Grenzen oft verwischen, eine Sache steht fest: Country-Music wird mit Gitarren gemacht! Das können akustische sechs- oder zwölfsaitige Gitarren sein, aber auch E-Gitarren oder so genannte Steel Guitars, die den singenden Hawaii-Sound produzieren, aber es müssen Gitarren sein. Das Fundament, also Bass und Schlagzeug, kann einfach gehalten sein. Ganz klar im Vordergrund steht die Stimme oder der (Gitarren-)Solist, niemals aber Bass oder Schlagzeug. Sie dienen wirklich nur als Begleitung – nicht mehr und nicht weniger. Der Mainstream der Country-Music setzt sich also aus einer Rock-Basis und melodiösem Gesang zusammen, und deckt inhaltlich alles von naiv-kitschig bis sozialkritisch ab. Noch Fragen?

Beispiel-Song auf CD:
MUSIKSTILE/
ELEKTRONISCH.AIFF

Elektronisch

Hier gibt es an der Loop-Theke alles von den 80er-Jahren bis zu den aktuellen Ausläufern von Techno. Hauptsache elektronisch erzeugt. In diesem Genre wird traditionell mit abwechselnden Patterns und Loops gespielt, die dann teils weiterlaufen, teils abrupt gestoppt werden. Sehr wichtig ist auch ein tanzbarer Beat, denn elektronische Musik wird fast immer in Clubs gespielt.

◄ Abbildung 8.4
Akustische Instrumente müssen leider draußen bleiben.

Diese Musik »fließt« ganz anders als z. B. Rock oder Country. Statt ausgeprägter Melodien bilden Sounds und ständig wiederholte Fragmente ein Stimmungsbett, wobei der Drum-Beat die generelle Richtung durch Tempo und Phrasierung angibt. Die verschiedenen Schattierungen werden dann durch Weglassen oder Hinzufügen von Elementen erzeugt. Instrumentalsolos oder spektakuläre Melodien kommen definitiv nicht vor. Und ganz wichtig: wiederholen, wiederholen, wiederholen! Das mag aus der einen Sichtweise eintönig und fantasielos klingen. Wenn man aber in einem guten Club steht, und sich bei beeindruckenden Lautstärken die Seele aus dem Körper tanzt, sieht das schon ganz anders aus. Ständige Wiederholung von Klängen führt zu Gehirnwellenmustern, die denen von Trance-Zuständen ähneln. Gehirn und Körper stellen von Alltags- auf Entspannungsmodus um. Dieses Konzept von Musik haben nicht etwa die Techno-Kids erfunden (sorry!), sondern schon vor vielen tausend Jahren die Naturvölker Afrikas, Amerikas und Australiens, damals auch durchaus mit spirituellem Hintergrund. Wir dürfen also nie vergessen, dass verschiedene Stile auch verschiedenen Aufgaben dienen. Niemand möchte sich – mit einer Partitur auf den Knien – im Opernsaal Techno, Ambient oder Trance anhören. Aber man möchte ja auch nicht in den Club gehen, und dann zu Schubert-Liedern tanzen, oder? Das hatte Schubert mit seinen Liedern genauso wenig beabsichtigt, wie Elektronik-Künstler Partituren ihrer Stücke drucken lassen.

Experimentell

Zu diesem Genre viel zu erklären, wäre ja schon ein Widerspruch in sich. Denn wenn man etwas erklärt, kann es ja nicht mehr entdeckt werden. Genau das wird aber verlangt: das Experiment! Reagenzgläser mit bunten Flüssigkeiten brodeln gespenstisch vor sich hin und stoßen ab und zu eine große Blase ab, die beim Zerplatzen weißen, schweren Rauch in die Luft schickt.

Beispiel–Song auf CD:
MUSIKSTILE/
EXPERIMENTELL.AIFF

Abbildung 8.5 ►
Jugend forscht ...

Die unter dieser Kategorie aufgelisteten Loops sind spärlich und hauptsächlich aus der »Special-Effects«-Ecke. Experimentelle Musik hat sich in der Vergangenheit selten mit Tonalität beschäftigt, vielmehr wurde mit Geräuschen und Klängen herumgetüftelt. Einige Rundfunkanstalten hatten in den 70er- und 80er-Jahren des letzten Jahrhunderts sogar Studios für experimentelle Musik eingerichtet, mit ganzen Schränken voller analoger Modularsynthesizer und Bandechos. Ein bisschen gruselig sah das schon aus. Leider wurde nie erforscht, was mit den Komponisten geschah, die acht Stunden täglich von diesen Klängen umgeben waren. Der musikalische Output war am Ende dieser Ära für die Menschheit nicht unbedingt existenziell notwendig. Auf der anderen Seite hat sie ja auch niemandem wehgetan, und man konnte sagen, dass man es wenigstens probiert hat. Immerhin haben diese monströsen Modularsynthesizer mit ihren unberechenbaren Texturen auch indirekt die elektronische Musik geprägt, sowohl in den 80er-Jahren als auch in der jüngsten Geschichte dieses Genres. Was soll man zu »experimentell« noch sagen: Los, experimentieren Sie!

Jazz

Beispiel-Song auf CD:
MUSIKSTILE/JAZZ.AIFF

Zu diesem Genre könnte man so viel sagen, dass es sich lohnen würde, nicht nur ein eigenes Buch zu schreiben, sondern gleich einen eigenen Verlag zu gründen. Jazz ist die originäre amerikanische Musik des 19. und 20. Jahrhunderts und hat seine Wurzeln im Blues. Das macht uns auch klar: Jazz ist die Musik der Nachkommen von afrikanischen Sklaven, die nach Generationen der kulturellen Unterdrückung die ihnen bruchstückhaft vererbte Musik Afrikas mit den Instrumenten und den Harmonien der Weißen anstimmten, und damit musikalisch drei Kontinente miteinander verbanden, nämlich Afrika, Amerika und Europa. Diese kulturelle Leistung ist gar nicht hoch genug einzuschätzen. Stellen Sie sich vor, Sie würden das Radio einschalten und hörten Ihr Lieblingslied, das mit indischer Rhythmik, europäischem Tonmaterial und auf asiatischen Instrumenten erklingt. Vielleicht eine seltsame Vorstellung, sie verdeutlicht aber, was der Jazz geschaffen hat.

◄ Abbildung 8.6
Fühlen Sie auch die Schwingungen?

Dabei machte dieser Musikstil im Lauf der Jahrzehnte eine große Wandlung mit: Von den Anfängen als kreolische »Beerdigungsmusik« und des konzertanten »Ragtime« über die Bigband-Ära als Pop-Phänomen. Von den kleinen Bebop-Ensembles nach dem 2. Weltkrieg, die durch Wildheit, Experimentierfreude und Virtuosität neue improvisatorische Höhen erklomm bis zu der »Cool-Ära«, in der Musiker wie Miles Davis mit wenigen Tönen über ein in kühlen Farben gehaltenes Harmoniefundament huschten. Dann kam parallel zu den politischen Ereignissen der Zeit der ungezähmte Free-Jazz der wilden 60er-Jahre, die Annäherung an die Rock-Musik in den 70er-Jahren (»Jazz-Rock« und »Fusion«) und der Pop-Jazz der 80er-Jahre (manchmal boshaft als »Fahrstuhl-Jazz« verhöhnt). Und obwohl Jazz heute kommerziell keine große Rolle mehr im aktuellen Musikbetrieb spielt, verwandelt sich dieser Musikstil stets weiter. Diese kreative Kraft hat einen Ursprung, der auch gleichzeitig bei allen unterschiedlichen Stilen des Jazz das vereinende Element darstellt: die **Improvisation**! Jazz ist improvisierte Musik!

Unnötig zu sagen, dass wir jetzt an einem problematischen Punkt angekommen sind, denn wir sprechen gerade über ein Programm, das vorgefertigte Musikelemente (Loops) zur Verfügung stellt. Das kollidiert eigentlich mit der Idee von improvisierter Musik.

Wir können jetzt leider nicht die Kunst der Improvisation auf einigen Buchseiten abhandeln. Dafür geben wir Ihnen einige Jazz-Klischees mit auf die musikalische Reise, damit Sie ein wenig damit experimentieren können. Dies setzt allerdings eine gewisse musikalische Fertigkeit voraus, falls Sie nicht mit fertigen Loops arbeiten, sondern alles selbst einspielen wollen.

▶ Traditioneller Jazz klingt am besten mit **akustischem Bass** (Kontrabass). Im Englischen heißt dieser »upright bass« oder »acoustic bass«. Wenn die Bassfigur in Viertelnoten läuft, entsteht der

typische »walking bass«. Dieser Viertelimpuls ist die Basis für das Phänomen »Swing«.
- Ein **Jazz-Ensemble** kann etwa aus Piano oder Gitarre und Bass bestehen, ein Schlagzeug ist meistens auch dabei. Mit einem Solo-Instrument wie Saxofon oder Trompete wird daraus ein Jazz-Quartett, und damit kann man schon eine Menge machen.
- Vermeiden Sie einfache Dreiklänge, also reine Dur- und Mollklänge. Im Jazz werden **wesentlich üppigere Akkorde** verwendet, mindestens Septakkorde. Sie bestehen aus erweiterten Dur- und Mollakkorden, d. h. Töne werden den Dreiklängen hinzugefügt.
- »It don't mean a thing, if it ain't got that swing«, meinte schon damals der berühmte Jazz-Komponist und Bandleader Duke Ellington. **Rhythmik ist die Voraussetzung für Jazz**, mehr noch als Harmonik. Außerdem »swingt« etwas im Jazz, wenn der oben beschriebene Viertelnotenimpuls deutlich wird, und statt in geraden Achtelnoten im Triolen-Feeling gespielt wird. Hier hilft definitiv ein Triolen- oder Swing-Raster beim Einspielen und Editieren. Summen Sie doch mal »Ding, Swing-a-Ling, Swing-a-Ding, Swing-a-Ling, Swing-a-« usw. wie ein tibetisches Mantra. Dann bekommen Sie ganz bald das berüchtigte »Swing-Feeling«. Achten Sie aber bitte trotz aller Beschwingtheit auf den Verkehr, wenn Sie fröhlich swingend über die Straße gehen!
- **Typische Formen** im Jazz sind der zwölftaktige Blues (siehe Demo) oder die A-A-B-A-Form, also viermal acht Takte.

Sie merken schon, da hat sich in über hundert Jahren einiges an funktionierenden Klischees angesammelt, die man erst einmal beherrschen muss. Wenn Sie musikalisch nicht so tief einsteigen wollen, lassen Sie sich am besten von den fertigen Piano- und E-Piano-Loops inspirieren, die der Kategorie »Jazz« zugeordnet sind.

Kinomusik

Beispiel–Song auf CD:
MUSIKSTILE/KINOMUSIK.AIFF

Was bitte ist Kinomusik? Im Kino hören wir die unterschiedlichsten Musikstile, seien es bombastische, orchestrale Klänge, Heavymetal oder zarte Synthesizer-Flächen. Jedenfalls untermalt die Musik die Handlung und sorgt für die irrationale, emotionale Ebene. Von einem einheitlichen »Kinomusik-Stil« kann man also beim besten Willen nicht sprechen. Bei GarageBand sammeln sich hier deshalb auch Loops, die zur Untermalung geeignet sind und typische Klangeffekte, wie z. B. Sirenen, Telefongeräusche und Applaus. Tipps zur Filmvertonung können Sie im letzten Abschnitt dieses Kapitels lesen.

◀ **Abbildung 8.7**
Richtig großes Kino sieht anders aus, hört sich aber gut an!

Orchester

Diese Kategorie umfasst in der Grundausstattung von GarageBand lediglich einige Streicher-, Blechbläser- und Flöten-Loops. Die Auswahl ist nicht berauschend, und auch die Kombinierbarkeit der Loops untereinander könnte besser sein, um wirklich orchestral arbeiten zu können.

Beispiel-Song auf CD:
MUSIKSTILE/ORCHESTER.AIFF

◀ **Abbildung 8.8**
Nicht gerade stark vertreten: Orchester-Loops.

Für ein orchestrales Stück reicht das aber nicht aus. Ein typisches Orchester besteht aus folgenden Instrumentengruppen und Instrumenten:

1. **Streicher:** Kontrabass, Cello, Bratsche, Violine
2. **Holzbläser:** Fagott, Klarinette, Oboe, Englisch Horn, Flöte
3. **Blechbläser:** Tuba, Posaune, Horn, Trompete
4. **Schlagwerk:** Pauken, große Trommel, kleine Trommel, Becken, Glockenspiel, Triangel, Tambourine, Kastagnetten.

Allein diese Auflistung zeigt, wie vielschichtig Orchestermusik allein von der Anzahl der instrumentalen Klangfarben ist. Eigentlich bräuchte man aus jeder Instrumentengruppe eine Vielzahl von gut kombinierbaren Loops, um ansatzweise dem Klang eines Orchesters nahe zu kommen. Außerdem taucht bei diesem Genre ein grundsätzliches Problem auf, denn (klassische) Orchestermusik lässt sich normalerweise nicht in starre Tempi zwängen. Vielmehr sind Tempowechsel die Regel, und diese Fähigkeit besitzt GarageBand beim besten Willen nicht. Erwarten wir also von dieser Kategorie keine Wunder, und erinnern uns an den Namen dieses Programms: richtig, GarageBand, nicht »GarageOrchestra«.

Rock/Blues

Beispiel–Song auf CD: Kommen wir jetzt zu den Stärken unseres Garagenprogramms: Rock
MUSIKSTILE/ROCK.AIFF und Blues! Hier können wir aus dem Vollen schöpfen. Verzerrte Gitarren, knurrige Bässe, deftige Beats – das ist Rock'n'Roll!

Abbildung 8.9 ▶
Wie überall: An Rock herrscht Überfluss.

Auch für Blues-Freunde ist einiges geboten, z. B. Slide Guitar-Loops. Für alle nicht Eingeweihten: Es handelt sich dabei um eine normale E-Gitarre, die auf dem Griffbrett z. B. mit einem abgesägten Flaschenhals oder einer Metallhülse bespielt wird. Der Gitarrist gleitet damit über die Saiten, und den daraus entstehenden, jaulenden Sound kennen Sie ganz bestimmt! Und auch die Mundharmonika ist vorhanden, um das authentische Baumwollpflücker-Feeling zu verbreiten. Die konnte man nämlich in die Brusttasche seines (Baumwoll-)Hemdes stecken, und sich in der Mittagspause den Frust von der Seele singen und spielen. Ein typischer Blues ist dreiteilig aufgebaut. Wir machen das kurz anhand einer kleinen Beispielstrophe:
1. Mir ist so heiß, und ich will nach Hause (vier Takte).
2. Mir ist so heiß, und ich will nach Hause, jawohl (vier Takte)!
3. Mir ist so heiß, aber ich kann noch nicht geh'n, denn die Sonne ist noch nicht untergegangen, oh nein (vier Takte)!

Das ist ein typisches Blues-Schema. Auf dieser Grundlage wird dann improvisiert, denn auch Blues ist (wie der aus ihm entstandene Jazz) improvisierte Musik.

Zugegeben, auf Deutsch klingt das etwas unglaubwürdig (Wann scheint hier zu Lande schon einmal die Sonne?). Aber diese einfach strukturierten, aber inbrünstigen Klagelieder sind die Basis für alles, was wir heutzutage an Popmusik im Radio hören und auf den Musiksendern im Fernsehen serviert bekommen, wie z. B. Jazz, Rock, Country, Pop, Dance, Hip-Hop, Rap usw.

Rock und Blues gibt es in allen Gefühlslagen und Tempi. Vom »Kuschelrock« mit kitschigen Balladen, bis zu aggressivem »Speed-Metal« lassen sich alle Richtungen unter dem Namen »Rock« zusammenfassen. Wichtig ist nur eine Sache (erinnern Sie sich an »Country«?): Gitarren! Rock und Blues ohne Gitarre ist kaum vorstellbar. Dabei ist wirklich egal, ob sie akustisch oder elektrisch, clean (unverzerrt) oder verzerrt ist, aber es muss Gitarre sein. Und obwohl auch einige Pianisten der Gründungsriege des Rock'n'Roll angehörten: Elvis, George Harrison und Keith Richards spielten nun mal Gitarre!

Zu einer richtigen Rock- oder Blues-Combo gehören mindestens drei Instrumente: Gitarre (das haben Sie sich vielleicht schon gedacht), Bass und Schlagzeug. Alles andere darf sein, muss aber nicht. Achten Sie beim Komponieren bitte darauf, dass Sie nicht zu viele gleich klingende Gitarren-Sounds übereinander legen. Das Klangbild wird dann leicht matschig. Verwenden Sie statt zwei verzerrten E-Gitarren lieber eine verzerrte und eine unverzerrte oder akustische. Auch wenn Sie Gesang integrieren, sind Gitarren schnell im Weg, wenn Sie nicht aufpassen. Gerade verzerrte Gitarren decken das gesamte Spektrum der menschlichen Stimme ab. Sie sollten also die Instrumentierung auf die Gesangslinie abstimmen und zu starke Überschneidungen im Frequenzspektrum vermeiden. Dann kann eigentlich nichts mehr schief gehen. Schnell, gehen Sie zu den »Jungs« und zählen Sie den nächsten Song an. Lassen Sie die Garage mal so richtig wackeln!

Urban

Der krasse Gegensatz zum Baumwollfeld: Hier erklingt der Soundtrack zum urbanen Lifestyle. 22 Uhr – die Frisur hält! Perfekte, reiche und junge Menschen steigen aus Stretch-Limousinen, um im Club tanzen zu gehen – natürlich ohne zu schwitzen, denn alles ist komplett klimatisiert. In diesem Genre ist ausnahmsweise die Gitarre die Außenseiterin. Hier wird Musik hauptsächlich von Maschinen gemacht. Besonders beliebt sind aber auch elektrische Instrumente aus dem 20. Jahrhundert für den so genannten »Retro-Sound« – cool! Hier finden Sie das legendäre »Clavinet«, das wir auch im dazugehörigen Demo benutzt haben. Der Rhythmus steht hier über der Melodie. Zu starke Melodien könnten Gefühle hervorrufen, und diese

Beispiel–Song auf CD:
MUSIKSTILE/URBAN.AIFF

sind hier definitiv unerwünscht! Man könnte ja rot werden oder schwitzen – ein grauenvoller Gedanke!

Abbildung 8.10 ▶
Der Sound der Großstadt!

Weltmusik

Beispiel-Song auf CD:
MUSIKSTILE/WELTMUSIK.AIFF

Hier holen Sie die Musik fremder Kulturen in Ihre Wohnung. Ob balinesische Gamelan-Orchester, südamerikanisches Salsa-Piano, indische Tabla-Rhythmen oder nordafrikanische Djembes – ein bunter Bazar wirklich hervorragend klingender Weltmusik-Loops ist hier zu finden. Wundern Sie sich nicht über etwas ungewohnt klingende Stimmungen, denn unsere europäische Toneinteilung ist nur eine Möglichkeit von vielen. Viele außereuropäische Kulturen benutzen statt Halbtönen Vierteltöne als kleinsten Tonschritt. Das macht eine Tonleiter natürlich sehr viel farbenreicher als beispielsweise eine Durtonleiter, ist aber dann auch nur für einstimmige Musik geeignet, denn Akkorde auf dieser Basis würden schauerlich klingen. Was die europäische Musik an Farbenreichtum in der Harmonik, also dem Zusammenklang, geschaffen hat, haben andere Kulturkreise auf dem Gebiet der Melodik entwickelt. So sollte man bei der Verwendung der Weltmusik-Loops nicht zu viel vom Zusammenspiel mit »normalen« Patterns aus der Dur/Moll-Ecke Europas erwarten. Rhythmisch sind aber alle Formen der interkulturellen Verständigung möglich. Viel Spaß auf Ihrer Weltreise!

Abbildung 8.11 ▶
Die Welt ist Klang!

8.2 Zehn Tipps für das Komponieren

Wir wollen Sie gar nicht mit irgendwelchen Regeln in Ihrem kreativen Schaffen behindern. Dieser Abschnitt könnte Ihnen aber spätestens dann helfen, wenn Sie an einem Punkt nicht mehr weiter kommen, oder das Gefühl haben, Ihre Kompositionen könnten etwas mehr Struktur gebrauchen. Aber denken Sie daran: Dies sind keine Regeln. Und wenn es welche wären, wäre es Ihre Pflicht, sie manchmal zu brechen, und zwar dann, wenn es Ihrer Meinung nach gut klingt. Glauben Sie bloß nicht, dass berühmte Komponisten sich an das gehalten haben, was sie selbst in ihrem Unterricht und diversen Theoriebüchern verbreitet haben. Trotzdem, hier sind unsere Tipps:

1. Wenn Sie mit spontanem Draufloskomponieren nicht weiterkommen, sollten Sie sich einmal einen Waldspaziergang gönnen, und in sich hineinhören. Entwickeln Sie dadurch eine **musikalische Vorstellung** von dem, was Sie gerne hören möchten. Stellen Sie sich vor, GarageBand sei ein Zauberradio, aus dem genau die Musik kommt, die Sie schon immer hören wollten. Denken Sie immer daran, dass Ludwig van Beethoven am Ende seines Lebens stocktaub war, und immer noch komponieren konnte, weil er eine innere Vorstellung von Musik hatte.
2. Versuchen Sie, die **erste spontane Idee**, die Ihnen durch den Kopf schießt, festzuhalten. Oftmals kommt man nach stundenlangen Versuchen nämlich genau dahin, wo man ganz am Anfang war.
3. Denken Sie immer an das **Prinzip Spannung – Entspannung**. Musik ist ein ständiges Pendeln zwischen diesen beiden Polen. Wenn ein musikalischer Teil zu lange zu schön vor sich hin läuft, besteht die Gefahr von Langeweile. Unser Gehirn langweilt sich ziemlich schnell! Auf der anderen Seite müssen Sie bei aller Kunstfertigkeit auch wieder Ruhepole schaffen, nachdem Sie sich harmonisch und melodisch ausgetobt haben.
4. Reizen Sie nie alle Elemente gleichzeitig voll aus. Wenn Sie rhythmisch komplexe Musik machen, sollten Sie die **Melodien eingängiger machen** und umgekehrt. Unsere Gehirne können sich nicht allen Klangkategorien gleichzeitig widmen.
5. **Vermeiden Sie Irritationen**, also allzu abrupte Stimmungs- oder Tonartenwechsel. Den Effekt kennen Sie aus dem Radio: Wenn sich ein Radiosprecher verspricht, ohne es zu merken und sich zu korrigieren, sind wir für einige Sekunden irritiert, und können

uns nicht mehr auf den Inhalt des Textes konzentrieren. Bereiten Sie solche Wechsel lieber etwas vor.
6. Verlangen Sie nicht von sich, dass Sie ein Sieben-Minuten-Stück auf einen Schlag fertig haben, sondern **lassen Sie sich Zeit**. Gut Ding will Weile haben!
7. Ein guter Song muss auch **allein auf einer Gitarre** oder einem Klavier gut klingen. Versuchen Sie es!
8. Packen Sie nicht Ihr gesamtes Können in einen Song! Es ist immer besser, erstmal eine **schöne Idee zu Ende zu arbeiten**. Im Restaurant können Sie ja leider auch nicht die ganze Speisekarte an einem Abend ausprobieren.
9. Mit **guter Instrumentierung** können Sie Stress in der Mischung vermeiden. Wenn Sie während des Gesangsparts eine sägende Lead-Gitarre losjaulen lassen, müssen Sie sich nicht wundern, wenn man den Gesang so schlecht hört. Achten Sie auf ein ausgewogenes Klangspektrum aus Bässen, Mitten und Höhen – nicht am EQ, sondern bereits bei der Instrumentierung.
10. Wenn Sie völlig auf dem Schlauch stehen: Versuchen Sie doch einmal, Ihr **Lieblingslied »nachzubauen«**. Das kann Ihnen unglaublich weiterhelfen. Sie werden sehen, wie schwierig Einfachheit herzustellen ist.

8.3 Filmvertonung

Abbildung 8.12 ▶
iMovie in Aktion

Wenn Sie mit iMovie Ihre eigenen Filme schneiden, werden Sie sicherlich bald den Wunsch verspüren, diese individuell zu vertonen. Das ist mit GarageBand prinzipiell kein Problem, aber Sie sollten einige Dinge berücksichtigen:

Planung
Ihr Film ist fertig geschnitten. Um ihn richtig zu vertonen, müssen Sie jetzt erst einmal ein Konzept entwickeln, an welchen Stellen welche Musik erklingen soll. Das könnte zum Beispiel anhand einer einfachen Tabelle geschehen:

Zeit	Szene	Musik	Besonderheiten
2:33 – 4:01	Kinder bauen Sandburg am Strand	Surf-Sound ähnlich »Beach Boys«	Sandburg fällt bei 3:38 in sich zusammen (Comic-Sound?)
...	...	...	...

◄ Tabelle 8.1
Beispiel für ein Vertonungskonzept

Auf diese Weise bekommen Sie schnell einen Überblick über die Musiken, die Sie komponieren müssen, und wie lange diese sein müssen. Planen Sie eventuell auch ein paar Sekunden Überhang mit ein.

Natürlich sollten Sie auch einen Blick auf das Tempo der Schnitte werfen. Spielen Sie zur Not irgendeine Dummy-Musik dazu, um abschätzen zu können, ob das Tempo passt.

Durchführung
Wenn Sie die Planung abgeschlossen haben, sollten Sie für jeden Musikteil einen neuen GarageBand-Song anlegen. Tempowechsel innerhalb des Songs sind nicht möglich. Außerdem ist es immer von Vorteil, die Musikstücke einzeln vorliegen zu haben, anstatt in einem einzigen File.

Denken Sie daran, dass Filmmusik sich nicht in den Vordergrund drängen sollte. Vermeiden Sie zu starke Wendungen oder Harmoniewechsel. Besser ist es, wenn die Musik mehr oder weniger in einer Stimmung bleibt. Zu eindeutige Melodien lenken von den Bildern ab. Das kann nicht Ihr Wunsch sein. Weniger ist hier mehr. Die beste Filmmusik ist die, die man nicht bewusst wahrnimmt. Das kann für die Komponisten manchmal etwas frustrierend sein, aber unser Sehsinn ist durch und durch undemokratisch gesinnt. Achten Sie einmal bewusst auf Filmmusik. Sie werden überrascht sein, wie sparsam die meisten Szenen unterlegt sind. Beachten Sie auch bei der Instrumentierung, dass Sie der Atmo (Geräuschkulisse in einem Film) oder gegebenenfalls einem Sprecher nicht »ins Wort fallen«. Besonders gefährlich sind Gitarren- oder Saxofon-Soli! Lassen Sie besser den Mittenbereich etwas frei. Oftmals ist ein guter Rhythmus-Loop schon fast genug, um Tempo und Feeling einer Szene zu skizzieren.

Wenn Sie mit der Komposition fertig sind, exportieren Sie Ihr Werk als AIFF oder MP3-File zu iTunes. Lesen Sie dazu auch Kapitel »Weiterverarbeitung der Songs« ab Seite 235.

Tipps und Tricks
Diese Dinge können Ihnen helfen, zu besseren Ergebnissen zu kommen:

1. **Wechseln Sie nicht zu stark die Tonarten.** Wenn Sie ein Stück in C-Dur geschrieben haben, sollte das darauf folgende irgendeinen Bezug dazu haben. Wenigstens sollte die nächste Tonart auch als Ton in dem Song auftauchen. Fis-Dur wäre also nicht gerade eine geeignete Tonart für einen weichen Übergang.
2. Versuchen Sie einen **»roten Faden«** durch Ihre Kompositionen zu ziehen, also etwa ein musikalisches Thema, das in allen Stücken wieder auftaucht. Es kann aber auch ein Instrument sein. Wenn Sie z. B. Ihren Spanienurlaub vertonen wollen, können Sie ja in allen Szenen etwas akustische Gitarre verwenden (Sie müssen ja nicht gleich 30 Minuten Flamenco komponieren!).
3. Erstellen Sie **verschiedene Versionen** Ihrer Songs. Lassen Sie ein paar Instrumente weg. Vielleicht finden Sie zu den Bildern die Vollversion zu »voll«.
4. Engen Sie mit Kompressoren die **Dynamik Ihrer Musik** ein, damit noch etwas davon übrig bleibt, wenn Sie unter den Bildern leise gemacht wird.
5. Wenn Sie eine Musik auf CD haben, die sehr gut passt, können Sie versuchen, diese vom Charakter her zu **imitieren**. Das ist gängige Praxis in der Werbung, um horrende Lizenzzahlungen zu vermeiden. Solange Sie den Film aber nur privat vorführen, und nicht kommerziell veröffentlichen, können Sie ohne weiteres auch das Original verwenden. Sobald der Film aber öffentlich gezeigt wird, müssen Sie die verwendete Musik anmelden. Das birgt aber auch die Chance, dass Sie mit Ihrer eigenen Filmmusik Geld verdienen, da Sie auch Ihre eigene Musik bei der GEMA anmelden können, und dafür Lizenzzahlungen kassieren, sobald

der Film z. B. im Fernsehen gezeigt wird. Mehr Infos unter **www.gema.de**.
6. Die Loops in GarageBand sind **absolut lizenzfrei**. Das bedeutet, dass Sie mit dem Kauf des Programms das Recht erwerben, mit den Musikelementen zu arbeiten, also neue, urheberrechtlich relevante Musik zu erstellen. Sie können allerdings keine Urheberrechte auf einzelne Loops erneut geltend machen, also diese einzeln z. B. auf CD veröffentlichen, und dafür wiederum Lizenzzahlungen verlangen. Ausschlaggebend ist die kreative Eigenleistung, die als geistiges Eigentum geschützt wird.

9 Weiterverarbeitung der Songs

GarageBand-Songs vielseitig einsetzen

- Songs auf CD und DVD brennen
- AIFF-Dateien zu MP3 konvertieren
- Songs in iPhoto, iMovie und iDVD
- Im Internet veröffentlichen mit .mac

Ihre fertigen GarageBand-Songs können Sie natürlich vielfältig weiterverwenden. Viele Möglichkeiten dafür bekommen Sie mit dem iLife-Paket gleich mitgeliefert. In diesem Kapitel zeigen wir Ihnen, wie Sie damit möglichst einfach eigene Audio-CDs brennen, Ihre Songs als Hintergrundmusik für Diashows, Filme und DVD-Menüs einsetzen und mit .mac im Internet zum Download anbieten.

Es gibt ein Leben nach GarageBand, auch für Ihren Song. Ganz sicher. Auch wenn Sie Ihr fertiges Werk vielleicht nicht gleich für den Grammy nominieren lassen wollen, können Sie es dennoch vielseitig weiterverwenden. Wie Sie Ihren Song nach iTunes exportieren, haben Sie ja schon ganz am Anfang im Kapitel »Ein erster eigener Song« ab Seite 98 gelernt. Aber wollen Sie ihn immer nur daraus abspielen?

Wenn nicht, erfahren Sie in diesem Kapitel, was Sie alles mit Ihrem Song machen können, sei es, ihn auf CD zu brennen, in andere Audio-Formate zu konvertieren, ihn in iDVD und iPhoto zu benutzen oder im Internet zu veröffentlichen.

9.1 Songs auf CD brennen

Den Anfang machen wir mit dem einfachsten Schritt in der Weiterverarbeitung. Sei es nun, um sich Ihre Produktionen überall anhören zu können – auch da, wo Ihr Mac gerade nicht ist –, sie als Demos an Plattenfirmen zu schicken oder einfach an Oma, Opa und die ganze Verwandtschaft verschenken zu können: Das einfachste und am meisten verbreitete Medium ist heutzutage die CD.

Zum Glück ist es kinderleicht, Ihre Songs auf eine CD zu brennen, dank iTunes. Öffnen Sie iTunes, dann können Sie eigentlich gleich starten. Denn eine Voraussetzung für ganz normale, herkömmliche Audio-CDs erfüllt GarageBand gleich beim Exportieren: Die Songs werden im AIFF-Format gespeichert.

Sie suchen sich also Ihre Wiedergabeliste – wenn Sie vergessen haben, wie Sie diese genannt haben, müssen Sie in den Voreinstellungen von GarageBand unter EXPORTIEREN nachschauen. Haben Sie die richtige Liste gefunden, klicken Sie in iTunes ganz oben rechts auf den Kreis, unter dem BRENNEN steht. Dann sollten Sie eine leere CD-ROM einlegen und los geht's.

Zuvor müssen Sie jedoch noch ein paar Voreinstellungen für Ihre CD oder DVD treffen. Über das iTunes-Menü kommen Sie zu den Einstellungen, wählen Sie dort Brennen. Wenn Sie mehr als einen Brenner angeschlossen haben, müssen Sie zuerst einen davon auswählen. Bestimmen Sie dann die Geschwindigkeit, mit der gebrannt werden soll und teilen Sie iTunes mit, ob Sie eine Audio-CD, eine MP3-CD oder eine Daten-CD anlegen möchten.

Wenn Sie eine Audio-CD erstellen, können Sie in den Brennen-Einstellungen auch die Pausenlänge zwischen den einzelnen Tracks bestimmen. Standard sind hier 2 Sekunden. Wählen Sie stattdessen 0 Sekunden, kann es bei so manchem CD-Spieler vorkommen, dass er sich verschluckt.

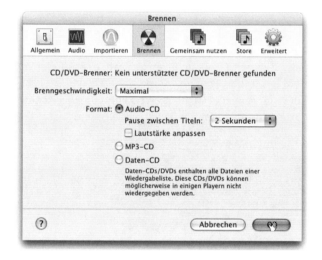

◄ Abbildung 9.1
In den iTunes-Einstellungen entscheiden Sie, welche Art von CD oder DVD Sie brennen möchten.

9.2 Konvertieren in andere Formate

GarageBand exportiert Ihre Songs, wie bereits erwähnt, immer als AIFF-Dateien. AIFF ist das Standard-Format für Audio-CDs. Für die unterschiedlichsten Einsatzzwecke gibt es aber auch zahlreiche andere Audio-Formate – als bekanntestes wohl MP3.

Sie wollen lieber eine MP3-CD brennen? Vielleicht haben Sie ja im Eifer der Kreativität gleich so viel komponiert, arrangiert und gemischt, dass das alles gar nicht mehr auf eine normale CD passt. Außerdem – die MP3-Files passen auch viel besser auf Ihren iPod. Dann also los.

9 Weiterverarbeitung der Songs

 Schritt für Schritt: AIFF in MP3 umwandeln

1. iTunes einstellen Gehen Sie zunächst in die EINSTELLUNGEN von iTunes. Sie finden sie im iTunes-Menü.

2. Einstellungen für Import Wählen Sie dort IMPORTIEREN aus und dann unter IMPORTIEREN MIT das von Ihnen gewünschte Format. Eigentlich geht es bei dieser Voreinstellung um das Importieren von Tracks von CDs und ähnlichen Medien. Man kann sie aber auch prima zweckentfremden. Nachdem Sie hier Ihr Wunschformat gewählt haben, klicken Sie OK.

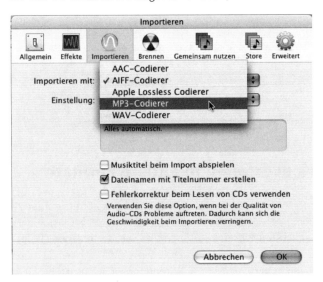

3. Songs auswählen Wählen Sie jetzt in iTunes die Songs aus, die Sie in MP3 konvertieren möchten.

236

Wandern Sie nun auf der iTunes-Menüleiste nach rechts zum Punkt ERWEITERT. Der richtige Eintrag springt schon ins Auge: Klicken Sie hier AUSWAHL KONVERTIEREN IN MP3 (oder welches Format Sie sich in den Voreinstellungen ausgesucht haben). Warten Sie einen Moment und in der Playlist ist bald das konvertierte Audio-File vorhanden. Erst grau, während des Prozesses, dann schließlich schwarz, wenn iTunes die Audio-Daten fertig umgewandelt hat.

4. Konvertierung starten

Ende

Ein paar Anmerkungen noch zu den unterschiedlichen Formaten, in die man Audio-Dateien mit iTunes umwandeln kann:

WAV
Seit der Einführung der Audio-CD Anfang der 80er Jahre haben sich mehrere digitale Soundformate etabliert. Als anfangs noch die Wiedergabequalität im Mittelpunkt des Interesses stand, gab es nur so genannte »lineare« Formate. Das bedeutet, dass die gesamte, bei der Digitalisierung abgetastete Information gespeichert wurde. Neben AIFF (»Audio Interchange File Format«), das von Apple entwickelt wurde und von GarageBand für die Speicherung der Audio-Dateien verwendet wird, zählt WAV zu den wichtigsten dieser Formate.

WAV stammt original von Microsoft und zählt in der Windows-Welt als Standard. Wer Windows-User kennt, sollte daher auch in dieses Format konvertieren können. Und mal ehrlich – kennen wir nicht alle solche Menschen, die sich täglich mit diesem unausgegorenen System voller Macken und Virenanfälligkeit herumplagen müssen? Bei Mac-Usern eher verpönt, ist es das Lieblingsformat der Windows-Anwender, wenn es um unkomprimierte Audio-Files geht.

MP3
AIFF oder WAV ergeben in CD-Qualität etwa ein Datenaufkommen von rund 10 MB pro Minute Musik. Und da vor noch nicht allzu lan-

ger Zeit der Speicherplatz noch sehr teuer war und auch Musikdateien über das stetig wachsende Internet ausgetauscht werden wollten, bildeten sich in den 90er Jahren die Daten reduzierenden Formate heraus. Das bekannteste ist sicherlich MP3. Mit diesem Codierungsverfahren konnte man das Datenaufkommen im Vergleich zu den linearen Kollegen (je nach Qualität) auf weniger als ein Zehntel beschränken. Man findet es überall, so im Internet und auf MP3-Playern – allen voran natürlich auf dem iPod.

AAC

In der Abkürzung AAC steckt nicht, wie man erwarten könnte, das Wort Apple. Es heißt Advanced Audio Codec. Auch bei AAC handelt es sich um ein komprimiertes Format, aber mit weit höherer Qualität als MP3. Es ist das Format, das Apple im iTunes Music Store verwendet, denn es bietet einige Vorteile gegenüber MP3. In Sachen Music Store ist sicher entscheidend, dass man einen Kopierschutz installieren kann. Außerdem ist es noch kleiner als MP3, hat dafür aber ein anderes, viel sensibleres Komprimierungsverfahren, so dass AAC-Files weit weniger Klangverluste zu beklagen haben. Hören Sie den Unterschied.

Apple Lossless

Für Anwender von iTunes 4.5 (und QuickTime 6.5.1) oder neuer gibt es noch das relativ neue Format Apple Lossless. Es verbraucht ca. die Hälfte des Speicherplatzes eines normalen AIFF Files, ist aber im Gegensatz zu MP3 klanglich absolut ebenbürtig.

Kurz-name	Suffix	Erläuterung	Art	Vorkommen	Besonderheiten
WAV	.wav / .bwf	Waveforrm Audio File Format	Linear	Standardformat des »Windows Media Players«, alle Tonbearbeitungsprogramme auf PC- und Mac-Basis	Kann u.a. Titelinformationen speichern. Variante »Broadcast Wave Format« (.bwf) kann zusätzlich Timecode-Information speichern.
MP3	.mp3	Motion Picture Expert Group 1, Layer 3	Datenreduziert (Verlust behaftet)	Internet, Mobiltelefone, iPod u. ä., Autoradios	Variable Bitrate für unterschiedliche Qualitätsstufen, Metadaten (TAGS)

▲ Tabelle 9.1
In diese Audioformate können GarageBand-Songs mit iTunes konvertiert werden.

Kurz-name	Suffix	Erläuterung	Art	Vorkommen	Besonderheiten
AAC	.m4a	Advanced Audio Coding	Datenreduziert (Verlust behaftet)	Mehrkanalton (Kino), iTunes, iPod	Variable Bitrate für unterschiedliche Qualitätsstufen, Metadaten (TAGS), bessere Klangqualität als MP3
ALP	.m4a	Apple Lossless Packing Format	Datenreduziert (verlustfrei)	Mac, iPod, iTunes	Datenreduktion ohne Klangverlust! Trägt wie AAC auch das MPEG-4-Suffix.

▲ Tabelle 9.1
In diese Audioformate können GarageBand-Songs mit iTunes konvertiert werden. (Forts.)

9.3 Slideshows untermalen

Alle iLife-Programme kommunizieren irgendwie miteinander. Vor allem iTunes ist hier der Verbindungspunkt. Denn auf die Playlists können Sie auch in jeder anderen iLife-Applikation zugreifen – so auch in iPhoto.

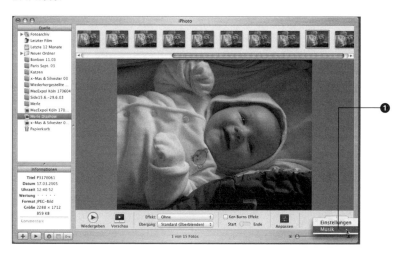

▲ Abbildung 9.2
Wenn Sie nur einen kleinen Monitor haben, versteckt sich die Option für die Musikeinstellung ❶ ziemlich gut.

Wählen Sie in iPhoto die Fotos aus, aus denen Sie eine Diashow mit Ihrer eigenen Musik erstellen wollen. Klicken Sie dann unten auf den Button DIASHOW. Es wird automatisch ein Diashow-Ordner angelegt, mit dem Namen des Albums, aus welchem die Fotos stammen. Je nach Monitor- beziehungsweise iPhoto-Fenstergröße sehen Sie nun unten rechts neben den Vor- und Zurück-Pfeilen entweder ein Icon MUSIK oder auch nur einen Doppelpfeil. Klicken Sie diesen an, erhalten Sie unter anderem auch die Auswahl MUSIK. Dort stehen Ihnen alle iTunes-Wiedergabelisten zur Verfügung, Sie müssen nur die richtige auswählen, den Song Ihrer Wahl anklicken und Ihre nächste Diashow wird von der von Ihnen produzierten Musik untermalt.

Verwenden Sie noch GarageBand 1, öffnet sich nach einem Klick auf DIASHOW gleich die Musikauswahl.

Abbildung 9.3 ▶
In der Musikauswahl steht Ihnen Ihre gesamte iTunes-Bibliothek zur Verfügung.

Noch etwas ist nicht ganz uninteressant. Öffnen Sie in Ihrer Diashow den Button EINSTELLUNGEN (ebenfalls unten, neben Musik) haben Sie zwei verschiedene Optionen, Ihre Musik zu verwenden. Entweder wiederholt sich die Musik, solange noch Dias ablaufen ❷, was wiederum durch die Länge bestimmt wird, die Sie oben für jedes Dia angegeben haben. Oder Sie deaktivieren quasi die oben angegebene Länge für jedes Dia und lassen stattdessen die Länge der Diashow und damit die Anzeigedauer jedes Dias durch die Länge der Musik bestimmen ❸.

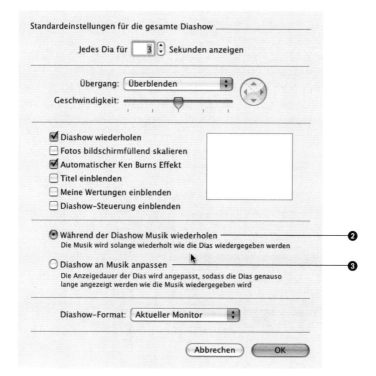

◄ Abbildung 9.4
Ganz wie Sie wollen: Die Länge der Diashow bestimmt die Wiederholung der Musik, oder die Länge der Musik die der Diashow.

9.4 Ihr Song als Filmmusik

Mein Song als Filmmusik? So berühmt werde ich doch nie? Mag sein. Aber zumindest für Ihre eigenen Filme können Sie Ihre Songs doch nehmen. Sind das nicht Aussichten? Ein eigener Film, verschönert mit der selbst komponierten Musik! Wie das gehen soll? Sie haben doch iLife. Das einzige, was Sie zusätzlich benötigen, ist eine Videokamera. Alles andere haben Sie für 79 EUR bereits erworben, auch Ihre Filmschnittsoftware: iMovie.

GarageBand und iMovie zusammen ermöglichen es Ihnen, ganz neue Ideen umzusetzen. Sie können ja auch mal die komplette Film-

Filme ohne Camcorder

Sie haben keine Videokamera? Sie wollen aber unbedingt einen persönlichen Film mit Ihrer eigenen Musik unterlegen? Da gibt es eine Kompromisslösung. iMovie kommuniziert auch mit iPhoto. So können Sie aus Ihren Fotos einen mehr oder weniger bewegten Film basteln.

9 Weiterverarbeitung der Songs

musik zu einem bereits fertigen Film komponieren. Nicht mit irgendeiner Unterlege-Musik aus der Konserve, nein, ganz individuell.

Wie geht das nun? Vorweg: Wenn Sie wissen wollen, wie Sie Ihre eigenen Filme mit iMovie am besten schneiden, empfehlen wir Ihnen das Buch »iLife '05« von Michael Hillenbrand (ISBN 3-89842-674-2). Wir müssen hier voraussetzen, dass Sie grundsätzlich mit iMovie umgehen können.

iMovie arbeitet – genau wie iPhoto und iDVD – perfekt mit iTunes zusammen. Das ist die ideale Voraussetzung, um Ihren Film musikalisch zu untermalen. Öffnen Sie zunächst iMovie (das Sie hoffentlich schon installiert haben), und erstellen Sie Ihren Film. Von Vorteil ist es jetzt, wenn Sie schon einen fertigen Film vorliegen haben. Dann kann es gleich weitergehen.

Wählen Sie rechts das Feld AUDIO und schon erscheinen im Fenster darüber Ihre iTunes-Playlists.

Audio-Verwaltung in iMovie

Um die Übersicht in einer Wiedergabeliste Ihren Wünschen entsprechend anzupassen, klicken Sie im Audio-Fenster auf Titel, Interpret oder Dauer, ähnlich wie bei der Loop-Verwaltung in GarageBand. Sie können diese drei Spalten auch umsortieren: Dazu fassen Sie eine Spalte in der Titelleiste an und ziehen sie an die gewünschte Position.

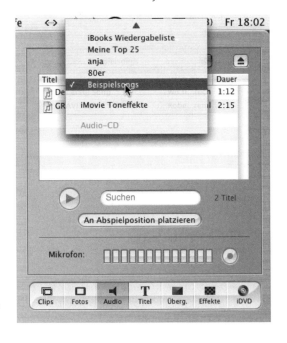

Abbildung 9.5 ▶
Über AUDIO steht Ihnen Ihre gesamte iTunes-Bibliothek zur Verfügung.

Suchen Sie nun die Playlist mit Ihren GarageBand-Songs aus, und ab geht's! Entweder Sie befinden sich an der Stelle im Film, an der die Musik beginnen soll, dann wählen Sie der Einfachheit halber AN ABSPIELPOSITION PLATZIEREN. Oder Sie ziehen sich den jeweiligen Song an die gewünschte Position in der iMovie Timeline (ja, die heißt hier auch so). Die zweite und die dritte Spur sind die Audio-Spuren. Jetzt können Sie munter in Ihren Audio-Spuren herumschneiden, die Lautstärke der Situation anpassen und so weiter. Viel Spaß!

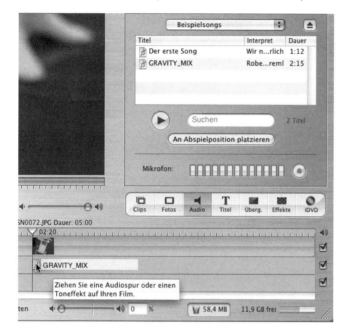

◄ Abbildung 9.6
Einfach die Musik auf eine Audio-Spur in der Timeline ziehen – und schon wird Ihr GarageBand-Song zum Soundtrack Ihres Films.

9.5 DVDs mit Ihrer Musik

Sie haben iDVD installiert und sind glücklicher Besitzer eines Macs mit Superdrive? Dann haben Sie sicher schon daran gedacht, Ihre eigenen DVDs zu erstellen. Auch diese können Sie natürlich durch Ihre GarageBand-Werke aufwerten und sie zu kompletten Eigenproduktionen werden lassen.

Starten Sie zunächst iDVD. Auch diese iLife-Applikation greift natürlich auf iTunes zu. Jetzt sehen Sie sich erst einmal um. Eigentlich ist auch iDVD ganz einfach zu durchschauen, zumindest in den Grundzügen. Wie können Sie nun Ihre Songs sinnvoll in Ihre DVD einblenden? Sie bekommen von uns keinen Kurs in iDVD, auch wir sind da noch Amateure. Aber die wichtigsten Schritte, um Ihren Kompositionen eine neue Heimat zu geben, können wir Ihnen zeigen.

iDVD ohne Superdrive

Sie können iDVD auch auf Apple-Computern ohne DVD-Brenner installieren. Allerdings wird es hier dann mit dem Brennen schwierig. Offiziell heißt es von Apple, dass iDVD nur mit internen DVD-Brennern ab Werk zusammenarbeitet. Voraussetzung für die Installation von iDVD ist – mit oder ohne Superdrive – ein G4 Prozessor.

9 Weiterverarbeitung der Songs

Abbildung 9.7 ▶
Sie können auch ein DVD-Hauptmenü mit Ihrer eigenen Musik unterlegen.

Zunächst erstellen Sie ein neues Projekt. Dort gehen Sie auf ANPASSEN unten links ❶ im Fenster und wählen im Fenster, das sich an der Seite öffnet, THEMEN ❷ aus. Dort suchen Sie sich ein Thema aus, das Ihnen gut gefällt und dem Sinn und Zweck Ihrer DVD entgegenkommt. Haben Sie das getan, wechseln Sie zu den MEDIEN. Von dort haben Sie Zugriff auf Ihre iTunes-Bibliothek, Ihr iPhoto-Archiv und Ihre iMovie-Projekte.

Abbildung 9.8 ▶
Im Bereich MEDIEN sehen Sie unter AUDIO Ihre gesammelten iTunes-Bibliotheken. Im Suchfenster unten können Sie übrigens auch nach einzelnen Titeln suchen.

9.5 DVDs mit Ihrer Musik

In der Audio-Liste können Sie Ihre Musik auch vorhören, das geht einfach per Doppelklick auf den Titel. Haben Sie den richtigen Song ausgewählt, ziehen Sie ihn mit gedrückter Maustaste in das Hauptfenster. Schon hören Sie, wenn Sie auf VORSCHAU klicken, zum Hauptmenü Ihrer zukünftigen DVD Ihren Song.

Wollen Sie eine DVD mit einer Foto-Show erstellen, müssen Sie zunächst auf den DIASHOW-Button im Hauptfenster klicken.

◀ **Abbildung 9.9**
Betätigen Sie den Button DIASHOW, wird ein entsprechender Menüpunkt ins DVD-Hauptmenü eingefügt.

Sie können sich jetzt noch ein passendes Bild aus der Foto-Liste direkt auf die beiden Standard-Dias ziehen, das sieht dann doch irgendwie netter aus. Wenn Sie nun einen Doppelklick auf das Dia tätigen, gelangen Sie eine Seite weiter.

◀ **Abbildung 9.10**
Machen Sie, was Sie wollen: In diesem Fall eine Diashow aus Fotos Ihrer Wahl.

245

Wie von Apple netterweise schon vermerkt, können Sie nun über den Medien-Button die gewünschten Fotos in der Übersicht markieren und anschließend mit gedrückter Maustaste in das Hauptfenster ziehen. Je nach Menge der Fotos und Leistungsfähigkeit Ihres Rechners kann das recht schnell gehen oder auch etwas länger dauern.

Sehen Sie jetzt unten rechts direkt unter den ausgewählten Fotos das Fenster AUDIO? Dieses wird jetzt wichtig. Zunächst vergewissern Sie sich, dass Ihr Mausarm lang genug ist und Mauspad und -kabel noch Bewegungsfreiheit nach rechts haben. Dann gehen Sie in die Audio-Liste und suchen wieder den passenden Song aus. Klicken Sie ihn an und ziehen Sie die Audio-Datei auf das kleine Audio-Fenster.

Abbildung 9.11 ▶
Die Diashow kann losgehen. Fotos sind da und auch ein Audio-File ist eingefügt.

Haben Sie das Fenster gut getroffen, erscheint daraufhin ein typisches iTunes-Symbol, mitsamt der Angabe des Formates Ihres Audio-Files.

Links daneben sehen Sie noch eine Auswahlliste DAUER. In dieser können Sie verschiedene Sekundenzeiten dafür wählen, wie lang ein Bild jeweils gezeigt wird, oder die automatische Einstellung AN AUDIO ANPASSEN lassen: Dann passt die Länge der Show auf Ihre Musik.

Am einfachsten geht es mit der DVD und der eigenen Musik natürlich, wenn Sie zuvor einen Film mit iMovie und Ihrem Song erstellt haben. Diesen können Sie dann komplett als Film Ihrer DVD hinzufügen.

9.6 Ins Internet mit .mac

Sie haben Ihre Songs bereits auf CD gebrannt, in eine Diashow eingebaut, als Soundtrack eingesetzt und ein DVD-Menü damit unterlegt. Eine Art der Veröffentlichungt fehlt noch: Nirgends ist Ihr Song so schnell und einfach erreichbar wie im Internet.

Apple hält auch hierfür einen Dienst bereit, der sehr hilfreich ist: Sein Name ist .mac und er ist erreichbar unter der URL **http://www.apple.com/de/mac/**.

Wenn Sie einen .mac-Account von Apple besitzen, können Sie dort Ihren Song einfach auf einen Webserver stellen. Der Internet-Dienst von Apple kostet jährlich 99 EUR, und es gibt auch einen sechswöchigen, kostenlosen Testzugang. Unter anderem zählen dazu ein Mail-Dienst und eine virtuelle Festplatte mit 100 MB Speicher – wichtig für Ihre Songs! Sie können dort zum Beispiel Ihre eigene Homepage ablegen und noch einiges mehr. Außerdem erhalten Sie als .mac-Mitglied auch Vergünstigungen in Form von Gutscheinen, kostenloser Software und mehr.

Schritt für Schritt: Ihren Song online bringen

Wenn Sie einen Account einrichten möchten, melden Sie sich auf der oben genannten Website an. Sie können aber auch erst einmal einen Test-Account einrichten. Die Buttons dafür sind eigentlich unübersehbar. Wenn Sie sich durch die nachfolgenden Formalitäten gearbeitet haben, können Sie sich einloggen und mit .mac anfreunden. Von jetzt an haben Sie leider nur noch die Wahl zwischen Englisch und Japanisch, um sich zurecht zu finden. Schauen Sie sich nun einmal an, was Sie alles Tolles machen können.

1. Anmelden für .mac

9 Weiterverarbeitung der Songs

2. iDisk benutzen Sobald Sie sich bei .mac angemeldet haben, können Sie Ihre iDisk nutzen. Am schnellsten geht das über den Finder von Mac OS X. Ja, ganz richtig, alles was Sie brauchen, ist der Internet-Zugang, mit dem Sie gerade online sind. Sie brauchen nicht mal in dem Sinne ins Internet zu gehen. Es gibt noch viele andere Wege, um auf Ihre iDisk zuzugreifen, aber dieser ist wirklich der kürzeste, deswegen wählen wir ihn. Gehen Sie ins Menü GEHE ZU. Dort finden Sie den entsprechenden Eintrag IDISK. Wählen Sie MEINE IDISK und loggen Sie sich ein. Schon steht Ihnen Ihre iDisk auf Ihrem Schreibtisch zur Verfügung, wie jede andere Festplatte auch. Okay, der Zugriff ist je nach Verbindung mehr oder weniger langsam, aber er funktioniert.

9.6 Ins Internet mit .mac

Zunächt sollten Sie Ihren Song in MP3 konvertieren. Dann müssen Sie sich überlegen, wie Sie ihn anderen Nutzern zur Verfügung stellen wollen. Darf jedermann beim Surfen durchs Internet darauf stoßen? Oder wollen Sie es nicht ganz so an die große Glocke hängen und ihn nur Freunden zeigen? Von diesen Entscheidungen hängt ab, in welchen Ordner Sie Ihre Musik legen sollten. Wollen Sie den Song für andere, denen Sie davon erzählen, zum direkten Download zur Verfügung stellen, kopieren Sie Ihren Song in den Ordner PUBLIC. Um ihn auf Ihre .mac-Homepage zu bekommen, können Sie ihn auch in MUSIC stellen.

3. Den Song auf die iDisk bringen

Melden Sie sich wieder im Internet an Ihrem .mac-Account an. Wählen Sie dann in der Navigationsleiste links HOMEPAGE. In diesem Bereich können Sie richtig viel machen. Wenn Sie Ihre eigene Homepage mit einer externen Software erstellen wollen, machen Sie diese fertig und legen Sie sie auf Ihrer iDisk in den Ordner SITES. Dann können Sie sie unter HOMEPAGE im Reiter ADVANCED abrufen und online stellen. Dieses Vorgehen erfordert aber wieder einiges an Vorwissen. Wir nehmen wieder den kürzesten und einfachsten Weg. Das ganze Drumherum können Sie später noch lernen. Sind Sie auf Ihrer Seite wählen Sie FILE SHARING und suchen sich dort ein Theme aus.

4. Homepage erstellen

249

9 Weiterverarbeitung der Songs

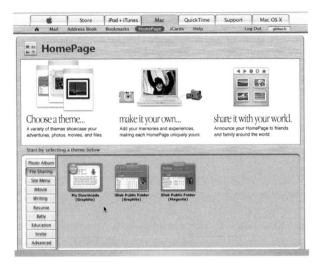

5. **Vorbereitungen** Wir haben das erste Theme MY DOWNLOADS gewählt. Und lesen erst mal eine ganze Menge englischer Texte. Die meisten Felder sind für Sie gedacht, damit Sie ihre Dateien mit einem eigenen Text versehen können. Geben Sie dort ein, was Sie gerne zu Ihrem Song sagen möchten. Freundlicherweise klicken Sie noch SHOW SIZE an, dann weiß jeder Besucher, wie groß Ihr Song ist, und was ihn an Download erwartet.

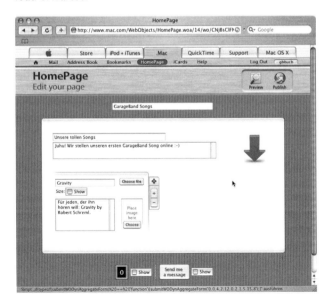

Gehen Sie jetzt auf CHOOSE FILE und Sie werden eine Seite weiter geleitet. Jetzt sind Sie auf Ihrer virtuellen iDisk. Suchen Sie Ihren Song im entsprechenden Ordner und klicken Sie auf CHOOSE. Sie landen wieder auf der vorherigen Seite. Ihr Song ist jetzt zugeordnet. Sie können natürlich auch mehrere Songs einfügen, wenn Ihnen danach ist. Klicken Sie dafür einfach auf das kleine Plus-Icon neben der Box zur File-Auswahl.

6. Song einfügen

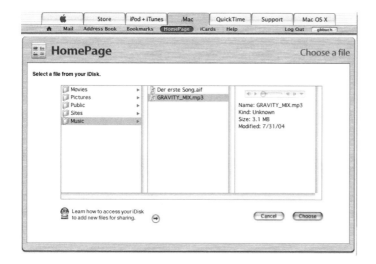

Klicken Sie oben rechts auf PREVIEW. Hier können Sie Ihre zukünftige Seite sehen. Jetzt können Sie sich entscheiden, ob Sie alles so lassen oder doch noch etwas ändern wollen. Um etwas zu ändern klicken Sie oben auf EDIT und landen wieder auf der mittlerweile vertrauten Seite. Ansonsten wählen Sie PUBLISH für das Veröffentlichen, schon ist Ihr Song online und jeder kann ihn herunterladen. Zum Glück sagt Ihnen .mac dann auch noch, wo Sie diesen Song denn nun im Internet finden können. In unseren Fall lautet die Adresse: http://homepage.mac.com/gbbuch/FileSharing1.html. (bitte nicht wundern, wenn Sie diese Adresse aufrufen und nichts finden, denn wenn Sie das hier lesen, ist unser Test-Account schon abgelaufen). Hinter dieser Adresse gibt es ein System: homepage.mac.com ist die Seite, hinter der sich sämtliche Benutzer von .mac verbergen, und gbbuch ist der Benutzername, den wir für unseren Testaccount gewählt haben.

7. Preview und Publish

9 Weiterverarbeitung der Songs

Ende

10 Hardware für die Musik am Mac

Mehr Spaß mit externer Hardware

- Welche Hardware brauchen Sie?
- Echte Instrumente anschließen
- MIDI-Geräte anschließen
- Wichtiges für die Mikrofon-Auswahl

Um mit GarageBand eigene Musikaufnahmen vornehmen zu können, reicht Ihr Mac alleine nicht mehr aus. Ein wenig neues Equipment ist unerlässlich. Es geht also ans Aufrüsten. In diesem Kapitel erfahren Sie, welche Hardware Sie für Ihre Zwecke benötigen.

10.1 Jetzt geht es ans Geld

Sie hatten schon Spaß bei Ihrem ersten eigenen Song mit GarageBand in Kapitel 2? Sie sind da schon süchtig geworden? GarageBand kann noch viel mehr! Alles, was Sie dazu benötigen, ist ein wenig externe Hardware.

Sie haben bereits in den Kapiteln »Echte Instrumente und Gesang« und »Das Keyboard macht die Musik« einen Eindruck davon gewinnen können, wie Sie in GarageBand mit echten Instrumenten, Mikrofonen und MIDI-Keyboards selbst Musik einspielen können. Dabei kamen auch schon kurz einige Hardware-Erweiterungen zur Sprache.

Im Zweifelsfall reichen schon Ihre Stimme und ein Mikrofon oder Ihre Gitarre und ein Kabel. Vielleicht haben Sie auch ein eigenes MIDI-Keyboard? Wunderbar. Dann haben Sie Glück. Sie müssen nichts weiter in Ihre Komponisten-Zukunft investieren.

Wenn Sie all das nicht haben: Bevor Sie jetzt gleich zum Fachhändler Ihres Vertrauens laufen oder eine extragroße Bestellung im Apple Store aufgeben, sollten Sie zuerst einige wichtige Überlegungen anstellen, denn wir gehen davon aus, dass es Ihnen nicht anders geht als uns, und Ihnen das Geld auch nicht so locker in der Tasche sitzt.

Die erste Frage, die sich stellt ist: »Was will ich eigentlich?« Ja, fragen wir Sie doch mal: »Was wollen Sie in Zukunft mit GarageBand anstellen? Sind Sie Sänger? Sind Sie Gitarrist? Spielen Sie Keyboard?« Für alle diese Voraussetzungen brauchen Sie natürlich unterschiedliche Hardware, um die Instrumente in GarageBand aufnehmen zu können. Richtig spannend wird es, wenn Sie Schlagzeug spielen und das Set aufnehmen möchten. Da wäre dann zusätzlich auch noch ein Kurs in Mikrofonie von Vorteil.

Haben Sie sich entschieden, wie Sie Ihre Komponisten- und Produzenten-Karriere starten wollen? Dann erfahren Sie jetzt, was Sie sich kaufen müssen, und wie hoch der Preis dafür ist. In Anbetracht der Tatsache, dass nicht nur der Computer-Markt inzwischen sehr schnelllebig ist, sondern auch in Sachen Peripherie ständig Neues auf den Markt kommt, können wir hier nur ein paar Beispiele nennen. Außerdem gibt es eine große Auswahl an Herstellern und Produkten, die allein monatlich ein ganzes neues Buch füllen könnten. Apple hat dazu extra eine Kompatibilitätsliste im Internet zum Nachsehen veröffentlicht. Diese finden Sie unter **http://www.apple.com/ilife/garageband/compatibility.html**. Wir zeigen Ihnen hier, was Sie grundsätzlich für welche Anwendung benötigen, und nennen Ihnen einige Beispiele. Dabei wollen wir auch gleich erklären, was Sie alles wo einstellen müssen, damit GarageBand auch wirklich etwas aufnehmen kann, denn da lauert so manch kleine Falle, von der man besser vorab wissen sollte.

10.2 Der Mac selbst

Wenn Sie Glück haben, besitzen Sie einen Apple-Computer mit Audio-Eingang, z. B. ein PowerBook oder einen G5. Ist das der Fall, können Sie sich theoretisch schon mal die Anschaffung eines Audio-Interfaces sparen.

Jeder Mac, der die Systemvoraussetzungen für GarageBand erfüllt, besitzt einen USB-Anschluss. Dies ist sehr praktisch, da es heute auch schon einige Keyboards mit USB gibt, so dass Sie kein zusätzliches MIDI-Interface kaufen müssen. Dann bleibt es bei einem Gerät.

◄ **Abbildung 10.1**
Der Audio-Eingang ❶ und USB-Anschluss ❷ eines PowerBooks

10.3 Die schnelle Lösung

Sie besitzen einen Macintosh-Computer mit Audio-Eingang und wollen eine Aufnahme mit Ihrer Gitarre machen? Auch dann brauchen Sie nicht mehr viel an neuem Equipment. Lediglich ein Kabel, welches Ihre Gitarre mit dem Mac verbindet. Apple bietet in seinem

Abbildung 10.2 ▶
Das iStudioLink-Kabel von der Firma Monster Cable verbindet Ihr Instrument oder Mikrofon mit dem normalen Audio-Eingang Ihres Macs.

Online-Store passende Kabel der Firma MonsterCable an. Die Adapter, die es auch im Musikfachhandel gibt, sind auf einer Seite mit einem Mini-Klinken-Stecker für den Mac und auf der anderen Seite mit einer Mono-Klinkenbuchse für die Gitarre versehen. Für 19 EUR (so viel kostet ein Monster-Kabel) können Sie jetzt beginnen, Ihre Gitarre einzuspielen. Und mal ganz nebenbei: Kabel der Firma Monster werden auch im Profi-Bereich dank ihrer hervorragenden Qualität gerne verwendet. Der klangliche Einfluss von Kabeln ist viel größer, als die meisten Menschen denken, und nichts ist ärgerlicher, als ein kratzendes Kabel mit schlechter Abschirmung und kalten Lötstellen.

10.4 Echte Instrumente anschließen

Haben Sie keinen Mac mit Audio-Eingang und wollen Ihren Gesang, Ihren Bass, Ihre Gitarre oder auch die Blockflöte Ihrer Kinder aufnehmen, benötigen Sie ein so genanntes Audio-Interface. Davon gibt es eine relativ gute Auswahl im Handel.

Sie haben jetzt die Qual der Wahl. Wie immer sollten Sie zuerst überlegen, was Sie aufnehmen wollen, um ein Gerät auszuwählen, das auch wirklich Ihrem Bedarf entspricht. Natürlich ist das alles auch immer eine Frage des Budgets. Nach oben sind da kaum Grenzen gesetzt, wobei man sich dann doch fragen sollte, ob man wirklich ein FireWire-Interface für ca. 500 EUR braucht, und ob das im Verhältnis zum Preis der Software steht. Andererseits kann man natürlich auch sagen, man hat schon an der Software gespart, und hat nun etwas mehr Geld für Hardware übrig. Diese schwierige Entscheidung können wir Ihnen leider nicht abnehmen.

Wie dem auch sei, das Gerät muss auf jeden Fall einige Grundvoraussetzungen erfüllen: Zunächst muss es Mac OS X unterstützen, was aber nahezu immer der Fall ist. Außerdem muss es die entsprechenden Anschlüsse besitzen, damit Sie Ihr Mikrofon, Ihre Gitarre, Ihren Bass oder ein anderes Instrument Ihrer Wahl anschließen können. Auch das ist meistens der Fall. Es gibt Audio-Interfaces, die einen Ausgang zum Anschluss von Lautsprecherboxen haben, was ebenfalls nicht unpraktisch ist!

Wir stellen Ihnen hier eine kostengünstige Lösung vor, die auch von Apple gerne angeboten wird.

M-Audio MobilePre USB

▲ Abbildung 10.3
Von vorne sieht es harmlos aus: Das M-Audio MobilePre USB Audio-Interface

Das Audio-Interface von M-Audio (**http://www.maudio.de**) kostet zwar ca. 199 EUR, verfügt dafür aber über alle notwendigen Anschlüsse zur Aufnahme Ihrer eigenen Instrumente. Was auch immer Sie gerne einspielen möchten, mit dem MobilePre USB geht es. Noch dazu ist das Gerät sehr handlich und leicht und hat einen regelbaren Kopfhörer- und Line-Ausgang für Aktivlautsprecher, wobei vor allem der Punkt »regelbar« durchaus nicht selbstverständlich ist.

▲ Abbildung 10.4
Von hinten offenbaren sich die diversen Anschlussmöglichkeiten.

Um mit dem Audio-Interface auch wirklich etwas aufnehmen zu können, müssen Sie zunächst die mitgelieferten Treiber installieren. Eventuell lohnt es sich, noch einen Blick auf die Website von M-Audio zu werfen und nachzusehen, ob es ein Treiber-Update gibt. Die Installation erfolgt wie üblich über eine CD. Mit einem Doppelklick öffnen Sie das CD-Symbol und finden im sich öffnenden Fenster den Installer.

Wenn Sie sich in der Spaltenansicht befinden, sieht das Ganze zunächst ein wenig verwirrend aus, da sich recht viele Dateien und Ordner auf der CD befinden.

Abbildung 10.5 ▶
Die M-Audio Installations-CD ist in der Spaltenansicht vor allem erst mal bunt und zeigt jede Menge Ordner an.

Und wo bitte ist da jetzt der Installer? Kurzes Nachdenken. Keines der in der ersten Ebene sichtbaren Geräte ist das M-Audio MobilePre. Und Installation steht da auch nirgendwo. Also: Um was handelt es sich bei dem Audio-Interface? Die Lösung: Es ist ein USB-Gerät. Im Ordner USB Audio (in der Listen- und Spaltenansicht ganz unten) finden Sie dann auch das MobilePre USB.

Abbildung 10.6 ▶
Der Installer für das MobilePre ist ein wenig versteckt.

Klicken Sie sich durch folgende Ordner: USB Audio/MobilePre USB/ OS X (…) \M-Audio…dmg.

Lesen Sie sich auch sicherheitshalber, wie Sie das natürlich immer machen, die Read Me-Datei durch, darin können sich noch weitere wichtige Hinweise zur Installation finden. Mit einem Doppelklick auf das .dmg File starten Sie dann die Installation.

Abbildung 10.7 ▲
Nach dem Doppelklick öffnet sich auf dem Schreibtisch der eigentliche Installer.

Zunächst wird ein temporäres Festplatten-Symbol auf dem Schreibtisch abgelegt. Mit einem weiteren Doppelklick darauf beginnt die eigentliche Installation des MobilePre.

10.4 Echte Instrumente anschließen

◄ **Abbildung 10.8**
Sieht doch nett aus, das Fenster, das Sie da begrüßt.

Folgen Sie jetzt brav den Anweisungen, und wählen auf dem Weg noch die richtige Festplatte aus, ganz wie bei der Installation von GarageBand und anderen Programmen. Sind Sie damit fertig, starten Sie Ihren Mac neu.

Audio-Interface einstellen
Sie möchten das Interface jetzt natürlich auch gleich ausprobieren? Ganz so einfach ist das Ganze dann doch nicht. Zunächst müssen Sie nämlich noch weitere Voreinstellungen treffen.

◄ **Abbildung 10.9**
Die SYSTEMEINSTELLUNGEN sind von Apple aus direkt im Dock abgelegt, Sie finden sie auch im Ordner PROGRAMME.

Gehen Sie zunächst in die SYSTEMEINSTELLUNGEN. Dort wählen Sie das Feld TON. Unter AUSGABE suchen Sie sich dann Ihr Audio-Interface, in unserem Fall das MobilePre aus. Das dürfen Sie auf keinen Fall vergessen, denn sonst ist hinterher der Frust groß – und das Rätselraten, warum das Gerät nicht funktioniert.

Ganz unten in den Systemeinstellungen finden Sie nach der erfolgreichen Installation Ihrer Audio-Hardware auch noch eine Einstellung für das Gerät selbst.

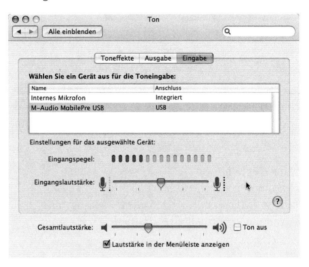

Abbildung 10.10 ▶
Vergessen Sie nie, unter SYSTEMEINSTELLUNGEN · TON · EINGABE Ihr Audio-Eingabe-Gerät auszuwählen.

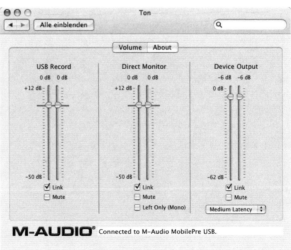

Abbildung 10.11 ▶
Eine Systemeinstellung mehr. Hier treffen Sie die Grundeinstellungen für Ihre Audio-Hardware.

10.4 Echte Instrumente anschließen

Auch in GarageBand selbst gilt es nun noch Vorbereitungen zu treffen, um über das MobilePre Aufnahmen starten zu können. Hier wählen Sie im GARAGEBAND-Menü EINSTELLUNGEN. Gehen Sie dort auf AUDIO/MIDI. Auch hier müssen Sie unter AUDIOEINGANG Ihr Audio-Interface auswählen.

◄ Abbildung 10.12
Ab in die Einstellungen von GarageBand, das Interface einstellen – und fertig!

FireWire für Mehrspuraufnahmen

Seit GarageBand 2 ist es auch möglich, auf mehreren Spuren gleichzeitig aufzunehmen. Um das tun zu können, benötigen Sie natürlich auch die entsprechende Hardware. Die meisten aktuellen FireWire Interfaces besitzen mehrere Ein- und Ausgänge, die Ihnen den Zugang zur Welt der Mehrspuraufnamen öffnen. Leider kosten die meisten auch dementsprechend mehr als USB-Hardware, die nur einen Stereoeingang bietet.

Edirol bietet zum Beispiel mit dem FA-66 ein kleines, sehr handliches 6-Kanal FireWire Audio Interface mit 24-bit/192kHz. Das FA-66 hat unterschiedliche Eingänge: zwei XLR/TR Kombibuchsen (mit Phantomspeisung), zwei RCA Eingänge, vier symmetrische +4dBu Ausgänge, sowie optische S/PDIF I/O. Es kostet knapp 420 Euro.

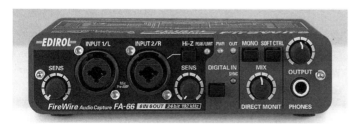

◄ Abbildung 10.13
Das FireWire Audio Interface FA-66 von Edirol.

Preisgünstiger ist da schon das FireWire Audiophile von M-Audio, das immerhin vier Ein- und sechs Ausgänge hat. Natürlich besitzt es auch MIDI In/Out-Ports. Diese kleine Variante kostet nur 299 Euro.

Abbildung 10.14 ▶
Das FireWire Audiophile von M-Audio mit weniger Ein- und Ausgängen, aber einem günstigeren Preis.

Eine Luxusvariante ist das M-Audio FireWire 1814. Es ist ein mobiles 24Bit/192kHz FireWire Audio/MIDI-Interface mit sagenhaften 18 Ein- und 14 Ausgängen, Mikrofon-Vorverstärker, MIDI In/Out und noch mehr. Damit sind sie dann auch für spätere Vorhaben mit anderer Software gerüstet, denn GarageBand selbst bietet »nur« 8 Spuren zum gleichzeitigen Aufnehmen an. Sie hätten somit noch 10 Eingänge am Interface frei. Das FireWire 1814 kostet allerdings auch stolze 699 Euro.

Abbildung 10.15 ▶
Das M-Audio FireWire 1814 mit 18 Ein- und 14-Ausgängen.

Von Tascam gibt es in dieser Preis- und Leistungsklasse noch das FW-1804, welches ebenfalls 18 Eingänge und zwölf Ausgänge mitbringt. Sehen Sie es sich doch einmal genauer auf der Tascam Webseite an: **http://www.tascam.de**.

Günstig: das iMic

Eine recht simple Lösung, ein Mikrofon an einen Mac anzuschließen ist das Griffin iMic, in Deutschland im Vertrieb von Dr. Bott (**http://www.drbott.de**). Es kostet ca. 45 EUR und bietet neben Stereo-Eingängen für Mikrofone auch Ein- und Ausgänge für Audio-Geräte, Kopfhörer, Lautsprecher und Headsets. Dabei werden auch Mikrofone mit Line-Eingang unterstützt. Es kann natürlich nicht mit teureren Audio-Interfaces mithalten, ist aber im Preis-Leistungs-Verhältnis akzeptabel und erfreut sich größerer Beliebtheit bei Anwendern. Der Eingang ist für Mini-Klinken-Stecker ausgelegt, so können Sie mit einem entsprechenden Kabel, z. B. dem iStudio-Link von Monster-Cable, auch andere Instrumente anschließen.

10.5 MIDI-Keyboard anschließen

Spielt man Software-Instrumente auf einem Keyboard ein, übermittelt dieses Signale an den Rechner, aus denen dieser mithilfevon GarageBand Töne erzeugt. Die Übermittlung dieser Töne geschieht über MIDI, einem Protokoll zur Übermittlung von Daten von Musikinstrumenten an einen Rechner.

▲ **Abbildung 10.16**
Das iMic ist ein USB-Adapter für Mikrofone.

MIDI-Keyboards

Um die Software-Instrumente auf Ihrem Mac vernünftig zu bedienen, benötigen Sie also ein MIDI-Keyboard. Hier haben Sie zunächst mehrere Möglichkeiten. Besitzen Sie bereits ein (älteres) MIDI-Keyboard ohne USB-Anschluss, benötigen Sie noch ein MIDI-Interface, zum Beispiel das Emagic MT4 aus Abbildung 10.17. Dieses bringt dann den USB-Port mit, über den Sie es mit Ihren Mac verbinden.

◄ **Abbildung 10.17**
USB to MIDI-Interface (Emagic MT4)

Haben Sie noch kein MIDI-Keyboard zur Hand, sollten Sie sich überlegen, ob Sie sich nicht besser gleich eines **mit USB-Anschluss** zulegen. Das spart Ihnen weitere Kosten und den Stauraum für ein Interface. Inzwischen gibt es hier ebenfalls eine relativ gute Auswahl an preiswerten Einsteigermodellen. Hier gilt es vor allem zu entscheiden, wie viele Tasten das Gerät haben soll.

Wenn Sie passionierter Pianist sind oder bereits Erfahrung als Keyboarder haben, werden Sie sich mit den kleinen Geräten etwas schwer tun. Denn diese haben meist nur 32 oder 49 Tasten. Das reicht zwar zum Einspielen in GarageBand vollkommen aus, zumal die Oktaven auch umschaltbar sind. Dennoch werden Ihnen anfangs sicher ein paar Tasten fehlen. Andererseits können Sie kleinere Keyboards problemlos überallhin mitnehmen.

Der Funktionsumfang der Keyboards ist extrem unterschiedlich. Manche können nur Modulations- und Sustain-Daten übertragen, andere wiederum bieten über diverse Dreh- und Schieberegler viele weitere MIDI-Möglichkeiten.

Das M-Audio Oxygen
Um Software-Instrumente einzuspielen, greift man also am besten auf ein externes MIDI-Keyboard zurück. Wir stellen Ihnen hier beispielhaft eine Einsteigerlösung vor.

Abbildung 10.18 ▶
Ideal für Einsteiger: das kleine handliche Oxygen von M-Audio

Das Oxygen von M-Audio kostet unter 100 EUR und hat 49 Tasten mit dynamischem Anschlag. Das heißt, je stärker Sie auf die Taste drücken, desto intensiver klingt der Ton, den Sie damit erzeugen. Es ist ein USB-Keyboard und kann somit ohne ein weiteres Interface direkt an den Mac angeschlossen werden. Sogar seinen Strom bezieht es, wenn Sie wollen, über den USB-Anschluss. Das hat natürlich auch seine Nachteile: Gerade bei einem mobilen Mac steigt der Stromverbrauch durch ein weiteres Strom verbrauchendes Gerät enorm. Also rechnen Sie, wenn Sie denn ohne zusätzliche Stromversorgung arbeiten wollen, mit deutlich verkürzter Akkulaufzeit und nehmen Sie sich am besten auch gleich das Ladegerät mit. Ansonsten ist das M-Audio Oxygen relativ kompakt und vor allem ein Fliegengewicht.

Auch die Installation ist kinderleicht: Zunächst legen Sie, wie immer, die Installations-CD ins Laufwerk ein. Mit einem Doppelklick erhalten Sie Zugang zur Installationssoftware, die auf dem Schreibtisch abgelegt wird.

10.5 MIDI-Keyboard anschließen

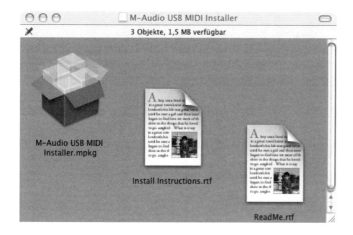

◄ **Abbildung 10.19**
Das Paket liefert Ihnen die Installation des Oxygen frei Haus.

Sie können nun die Installation starten. Haben Sie wieder brav alles durchgelesen, die richtige Festplatte zur Installation ausgewählt und so weiter, können Sie anschließend Ihr Keyboard schon nutzen.

MIDI-Hardware in GarageBand

Ist GarageBand aktiv, wenn Sie Ihr MIDI-Keyboard oder auch ein MIDI-Interface anschließen, weist Sie das Programm noch einmal freundlich daraufhin, dass es einen neuen MIDI-Eingang gibt.

◄ **Abbildung 10.20**
GarageBand merkt sofort, wenn ihm ein MIDI-Gerät zur Verfügung steht.

Wenn Sie diese Meldung erhalten, hat alles wunderbar funktioniert und Sie können sich darauf einstellen, jetzt Ihre Tastenkünste unter Beweis zu stellen.

Wenn Sie noch einen Blick in die Audio/MIDI-Einstellungen werfen, sehen Sie ganz unten den MIDI-Status. GarageBand findet jetzt 1 MIDI-Eingabe. Klingt nicht ganz korrekt, schließlich ist ja noch keine richtige Eingabe erfolgt, sondern nur ein Gerät angeschlossen, aber wir wissen ja, was gemeint ist.

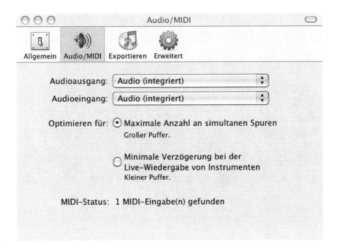

Abbildung 10.21 ▶
Auch die AUDIO/MIDI-Einstellungen zeigen die Anzahl der MIDI-Geräte an.

Was wir Ihnen hier beispielhaft anhand des M-Audio Oxygen Keyboards gezeigt haben, funktioniert genauso auch mit anderen MIDI-Keyboards sowie mit jedem MIDI-Interface. Zum Glück geht das alles ziemlich unkompliziert vonstatten und läuft eigentlich bei allen Geräten mehr oder weniger gleich ab.

Audio/MIDI-Konfiguration

Abbildung 10.22 ▲
Das Icon des Dienstprogramms Audio/MIDI-Konfiguration

Was haben wir denn hier? Dieses kleine Programm lauert versteckt im Ordner Dienstprogramme. Man bemerkt es kaum. Es hilft Ihnen bei der Übersicht und Konfiguration angeschlossener externer Hardware.

Sobald Sie ein externes Gerät anschließen und dieses auch richtig installiert ist, taucht es in der Übersicht der Audio/MIDI-Konfiguration auf.

In der Übersicht der AUDIO-GERÄTE können Sie unter STANDARD-INPUT auswählen, ob Sie den Mac-eigenen Audio-Eingang nutzen wollen – sofern Sie einen haben – oder Ihre angeschlossene Audio-Hardware. Wir haben in Abbildung 10.23 als QUELLE ❶ das interne Mikrofon des iBooks eingestellt, das ist natürlich nicht wirklich für qualitativ brauchbare Aufnahmen in GarageBand geeignet.

Interessant ist die Wahl des FORMATS ❷ (Sample-Rate) darunter. Für GarageBand müssen hier immer 44 100,00 Hz ausgewählt sein, mit etwas anderem ist GarageBand nicht kompatibel.

10.5 MIDI-Keyboard anschließen

Übrigens: Sollten Sie auf die nahe liegende Idee gekommen sein, ihre iSight-Kamera als Eingabegerät für GarageBand nutzen zu wollen, müssen wir Sie leider enttäuschen. Die iSight kann nicht mit 44,1 kHz aufzeichnen. Sie können es gerne mal versuchen. Garage-Band erkennt Apples Webcam durchaus. Allerdings wird sie in den Audio-Einstellungen des Programms von vornherein grau unterlegt dargestellt. Macht aber nichts, Aufnehmen funktioniert trotzdem. Wundern Sie sich aber nicht über den schwachen Pegel und ihre komische Micky-Maus-Stimme.

▼ **Abbildung 10.23**
Sie können Ihre Audiogeräte perfekt für den Einsatz in GarageBand und global für Mac OS X einrichten.

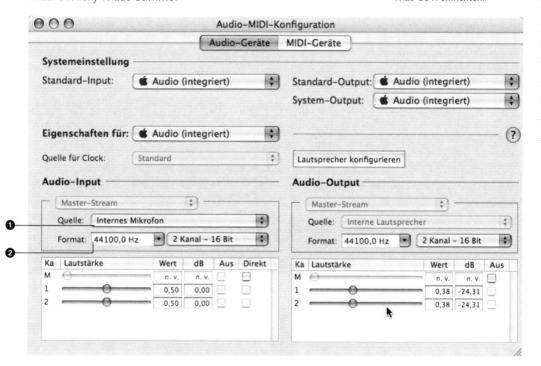

Wenn Sie Ihre iSight dennoch für Aufnahmen nutzen wollen, müssen Sie einen relativ großen Umweg über iMovie nehmen. Wie das geht, erklären wir Ihnen im Kapitel »Tipps, Ticks und Troubleshooting« ab Seite 310.

Wechseln Sie in der Audio/MIDI-Konfiguration zu MIDI-GERÄTE, können Sie diese einrichten. Mit HINZUFÜGEN erweitern Sie Ihre Liste.

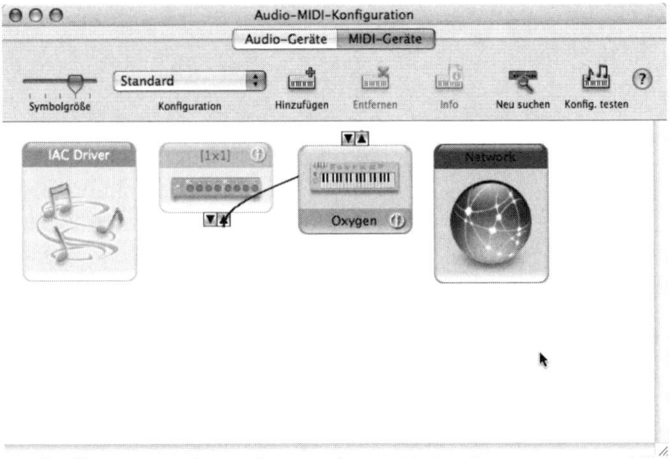

10 Hardware für die Musik am Mac

Abbildung 10.24 ▶
In der MIDI-Konfiguration haben Sie stets den Überblick über Ihre MIDI-Hardware.

An das Einrichtungsfenster aus Abbildung 10.25 gelangen Sie mit einem Doppelklick auf das Instrument oder mit einem Klick auf INFO in der Symbolleiste oben.

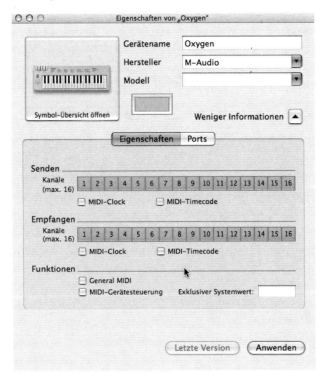

Abbildung 10.25 ▶
Sie können Ihre MIDI-Hardware perfekt für den Einsatz in GarageBand und alle anderen Anwendungen unter Mac OS X einrichten.

Wenn Sie alles eingestellt haben und auf ANWENDEN geklickt haben, nutzen Sie in der MIDI-Konfiguration die Funktion KONFIG. TESTEN, dann wissen Sie, ob es auch funktioniert. Nicht verzweifeln, wenn etwas nicht gleich beim ersten Anlauf klappt. Das liegt sicher nicht an Ihnen, sondern an MIDI, da funktioniert immer mal irgendetwas nicht. Da heißt es einfach Geduld haben.

10.6 GarageBand fernsteuern: iControl

Eigentlich ist Ihnen die Arbeit direkt am Computer mit Tastatur und Maus ein bisschen zuviel Gefummel? Sie würden lieber an Reglern drehen und handfeste Tasten drücken? Nur zu! Von M-Audio gibt es jetzt den iControl. Für 179 Euro können Sie – wie der Hersteller sich ausdrückt – die totale Kontrolle über GarageBand erlangen. Ein nettes Gimmick gibt es schon bei der Optik des iControl: Er ist mit (falschen) Holzseiten ausgestattet und man sieht gleich, für welches Programm er entwickelt worden ist.

Aufnahme und Wiedergabe lassen sich über die Transport-Buttons und das Jog-Wheel von iControl bestens steuern. Den acht Drehreglern können verschiedene Spur-Funktionen wie Lautstärke und Pan zugeordnet werden oder aber auch Effekte-Parameter der AU Plug-Ins. Es gibt für jede Spur eigene Knöpfe für Mute, Solo und Aufnahmebereitschaft sowie einen Master-Lautstärkeregler.

Der iControl wird einfach über USB an den Mac angeschlossen und dann von GarageBand (ab Version 2.0.1) automatisch erkannt. Und nun können Sie zum nächsten Händler laufen und fragen, ob er einen iControl vorrätig hat. Vorausgesetzt, auf Ihrem Schreibtisch ist noch genügend Platz für diesen sehr nützlichen Helfer.

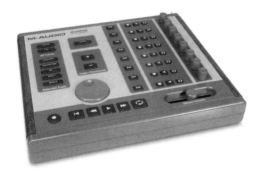

◄ Abbildung 10.26
Der iControl von M-Audio: die Optik kommt uns doch irgendwie vertraut vor ...

10.7 Das richtige Mikrofon wählen

Sie möchten selber singen? Sie haben stimmbegabte Freunde, für die Sie mithilfe von GarageBand als Produzent auftreten wollen? Dann brauchen Sie auf jeden Fall auch ein Mikrofon.

Mikrofone sind ein sehr umfassendes Thema. Preislich sind hier nach oben hin kaum Grenzen gesetzt, wobei die professionellen Studio-Mikrofone sicher für den Anfang ein wenig überdimensioniert sind. Greifen Sie zunächst lieber zu einer kostengünstigen Lösung. Etwas mehr als 20 EUR beim Versandhandel sollten Sie allerdings schon investieren. Sonst ist nahezu alle Sangeskunst durch einen miserablen Wandlerklang verloren und Sie sind am Ende nur frustriert. Eine sehr beliebte Lösung auch für den Live-Einsatz ist schon seit vielen Jahren das Shure SM 58, ein sehr universell einsetzbares Mikrofon, welches mit ca. 120–150 EUR noch bezahlbar ist.

Abbildung 10.27 ▲
Das Shure SM 58, seit Jahren ein Renner.

Aber damit Ihnen die Wahl des Mikrofons etwas leichter fällt, wollen wir Ihnen noch einen kurzen Überblick über Mikrofonarten und spezielle Unterschiede geben. Vielleicht haben Sie sich nach dem Lesen von Kapitel 3, in dem wir Ihnen schon alles über Mikroaufnahmen verraten haben, bereits einige angeschaut, und sich gewundert, was zum Beispiel das Wort »Phantomspeisung« bedeutet. Oder was ist ein »Nahbesprechungseffekt«?

Kondensatormikrofone
Kondensatormikrofone haben eine sehr natürliche und transparente Wiedergabequalität im gesamten Frequenzspektrum. Man nennt sie nach ihrem Wandlerprinzip dielektrisches oder elektrostatisches Mikrofon. Die Membran dieses Wandlers ist eine elektrisch leitende, 1–10 µm dünne Folie, die als Elektrode von der Gegenelektrode im Abstand von 5-50 µm angebracht ist. Schalldruck verursacht Schwingungen der Membran, wodurch sich die Kapazität zwischen den Elektroden ändert.

Die Mikrofonkapsel wird über einen großen Widerstand an eine konstante Gleichspannung gelegt. Ändert sich die Kapazität der Mikrofonkapsel, wird am Widerstand eine Spannungsänderung im Rhythmus der Schallwellen erzeugt. Diese elektrische Schwingung kann jedoch nur über einen Verstärker im Mikrofongehäuse an das Mikrofonkabel weitergeleitet werden, da der Ausgangswiderstand der Mikrofonkapsel für den Anschluss an eine Mikrofonleitung zu hoch ist. In den meisten Studiomikrofonen findet man eine NF-

Schaltung (Niederfrequenz-Schaltung), es gibt jedoch auch Kondensatormikrofone mit HF-Schaltung (Hochfrequenzschaltung).

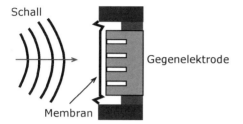

◄ **Abbildung 10.28**
So sieht der prinzipielle Aufbau eines Kondensatormikrofons aus.

Die Gegenelektrode und der Vorverstärker benötigen eine Versorgungsspannung. Bei symmetrisch zugeführten Mikrofonleitungen wird das Mikrofon über diese mit einer Gleichspannung versorgt. Sie wird in die Leitung eingekoppelt, kann durch die symmetrisch eingebauten Ein- und Ausgänge von Mikrofon und Mischpult diesen allerdings nicht schaden. Die Phantomspannung (auch Phantomspeisung oder Phantompower genannt) hat 48 Volt, hierbei wird die Gleichspannung zur Versorgung des Mikrofons über zwei Widerstände auf die beiden Adern der Mikrofonleitung geschaltet und wieder entnommen. Zwischen den beiden Adern besteht also gleichspannungsmäßig keine Potenzialdifferenz. Sie brauchen sich übrigens keine Sorgen um Ihre Sicherheit zu machen, die Spannung ist nur ein Phantom. Sie können also keinen Stromschlag bekommen. Eigenschaften von Kondensatormikrofonen:

- linearer Frequenzgang
- gutes Impulsverhalten
- sehr natürlicher neutraler Klang
- hohe Empfindlichkeit
- hoher Preis
- benötigen Phantompower
- Grenzschalldruck relativ gering bei 120/130 dB SPL (häufig Umschalter von –10 dB, um Verzerrungen zu vermeiden)
- ziemlich empfindlich

Tauchspulenmikrofone

An der Membran der Tauchspulenmikrofone ist eine Schwingspule befestigt, die in einem ringförmigen Spalt eines Magneten gelagert ist. Regen Schallwellen die Membran zum Schwingen an, so wird in der Spule eine Spannung induziert, die direkt abgegriffen werden kann.

Tauchspulenmikrofone haben ein recht schlechtes Impulsverhalten, da die Spule erst einmal in Bewegung versetzt werden muss. Ihr Frequenzgang ist ebenfalls nicht der beste, sie werden von tieffrequenten Schallwellen anders angeregt als von hochfrequenten. Bei tiefen Frequenzen bewegt sich der Magnet nur langsam, bei hohen ist ab ca. 16 kHz Schluss, da das System zu träge wird. Die Mikrofone klingen häufig muffig. Störmagnetfelder führen zu Brummen, bessere Mikrofone haben deswegen eine Kompensationsspule phasengedreht zur Mikrospule, die nur Störmagnetfelder aufnimmt. Eigenschaften von Tauchspulenmikrofonen:

- robust
- preiswert
- benötigen keine Versorgungsspannung
- haben einen höheren Grenzschalldruck
- geringe Empfindlichkeit, dadurch weniger Ausgangspegel
- mangelnde Impulstreue
- relativ dumpfer Klang

Bändchenmikrofone

Das Bändchen, also die Membran dieser Mikrofonart ist ein Aluminiumstreifen von 2–4 mm Breite und mehreren Zentimetern Länge. Es ist zwischen die Pole eines Dauermagneten gespannt und hat einen Schwingbereich von nur wenigen »Mikrometer. Sein Eigenwiderstand beträgt weniger als 1 Ohm, ihm muss also ein Übertrager nachgeschaltet werden, um auf den Ausgangswiderstand von 200 Ohm zu kommen.

Bändchenmikrofone haben eine Empfindlichkeit von nur 1 mV/Pa und eine geringere Spannung als Tauchspulen-Mikrofone, da sie praktisch nur eine »Windung« haben.

Sie zeichnen sich durch einen sehr linearen Frequenzgang aus und haben durch die leichte Membran ein gutes Impulsverhalten. Sie haben eine Achter-Richtcharakteristik und typischerweise einen sehr warmen Klang. Leider haben sie durch ihre Impulstreue im Mikrometer-Bereich einen höheren Rauschanteil als Kondensatormikrofone. Außerdem können sie keine hohen Schalldrücke vertragen, und sollten auf keinen Fall fallen gelassen werden, da sonst das Bändchen beschädigt werden kann. Wenn man diese Nachteile in Kauf nimmt, wird man mit einem seidigen Klang belohnt, der sich für Stimmen sehr gut eignet. Wegen der geringen Ausgangsspannungen sollte man aber einen möglichst guten Mikrofonvorverstärker benutzen.

10.8 Richtcharakteristik

Mikrofone besitzen immer eine **Richtcharakteristik**, das heißt sie können für Schallwellen aus unterschiedlichen Richtungen unterschiedlich empfindlich sein. Je nach der Richtcharakteristik eines Mikrofons, kann man unerwünschten Schall schon durch die Aufstellung und Ausrichtung des Mikrofons ausgrenzen. Die Richtwirkung der Mikrofone wird bedingt durch ihre Bauweise, kann aber bei bestimmten Mikrofontypen umgeschaltet werden. Grundsätzlich lassen sich zwei verschiedene Bauarten unterscheiden: **Druckempfänger** und **Druckgradientenempfänger**.

Kugelcharakteristik

Druckempfänger-Mikrofone haben grundsätzlich eine Kugelcharakteristik. Bei ihnen sitzt die Membran vor einer schall- und luftdichten Kapsel, der Schall kann also nur von einer Seite auf die Membran einwirken. Es ist egal aus welcher Richtung die Schallwellen kommen, da für dieses Konstruktionsprinzip nur der Schalldruck entscheidend ist. Der Druckempfänger besitzt also praktisch keine Richtwirkung, wodurch die kugelförmige Richtcharakteristik entsteht. Dies ist jedoch relativ, da Schallwellen mit hoher Frequenz nicht mehr um das Mikrofon herumgebeugt werden. Deshalb sind Druckempfänger-Mikrofone im Allgemeinen sehr klein gebaut und haben auch eine kleine Membran. Denn diese reflektiert hohe Frequenzen bei einem Einfallswinkel von 0°. Dadurch wird ein Druckstau hervorgerufen und der Höhenbereich kann bis zu 10 dB angehoben werden.

> **Druckempfänger**
>
> Druckempfänger-Mikrofone sind aufgrund ihrer Kugelcharakteristik gut geeignet für Raumklangaufnahmen und durch ihre steife Membranaufhängung wenig empfindlich gegen Wind- und Körperschall. Sie haben eine sehr gute Übertragungsleistung, eine gerade Frequenzganglinie bis hinunter zum Bassbereich.

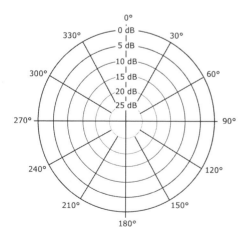

◀ **Abbildung 10.29**
Richtcharakteristik eines Druckempfängers mit Kugelcharakteristik. Nicht wundern, dass hier alles so leer aussieht. Diesen Mikrofonen ist es eben vollkommen egal, aus welchem Winkel der Schall kommt.

Nahbesprechungseffekt

Ein Effekt, der nur bei Druckgradientenmikrofonen auftritt, ist der Nahbesprechungseffekt. Verringert sich der Abstand der Schallquelle zum Mikrofon auf weniger als einen Meter, werden die tiefen Frequenzen angehoben, da der Schalldruck proportional mit dem Abstand zunimmt. Dadurch klingt der Sänger oder das Instrument druckvoller, denn mit doppeltem Schalldruck steigt die Lautstärke um 6 dB. Mit zunehmender Entfernung vom Mikrofon werden Druckgradientenempfänger dementsprechend im Bassbereich schwächer.

Nierenrichtcharakteristik

Der weitaus größte Teil der Druckgradientenmikrofone hat eine Nierenrichtcharakteristik. Hierbei tritt bei einer Schalleinfallsrichtung von 180° gar kein Druckunterschied an der Membran ein. Dies wird durch akustische Laufzeitglieder innerhalb des Mikrofons erreicht. Dafür haben alle gerichteten Mikrofone seitliche Schalleinlassöffnungen. Die Richtwirkung von Nierenmikrofonen lässt bei tiefen Frequenzen nach, es erhält eher eine Kugelcharakteristik.

> **Druckgradientenempfänger**
>
> Ein Druckgradientenempfänger kann verschiedene Richtcharakteristiken haben: Niere, Superniere, Hyperniere, Keule und Acht. Seine Membran ist von beiden Seiten dem Schalldruck ausgesetzt und nicht wie der Druckempfänger von einer Seite geschützt. Damit wird die Membran durch den Druckunterschied von vorne und hinten ausgelenkt. Diese Schalldruckdifferenz heißt Druckgradient.

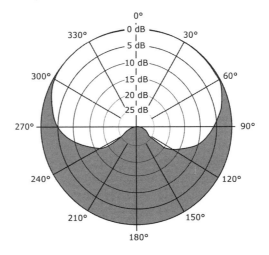

◄ **Abbildung 10.30**
Nierenrichtcharakteristik

Achter-Richtcharakteristik

Die ist die frequenzabhängigste Richtcharakteristik, weil sich der Schall nicht um die Kapsel herumbeugen muss. Die maximale Druckdifferenz wird bei einer Schalleinfallsrichtung von 0° und 180° erreicht. Bei 90° und 270° entsteht gar kein Druckunterschied und folglich kein Ausgangssignal.

10.8 Richtcharakteristik

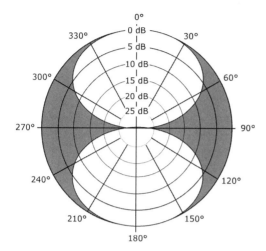

◀ **Abbildung 10.31**
Mikrofone mit Achter-Richtcharakteristik sind eher selten.

Variable Richtcharakteristik
Außer den Mikrofonen mit festgelegten Richtcharakteristiken gibt es noch welche mit variabler Richtcharakteristik, also einer, die sich verändern lässt. Das kann auf zwei Arten, je nach Mikrofon, erreicht werden. Zum einen gibt es Mikrofone, bei denen man einfach die Kapsel austauschen kann. Dies sind meist (teure) Kleinmembran-Kondenser, wie z. B. die Blue Line von AKG, SE 300 B & CK 91 (Niere) oder CK 92 (Kugel), der Schoeps CMC & MK 2 (Kugel) oder MK 4 (Niere). Die zweite Möglichkeit sind Großmembran-Kondensatoren mit umschaltbarer Richtcharakteristik. Sie sind schnell umschaltbar, sehr empfindlich und haben generell einen wärmeren Klang als Kleinmembran-Kondensatoren, auch wenn diese allgemein den Großmembran-Kondensern überlegen sind.

Die unterschiedlichen Richtcharakteristiken werden bei den umschaltbaren Mikrofonen immer aus der Kombination zweier sich gegenüberliegender Nieren gebildet. Bei diesen Doppel-Membran-Mikrofonen liegen sich zwei Membranen an einer gemeinsamen Gegenelektrode gegenüber. Die nach hinten gerichtete Kapsel kann mit einer veränderbaren Kapselvorspannung versorgt werden. Liegt keine Vorspannung an, ist diese Kapsel nicht aktiviert und das Mikrofon behält eine normale Nierenrichtcharakteristik. Da sich die Ausgangssignale beider Kapseln addieren, ergeben sich je nach Vorspannung der rückseitigen Kapsel folgende Richtcharakteristiken:

Bei 100% addieren sich die Kapseln zu einer Kugel, bei 50% zu einer abgeflachten Kugel, bei -50% entsteht eine Superniere und bei

–100% erfolgt eine gegenphasige Addition und aus den beiden Nieren wird eine Achter-Richtcharakteristik.

10.9 Mischpulte

> **Die Wahl des Mischpults**
>
> Wenn Sie unbedingt mit einem Mischpult arbeiten wollen, sollten Sie sich im Fachhandel ausführlich für Ihre ganz speziellen Bedürfnisse beraten lassen. Wir können hier pauschal keinen Rat geben, dafür sind die Auswahlmöglichkeiten einfach zu groß. Außerdem sollten Sie sich das Mischpult genau ansehen und ausprobieren, wie Sie mit der Bedienung klarkommen.

Sie haben ein Mischpult? Oder glauben, eines zu brauchen? Ja, zugegeben, so ein Mischpult ist eine feine Sache, gerade, weil man mehrere Eingänge zur Verfügung hat, über die man gleichzeitig aufnehmen kann. Wenn Sie also Ihr Hauskonzert mit Flöte, Gitarre und Klavier aufnehmen wollen, ist ein Mischpult gut geeignet, jedes Instrument mit einem eigenen Mikrofon auszustatten. Ein weiterer interessanter Aspekt, der für ein Mischpult spricht, ist, dass eigentlich alle Mischpulte Equalizer und Regelverstärker, und einige davon auch Effekte mit an Bord haben. Die könnten unter Umständen nützlich sein, wenn Sie einen nicht ganz so leistungsstarken Macintosh Ihr Eigen nennen. Bei einer Vorabmischung sparen Sie sich später die Effekte in GarageBand. Allerdings sollten Sie sich dann der Klangwahl für das Instrument schon sehr sicher sein, denn die eingesetzten Mischpult-Effekte sind nun mal auf der Aufnahme mit drauf.

Es gibt Mischpulte in unterschiedlichen Preisklassen, analoge und digitale. Im Einsteigersegment großer Beliebtheit erfreuen sich dabei Geräte der Firma Behringer. Behringer baut gerne die erfolgreichen Pulte anderer Hersteller in einer Billig-Variante nach. Wir können diese Mischpulte nur hinsichtlich des Preises mit gutem Gewissen empfehlen, vom Klang her sind Sie nicht unbedingt sehr hoch anzusiedeln. Da tritt doch öfter mal vermehrtes Rauschen auf, die Regler kratzen und überhaupt ist die Verarbeitung nicht optimal. Das ist einfach eine Frage des Anspruches. Mischpulte von Roland und Yamaha zum Beispiel (es gibt auch noch diverse andere Hersteller mit akzeptablen Preisen) haben zum großen Teil schon eine andere Qualität, sind dafür natürlich in der Regel auch ein wenig teurer. Es gibt Mischpulte mit nur wenigen Eingangs- und Ausgangsbuchsen, nach oben sind wie immer kaum Grenzen gesetzt. Fragen Sie am besten beim Fachhändler nach und lassen Sie sich dort individuell beraten.

11 GarageBand erweitern

Noch mehr Loops, Plug-Ins und Tools

- Loops und SoundFonts ohne Ende
- Noch mehr AU-Plug-Ins nutzen
- Free- und Shareware für GarageBand

GarageBand an sich bietet schon viel, aber es gibt noch unzählige weitere Möglichkeiten, das Programm zu erweitern. In diesem Kapitel erfahren Sie, wo Sie weitere Loops und Instrumente finden, wie Sie Ihr Effekt-Repertoire aufstocken und wie Sie GarageBand mit neuen Funktionen ausbauen können.

Es gibt noch eine Reihe von Erweiterungsmöglichkeiten für das wunderbare Musik-Selbermach-Programm von Apple. Das Internet ist hier grundsätzlich eine hervorragende Quelle. Es gibt aber auch Zubehör und Erweiterungsmöglichkeiten zu kaufen. Wir wollen Ihnen hier einen möglichst umfassenden Überblick vermitteln über (zum Entstehungszeitpunkt des Buches) aktuelle Soft- und Hardware, über Apple-Loops und vieles andere mehr.

11.1 Loops ohne Ende

Wie wir schon gesehen haben, bietet GarageBand bereits jede Menge Apple Loops, aus denen man eigene Songs erstellen oder die man mit eigenen Einspielungen kombinieren kann. Wem das Repertoire nicht ausreicht, kann noch unzählige Loops dazu erwerben oder im Internet herunterladen. Eine Auswahl der wichtigsten Quellen dafür stellen wir hier vor.

GarageBand Jam Packs
Natürlich stehen die offiziellen Jam Packs von Apple an erster Stelle, wenn es um zusätzliche Loops geht. Das erste Jam Pack mit mehr als 2000 zusätzlichen Apple-Loops, über 100 weiteren Software-Instrumenten, mehr als 100 Voreinstellungen für Effekte und 15 Verstärkereinstellungen für Gitarren stellte Apple schon bei der ersten Präsentation von GarageBand vor. Mittlerweile gibt es drei weitere Jam Packs von Apple (Stand Juni 2005). Zunächst kamen im Herbst 2004 noch das Jam Pack 2 »Remix Tools – Hiphop und Electronica« und das Jam Pack 3 »Rhythm Section – ein Weltklasse-Studio-Drummer« heraus. Anlässlich der Präsentation von GarageBand 2 während der Keynote zur Macworld stellte Steve Jobs auch gleich das vierte Jam Pack »Symphony Orchestra« vor.

11.1 Loops ohne Ende

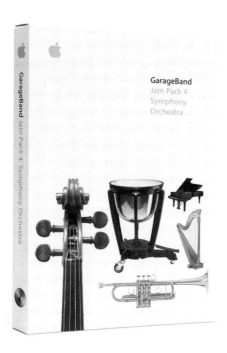

◄ **Abbildung 11.1**
Apples neueste Erweiterung für GarageBand: das Jam Pack 4 mit viel orchestralem Klangmaterial.

Alles, was Sie für die Jam Packs benötigen, ist eine bereits installierte Version von iLife, natürlich mitsamt GarageBand. Die weiteren Systemvoraussetzungen erfüllt Ihr Apple-Computer sowieso, sonst hätten Sie schon auf GarageBand verzichten müssen. Auch für das Jam Pack benötigen Sie ein DVD-Laufwerk, so viele Daten sind darauf enthalten: Ganze 3 GB freier Festplattenplatz werden gebraucht! Über die Qualität der Loops, Software-Instrumente etc. müssen Sie sich keine Sorgen machen, auch diese wurden von Profis erstellt. Sie sind dementsprechend sehr gut und eine mehr als lohnenswerte Erweiterung für Ihr Repertoire!

Wie gehen Sie vor, wenn Sie stolzer neuer Besitzer eines Jam Packs sind? Ganz einfach: Installieren Sie es. Das funktioniert nach dem gleichen Schema wie immer: DVD einlegen und den Anweisungen folgen. Danach brauchen Sie nichts weiter zu tun als GarageBand zu öffnen und sich über die unzähligen neuen Loops in Ihrer Liste zu freuen. Hatten Sie sich zuvor noch keine Favoriten angelegt, sollten Sie spätestens jetzt darüber nachdenken, denn die Auswahl wird schier unübersehbar. Werfen Sie doch mal zum Beispiel einen

11 GarageBand erweitern

Blick in Abbildung 11.2 und schauen Sie sich an, wie viele Keyboard-Loops allein Ihnen jetzt zur Verfügung stehen.

Abbildung 11.2 ▲
Eine unglaublich lange Liste mit Apple-Loops steht Ihnen nach der Installation eines Jam Packs zur Verfügung.

Weitere Loop-Pakete

Es gibt noch eine weitere Auswahl an käuflichen Zusatz-Loops. Über ihre Qualität können wir nichts Genaues sagen, da wir sie bis zum Erscheinen des Buches noch nicht haben testen können.

Easy Sounds bietet zum Beispiel für derzeit 29 EUR Drums- und Synthesizer-Loops für GarageBand an. Die über die Website **http://www.easysounds.de** bestellbare CD enthält 740 Loops, welche sich besonders für Pop, Electronic, Techno, House und Trance eignen sollen. Eine Demo-Version von 10 MB gibt es auch zum Download auf der Website. Interessant sind hier vor allem die etwas abgefahreneren Loops, die mit speziellen Effekten erzeugt wurden.

Auch der Online-Händler Arktis (**http://www.arktis.de**) bietet eine Apple-Loops-Sammlung an. Zu dieser Sammlung gehören verschiedene CDs, die nach Musikstilen sortiert sind.

Wenn man all diese Angebote zusammen nimmt, kommt eine erkleckliche Loop-Sammlung zusammen. Selbstverständlich sind alle Loops Gema-frei und können somit nach Belieben verwendet werden, ohne dass Sie sich Sorgen um das Copyright machen müssen.

Mit der Zeit werden sicher noch mehr Firmen ihre eigenen Apple-Loops zum Verkauf anbieten. Sollten Sie nicht genug davon bekommen können, werden Sie sicher immer wieder neue Hersteller mit Angeboten finden.

Loops kostenlos

Ja, auch das gibt es, dank Internet und vielen begeisterten GarageBand-Anhängern, die ihre Zeit investieren, um eigene Loops zu erstellen und diese dann für jedermann zur freien Verfügung zu stellen.

Solche freien Loops und Sounds kosten Sie dann nur die Online-Gebühren und vielleicht noch eine Danke-Mail an den »Schöpfer«, der so freundlich war, uns seine Loops kostenfrei anzubieten. Eine Sache, die man einfach nicht genug anerkennen kann.

Wenn Sie sich Loops aus dem Internet laden, ist letztlich die bestimmende Frage: Wohin damit? Ganz einfach, ziehen Sie die Loops in den geöffneten Loop-Browser von GarageBand. Dann suchen Sie sich besser eine andere Beschäftigung, je nach Umfang der Loop-Sammlung, denn GarageBand muss die Loops erst einmal indizieren. Eventuell werden Sie noch gefragt, wo die Loops abgelegt werden sollen. Ob sie am jetzigen Ablageort (meist dort, wohin Sie sie geladen haben) bleiben sollen oder ob Sie sie in die Bibliothek legen wollen.

> **Mehr Loops = weniger Performance**
>
> Bei aller Freude über eine große Apple Loop-Auswahl, sollten Sie eines nie aus den Augen verlieren: Je mehr Loops Sie haben, umso langsamer wird GarageBand beim Suchen im Loop Browser. In der Titelleiste des Loop Browsers können Sie zum besseren Suchen auch nur einzelne Loop-Pakete anzeigen lassen.

Kostenfreie Loops und SoundFonts

Zu den ersten, die nach dem Erscheinen von GarageBand frei verfügbare Apple-Loops anboten, gehört die Firma Access. Ihr Synthesizer »Virus« ist legendär. Auf der Website **http://www.access-music.de/garageband_freebee/** können Sie ein Formular ausfüllen und erhalten dann per Mail einen Link zum Download von 46 MB freien Virus-Loops. Das lohnt sich auf jeden Fall.

Auch ganz schnell dabei war Bitshift (Art Gillespie). Auf der Website **http://www.bitshiftaudio.com/products/bbb/free_bee.html** können Sie 40 MB freie Apple-Loops für GarageBand herunterladen.

Wollen Sie vielleicht auch Drum- und Percussion-Loops von prominenten Kollegen verwenden? Die Namen Lou Reed, Elvis Costello und Tom Waits sagen Ihnen sicher etwas. Bei all diesen Musikergrößen hat Michael Blair schon Schlagzeug gespielt. Live war er zum Beispiel mit den Pogues unterwegs, und als Komponist und Songwriter hat er sich unter anderem schon für The Rasmus betätigt, um nur eine kleine Auswahl seiner Credits zu nennen. Sie möchten Apple-Loops von Michael Blair, die nebenbei noch von Chris Bell produziert wurden? Dann nichts wie hin zu **http://www.directionsinmusic.com/**.

Noch mehr freie Apple-Loops gibt es bei MacIDOL unter **http://www.macidol.com/downloads.php**. Gehen Sie auf die Homepage und klicken Sie dort oben im Menü auf DOWNLOADS, und schon landen den Sie auf dieser Seite:

11 GarageBand erweitern

Abbildung 11.3 ▲
Auch die Site MacIDOL hat eine eigene Rubrik mit frei erhältlichen Apple-Loops. Für GarageBand passende Sound-Fonts findet man ebenfalls hier.

Wohin mit all den Loops?

Jetzt haben Sie eine Riesenmenge Apple Loops auf der Platte, weil Sie natürlich nicht genug davon bekommen konnten. Prima! Die Festplatte ist nahezu voll. Schuld daran ist einzig und allein GarageBand, weil es so viel Spaß macht, damit herumzuspielen. Und jetzt?

Zum Glück gibt es mittlerweile die Möglichkeit, Apple Loops auch auf einer anderen Festplatte zu sichern als auf dem Systemvolume. Allein mit den originalen GarageBand-Apple Loops werden bereits 1,1 GB belegt. Wenn Sie sich noch das Jam Pack gegönnt haben, kommen sage und schreibe noch einmal 3 GB hinzu. Gerade, wenn Ihre Festplatte nicht allzu groß ist, kann das schnell ärgerlich und hinderlich werden. Mit ein wenig Arbeit können Sie die Apple Loops aber auf eine andere (externe) Festplatte verschieben und trotzdem wie gewohnt weiter benutzen. Wie gesagt: mit ein wenig Arbeit.

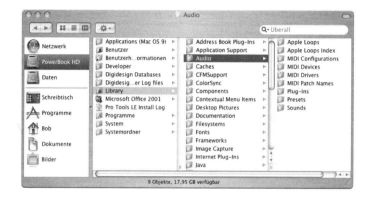

◄ **Abbildung 11.4**
In der Library verstecken sich die Apple-Loops.

Seit GarageBand 2 gibt es einen neuen Ablage-Ort für die Apple Loops. Wenn Sie schon die erste Version genutzt haben, liegen die »alten« Loops noch am ursprünglichen Platz: auf Ihrer Festplatte im Ordner LIBRARY/APPLICATION SUPPORT/GARAGEBAND. Dort finden Sie den Ordner APPLE LOOPS, den Sie von hier einfach an den gewünschten neuen Platz kopieren. Alle neuen Apple Loops verstecken sich etwas weniger. Sie finden sie ebenfalls in der LIBRARY und zwar im Ordner AUDIO.

So weit der erste Schritt, ganz so einfach ist das alles aber leider doch nicht. Im alten APPLE LOOPS-Ordner müssen Sie jetzt alle Loops löschen, sonst gibt es womöglich später Konflikte. Den Ordner selbst lassen Sie bitte da, wo er ist. Dann nehmen Sie sich den Ordner APPLE LOOPS INDEX vor. Ziehen Sie seinen gesamten Inhalt einfach auf den Papierkorb. Kopieren Sie ihn nicht vorher an eine andere Stelle auf Ihrer Festplatte. Starten Sie jetzt GarageBand und öffnen Sie den Loop-Browser. Prompt wird GarageBand sich beschweren, dass es keine Loops mehr findet. Klicken Sie OK. Jetzt liegt es an Ihnen: Wohin hatten Sie den Ordner mit den Apple Loops kopiert? Suchen Sie ihn und ziehen Sie ihn komplett in den Loop-Browser von GarageBand.

Das war's. Zumindest für Sie. Denn GarageBand ist jetzt erstmal eine Weile beschäftigt. Es darf die Loops neu indizieren, und je nachdem, wie viele Sie inzwischen gesammelt haben, kann das eine Weile dauern.

SoundFonts richtig ablegen
SoundFonts nennt man Stücke von aufgenommenen Instrumenten, die gesampelt wurden und über MIDI-Instrumente gesteuert werden können. Sie sind im Prinzip dasselbe wie die Apple-Software-

Instrumente. In der Regel kann man sie in vielen verschiedenen Musikprogrammen einsetzen – meistens auch in GarageBand.

Suchen Sie einfach mal im Internet nach »Free SoundFonts«, Sie werden schnell das eine oder andere finden. Die wohl größte Auswahl an SoundFonts im Internet finden Sie bei **http://www.hammersound.net**. Hier können Sie Stunden zubringen, auf der Suche nach dem richtigen Sound. Meistens sind die SoundFonts, die Sie aus dem Internet laden, mit dem einen oder anderen Programm komprimiert. Das hat zur Folge, dass Sie auch noch das entsprechende Programm herunterladen müssen. Sie können sich also schon mal auf einen gemütlichen Nachmittag vorm Mac einrichten, den Sie mit dem Suchen und Anhören von SoundFonts unterschiedlichster Art und dem Laden der entsprechenden Komponenten verbringen werden. Es sei vielleicht noch erwähnt, dass die SoundFonts zwar meistens, aber beileibe nicht immer auch in GarageBand funktionieren.

Haben Sie nun SoundFonts gefunden, die Ihnen zusagen, müssen Sie diese am richtigen Platz ablegen. Das ist wieder die Library auf Ihrer Festplatte, nicht jedoch der GarageBand-Ordner, sondern LIBRARY/AUDIO/SOUNDS/BANKS. Je nach Entwickler gehören die SoundFonts teilweise auch in AUDIO/PLUG INS/COMPONENTS (basierend auf den Audio-Units). Lesen Sie bitte immer das zugehörige Read Me.

Das war die Vorarbeit. Jetzt geht es ans Ausprobieren. Legen Sie in GarageBand eine neue Spur für ein Software-Instrument an. In der zugehörigen Information wählen Sie die Details.

Oben steht dort GENERATOR. Ganz unten in der Liste tauchen jetzt die AUDIO-UNIT MODULE auf. Darunter finden Sie Ihre SoundFonts entweder direkt oder über den Eintrag DLSMUSICDEVICE. Wir haben uns als Beispiel den Crystal 2.4 von Glenn Oleander installiert. Dieser taucht im betreffenden Menü direkt auf. Sie finden ihn im Internet unter **http://www.greenoak.com/crystal**.

11.1 Loops ohne Ende

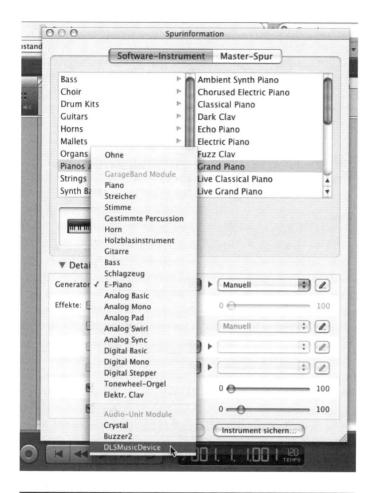

◄ Abbildung 11.5
Die kleinen, aber feinen Details in den Spurinformationen bieten Ihnen mehr Möglichkeiten, als man vermuten würde.

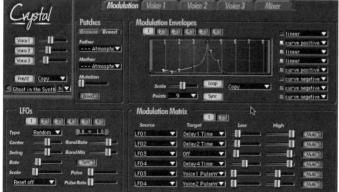

◄ Abbildung 11.6
Ein wunderbares Spielzeug: der Crystal von Glenn Oleander

SoundFonts, die in der Library in den Banks abgelegt werden, finden Sie unter DLSMusicDevice. Klicken Sie in der Spurinformation ganz rechts auf den Bleistift und Sie bekommen ein Fenster zur Auswahl der SoundFonts.

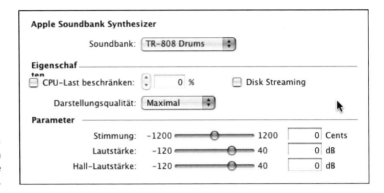

Abbildung 11.7 ▶
Auf geht's zum Basteln mit SoundFonts im Apple Soundbank Synthesizer.

Haben Sie Ihr Instrument gewählt und gegebenenfalls noch angepasst, klicken Sie in der Spurinformation unten rechts auf INSTRUMENT SICHERN.

11.2 Mehr AU-Plug-Ins

Eines muss man GarageBand nun wirklich lassen: Es lässt sich wunderbar erweitern. Nicht nur, dass Sie Unmengen von Loops hinzufügen können, auch in Sachen Plug-Ins sind Sie keineswegs auf die vorhandenen beschränkt.

Sie können Audio-Units sämtlicher Hersteller benutzen. Das hat in diesem Fall nur einen Haken: Diese kosten in der Regel etwas.

Haben Sie bereits weitere Audio-Software auf Ihrem Rechner installiert, ist diese meist auch mit Audio-Plug-Ins ausgestattet. Apples Logic zum Beispiel. Haben Sie es installiert, können Sie auf die dazu gehörigen Audio-Units auch in GarageBand zugreifen. In den Spurinformationen tauchen sie dann unter DETAILS direkt bei den Effekten auf.

Als Beispiel haben wir auf unserem iBook Spark XL installiert (dieses Programm von t.c.electronic wurde mittlerweile leider eingestellt). Die damit einhergehenden Spark- und TC-Effekte sehen Sie in Abbildung 11.8.

11.2 Mehr AU-Plug-Ins

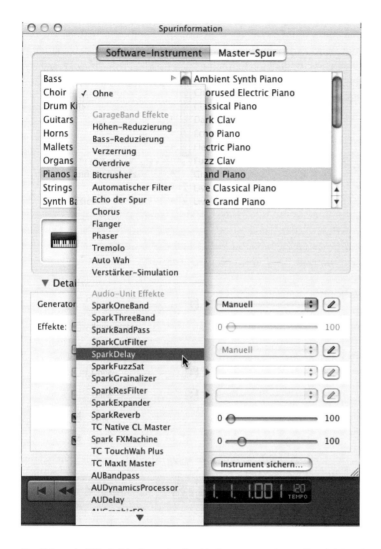

◄ **Abbildung 11.8**
Auch Audio-Units von
Drittherstellern sind in der
SPURINFORMATION über
EFFEKTE verfügbar.

Es gibt auch Möglichkeiten, Audio-Units zu erwerben, die nichts mit Software zu tun haben: zum Beispiel mit der t.c.electronic Power-Core (**http://www.tcelectronic.com/PowerCoreFireWire**). Wir hatten diese für unseren Demo-Song in der FireWire-Version zur Verfügung.

Bei der PowerCoreFireWire handelt es sich um eine 19"-Hardware oder alternativ eine PCI-Karte, welche mit DSP-Power ausgestattet ist und diverse Effekte zur Verfügung stellt. Diese werden dann über die PowerCore berechnet, Ihr Computer muss sich damit nicht abmühen. Es macht einfach Spaß, damit zu arbeiten und die Effekte sind natürlich vom Feinsten. Leider kostet der Spaß aucheine Stange Geld, schließlich handelt es sich um ein Profi-Produkt. Mit ca. 1 500 EUR müssen Sie schon rechnen. Auch wenn Sie das Geld dafür vielleicht doch nicht anlegen mögen, Sie sehen, GarageBand würde sich solchen Profi-Erweiterungen zumindest nicht verweigern.

11.3 Empfehlenswerte Erweiterungen

Wie gut, dass es das Internet gibt. Es ermöglicht uns, GarageBand nicht nur um Loops und Effekte, sondern auch um ganze Funktionen zu erweitern. Emsige (Freizeit-)Entwickler haben sich dem Garage-Band-Hype gewidmet und kleine Free- und Shareware-Tools dafür programmiert.

MidiKeys

MidiKeys

Erst mit GarageBand 2 schuf Apple eine Möglichkeit, die Computer-Tastatur als Keyboard zu benutzen. Wer noch mit GarageBand 1 arbeitet, benötigt hierfür das kleine Tool MidiKeys. Sie verwandeln damit Ihre Computer-Tastatur in ein MIDI-Keyboard. Es bedarf zwar einiger Übung, bis man heraushat, welche Tasten auf der Mac-Tastatur welchen auf dem MIDI-Keyboard entsprechen, dafür ist das Ganze aber um Längen komfortabler, als das einfache GarageBand-Keyboard mit der Maus zu bedienen. Sie müssen nach dem Einspielen auch wesentlich weniger im Software-Editor herumbasteln. Zu alledem können Sie mit MidiKeys sogar mehrere Tasten gleichzeitig drücken – ein wirklicher Pluspunkt, es kommt ja doch gelegentlich vor, dass Sie den einen oder anderen Akkord einspielen wollen.

Doch wie geht das Ganze nun, wie lässt sich MidiKeys in GarageBand nutzen?

 Schritt für Schritt: MidiKeys in GarageBand verwenden

1. MidiKeys herunterladen

Gehen Sie auf dieWebsite von MidiKeys **http://www.manyetas.com/creed/midikeys_beta.html** und klicken Sie links unter dem Icon (Stand April 2005) auf DOWNLOAD. Das Programm lädt sich dann in den Ordner, den Sie standardmäßig in Mac OS X als Download-Ordner bestimmt haben.

11.3 Empfehlenswerte Erweiterungen

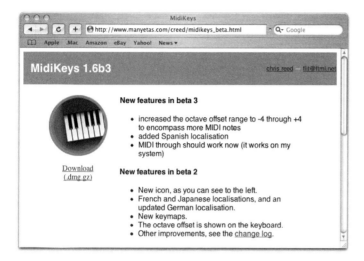

Danach suchen Sie sich das File MidiKeys_1.6b3.dmg. Je nachdem, wann Sie MidiKeys herunterladen und wie fleißig der Entwickler zwischenzeitlich war, erhalten Sie auch eine andere Versionsnummer, aber das ändert nichts am Installationsvorgang. Nach einem Doppelklick auf das Icon öffnet sich eine virtuelle Festplatte.

2. Ganz einfach installieren

Theoretisch war es das. Praktisch müssen Sie aber noch einen weiteren wichtigen Schritt erledigen, denn wenn Sie Ihren Mac jetzt ausschalten, ist damit auch das entpackte .dmg-File verschwunden. Das ist umso ärgerlicher, wenn Sie auch das heruntergeladene File schon gelöscht haben. Deswegen sollten Sie MidiKeys jetzt an einem sicheren Ort ablegen. Öffnen Sie dazu die Festplatte und ziehen Sie das Programm an den gewünschten Ort. Idealerweise bietet sich hierfür der Ordner PROGRAMME an. Wenn Sie intensiver Nutzer des kleinen Tools werden wollen, legen Sie es sich danach am besten gleich auch noch ins Dock.

3. MidiKeys in Sicherheit bringen

11 GarageBand erweitern

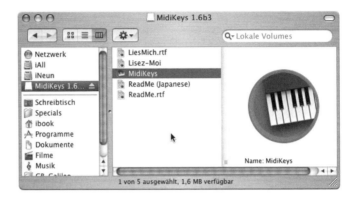

4. MidiKeys öffnen Das ist nun wirklich kein Akt. Ein Doppelklick – oder wenn Sie es schon im Dock haben, ein einfacher Klick – auf das Programmsymbol und schon haben Sie die kleine, unscheinbare Tastatur, die Ihnen Ihr Leben mit GarageBand künftig ungemein erleichtern wird. Erforschen Sie die wenigen Menüs, wenn Sie wollen, ansonsten gehen Sie gleich zum nächsten Schritt.

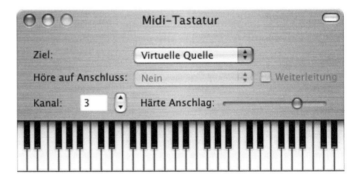

5. MidiKeys nutzen Und nun? Wenn Sie das beigelegte LiesMich.rtf gelesen haben, sind Sie wahrscheinlich schon etwas schlauer. Öffnen Sie GarageBand und kontrollieren Sie Ihre Audio/MIDI-Einstellungen. Was sehen Sie da ganz unscheinbar in der letzten Zeile? 1 MIDI Eingabe(n) gefunden. Na Prima! Das ist MidiKeys. Sehen Sie'st? Nein? Haben Sie MidiKeys geöffnet? Ja? Dann schließen Sie GarageBand nochmal und öffnen es, nachdem Sie zuvor MidiKeys geöffnet haben. Nun sollte eigentlich alles funktionieren. Als Ziel sollte in MidiKeys Virtuelle Quelle ausgewählt sein, was gleichzeitig auch die Standard-Einstellung ist.

Um in GarageBand etwas mit der Tastatur einspielen zu können, müssen Sie zunächst eine neue Software-Instrumenten-Spur erstellen. Hier sollten Sie dann gleich auswählen, was Sie überhaupt einspielen wollen. Und dann kann es losgehen. Akkorde funktionieren mit dieser Tastatur natürlich auch. Na gut, vielleicht üben Sie erstmal ein wenig, um mit MidiKeys zurecht zu kommen. Dann klicken Sie auf den Aufnahmeknopf und los geht's.

In der Standard-Einstellung liegen die weißen Tasten auf QWERT... und die schwarzen auf den Zahlen 1234... Sehr hilfreich kann es übrigens sein, in den Einstellungen von MidiKeys die Option TASTATUR IMMER IM VORDERGRUND anzuklicken. Viel Spaß beim Experimentieren!

6. Musik einspielen

Ende

Dent Du Midi

GarageBand 1 war ziemlich unfähig, was den Import von MIDI-Dateien anbelangt. Aber dank des kleinen Programms Dent Du Midi ist es im Großen und Ganzen doch möglich, Standard-MIDI-Files auch in der ersten Version von GarageBand zu nutzen.

11 GarageBand erweitern

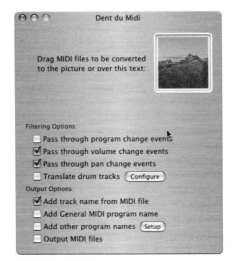

Abbildung 11.9 ◄
Dent du Midi macht das
Unmögliche möglich:
MIDI Files in GarageBand 1.x
importieren.

Sie finden die überaus nützliche Applikation mitsamt einer reich bebilderten Anleitung (leider nur in Englisch, aber trotzdem gut nachvollziehbar) auf der Homepage des Autors Bery Rinaldo: **http://homepage.mac.com/beryrinaldo/ddm/**

ReWire
Seit Version 1.0.1 ist GarageBand auch kompatibel mit ReWire. Damit können Sie quasi mehrere Programme miteinander koppeln.

Bei ReWire handelt es sich um ein Software-Interface zwischen Audio- und Sequenzer-Programmen. Damit werden Daten in Echtzeit zwischen zwei Programmen übertragen. Dabei arbeitet ein Programm als Host, das andere als Slave. Mit anderen Worten: Eines gibt den Ton an, das andere nimmt diesen ohne Murren entgegen. Hierbei ist zu beachten, dass GarageBand nur als Host arbeitet und damit immer zuerst gestartet werden muss. Es ist damit zwangsweise das Programm, das als »Mixer-Programm« genutzt wird, während das andere Programm das Audio liefert.

ReWire ist sicher nur etwas für Fortgeschrittene, die auch noch andere (ReWire-fähige) Software nutzen. Dazu gehören zum Beispiel Propellerhead Reason (die haben ReWire auch entwickelt), Ableton Live, Logic Audio, Cubase u. a.

Um mit ReWire zu arbeiten, benötigen Sie auch Kenntnisse über das jeweilige andere Programm. Haben Sie diese, können Sie das, was Sie in dem anderen Programm erstellt haben, über GarageBand abspielen und später mit in Ihren Song aufnehmen. Das hat den Vor-

11.3 Empfehlenswerte Erweiterungen

teil, dass Ihnen unzählige neue Möglichkeiten zur Verfügung stehen, Ihrer Kreativität freien Lauf zu lassen. Außerdem belastet es nicht so die Performance von GarageBand, und Ihr Mac ist viel leistungsfähiger.

Laden Sie sich doch zum Beispiel mal bei **http://www.propellerheads.de** die Demo-Version von Reason herunter. Erschrecken Sie nicht, wenn Sie Reason zum ersten Mal öffnen, denn zum Glück wird Ihnen auch gleich ein Musikstück mitgeliefert, so dass Sie einfach ausprobieren können, was ReWire Ihnen bietet. Begeistert es Sie, können Sie sich ja anschließend auch gleich mit Reason (oder Live, Logic, ProTools, Cubase, Digital Performer etc.) auseinandersetzen. Wenn Sie richtig in die Musikbearbeitung einsteigen möchten, lohnt es sich!

▼ **Abbildung 11.10**
Reason sieht sehr beeindruckend aus und kann GarageBand um einige Möglichkeiten erweitern.

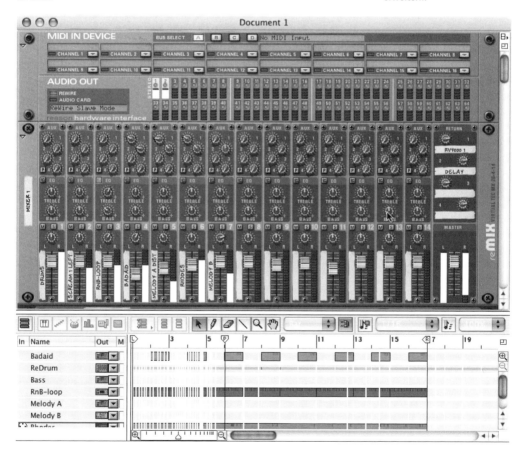

11 GarageBand erweitern

Wenn Sie mit ReWire Reason und GarageBand koppeln möchten, beachten Sie bitte, dass Sie immer zuerst GarageBand und erst dann Reason öffnen.

Das ist das Wichtigste. Zuerst GarageBand, das als Master fungiert, und erst danach das Slave-Programm öffnen. Dann wird am Ende alles gut. Wenn Sie jetzt in GarageBand die Wiedergabe starten, spielt die andere Software automatisch alles mit: Tempoänderungen, Stop, Positionswechsel.

Doch was nützt Ihnen das alles? Ganz einfach, Sie können jetzt in GarageBand einen neuen Song entwickeln, und zwar auf der Grundlage des anderen Stückes aus Reason. Natürlich können Sie auch jederzeit etwas in Reason ändern. Wichtig ist jedoch, dass Sie in GarageBand etwas gebastelt haben, das Ihnen ermöglicht, den Song nach iTunes zu exportieren. Denn das ist die einzige Möglichkeit, die Reason-Komposition im Song zu sichern. Es in GarageBand aufzunehmen, funktioniert nicht. Erst wenn Sie den Song nach iTunes exportieren, wird der Beitrag aus Ihrem Slave-Programm in das neue File mit einbezogen.

12 Tipps, Tricks und Troubleshooting

Hilfreiches im täglichen Umgang mit GarageBand

- Audio- und MIDI-Dateien importieren
- GarageBand mit mehreren Benutzern
- Mehr Möglichkeiten mit Loops
- Aufnahmen mit der iSight-Kamera
- Probleme lösen in GarageBand

12 Tipps, Tricks und Troubleshooting

In diesem Kapitel zeigen wir Ihnen Hilfreiches für die tägliche Arbeit mit GarageBand, zum Beispiel, wie Sie eigene Loops erstellen, und wie Sie am besten Ihre zahllosen Loops verwalten. Nach ein paar guten Tipps geht es dann ans Eingemachte: die »beliebtesten« Probleme in GarageBand und wie sie zu lösen sind.

12.1 Audio-Dateien importieren

Selber Musik machen. Vielen kommt da vielleicht die Idee, mit ihrer Lieblingsaufnahme zu spielen oder mit einem Karaoke-Playback selbst einen Hit zum Besten zu geben. Wir zeigen Ihnen hier, wie Sie Audio-Material, z. B. von CD, in GarageBand importieren können.

Audio-Formate

> **Ein Hörtest**
> Wenn Sie dieses Thema interessiert, dann sollten Sie Ihre eigenen Erfahrungen mit Datenreduktion machen. Exportieren Sie einen Ihrer GarageBand-Songs nach iTunes, und wandeln Sie diese Datei mit unterschiedlichen Bit-Tiefen z. B. in ein MP3-File (ITUNES · EINSTELLUNGEN · IMPORTIEREN). Hören Sie den Unterschied? Wo liegt bei Ihnen der beste Kompromiss zwischen Klangqualität und Dateigröße? Dieses Wissen kann sehr hilfreich sein, wenn Sie Ihre Songs im Internet veröffentlichen.

Mit dem Erscheinen von GarageBand 2 hat sich die Anzahl der unterstützten Audioformate gegenüber der Vorversion erheblich vergrößert. Die in GarageBand importierbaren Formate entsprechen jetzt denen, in die man GarageBand-Songs über iTunes exportieren kann. Es ist möglich, AIFF, WAV, MP3, AAC und Apple Lossless einzulesen. Auch MIDI-Dateien kann man in seine Songs importieren, womit es möglich ist, Daten aus vielen anderen Musikprogrammen in GarageBand zu übernehmen. Genauere Erläuterungen zu diesen Formaten finden Sie zum Thema Export im Kapitel »Weiterverarbeitung der Songs« ab Seite 234.

GarageBand kann außerdem Dateien importieren, die mit dem Sony-Programm Acid erstellt wurden. Dieses Programm ermöglicht es – wie bei GarageBand auch – so genannte Tags in Dateien zu integrieren, die das Erzeugen und schnelle Katalogisieren von Loops zulassen. Acid ist jedoch kein originäres Tonformat, sondern bringt seine besonderen Metainformationen z. B. in einer MP3- oder Wave-Datei unter.

Einfacher AIFF-Import

> **Datei genau positionieren**
> Wenn Sie eine Datei auf die Timeline ziehen, erscheint – abhängig von der Position des Mauszeigers – eine feine, graue Linie, mit deren Hilfe Sie das neue Material taktgenau positionieren können.

In Folge wollen wir uns den Import anhand eines AIFF-Files genauer anschauen. Nehmen Sie ein anderes Format, wird dieses am Ende des Imports einfach in ein AIFF umgerechnet.

Nehmen wir also an, Ihre Oma hat Geburtstag und Sie wollen Ihr ein ganz besonderes Geschenk machen: Sie singen Ihr Lieblingslied zu einem Playback und machen daraus eine CD. Leider hat Apple nicht daran gedacht, einen Loop von »Herzilein« in GarageBand zu

12.1 Audio-Dateien importieren

integrieren. Deshalb haben Sie Ihren Ruf aufs Spiel gesetzt und ein Karaoke-Playback des Liedes auf CD besorgt. Danach haben Sie all Ihren Mut zusammengenommen, um Ihren Gesang aufzunehmen. Aber wie um Himmels willen importieren Sie jetzt die CD in Garage-Band? Das geht wie folgt:

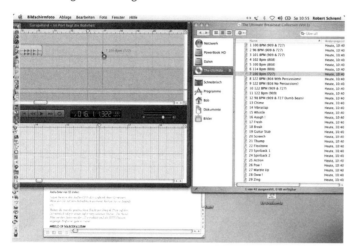

◄ **Abbildung 12.1**
Import von CD? Einfach ziehen und loslassen!

▲ **Abbildung 12.2**
Icon für normale AIFF-Datei (ohne Tags)

Legen Sie eine Audio-CD in das Laufwerk Ihres Computers. Wenn die CD auf dem Schreibtisch erscheint, klicken Sie diese doppelt an.

Ziehen Sie nun die gewünschten Tracks per Drag & Drop auf die Timeline eines geöffneten GarageBand-Songs. Die Audio-Files werden dann von der CD extrahiert, als AIFF-Dateien angelegt und in den Song integriert. Einfacher geht es wirklich nicht!

Genauso einfach können Sie AIFF-Files auch von anderen Datenträgern importieren. Öffnen Sie dazu GarageBand und legen Sie einen neuen Song an und benennen Sie ihn entsprechend. Ziehen Sie dann die gewünschten AIFF-Files auf den Spurenbereich von GarageBand, bis das Icon mit einem grünen Pluszeichen angezeigt wird. Lassen Sie es dann einfach los. Die Files werden importiert und erscheinen in einer eigenen Spur.

Jetzt können Sie ganz normal mit GarageBand weiterarbeiten und beispielsweise Ihre Gesangsstimme über das importierte Playback legen. Für das Endprodukt sind Sie aber ganz alleine verantwortlich. Ihre Oma will das Lied schließlich wiedererkennen!

> **Aufgepasst**
>
> Die importierten AIFF-Files (orange) können nur eingeschränkt verarbeitet werden. Zwar können Sie mit Effekten versehen, geschnitten und geloopt werden, aber Transponieren oder das Tempo verändern ist nicht möglich. Dazu müssen AIFF-Dateien zunächst noch mit dem »Soundtrack Loop Dienstprogramm« aufbereitet werden.

Das Soundtrack Loop Dienstprogramm
Sie haben nun den Song importiert und besungen, und sind trotzdem nicht zufrieden, weil Sie die Tonlage nicht finden oder Ihnen das Ganze zu langsam vor sich hinplätschert?

Abbildung 12.3 ▶
Das Soundtrack Loop Dienstprogramm

GarageBand allein hilft Ihnen hier nicht weiter. Wenn Sie einen Song als Sounddatei importieren, können Sie an Eigenschaften wie Tempo oder Tonlage nichts verändern.

Sie möchten aber trotzdem etwas mehr Action in die Sache bringen und den Song eventuell später noch etwas nach unten transponieren? Keine Sorge, die Rettung ist nur einen Download vom Apple-Server entfernt und heißt Soundtrack Loop Dienstprogramm.

Dieses kleine Dienstprogramm heißt auf Englisch APPLELOOPS SDK 1.1 SDK und wird von Apple unter folgender Adresse kostenlos zum Download angeboten: ftp://ftp.apple.com/developer/Development_Kits/Apple_Loops_SDK_1.1.dmg.bin

Das Soundtrack Loop Dienstprogramm dient zur Aufbereitung von AIFF- und WAV-Files als Loops für die Apple-Programme Soundtrack und GarageBand. Es können damit Metainformationen – so genannte »Tags« – in Audio-Files eingefügt werden. Diesen haben wir es dann zu verdanken, dass unsere Loops in GarageBand in der Tonhöhe und im Tempo ohne Rechenzeit an den jeweiligen Song angepasst und sogar durch Filter nach Art und Genre sortiert werden können.

12.1 Audio-Dateien importieren

Schritt für Schritt: Soundtrack Loop einsetzen

Nach dem Download, dem Entpacken und der einfachen Installation finden Sie das Programm im Ordner DIENSTPROGRAMME. Öffnen Sie es von dort aus. Es erscheint in schlichtem Grau und gibt Einblick in sein überschaubares Innenleben. Lediglich zwei Arbeitsbereiche sind anwählbar: TAGS und SIGNALERKENNUNG. Noch ist alles ausgegraut, da noch kein Audio-File geladen wurde.

1. Programm öffnen

> **Loops vorbereiten**
>
> Ihre Audio-Files sollten so gut wie möglich vorbereitet sein. Besonders wichtig ist, dass sie »loopbar« sind, also ohne »Hänger« in einer Endlosschleife abspielbar sind. Achten Sie also beim Schnitt darauf, dass alles rund läuft. Im Soundtrack Loop Dienstprogramm ist keine weitere Bearbeitung möglich!

Auf der rechten Seite des Fensters ist eine Liste ausgeklappt, auf die man per Drag & Drop AIFF- oder WAV-Files ziehen kann. Natürlich ist dies auch klassisch über die Menüleiste und ÖFFNEN möglich.

Ziehen Sie nun eine Audio-Datei auf die Liste. Sofort werden die Arbeitsbereiche zum Leben erweckt.

2. Datei importieren

Unter TAGS können Sie bestimmen, in welche Kategorien Ihr Loop eingeordnet werden soll. Wenn keine der vorgeschalgenen Kategorien zutrifft (z. B. ist »Punk« leider nicht anwählbar), lassen Sie die Felder einfach neutral. Sie müssen aber wenigstens eine Kategorie anklicken (auch ohne sie zu verändern), damit das File als Loop gespeichert werden kann.

3. Loop in Kategorie einordnen

Im Modus SIGNALERKENNUNG können Sie Ihren Loop noch einmal kontrollieren. Das Programm nimmt selbstständig eine Analyse des Signals vor und setzt an rhythmisch prägnanten Stellen Markierun-

4. Loop analysieren

gen ein. Diese können bewegt und gelöscht werden. Im oberen Bereich kann auch die Unterteilung in Notenwerte und Empfindlichkeit eingestellt werden.

5. Loop abspeichern

Abbildung 12.4 ▲
Icon für bearbeitbare AIFF-Datei (mit Tags)

Speichern Sie den Loop entweder durch Drücken auf den Button SICHERN oder über die Menüleiste.

Das mit Metadaten versehene File wird in dem Ordner abgelegt, den Sie iTunes zu Beginn dieser Schritt-für-Schritt-Anleitung zugewiesen haben. Im Normalfall ist er im Ordner UNBEKANNTES ALBUM im Ordner ITUNES MUSIC zu finden. Aber da Sie Ihre Dateien ja immer einwandfrei beschriften, gibt es sicherlich keine Probleme beim Auffinden.

6. AIFF-File in GarageBand öffnen

Öffnen Sie GarageBand und ziehen Sie das neue Loop-File auf den geöffneten Loop-Browser (⌘ + L). Lassen Sie es wieder los, sobald das grüne Pluszeichen sichtbar wird.

Jetzt wird der Loop »indiziert«, also von der GarageBand-Bibliothekarin ins Regal geräumt. Falls Sie den Loop beispielsweise vom Schreibtisch aus importieren, taucht noch ein Dialogfenster auf, in dem Sie von der Bibliothekarin gefragt werden, ob Sie ihn zu den anderen Loops stellen soll, oder nur einen Merkzettel schreiben soll, wo das Teil zu finden ist.

Geschafft! Ihr neuer Loop hat sich endlich im Kreise seiner Kolleginnen und Kollegen eingereiht. Aber wo hat er sich versteckt? Versuchen Sie entweder, im Loop-Browser mit der Text-Suchfunktion fündig zu werden, oder ihn durch Anklicken der relevanten Kriterien aufzuspüren.

Falls Sie dennoch erfolglos sein sollten, könnten Sie noch eine Einstellung bei GarageBand überprüfen: Wählen Sie EINSTELLUNGEN und darin ALLGEMEIN. Die Checkbox FILTER FÜR RELEVANTERE EREIGNISSE sollte ohne Häkchen sein, damit die Suche nicht nur auf Loops beschränkt wird, deren Tonart maximal zwei Halbtonschritte (oder einen Ganzton) über oder unter der Tonart Ihres Songs liegen. Jetzt verhält sich Ihr Material genauso wie die anderen Loops.

Wenn Sie das File direkt auf die Timeline statt auf den Loop-Editor gezogen haben, wird es zwar abgespielt, ist aber noch nicht verwaltungstechnisch vom Loop-Browser erfasst. Diesen administrativen Patzer können Sie aber ausbügeln, indem Sie die Region von der Spur auf den Loop-Browser ziehen. Dann erscheint eine Check-Box, auf der man noch einmal Tags anbringen bzw. verändern kann. Dann ist alles in trockenen Tüchern, und der Loop von außerhalb ist mit offiziellem Visum und Aufenthaltsberechtigung eingereist. Ordnung muss sein – auch im Rock'n'Roll-Geschäft!

7. File in Loop-Browser platzieren

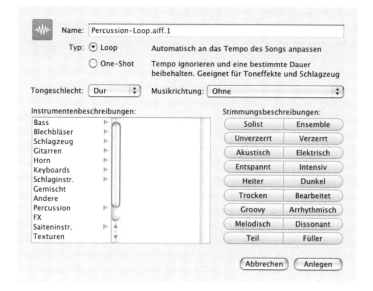

Ende

12.2 MIDI-Dateien importieren

Auf erfrischende Weise langweilig – so könnte man den Import von Standard-MIDI-Files in GarageBand bezeichnen. Wir wollen es daher auch nicht künstlich spannend machen: Sobald sich das MIDI-File auf Ihrem Rechner befindet, ziehen Sie es einfach nur noch an die gewünschte Stelle in Ihren GarageBand-Song. Wie beim Import von Audio-Dateien erscheint beim Ziehen der Datei auf die Timeline eine graue Orientierungslinie, damit Sie das MIDI-File an den gewünschten Takt anlegen können.

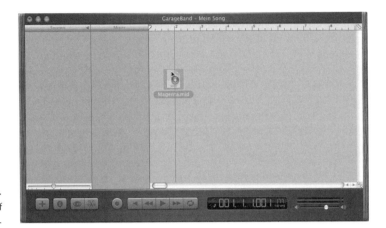

Abbildung 12.5 ▶
Ein MIDI-File wird einfach auf die Timeline gezogen.

Ich glaub' mein Handy bimmelt ...

Falls Sie gerade kein MIDI-File zur Hand haben, dafür aber ein neueres Mobiltelefon mit mehrstimmigen Klingeltönen, können Sie diese über Bluetooth oder Infrarot im MIDI-File-Format an Ihren Rechner schicken und sogleich in GarageBand importieren.

Alles andere geschieht dann (Apple sei Dank) automatisch. Die in dem MIDI-File gespeicherte Instrumentenbelegung wird von GarageBand ausgelesen, und das Programm legt für jedes Instrument eine Spur an. Das muss allerdings nicht auf Anhieb gut klingen. Zwar ist eine Flöte in der MIDI-Welt immer eine Flöte, doch wird in dem »General MIDI Standard« keine Rücksicht auf die stilistischen Eigenarten der Instrumente genommen. Bedenken Sie, dass diese Dateien zum Teil auf völlig anderen MIDI-Klangerzeugern erstellt wurden. Klar, dass die Flöte in GarageBand auf die MIDI-Information anders reagiert als beim Erzeuger. Suchen Sie daher ein passendes Instrument aus, oder passen Sie die MIDI-Daten ihrem Instrument an, z. B. durch Verändern der Notendauer oder der Lautstärke.

Abbildung 12.6 ▶
Die Spuren und Instrumente werden automatisch angeordnet.

Leider kann GarageBand noch keine MIDI-Files exportieren. Es bleibt lediglich die Möglichkeit, Veränderungen an den MIDI-Dateien als Audio-Datei über FÜR ITUNES EXPORTIEREN zu sichern. Hier wäre aus unserer Sicht noch Handlungsbedarf für die Firma Apple!

12.3 Gemeinsamer Spaß mit GarageBand

Es kommt durchaus mal vor, dass man nicht alleiniger Nutzer seines geliebten Apple-Computers ist. Manch einer muss ihn doch tatsächlich mit anderen – meist Familienangehörigen – teilen. Dank Mac OS X haben Sie aber wenigstens die Möglichkeit, für jeden Benutzer einen einzelnen Account anzulegen.

Benutzer-Accounts in Mac OS X 10.4
Das geht über die SYSTEMEINSTELLUNGEN. Unter BENUTZER können Sie mithilfe des Plus-Zeichens links unter dem großen Fenster mit vorhandenen Benutzern einen neuen hinzufügen. Dann hat jeder in Ihrer Familie seinen ganz eigenen Account und kann (mehr oder weniger) tun und lassen, was er will, und Sie kommen sich nicht gegenseitig in die Quere. Für jeden Benutzer wird auch ein eigener Benutzer-Ordner angelegt, in dem er seine Dokumente speichern kann. Sobald Sie dem neuen Mitbenutzer einen Namen und ein Passwort zugewiesen haben, können Sie sich an die Einstellungen machen. Überlegen Sie sich gut, wem Sie welche Rechte auf Ihrem Mac zugestehen wollen und beachten Sie hierbei auch den Reiter KINDERSICHERUNG. So heißt es seit Mac OS X 10.4. Die in früheren Systemen unter EINSCHRÄNKUNGEN bekannten Einstellungsmöglichkeiten sind seit Tiger umfangreicher, Sie können jetzt unter anderem auch Einstellungen für Internet-Rechte (Mail, Safari, iChat) treffen.

Besitzer älterer Systeme bekommen die in Abbildung 12.7 gezeigte Auswahl nicht zu Gesicht. Diese gibt es erst seit Tiger. Das nächste Fenster ist jedoch bei allen Mac OS X Systemen nahezu gleich. Klicken Sie im Reiter KINDERSICHERUNG den Eintrag FINDER & SYSTEM an und klicken Sie auf KONFIGURIEREN.

12 Tipps, Tricks und Troubleshooting

▲ **Abbildung 12.7**
In den Kindersicherung-Einstellungen können Sie auch erwachsene Mitbenutzer in Ihren Rechten einschränken.

Hier können Sie bestimmen, was der andere Benutzer alles tun darf, und mit einem Klick auf die kleinen Dreiecke im Punkt NUR FOLGENDE PROGRAMME VERWENDEN erhalten Sie eine Liste der auf Ihrem Mac installierten Programme. Von denen können Sie dann jedes einzelne freigeben – oder eben auch nicht.

Soll der andere Benutzer nur bestimmte Programme nutzen können, achten Sie darauf, ihm auch GarageBand zur Verfügung zu stellen, wenn Sie ihm den Spaß mit Apples Musik-Software gönnen wollen. Allerdings müssen Sie sich dann der Gefahr bewusst sein, dass dieser Jemand dann nicht mehr vom Computer zu vertreiben ist. Damit haben Sie den Grundstein für geteilten Spaß gelegt. Doch jetzt stellen sich ein paar Fragen: Können beide Benutzer auf GarageBand zugreifen, wenn einer das Programm geöffnet hat? Wie kommt der andere Benutzer denn an meine Songs? Soll er sie überhaupt zur Verfügung haben?

12.3 Gemeinsamer Spaß mit GarageBand

◀ **Abbildung 12.8**
In der Kindersicherungs-Einstellung FINDER & SYSTEM vergeben Sie Benutzer-Rechte.

Es ist überhaupt kein Problem, dass mehrere Benutzer mit GarageBand arbeiten, auch wenn ein anderer Benutzer das Programm noch geöffnet hat. Das Problem liegt im gemeinsamen Nutzen von Songs. Wenn Sie Ihre GarageBand-Songs in Ihrem Benutzer-Ordner speichern, können andere Benutzer darauf nicht zugreifen. Es sei denn, Sie steigen in die Rechte-Vergabe ein. Das kann sehr aufwändig werden und birgt ab und an auch seine Tücken. Von daher ist es besser, wenn Sie die Songs im Ordner FÜR ALLE BENUTZER oder an einem zentralen Ort, auf den alle Zugriff haben, ablegen. FÜR ALLE BENUTZER finden Sie im Benutzer-Ordner Ihrer System-Festplatte, zusammen mit den Ordnern sämtlicher anderer Benutzer.

Keinen Song offen lassen

Ein wenig Vorsicht sollten Sie walten lassen, wenn Sie GarageBand mit einem geöffneten Song zurücklassen. Greift sich jetzt ein anderer Benutzer den Mac und bearbeitet den gleichen Song, gibt es keine Warnmeldung. Er kann munter daran herumbasteln und die Änderungen speichern. Wenn Sie dann wieder Herr (oder Frau) über den Computer sind und zu Ihrem geöffneten Song in GarageBand zurückkehren, merken Sie zunächst nichts. Sie können ihn schließen, ohne dass Sie bemerken, dass sich jemand anderes daran zu schaffen gemacht hat. Erst beim nächsten Öffnen sehen Sie die Änderungen, die der andere Benutzer vorgenommen hat, zumindest wenn Sie ihn nicht gespeichert haben. Dann ärgert sich der andere. Sie sehen, das kann zu ganz ordentlichen Verwirrungen führen.

Mehrere Benutzer und iTunes
Wenn Sie einen Song nach iTunes exportieren, können Sie diesen nur mit Ihrem Benutzer-Account abspielen. Andere Benutzer haben grundsätzlich erstmal keinen Zugriff auf Ihre iTunes-Bibliothek. Zum Glück können Sie das aber einfach ändern. Gehen Sie in die Einstellungen von iTunes und wählen Sie dort GEMEINSAM NUTZEN. Hier können Sie bestimmen, welche Teile Ihrer Bibliothek Sie für andere Benutzer zugänglich machen wollen.

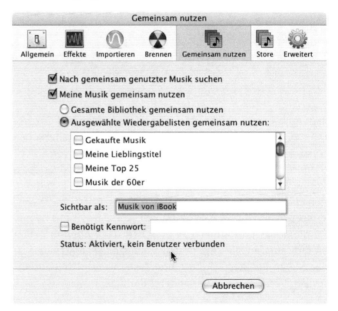

Abbildung 12.9 ▶
In den Einstellungen können Sie bestimmen, welchen Zugriff andere Benutzer auf Ihre iTunes-Wiedergabelisten bekommen.

12.4 Geschickter arbeiten mit Loops

Loops, so viele Loops! GarageBand ist das reinste Schlaraffenland, was vorgefertigtes Audio-Material angeht. Was aber bringt das, wenn man in der schieren Masse nicht das findet, was man sucht? Hier zeigen wir Ihnen ein paar Tipps, mit denen Sie sich im Loop-Browser garantiert zurechtfinden.

Anzeige begrenzen

Haben Sie mehr als »nur« die mit GarageBand gelieferten Apple Loops installiert, wird die Liste langsam richtig unübersichtlich. Hier helfen Ihnen die kleinen Dreiecke neben dem Wort LOOPS in der Titelzeile des Loop Browsers. Klicken Sie diese an, erhalten Sie eine Auswahlliste der vorhandenen Apple Loop-Pakete. Wissen Sie, dass Sie zum Beispiel nur Loops aus Ihrem neuesten Jam Pack sehen wollen, wählen Sie dieses einfach aus, und die Anzeige reduziert sich darauf.

Mehr Loops sehen

Ist Ihnen die Liste der Schlüsselwörter im Loop-Browser zu kurz, können Sie diese auch vergrößern. Fahren Sie dafür mit der Maus entlang der Leiste mit den Steuerungselementen. Zwischen den Knöpfen für Loop-Browser und den Transport-Funktionen sowie zwischen der Zeitanzeige und der Pegelanzeige verwandelt sich Ihr Mauszeiger automatisch in eine Hand. Wenn Sie hier klicken, können Sie die Leiste damit hoch- bzw. herunterziehen. Schon zeigen sich Ihnen bis zu 54 Schlüsselworttasten, 24 davon haben sich bisher nur gut versteckt.

◄ **Abbildung 12.10**
Platzieren Sie den Mauszeiger zwischen Loop-Editor und Aufnahme-Button und ziehen Sie den Loop-Browser auf die gewünschte Größe.

Anordnung ändern

Wenn Ihnen die Anordnung der Schlüsselworttasten im Loop-Browser nicht zusagt, können Sie auch diese ändern. Das geht auf zwei Arten. Erstens ganz wie gewohnt und wie vermutet: Klicken Sie eine Taste an und schieben Sie diese an die gewünschte Position. Sie tauscht ihren Platz dann mit derjenigen, die sich vorher an dieser Stelle befand. Das kann ein munteres Puzzlespiel werden.

12 Tipps, Tricks und Troubleshooting

◀ Abbildung 12.11
Bauen Sie um, schieben Sie die Schlüsselworttasten nach Ihren Vorstellungen hin und her.

Sie können aber auch jede einzelne Taste nach Ihren Wünschen belegen. Na gut, fast, denn Apple macht Ihnen gewisse Vorgaben. Wählen Sie die Tastendarstellung im Loop-Browser. Dann klicken Sie eine Taste, die Sie ändern wollen, mit gedrückter [Ctrl]-Taste an (oder mit der rechten Maustaste, wenn Sie eine haben) und gucken erstmal erstaunt aus der Wäsche. Ahnten Sie etwas von dieser Liste? Wählen Sie hier die Schlüsselfunktion aus, die Ihren Vorstellungen entspricht und lassen Sie die Maustaste wieder los. Schon hat die alte Taste ihren Namen geändert und zeigt Ihnen von jetzt an ganz andere Loops.

◀ Abbildung 12.12
Die Tasten sind relativ frei mit Schlüsselworten zu belegen.

Filter setzen

Wenn Sie mit GarageBand und den Apple Loops etwas vertrauter sind, wird Ihnen auffallen, dass in dem einen Song Loops zu finden sind, die es in einem anderen nicht gibt. Dieses Phänomen begegnet Ihnen vor allem bei echten Instrumenten. Das liegt daran, dass GarageBand Ihnen nur Loops anzeigt, die mit Ihrem Song verwandt sind, also in der Tonart und im Takt ähnlich. GarageBand transponiert Ihre Loops zwar in die richtige Tonlage, das hat aber manchmal zur Folge, dass es für manche Instrumente schon etwas schräg klingt. Nicht jede Tonart ist für jedes Instrument passend, deswegen gibt es einen schlauen Filter in den ALLGEMEIN-Einstellungen, namens FILTER FÜR RELEVANTERE ERGEBNISSE. Ist dieser angekreuzt, sehen Sie bei

12.4 Geschickter arbeiten mit Loops

Songs mit unterschiedlichen Tonarten auch eine unterschiedliche Loop-Auswahl.

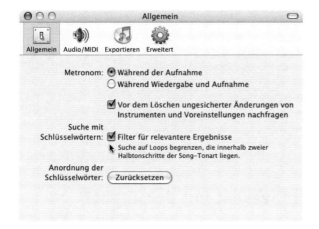

◄ **Abbildung 12.13**
So setzen Sie einen Filter für relevantere Ereignisse: Den bräuchte man manchmal auch im Job!

Leerer Loop-Browser
Die Loops sind weg? Sie werden einfach nicht mehr angezeigt? Das ist allerdings ein ernst zu nehmendes Problem, schließlich basiert GarageBands Genialität ja unter anderem gerade auf dem mitgelieferten Loop-Material.

Jetzt ist Handarbeit angesagt, um das zu reparieren. Zunächst müssen Sie GarageBand verlassen, es war Ihnen ja sowieso nicht treu ergeben. Also beenden Sie es erst mal. Dann suchen Sie folgenden Ordner auf Ihrer Festplatte mit den Loops: LIBRARY/APPLICATION SUPPORT/GARAGEBAND/APPLE LOOPS INDEX. Ziehen Sie alle Dateien in diesem Ordner in den Papierkorb. Denn diese Indizes haben ebenfalls eindeutig Löcher.

◄ **Abbildung 12.14**
Der Inhalt des Ordners APPLE LOOPS INDEX erfüllt seinen Zweck nicht mehr, und muss in den Papierkorb.

Lassen Sie das Fenster im Finder geöffnet, Sie brauchen es noch einmal. Als Nächstes geben Sie GarageBand eine neue Chance, öffnen es und gehen in den Loop-Browser. Aufmerksam wie GarageBand ist, bemerkt er natürlich sofort, dass es keine Apple Loops mehr finden kann und zeigt Ihnen eine entsprechende Meldung. Mit dem freundlichen Hinweis, die Apple Loops neu zu installieren. Da das genau das ist, was Sie wollen, herrscht zwischen Ihnen und GarageBand jetzt wieder Frieden und Sie assistieren GarageBand bereitwillig beim Neuanlegen des Indexes. Sie holen den Ordner LIBRARY/APPLICATION SUPPORT/GARAGEBAND/APPLE LOOPS (nicht APPLE LOOPS INDEX!) und ziehen diesen direkt in den Loop-Browser. GarageBand besiegelt die wiedergewonnene Freundschaft mit dem Anlegen eines neuen Loop-Indexes. Haben Sie noch weitere Apple Loops installiert, verfahren Sie mit diesen genauso.

12.5 Und was ist mit der iSight?

Sie wollen Ihre iSight-Kamera als Aufnahmegerät benutzen? Vergessen Sie's. Es sei denn, Sie sind bereit, einen Umweg in Kauf zu nehmen. Die Tonqualität der iSight ist für den Videochat über das Internet durchaus als sehr gut zu bezeichnen, für »richtige« Tonaufnahmen ist sie jedoch nur sehr bedingt ausreichend. Außerdem gibt es da noch das kleine Problem der Sample-Rate. Die iSight kann nämlich nicht mit den von GarageBand geforderten 44,1 kHz aufnehmen. Sie wird dennoch als Mikrofon erkannt, aber was dabei rauskommt – nun ja, hören Sie selbst.

Abbildung 12.15 ▶
Die iSight ist für Aufnahmen in GarageBand als Mikrofon ungeeignet, auch wenn sie vage erkannt wird.

Doch es gibt auch Möglichkeiten, GarageBand auszutricksen. Das erfordert allerdings einige Umwege. Zum einen können Sie bei

http://www.versiontracker.com nach Free- und Shareware suchen, mit der Sie aufnehmen können. Da gibt es als Shareware zum Beispiel Sound Studio und Amadeus. Bei der Freeware konnten wir allerdings nichts Zuverlässiges finden, was einigermaßen übersichtlich funktioniert.

Wenn Sie sich kurz in dem Programm Ihrer Wahl orientiert haben, werfen Sie einen Blick in die Preferences bzw. Voreinstellungen. Dort können Sie in fast jedem Programm die iSight als Audio-In auswählen. Weitere Einstellungen sind 44.100 als Sample-Rate und 16 Bit. Dann können Sie sich an die Aufnahme machen. Allerdings müssen Sie auf diese Weise meist ohne Ihre GarageBand-Musik im Hintergrund aufnehmen. Also frei drauflos singen.

Einen noch umständlicheren Weg, dafür aber mit Musik als Playback von GarageBand und unter alleinigem Einsatz von Bordmitteln, ist der Weg über die iSight mit iMovie. Sie sollten daher beim Aufnehmen als Audio-Ausgang unbedingt einen Kopfhörer wählen, sonst haben Sie am Ende Ihr Playback wieder mit »auf Band«, weil es über die Lautsprecher von der iSight-Kamera erneut aufgenommen wird.

Schritt für Schritt: iSight als Mikrofon dank iMovie

Starten Sie zunächst GarageBand mit dem gewünschten Song. Am besten setzen Sie einen Wiedergabe-Loop an die Stelle, für die Sie Ihre Vocals aufnehmen wollen. Dann starten Sie iMovie und legen ein neues Projekt an.

1. GarageBand und iMovie starten

Stellen Sie den kleinen Schieberegler unter dem großen Preview-Fenster nach links auf die Kamera ❶. Über den Transport-Funktionen erscheint nun ein Feld MIT ISIGHT AUFNEHMEN . Was wollen Sie mehr? Wechseln Sie kurz zu GarageBand und starten Sie dort die Wiedergabe. Gehen Sie dann wieder zu iMovie und klicken Sie auf den MIT ISIGHT AUFNEHMEN-Button. Wenn Sie fertig sind, klicken Sie nochmal darauf und die Aufnahme ist beendet.

2. Mit iMovie aufnehmen

▲ Abbildung 12.16
Icon für iMovie

12   Tipps, Tricks und Troubleshooting

3. Clip einfügen   Und wo, bitte, ist jetzt die Aufnahme hin? Oben rechts im Clip-Menü finden Sie einen neuen Clip. Diesen ziehen Sie sich in die Timeline, denn hinter ihm verbirgt sich seine Audio-Spur. Eigentlich wollten Sie ja gar keinen Film drehen, jetzt haben Sie aber die Möglichkeit, als netten Nebeneffekt auch gleich ein Video zu Ihrem Hit zu erstellen.

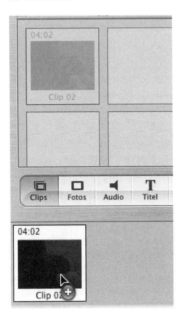

4. Clip senden   Gehen Sie auf ABLAGE und wählen Sie dort SENDEN. Achten Sie darauf, dass Ihr Clip auch noch markiert ist.

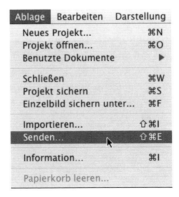

Ein Fenster öffnet sich. Wählen Sie den Punkt QUICKTIME. Haben Sie mehrere Clips aufgenommen, wollen aber nur einen bestimmten in GarageBand verwenden, klicken Sie noch das Auswahlkästchen NUR AUSGEWÄHLTE CLIPS SENDEN an. Klicken Sie erneut auf SENDEN.

5. QuickTime kommt ins Spiel

Es erscheint noch ein Fenster. Diesmal heißt es EXPORTIEREN ALS... Wählen Sie zunächst einen Namen und den Speicherort für Ihre Aufnahme. Unter Exportieren müssen Sie aus der langen Liste dann TON • AIFF auswählen und bei VERWENDEN die Option 44,1 KHZ; 16-BIT; STEREO einstellen.

6. Einstellungen treffen

Werfen Sie sicherheitshalber noch einen Blick in die OPTIONEN und treffen Sie die Einstellungen wie auf unserer Abbildung. Dann können Sie Ihr OK geben und iMovie exportiert Ihre Aufnahme.

12 Tipps, Tricks und Troubleshooting

7. Ton in GarageBand einfügen

Zu guter Letzt öffnen Sie GarageBand, suchen sich Ihr soeben abgespeichertes AIFF-File und ziehen es per Drag & Drop auf eine zuvor angelegte Spur für ein echtes Instrument oder auf einen noch freien Platz in der Timeline. Das war's. Jetzt müssen Sie das Ganze nur noch präzise an die richtige Stelle ziehen und anhören.

Ende

12.6 Trouble mit GarageBand

Sicher, GarageBand ist ein tolles Programm, und Sie haben einen riesigen Spaß damit. Aber wenn mal etwas nicht so läuft, ist der Frust meistens umso größer. Aus diesem Grund listen wir hier einige der uns bekannten Probleme und deren Lösungen auf. Natürlich sind wir nicht allwissend, und unweigerlich werden bei irgendjemandem Probleme auftreten, die vorher so noch niemand hatte. Daher bitten wir um Nachsicht, wenn wir ausgerechnet Ihr größtes Problem an dieser Stelle nicht lösen können.

Ich höre nichts!
Der beliebteste Satz im Leben eines Toningenieurs. Gleichzeitig der, der unsereinem meist den Schweiß auf die Stirn treibt und richtig für Hektik sorgt. Auch bei GarageBand passiert das hin und wieder mal. Sie haben einen Song geladen und starten die Wiedergabe. Sämtliche Aussteuerungsanzeigen zappeln munter vor sich hin, der Tonkopf wandert die Timeline entlang, alles sieht normal aus, nur eine Sache fällt unangenehm auf: Sie hören nichts. Dieses Problem ist erfreulicherweise leicht zu lösen: Drücken Sie einfach auf die Lautstärketasten auf Ihrer Mac-Tastatur und schon gibt GarageBand endlich wieder Töne von sich.

Das Problem kann auch in anderer Form auftreten, zugegebenermaßen wesentlich seltener als im vorigen Fall. Aber bis man darauf

12.6 Trouble mit GarageBand

kommt, kann schon eine Weile vergehen. Folgendes Szenario: Sie haben einen Song und wollen noch mal den einen oder anderen Loop im Browser anhören. Sie klicken ihn an, das Lautsprecher-Symbol leuchtet auch, aber Sie hören nichts. Egal, wie Sie auf den Lautstärke-Tasten herumklicken, die Stille bleibt. Haben Sie im Song zufällig in der Masterspur den Ton ausgeblendet? Und steht der Tonkopf irgendwo dahinter? Das ist die Lösung. Das Vorhören der Apple-Loops im Browser ist abhängig von der eingestellten Master-Lautstärke in der Timeline.

Falls unsere bisherigen Tipps nicht geholfen haben, werfen Sie noch einen Blick in die Einstellungen von GarageBand. Haben Sie auch das richtige Ausgabegerät gewählt? Sehen Sie noch in den Systemeinstellungen unter TON nach. Auch hier ist eine Falle verborgen. Nicht nur, dass Sie die richtige TONAUSGABE eingestellt haben müssen. Ganz unten können Sie auch noch die GESAMTLAUTSTÄRKE einstellen. Steht der Regler vielleicht ganz links? Oder ist womöglich TON AUS angekreuzt?

◄ **Abbildung 12.17**
In der TONAUSGABE in den Systemeinstellungen kann man auch den Ton wegdrehen.

Stille bei echten Instrumenten

Irgendwie kommt da nichts an. Ach ja, auch diesen Satz liebt ein Tonmensch. Überprüfen Sie zunächst das Nächstliegende: Ist das Instrument korrekt angeschlossen? Steckt das Mikrofon im Audio-Interface, das Interface am Mac? Ist die Gitarre auch angestöpselt? Alle Kabel sicher verbunden? Ist alles eingeschaltet? Sie haben an alles gedacht, aber es funktioniert trotzdem nicht? Haben Sie in Garage-Band auch wirklich eine Spur für ein echtes Instrument angewählt, also eine blaue Spur? Ist die Lautstärke eingeschaltet? Der Regler hochgedreht? Das kleine Lautsprechersymbol leuchtet auch nicht, so dass die Spur stumm geschaltet wäre? Wie ist es mit den anderen Spuren? Steht da vielleicht eine auf Solo, sprich: Leuchtet der Kopfhörer? Auch nicht. Hm. Ist die Lautstärke an Ihrem Computer eingeschaltet? Laut genug? Okay, war ja nur eine Frage.

Haben Sie beim Anlegen einer neuen Spur den Monitor auf ON gestellt? Wenn nicht, können Sie das in den Spurinformationen nachholen. Aber Vorsicht! Wollten Sie nur kurz über das interne Mikrofon Ihres iBooks oder PowerBooks etwas einsprechen oder einsingen, dürfen Sie den Monitor niemals, wirklich niemals auf ON stellen. Zumindest nicht, wenn Sie auch morgen noch mit Garage-Band arbeiten oder überhaupt in der Lage sein wollen, irgendetwas zu hören. Sobald Sie das ON-Kästchen angeklickt haben, gibt es eine für Ihr Trommelfell nahezu tödliche Rückkopplung zwischen dem internen Mikrofon und Ihren Lautsprechern, es sei denn, Sie haben Kopfhörer angeschlossen.

Probleme bei der Wiedergabe
Sie starten die Wiedergabe, die läuft auch los, aber irgendwie sind der Tonkopf und die Wiedergabe nicht synchron. Oder alles läuft synchron, aber dafür nicht so richtig flüssig. Manchmal stockt es sogar. Versuchen Sie, die Leistung Ihres Macs zu erhöhen, vielleicht kommt er einfach nicht hinterher. Ein Indiz dafür ist, wenn der Tonkopf langsam rot anläuft. Dann kann Ihr armer Computer einfach nicht mehr, er ist überlastet. Was tun? Kastrieren Sie Ihren Song. Löschen Sie Spuren, die nicht ganz so wichtig sind, nehmen Sie Effekte wieder heraus. Die Lösung gefällt Ihnen nicht? Sie haben so viel Zeit und Mühe investiert, um so weit zu kommen? Verständlich.

Sie können nun drei Einstellungen vornehmen, um die Leistung Ihres Apple-Computers zu steigern. Eigentlich vier, wobei Nummer vier lautet: Kaufen Sie mehr Speicher. Ganz simpel. Die restlichen drei Sofortmaßnahmen lauten:
1. Wählen Sie in den Audio/MIDI-Einstellungen von GarageBand unter OPTIMIEREN FÜR die Option MAXIMALE ANZAHL AN SIMULTANEN SPUREN. Dann denkt GarageBand weit im Voraus. Diese Ein-

stellung ist aber für das Aufnehmen die falsche Wahl, also Vorsicht.
2. Wechseln Sie zu ERWEITERUNGEN und wählen bei den maximalen Spuren jeweils die niedrigste mögliche Anzahl. Auch bei Stimmen pro Instrument sollten Sie sich mit möglichst wenig begnügen.
3. Nur bei mobilen Apple-Computern: Auch in den Systemeinstellungen können Sie noch Gutes tun (für die Leistung, weniger für die Akkulaufzeit bei mobilen Macs). Gehen Sie unter ENERGIE SPAREN bei OPTIMIERUNG auf HÖHERE LEISTUNG. Netterweise wird Ihnen hier genau angezeigt, wie gut Ihre Batterie noch geladen ist und wie lange Sie damit noch arbeiten können. Bei Systemen vor Mac OS X 10.4 wählen Sie MAXIMALE LEISTUNG.

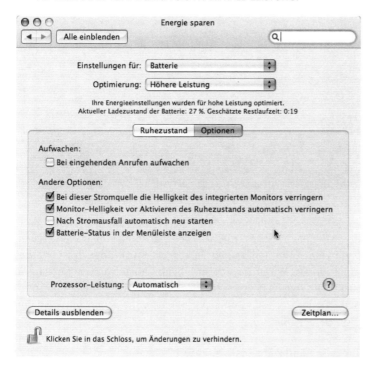

◄ **Abbildung 12.18**
Die Einstellung HÖHERE LEISTUNG verbraucht zwar mehr Batterielaufzeit auf mobilen Apple-Rechnern, erhöht dafür aber die Leistungsbereitschaft von GarageBand.

Song-Ende fehlt nach Export
Sie haben einen wunderschönen, ganz tollen Song mit wahnsinnigen, Aufsehen erregenden Effekten komponiert, und nach dem Export zu iTunes fehlt plötzlich das Ende? Der letzte Ton ist zwar da, aber die Effekte sind abgeschnitten? Das darf so nicht sein. Wofür

dann die ganze Mühe? Hier hilft nur ein Trick. Für GarageBand ist der Song mit der letzten Note eines Instrumentes in der Timeline zu Ende. Punktum. Woher soll GarageBand auch wissen, dass da noch etwas kommt? Die Effekte tauchen für das Programm nicht in der Timeline »sichtbar« auf – und mal ehrlich: Eigentlich ist es doch toll, dass Sie sich keine Gedanken darüber machen müssen, wie weit GarageBand etwas exportiert, und ob das Ende nicht erst zehn Minuten nach Ihrem Song-Ende liegt, weil Sie aus Versehen etwas Falsches eingestellt haben.

Abbildung 12.19 ▲
Der leicht verlängerte Loop unter dem Beat-Lineal hilft Ihnen dabei, dass beim Exportieren zu iTunes auch wirklich alle Effekte bis zum Ende ausklingen.

Der Trick ist eigentlich ganz einfach. Loopen Sie Ihre Wiedergabe, indem Sie in das Loop-Symbol in den Transport-Funktionen klicken. Dann ziehen Sie den gelben Balken ein Stück über das Ende des Songs hinaus. Hören Sie sich an, ob jetzt im gewählten Bereich alle Effekte ausklingen. Vergessen Sie aber auch den Anfang des Songs nicht. Denn beim nächsten Exportieren nimmt GarageBand sich den Loop als Orientierung.

Ruckelige Software-Instrumente

Sie haben noch ein iBook mit G3 Prozessor? Oder einen G4 mit wenig MHz, an der unteren Grenze der Systemvoraussetzungen? Eigentlich wollen Sie Software-Instrumente einspielen, haben sich extra ein Keyboard gekauft, und nun ist Ihr Mac zu schwach auf der Brust. Was tun? Sie können tricksen. Spielen Sie die Spur des Software-Instrumentes ein, korrigieren diese, passen sie an. Sie müssen

12.6 Trouble mit GarageBand

jetzt schon all das erledigen, was Sie nur bei einem Software-Instrument editieren können. Der Trick an der Sache ist nämlich die Wandlung in ein echtes Instrument. Das geht mithilfe von iTunes.

Exportieren Sie nur diese eine Spur für iTunes. Damit das geht, schalten Sie sie auf Solo, wenn Sie mehrere Spuren haben, dann übernimmt GarageBand nur diese eine für den Export. Oder Sie speichern das Projekt unter einem neuen Namen und löschen alle anderen Spuren, das ist sicherlich der zuverlässigste (aber auch langsamste) Weg zum Erfolg. Nach dem Export suchen Sie sich Ihre Instrumenten-Spur in iTunes. Anschließend ziehen Sie sie sich per Drag & Drop an die gewünschte Position in die Timeline.

> **Pegel beachten**
> Wenn Sie eine Spur mit einem Software-Instrument exportieren, um Sie als echtes Instrument im Song zu verwenden, achten Sie unbedingt auch auf die Lautstärke der Spur. Spielen Sie sie lieber etwas lauter aus, als Sie im Augenblick für richtig halten. Wenn Sie sie später im Pegel anpassen wollen, ist es besser, die Lautstärke zu senken, als anzuheben. Aber achten Sie auch darauf, dass Sie nicht zu laut exportieren, und das Signal womöglich verzerrt.

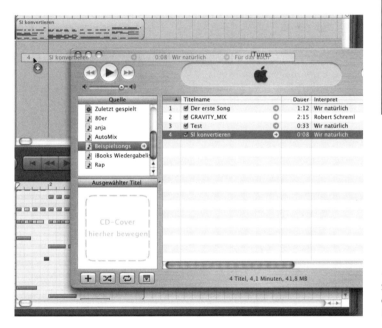

◄ **Abbildung 12.20**
Sie können Ihre AIFF-Files direkt aus iTunes zu GarageBand hinüberziehen.

Eine Spur für ein echtes Instrument wird automatisch erstellt. Dann sollten Sie noch die Original-Software-Instrumenten-Spur löschen. Sonst haben Sie zum einen nicht an Performance gewonnen, zum anderen in Ihrem Arrangement eine Spur doppelt.

Abbildung 12.21 ▲
Das Original und die Fälschung. Oben ist noch die Ursprungsspur des Software-Instruments zu sehen, direkt darunter befindet sich jetzt das Gleiche als echtes Instrument.

13 GarageBand im Internet

Jede Menge los: GarageBand im Web

- Die besten Websites zu GarageBand
- Communities, Foren und mehr

GarageBand hat bereits unmittelbar nach seiner Vorstellung ein unglaubliches Interesse hervorgerufen. Websites schossen wie Pilze aus dem Boden. Die Begeisterung war einfach riesig. Davon profitieren natürlich alle Anwender. Nicht nur, weil es ständig neue Free- und Shareware, Apple-Loops etc. gibt, sondern auch, weil sich rund um GarageBand eine große, aktive Community entwickelt hat, die sicher auch noch weiter wachsen wird. Einen Überblick mit interessanten Websites haben wir für Sie in diesem Kapitel zusammengestellt.

Apples GarageBand-Seiten
Apple hat zu seinem Musikstudio einiges an Informationen im Internet zusammengestellt. Einiges auf Deutsch, noch mehr auf Englisch. Zentrale Anlaufstelle ist **http://www.apple.com/de/garageband**. Unter anderem gibt es dort eine Kurzeinführung in die wichtigsten Funktionen der Software. Interessant ist aber auch die Abteilung mit passendem Zubehör, welches man natürlich auch gleich im Apple Store erwerben kann.

Abbildung 13.1 ▶
Auf den Apple-Webseiten zu GarageBand findet man viele Informationen zum Umgang mit der Software und auch Hardware-Empfehlungen.

Apple bietet unter **http://discussions.info.apple.com/garageband/** ein Internet-Forum zu GarageBand, allerdings nur in englischer Sprache. Hat man eine Frage, ist man dort gut aufgehoben.

GarageBand im Internet

Apples Support-Seiten zu GarageBand finden Sie unter **http://www.apple.com/de/support/garageband/**. Hier können Sie auch Tutorial-PDFs herunterladen.

Suchen Sie auf **http://search.info.apple.com/** nach GarageBand, erhalten Sie weitere Informationen und Dokumente zu dem Thema.

GarageBand-Seiten in Deutsch

Leider gibt es noch nicht allzu viele deutsche Seiten, die sich ausschließlich mit GarageBand beschäftigen. Dafür gibt es aber diverse allgemeine Mac-Foren, in denen sich immer wieder der eine oder andere Hinweis finden lässt.

Ganz einfach finden lässt sich GarageBand.de. Ein nahe liegender Name für eine GarageBand-Gemeinschaft, oder? Sie finden die Seite natürlich unter **http://www.garageband.de**. Hier gibt es ein Forum rund um GarageBand sowie stets die neuesten Nachrichten, die das Programm betreffen.

◀ **Abbildung 13.2**
Die größte deutsche Seite zu GarageBand bietet alles von News bis Diskussions- und Hilfeforen.

Auch das größte deutschsprachige Logic-Audio-Forum widmet sich GarageBand in einem Extra-Bereich. **http://www.logicuser.de** bietet viele Informationen auch rund um andere Audio-Soft- und Hardware; hier treiben sich viele Profis herum, die meist einen guten Tipp parat haben.

GarageBand-Seiten in Englisch

Im englischen Sprachbereich tut sich natürlich noch viel mehr rund um GarageBand im Internet. Klar, ist ja auch internationaler. Hier gibt es viele Foren und Informationsseiten, oft auch mit Songs von anderen GarageBand-Musikern zum Anhören oder Hinweise auf Online-Wettbewerbe für die besten GarageBand-Songs.

MacJams.com, zu erreichen unter **http://www.macjams.com/**, gehört sicher zu den größten Sites zu GarageBand überhaupt. Hier kann auch jeder seine eigenen Songs vorstellen, vorausgesetzt man hat sich registriert. Dann aber gibt es jede Menge Speicherplatz: 500 MB für jeden angemeldeten Nutzer.

Abbildung 13.3 ▶
MacJams.com bietet die Möglichkeit, eigene Songs vorzustellen und die Community darüber abstimmen zu lassen. Mindestens genauso viel Spaß macht es, die Lieder der anderen Teilnehmer anzuhören.

Bei **http://www.icompositions.com/** gibt es diverse Tutorials; und auch hier kann man den Songs von Usern lauschen, am Forum teilnehmen und ab und zu gibt es einen Contest, bei dem es sogar Bares oder schöne Sachpreise zu gewinnen gibt.

Eine weitere Community steht unter dem Motto »Shake your Mac Music Maker«: Bei **http://macjukebox.net/** liegt der Schwerpunkt eindeutig auf dem Forum. Das aber hat es in sich!

Die nächste Seite ist nicht speziell für GarageBand, aber jeder der des Englischen mächtig ist, und irgendetwas mit Mac OS X und Audio zu tun hat, sollte sie kennen: **http://osxaudio.com/**. Hier treffen sich Profis und Laien zum Austausch über alles, was mit Mac und Audio zu tun hat, und wo es immer wieder etwas neues Interessantes zu entdecken gibt. Auch als Linkgrube ist OS X Audio nahezu unschlagbar.

Hilfreiche Websites zum Mac
Sicher geht nicht jeder, der eine Frage zu GarageBand hat, damit gleich in ein spezielles Forum. Außerdem gibt es ja auch sonst noch einiges Interessantes und Wissenswertes rund um Apple, Mac, iPod und Co. Die deutsche Mac-Szene im Internet ist nicht unbedingt klein. Leider sind manche Seiten aber auch nicht unbedingt langlebig, wie das im weltweiten Netz der Netze üblich ist. Wir liefern Ihnen hier eine kleine Auswahl an deutschen Macintosh-Seiten mit Nachrichten, Informationen und Foren, und beschränken uns dabei auf diejenigen, die schon ziemlich lange existieren.

Macnews ist, wie der Name schon sagt, eine Nachrichtenseite und bietet ein lebhaftes Forum sowie viele weitere, interessante Features: **http://www.macnews.de**.

MacGuardians heißt die grüne Seite unter dem Motto: »Guarding the Mac – Serving the Community«. Geboten wird eine etwas andere, kritischere Art der Berichterstattung, ein Forum gibt es natürlich auch: **http://www.macguardians.de**.

MacTechNews hatte ursprünglich mal einen hauptsächlich technisch betonten Ansatz (wir können uns noch daran erinnern), versorgt Besucher aber mittlerweile mit ständigen News, Forum, Galerie und vielem mehr: **http://www.mactechnews.de/**.

Mac-TV ist das Mac-Fernsehen im Web. Jeden Sonntag gibt es via Internet eine Live-Sendung zu Themen rund um Apple. Auch zwischendurch winken immer mal wieder neue Filme, teilweise auch zum Gratis-Anschauen unter: **http://www.mac-tv.de**.

Macstart und Macminer sind Nachrichtenportale rund um Apple und mehr. Ständig werden die neuesten Nachrichten aus unterschiedlichen News-Seiten aktualisiert aufgelistet: **http://www.macstart.de** und **http://www.macminer.de**.

Und zu guter Letzt: mac-and-win, unsere eigene Seite. Sie hat zugegebenermaßen im Zuge dieses Buches ein wenig gelitten, ansonsten gibt es hier immer möglichst aktuelle Nachrichten, Tipps & Tricks, Kurzanleitungen etc. rund um Mac, Tontechnik und IT-Sicherheit: **http://www.mac-and-win.de**.

14 Über Kreativität

Fangen Sie Ihre Ideen ein!

14 Über Kreativität

Pablo Picasso wurde einmal von einem Journalisten gefragt: »Wann haben Sie angefangen, zu malen"? Daraufhin Picasso: »Wann haben Sie aufgehört?"

Dieser Abschnitt ist uns noch ein großes Anliegen! Wenn man dieses Buch liest, könnte man meinen, es ginge darum, Ihnen die Funktionsweise einer Software zu erklären. Das ist falsch. Es geht vielmehr darum, Ihnen dabei zu helfen, kreativ zu sein. Sonst macht das alles keinen Sinn!

Ohne Kreativität könnten wir gar nicht leben. Sie ist ein existenzielles Bedürfnis **aller** Menschen! Ohne die Fähigkeit, Dinge zu verändern, hätte der Mensch in der Evolution keine Überlebenschance gehabt. Denken Sie an Werkzeuge, Gefäße, Jagdwaffen, Medizin, Kommunikation. Das alles liegt nicht einfach so in der Natur herum, sondern ist das Ergebnis von Neugier und Vision namens »Kreativität«.

Da bekommen Sie ein tolles buntes Spielzeug, das ganz einfach zu bedienen ist. Das erinnert doch ein bisschen an die Kindheit. Haben Sie sich etwa damals gedacht: »Oh, ein neues Spielzeug! Das werde ich vielleicht morgen mal ausprobieren, aber erst lese ich die Gebrauchsanweisung durch, um alle Funktionen auswendig zu lernen?« Natürlich nicht. Ratsch, die Verpackung aufgerissen, und los ging's!

Mit GarageBand können Sie das genau so machen. Das ist ganz wichtig! Ideen sind flüchtige, sehr empfindliche Wesen. Wenn man Ihnen einen Moment keine Beachtung schenkt, drehen sie einem beleidigt den Rücken zu: »Pfff, wenn mich keiner zu schätzen weiß, flattere ich eben wieder davon«.

Viele Menschen behaupten von sich, nicht kreativ zu sein. Was für ein Irrglaube! Wenn Sie Kochrezepte verändern, weil Sie nicht alle Zutaten haben, wenn Sie einen Stau umfahren, Kinder großziehen, ein Rätsel lösen oder telefonieren: all das sind kreative Prozesse, genauso wie Musik machen. Weil Sie aber im Alltag normalerweise mehr kochen, Staus umfahren, Kinder großziehen und telefonieren als Musik zu machen, haben Sie darin auch wesentlich mehr Übung und Selbstvertrauen. Das führt uns zu einem wesentlichen Punkt:

Kreativität muss trainiert werden wie ein Muskel!

Na klar! Glauben Sie, dass Kinder sofort, wenn sie einen Stift in der Hand halten, einen Apfelbaum auf einer Wiese mit Tieren und Mama und Papa im Vordergrund malen? Nein: Sie kritzeln! Sie nehmen den Stift und kritzeln immer wieder das Papier voll. Oder sie nehmen Fingerfarben, und schmieren alle so lange zusammen, bis das Ergebnis – schmeichelhaft formuliert – »erdbraun« ist. Das sind zum Teil lustige Bilder, manche sind sogar schön, aber die meisten sind erst einmal grauenvoll! Aber sie hören deshalb nicht auf zu malen. Bald werden aus den Kritzelkreisen gerade Linien. Und dann sieht man auf einmal einen Leuchtturm. Toll!

Das führt uns wieder zu Ihnen. Komponieren Sie bitte jede Menge grauenvolle Musik! Das ist keine Schande, denn einige Menschen leben davon sogar so gut, dass sie ständig im Fernsehen an anderen herummeckern dürfen und dafür wiederum Millionen kassieren. Das sollte uns allen Mut geben! Unter den vielen grauenvollen Ideen, die Sie mit diesem Programm festhalten werden, sind bestimmt ein paar, die Sie ganz gelungen finden. Und vielleicht ist sogar ein Stück dabei, das Sie Ihren Freunden vorspielen würden. Na bitte! Anders machen es Kinder auch nicht, und die verstehen wirklich etwas davon.

Wichtig ist, dass Sie Ihre Kunstwerke nicht schon während der Entstehungsphase bewerten. Das ist der Hauptgrund, warum Menschen aufhören zu singen, zu malen oder ein Instrument zu spielen. Man hat oftmals durch Fernsehen, Zeitschriften, Bücher, CDs und andere Medien ein genaues Bild davon, wie etwas scheinbar auszusehen hat. Wenn wir jede kleine Idee, die sich gerade anbahnt, sofort bewerten, haben wir keine Chance. Wir schmeißen sie weg und geben frustriert auf! Kinder (sie sind nun einmal Experten auf dem Gebiet) würden das nicht tun. Sie malen ein Bild, und hinterher finden sie es dann entweder schön oder nicht. Beachten Sie die Reihenfolge! Fassen wir zusammen:

1. **Halten Sie Ihre Ideen sofort fest, und seien sie noch so klein!** Selten hat man einen kompletten Song sofort im Ohr. Sammeln Sie musikalische »Notizen«!
2. **Bewerten Sie Ihre Ideen erst zu einem späteren Zeitpunkt!** Frühestens am nächsten Tag! Was finden sie gut, was schlecht daran?
3. **Hören Sie sich an, wie es andere machen.** Was können Sie übernehmen? Sie müssen nicht das Rad neu erfinden! Oder hat das jemand von Ihnen verlangt?
4. **Gehen Sie einen Schritt weiter!** Kopieren Sie Ihren Lieblingssong eins zu eins! Das trainiert Ihre Technik.

14 Über Kreativität

5. **Spielen Sie!** Nehmen Sie einen Loop, und zerfetzen Sie ihn mit dem Bitcrusher oder einem Verzerrer. Noch etwas Delay drauf, und fertig! Klingt doof? Na und ...?
6. **Verrennen Sie sich nicht in eine Idee!** Machen Sie mal Pause. Hey, Ihre Farben trocknen nicht! Holen Sie sich eine Tasse Tee. Bald haben Sie wieder frische Ohren, und dann kann es weitergehen.
7. **Machen Sie mal etwas anders!** Lassen Sie die Querflöte die Basslinie spielen und den Bass die Melodie. Oder spielen Sie Schlagzeug auf dem Klavier. So reißen Sie sich von der Routine los.
8. **Heben Sie Ihre Ideen auf!** Da eine Verknappung von Speichermedien nicht in Sicht ist, sollten Sie bestrebt sein, so viele GarageBand-Songs wie möglich zu sammeln. Versuchen Sie, ins »Guinness Buch der Rekorde« zu kommen! Nach ein paar Monaten können Sie dann in alte Songs reinhören, sich totlachen oder auch die Augenbrauen verwundert hochziehen...
9. **Suchen Sie nach kreativen Momenten im Alltag!** Sie werden schnell fündig werden.
10. **Geben Sie nie auf!**

Abbildung 14.1 ▶ Am Anfang war das Chaos (Elias Schreml 2003) ... und nur wenig später ein Leuchtturm (Elias Schreml 2004).

15 Die CD-ROM zum Buch

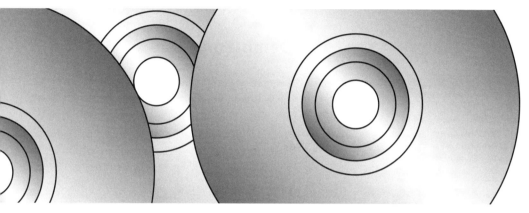

Der Demo-Song und mehr

▶ Ein Überblick über die Buch-CD-ROM

Die CD zu diesem Buch ist von besonderer Bedeutung: Sie enthält den Beispielsong aus Kapitel 7 sowie einige Vorlagen verschiedener Musikstile, mit denen Sie arbeiten und die Funktionen von GarageBand ausprobieren können.

15.1 Der Demo-Song

> **Auf Festplatte kopieren**
> Bitte beachten Sie, dass Sie alle Dateien zunächst auf Ihre Festplatte kopieren müssen, denn GarageBand kann kein File direkt von CD öffnen.

> **»Gravity« und die GEMA**
> Bitte beachten Sie, dass der Beispielsong von Robert Schreml komponiert worden und dementsprechend auf seinen Namen bei der GEMA, der Gesellschaft für musikalische Aufführungs- und mechanische Vervielfältigungsrechte, urheberrechtlich geschützt ist.

Im Verzeichnis »Demo-Song« finden Sie unseren Song »Gravity« aus Kapitel 7. Dieser liegt hier in drei Formen (in verschiedenen Unterverzeichnissen) vor:

Verzeichnis »Song«

Hier finden Sie drei Dateien (mit der Extension .band), die Sie direkt in GarageBand öffnen können:

- GRAVITY_MIX.band enthält eine komplette, fertig abgemischte Version unseres Demo-Songs. Hier können Sie bis ins Detail nachvollziehen, welche Einstellungen eine gute Abmischung ergeben.
- GRAVITY_NO MIX.band enthält eine Version von GarageBand mit allen Instrumenten und Spuren, die allerdings noch nicht abgemischt sind und weder Effekte noch Lautstärkekurven besitzen. Probieren Sie es selbst!
- GRAVITY_MIX + ARCHIV.band enthält eine komplette Version des Demo-Songs, in der Sie noch alle Spuren einzeln bearbeiten können.

Verzeichnis »Downmixes«

Wenn Ihr Mac mit den Dateien aus dem Ordner »Song« Probleme haben sollte, sollten Sie auf eine der »Gravity«-Versionen aus dem Ordner »Downmixes« zurückgreifen. Hier haben wir einige Spuren gebounced, also zu einzelnen Spuren zusammengefasst:

- GRAVITY_GUITAR MIX.band enthält eine Spur, in der alle Gitarren-Spuren zusammengefasst sind.
- GRAVITY_GUITAR+KEYB MIX.band enthält je eine zusammen gefasste Spur mit allen Keyboard-Spuren und eine mit allen Gitarren-Spuren.
- GRAVITY_GUITAR+KEYB +DRUMS MIX.band enthält eine Bounce-Spur mit allen Gitarren, eine mit allen Keyboard- und eine mit allen Schlagzeug-Spuren.

Bitte beachten Sie, dass zusammengefassten Spuren nicht mehr auseinander genommen werden können. Nehmen Sie daher immer am besten die Version, die am wenigsten zusammengefasste Spuren enthält und auf Ihrem Mac läuft.

Verzeichnis »AIFFs«
In diesem Ordner haben wir die drei im Ordner »Downmixes« gebouncten Spuren als AIFF-Dateien bereit gelegt:
- GRAVITY_DRUMS BOUNCE.aiff
- GRAVITY_GUITAR BOUNCE.aiff
- GRAVITY_KEYBOARD BOUNCE.aiff

15.2 Genre-Beispiele

In Kapitel 8, »GarageBand für jeden Geschmack«, ab Seite 216 finden Sie eine Beschreibung verschiedener Musikstile. Im Ordner »Genres« haben wir für jedes Genre ein typisches Song-Beispiel erstellt – zum Anhören, Anschauen, Ausbauen oder als Vorlage für einen eigenen Song. Die Lieder in diesem Ordner sind aus Apple-Loops zusammen gestellt und nicht GEMA-geschützt, können also beliebig verändert und veröffentlicht werden.
- Genres_Andere.band
- Genres_Country.band
- Genres_Elektronisch.band
- Genres_Experimentell.band
- Genres_Jazz.band
- Genres_Kinomusik.band
- Genres_Orchester.band
- Genres_Rock-Blues.band
- Genres_Urban.band
- Genres_Weltmusik.band

16 Anhang

Die wichtigsten Begriffe zum Nachschlagen

16 Anhang

16.1 Glossar

In diesem Buch geht es nicht nur um eine Software, im Mittelpunkt steht vielmehr die Musik, die Sie damit erzeugen können. Damit einher gehen viele Fachbegriffe aus einer Ihnen vielleicht noch fremden Welt. Dieses Glossar bietet die wichtigsten davon im alphabetischen Überblick zum schnellen Nachschlagen.

AAC (Adaptive Audio Coding)
Datenreduktionsverfahren für Audio. Steht in Konkurrenz zu → MP3, bietet eine höhere Kompression bei höherer Klangqualität.

AB-Stereofonie
Stereo-Aufnahmeverfahren mit zwei gleichartigen Nieren- oder Kugelmikrofonen im Abstand von 20 bis 50 cm.

Absorber
»Schlucken« Frequenzen in einem Raum, können beim Studiobau bewusst auf verschiedene Frequenzbereiche aufgeteilt werden. Höhenabsorber: poröses, wattiges Material; Mittenabsober: wie Höhenabsober, aber größere Schichttiefe und Perforationen in der Abdeckung; Tiefenabsorber: Platten-/Membranabsorber.

Absorptionswirkung
Fähigkeit, Frequenzen zu absorbieren. Jedes Material hat eine bestimmte Absorptionswirkung. Diese steigt mit der Schallschnelle.

Abspielposition
Zeigt Ihnen an, an welcher Stelle Sie sich in der Timeline von Garageband befinden bzw. an welcher Stelle gerade Ihre Wiedergabe läuft. → Tonkopf

Active Sensing
MIDI-Befehl, den der MIDI-Ausgang immer dann sendet, sobald er mehr als 300 ms keine anderen Befehle sendet. Erhält ein MIDI-Empfänger länger als 300 ms keinen Active Sensing Befehl, schaltet er sich ab.

A/D-Converter
Analog-Digital-Wandler. Wird benötigt, um analoge (zeit- und wertekontinuierliche) Signale in digitale (zeit- und wertediskrete) Signale z. B. für den Gebrauch in Audioprogrammen umzuwandeln.

AES/EBU
Digitale Schnittstelle nach gemeinsamer Norm der AES (Audio Engineering Society) und der EBU (European Broadcasting Union). Symmetrisches Digitalsignal über XLR-Anschluss. Das Signalformat unterscheidet sich nur unwesentlich vom → S/PDIF-Standard, kann aber durch höhere Signalpegel und symmetrische Leitungsführung über weite Entfernungen (bis über 100 Meter) übertragen werden.

AIFF
Audio Interchange File Format. Unkomprimiertes Datenformat, zu finden auf normalen Audio-CDs.

Allpassfilter
Lässt alle Frequenzen passieren, verschiebt in Abhängigkeit der Frequenz die Phase (verzögert das Signal). Grundlage des Phaser- und Flanger-Effektes.

Amplitude
Maximale Auslenkung einer Schallschwingung, wird als Lautstärke wahrgenommen.

16.1 Glossar

Amp
Kurzform für Amplifier (engl.: Verstärker). Wird in dieser Abkürzung gerne für Gitarren- oder Bassverstärker benutzt.

Analog
Zeitkontinuierliche Übertragung von Wechselspannungen. Das Gegenteil von → digital.

Anschlagdynamik
Bezieht sich auf die Stärke, mit der eine Taste an einem MIDI-Keyboard angeschlagen wird.

Anti-Alias-Filter
→ HighCut-Filter, der das Signal am Analogeingang eines → A/D-Converters so filtert, dass die maximal abtastbare Tonfrequenz (max. halbe Sampling-Frequenz) nicht überschritten wird, da sonst Phantom-Frequenzen (»Aliase«) im abgetasteten Signal auftreten.

Apple Loops
In GarageBand vorliegende, bereits fertig produzierte und abgemischte Musikdateien zum Einbau in einen Song. Lassen sich beliebig verlängern und wiederholen.

Attack Time
Ansprechzeit für Filter und Effekte, wird in GarageBand auch mit Attack-Dauer übersetzt.

Automation
Aufgezeichnete Steuerbewegung, z. B. vom → Fader, aber auch Effekt-Parameter, → EQ etc. Bei GarageBand ist lediglich die Spurlautstärke automatisierbar.

Aux
Kurzform für »Auxiliary«, deutsch »Hilfsweg«. An Mischpulten zusätzliche Auspielwege, mit denen z. B. Effektgeräte angesteuert werden können. Unter »Aux Input« versteht man abgespeckte Mischpultkanäle, die nicht den vollen Funktionsumfang besitzen. Hier können Effektsignale auf eine → Summe zurückgeführt werden.

Ballade
Ein getragenes Musikstück.

Balance
Stereovariante des → Panoramas

Balanced
Englisch für → symmetrisch

Bandbreite
Breite des Frequenzbandes, das durchgelassen wird

Bandpassfilter
Filter, der nur ein bestimmtes Frequenzband passieren lässt

Band Reject
Englisch für → Bandsperre

Bandsperre
Unterdrückt ein bestimmtes Frequenzband, lässt aber tiefe und hohe Frequenzen passieren.

Basis
Stereo-Hörebene, die von zwei Lautsprechern abgebildet wird.

Bass drum
Basstrommel beim Schlagzeug (→ Kick)

Bar
Englisch für Takt

Beat
Schlag, der rhythmisch wiederholt wird

Bit
Abkürzung für Binary Digit. Kleinste Informationseinheit in digitalen Systemen.

Bitrate
Übertragene Datendichte in kBit (gleich 1000 Bit) pro Sekunde bei

komprimierten Audiodateien. Die Wiedergabequalität steigt mit der Bitrate. Je nach Einstellung kann man eine variable oder eine konstante Bitrate wählen. Typische Datenraten bei → MP3-Files sind z. B. 64kBit/s, 128kBit/s, maximal 320kBit/s

Bittiefe
Genauigkeit der Pegelabtastung bei linearen Digitalformaten wie z. B. → .wav, → .aif oder → .sd2-Files. Je nach Einsatzbereich 8 Bit (256 Pegelschritte, schlechte Tonqualität), über 16 Bit (65.536 Pegelschritte, gute Tonqualität), bis zu 24 Bit (16.777.216 Pegelschritte, maximale Tonqualität). Die → AES/EBU- und die S/PDIF-Schnittstelle sind bis maximal 24 Bit definiert. Die Bittiefe ist innerhalb des Formats nicht variabel.

Boost
Englisch für erhöhen. Zum Beispiel bei Pegelerhöhung mit dem → Fader oder bei der Anhebung von Frequenzbändern bei → Equalizern. Gegenteil von → cut.

Bouncing
Von »track bouncing«. Zusammenfassen von mehreren Tonspuren auf einer Sammelspur

bpm
Abkürzung für »beats per minute«, Schläge pro Minute. Einheit für die Angabe des musikalischen Tempos.

Bridge
Englisch für Brücke. Musikalischer Übergang im Songausbau, kommt meist vor dem → Refrain

Buffer
Englisch für → Pufferspeicher

Cardioid
Englische Bezeichnung für nierenförmige (eigentlich: »herzförmige«) Richtcharakteristik bei Mikrofonen.

Cent
Logarithmisches Maß für Intervalle. Eine Oktave ist in 1200 cents unterteilt. Bei Tonhöhe-Effekten kann man den Grad der Verstimmung in cent bestimmen.

Channel Message
MIDI-Befehlsart. Datenpakete dieser Kategorie tragen immer eine konkrete Kanalzuordnung mit sich. Gegenteil zu → System Message.

Chorus
Bezeichnet erstens einen Modulations-Effekt für »schwebenderen« Klang. Das Signal wird verzögert und dem Original zugemischt. Dabei wird das verzögerte Signal leicht moduliert. Steht zweitens für einen wiederkehrenden Formteil, meist instrumental.

Chromatisch
Anderes Wort für halbtönig. Eine Chromatische Tonleiter besteht nur aus Halbtonschritten, besitzt dadurch aber auch kein tonales Zentrum. Chromatik wird oft als Verbindung zwischen größeren Tonschritten verwendet, z. B. bei der Improvisation.

Cinch-Stecker
Unsymmetrische Steckverbindung (Stereoanlage, → S/PDIF).

Clipping
Übersteuerung. Digital: Wird der maximale Lautstärkewert (je nach Bittiefe) überschritten, wird das zu laute Signal bei 0 → dBFS sofort rechteckförmig abgeschnitten, was zu deutlich hörbaren, unharmonischen Verzerrungen führen kann. Analog: Führt (je nach Signalart) teilweise zu erwünschten, harmonischen Verzerrungen. Im Gegenteil zu digitalem Clipping stufenlos.

Clock
Synchronisationstakt für digitale Signale.

16.1 Glossar

Compander
→ Kompander

Compressor
→ Kompressor

Condenser
→ Kondensator

Converter
Wandler. → A/D-Converter

Crash-Cymbal
Akzentbecken

Cross-Talk
Übersprechen von Kanälen, z. B. in analogen Mischpulten oder Bandmaschinen.

Counter
Zählwerk. Bei GarageBand kann der Counter zwischen Zeitanzeige und Taktanzeige umgestellt werden.

Cut
Englisch für schneiden (Schnitt von Audio-oder MIDI-Regionen) bzw. für herabsetzen (von Frequenzbändern bei parametrischen oder graphischen Equalizern). Gegenteil von → boost.

Cutoff Frequenz
Eckfrequenz eines Frequenzbereichs

dB
Dezibel, Maßeinheit für die Lautstärke, diese ist logarithmisch. 6 dB entsprechen einer Spannungsverdopplung.

Delay
Verzögerung, wird z. B. für Echo- und Hall-Effekte eingesetzt.

Delay Time
Die Verzögerungszeit. 3 ms entsprechen etwa 1 m vom Schall zurückgelegter Wegstrecke. Siehe auch → Schallgeschwindigkeit.

Density
Die Dichte der Reflexionen im diffusen Schallfeld.

DI-Box
Abkürzung für »Direct Injection Box«. Gerät zur → Symmetrierung und galvanischen Trennung von unsymmetrischen Signalen (z.B. Gitarren, Keyboards, E-Drums), zum direkten Anschluss an Mischpulte und zur Überwindung größerer Entfernungen auf Bühnen. Aktive und passive Bauart möglich.

Diatonik
Tonleiter, die aus Halb- und Ganztönen zusammengesetzt ist. Dur-, Moll- und Kirchentonleitern sind diatonisch. Gegenteil von → Chromatik.

Diffuses Schallfeld
Bereich außerhalb des Hallradius. Es überwiegt der reflektierte Schallanteil.

Digital
Die zeit- und wertediskrete Übertragung von Audiodaten. Gegensatz zu → analog.

Distortion
Englisch für Verzerrung. Verzerrungen sind Obertöne, die im Ursprungssignal nicht enthalten sind. Dieser eigentlich technisch unerwünschte Effekt wird jedoch kreativ eingesetzt, typischerweise bei Gitarrensounds oder bei Stimmen.

Druckempfänger
Mikrofon mit Kugelcharakteristik. Die Schwankungen des absoluten Luftdrucks sind für die Auslenkung der Membran verantwortlich.

Druckgradientenempfänger
Die Membran wird von der Druckdifferenz zwischen vorderem und hinterem Schall ausgelenkt. Die Empfindlichkeit ist also im Gegensatz zum

16 Anhang

→ Druckempfänger richtungsabhängig (Niere, Hyperniere, Superniere, breite Niere, Acht). Bei manchen Kondensatormikrofonen mit Doppelmembran (z. B. Neumann U87, AKG C414, AudioTechnica AT 4040) können beide Membranen elektrisch so verschaltet werden, dass ebenfalls eine Kugelcharakteristik resultiert. Das Wandlerprinzip bleibt dann allerdings unverändert, mit der für Druckgradientenempfänger typischen Bassschwäche bei größeren Abständen.

Dynamics
Englisch für Regelverstärker. Oberbegriff für Geräte wie → Kompressor, → Limiter, → Expander, → NoiseGate etc.

Dynamik
Unterschied zwischen der geringsten und höchsten Lautstärke in einem Audio.

Dynamikbereich
Bereich zwischen der niedrigsten und der höchsten Lautstärke in einem Audio.

Dynamisches Mikrofon
Tauchspulen- oder Bändchenmikrofon. Wechselspannung entsteht durch Bewegung einer Spule oder eines Aluminiumbändchens durch ein Permanentmagnetfeld.

Early Reflections (erste Reflexionen)
Der erste Teil eines Hallsignals sind die ersten Reflexionen. Diese sind von besonderer Bedeutung für die Orientierung des Hörers, denn durch den zeitlichen Abstand von Originalsignal und Reflexionen kann die Raumgröße blitzschnell vom Gehirn abgeschätzt werden.

Echo
→ Delay. Das Signal wird verzögert und einfach oder mehrfach versetzt wiedergegeben.

Echo-Zeit-Berechnung
Bei bekanntem Tempo berechnet sich die Echo-Zeit folgendermaßen: 60 geteilt durch bpm = Länge der Viertelnote in Sekunden. Die Echozeit sollte rhythmisch mit dem Songtempo abgestimmt werden.

Editor
Teil der Benutzeroberfläche von GarageBand, dient der Bearbeitung von Software- und echten Instrumenten.

Elektret-Kondensator
Vorpolarisierter Kondensator, der oft in günstigen Kondensatormikrofonen verwendet wird. Diese Mikrofone kommen dann zwar ohne externe Vorspannung aus, benötigen aber dennoch für die Verstärkerelektronik eine kleine Spannung (z. B. 1,5V-Batterie).

Empfängerprinzip
Beschreibt die Art und Weise, wie ein Mikrofon mechanische in akustische Schwingungen wandelt. (Druckempfänger, Druckgradientenempfänger)

Ending
Musikalischer Formteil: das Ende eines Liedes.

Equalizer (EQ, Entzerrer)
Gerät zur Veränderung des Energiehalts von Frequenzbändern. Bauart entweder »parametrisch« oder »grafisch«. Beim Parametrischen EQ können Frequenz, Güte (Q) und Verstärkung für jedes Band unabhängig voneinander geregelt werden.

Expander
Dynamikprozessor. Die Pegel unterhalb des Schwellwerts werden abgesenkt.

Fade in/out
Ein- bzw. Ausblenden eines Signals bzw. eines Musikstücks.

Fader
Flachbahn-Pegelsteller

16.1 Glossar

Feedback
Erstens Bezeichnung für eine versehentliche Rückkopplung (z. B. bei einem Live-Konzert). Zweitens die geregelte, erneute Rückführung des Effektsignals in den Signalweg (z. B. bei Delay-Effekten).

Filter
Lässt nur bestimmte Frequenzen passieren. Bei Mischpulten besteht ein Unterschied zwischen Filter und → EQ. Beim EQ können im gesamten Frequenzbereich Frequenzen angehoben oder abgesenkt werden. Ein Filter hingegen begrenzt lediglich den Frequenzgang von oben (»High Cut«) oder unten (»Low Cut«, auch als »Rumpelfilter« oder »Trittschallfilter« bekannt). Bei kleineren Mischpulten ist ein fest eingestellter Trittschallfilter ein- und ausschaltbar.

Filtergüte
Breite eines Frequenzbands. Bei geringen Filtergüten spricht man von Glockenfiltern (engl. bell), bei hohen Filtergüten von Kerbfiltern (engl. notch). Im Englischen bezeichnet man die Filtergüte mit Quality (→ Q-Faktor).

Final Mix
Die abschließende Endmischung eines Liedes.

Flanger
Modulationseffekt mit dynamischem → Kammfiltereffekt. Dem Originalsignal wird ein verzögerter Anteil hinzugemischt, wobei die Delayzeit von einem → LFO moduliert wird.

Flankensteilheit
Die Trennschärfe, mit der Frequenzen ober- bzw. unterhalb der Filterfrequenzen abgesenkt werden (in dB/Oktave).

Frequenz
Schwingungen pro Sekunde. 1000Hz (Hertz) = 1kHz (Kilohertz)

Frequenzgang (Frequenzy Response)
Zeigt den Verlauf des Ein- oder Ausgangspegels eines Gerätes in Abhängigkeit von der Frequenz.

FX
Englische Kurzform für effects (Effekte).

Gain
Englisch für Verstärkung, Zugewinn. Veränderbare Vorverstärkung z. B. in Mischpultkanälen, Gitarren- und Mikrofonvorverstärkern.

Ganzton
Tonschritt, bestehend aus zwei → Halbtönen.

GM – General MIDI
Eine Vereinheitlichung von MIDI-Instrumenten. Zuordnungstabelle für Sounds. Auf bestimmten Programmnummern befinden sich bestimmte Sounds. General MIDI-Files können auf GM-Geräten mit originaler Instrumentierung abgespielt werden. Der herstellerabhängige Klang der Instrumente ist aber Glückssache.

Graphischer EQ
Equalizer mit fest eingestellten Frequenzbändern und Filtergüten. Die Bänder sind horizontal angeordnet. Damit wird beim Verstärken oder Absenken der Bänder eine Art Frequenzkurve optisch dargestellt.

Grid
Englisch für Raster.

Haas-Effekt
Gesetz der ersten Wellenfront. Das erste beim Hörer eintreffende Signal wird zur Lokalisation der Schallquelle genutzt.

Halbton
Kleinster Tonschritt einer westlichen Tonleiter. Eine Oktave besteht aus 12 exakt gleich großen Halbtonschritten. Ein Halbton ist in 100 → cent unterteilt.

Hall (Reverb)
Effekt zur künstlichen Erzeugung eines Raumklangs

Hall-Radius
Wichtig für die Wahl des Mikrofonabstands. Der Schalldruckpegel des Diffusschalls entspricht innerhalb des Hall-Radius dem des Direktschalls. Der Hall-Radius ändert sich in Abhängigkeit von Frequenz und Lautstärke. Mit zunehmender Nachhallzeit wird der Hall-Radius kleiner, das heißt man muss mit dem Mikrofon näher an die Schallquelle, um nicht nur Diffusschall aufzunehmen.

High-Pass
Filter, der hohe Frequenzen durchlässt und tiefe Frequenzen ausblendet (auch: »Low Cut«).

Hi-Hat
Teil des Schlagzeugs. Fuß-Mechanismus, mit dem zwei kleine, horizontal aufgehängte Becken gegeneinander geschlagen werden können.

Hörbereich des Menschen
Beträgt 16 Hz bis 20 KHz bei der Geburt. Etwa alle 10 Jahre verliert man 1 kHz im Hochtonbereich.

Hypercardioid
→ Hyperniere

Hyperniere
Mikrofoncharakteristik von Druckgradientenempfängern mit sehr starker Seitendämpfung (geringster Diffusschallanteil aller Richtcharakteristiken), dafür aber empfindlicher gegen Schall von hinten als → Nieren- und → Supernierencharakteristik

Infraschall
Schall unterhalb der Hörgrenze von etwa 20Hz. Infraschall wird vom ganzen Körper als Erschütterung wahrgenommen. Bestimmte Infraschall-Frequenzen können bei Menschen Panikattacken auslösen.

Interlude
Musikalischer Formteil: Zwischenspiel

Intervall
Tonschritt, z. B. große Sekunde = 2 Halbtöne = 200 cent.

Intro
Musikalischer Formteil: Anfangsteil

Impedanz
Ein- oder Ausgangswiderstand von elektroakustischen Geräten. Der Spannungsabfall am Verbraucher (z. B. Mischpult) sollte so groß wie möglich sein (weniger Spannungsverlust), daher: Eingangswiderstand Verbraucher, Ausgangswiderstand Quelle.

Kammfilter-Effekt
Periodische Frequenzauslöschung, die grafisch dargestellt einem Kamm ähnelt. Tritt bei Überlagerung von Direktsignal und Reflexionen auf, z. B. bei Reflexionen von einer Tischplatte in Mikrofonnähe. Wird als Effekt z. B. beim → Flanger eingesetzt.

Klang
Schall aus Grund- und Obertönen. Besteht ein Klang aus Frequenzen, die ganzzahlige Vielfache der Grundtonfrequenz sind, so spricht man von einem harmonischen Klang. Metallische Klänge setzen sich mehrheitlich aus unharmonischen Obertönen zusammen. Oftmals ist durch dieses Frequenzgemisch kein Grundton (→ Tonalität) zu hören (z. B. Crash-Becken). Diese Klänge werden eher einem Rauschspektrum zugeordnet.

Klirrfaktor
Anteil der nichtlinearen Verzerrungen (oder auch im Originalsignal nicht vorhandenen Obertöne) in Prozent.

Kompander
Kombination aus → Kompressor und → Expander, wird bei Rauschunterdrückung eingesetzt.

16.1 Glossar

Kompressor
Bewirkt eine Pegelreduktion, sobald der Eingangspegel den → Threshold überschreitet. Dient der Verdichtung der Dynamik eines Signals. Eine nachgeschaltete Verstärkung erhöht den Energieinhalt des Signals, dadurch lautere Wahrnehmung.

Kugelcharakteristik
Typische Richtcharakteristik von → Druckempfängern oder Doppelmembran-Kondensatormikrofonen.

Level
Englisch für Pegel

LFO
Abkürzung für »Low frequency oscillator«. Generator für niederfrequente Wechselspannungen (0~10Hz). Wird bei Modulationseffekten und Synthesizern eingesetzt für → Schwebungs- oder → Tremoloeffekte eingesetzt.

Limiter
Dynamikprozessor. Begrenzt das Signal und schützt vor Pegelspitzen durch extrem schnelle Ansprechzeit (→ Attack Time).

Line-Pegel
Hochpegel

Linear
Gleichbedeutend mit unverändert. Lineare Audioformate sind → .wav, → .aiff, → .sd2. Die Audiodatei entspricht exakt der Abtastung. Nicht-lineare Formate sind datenreduziert, also → MP3, → AAC, Real Audio etc. Bei Verstärkern oder anderen elektroakustischen Geräten spricht man von einem »linearen Frequenzgang«, wenn keine signifikanten Veränderungen des Frequenzgangs zwischen Ein- und Ausgang des Geräts stattfinden.

Loop
Englisch für Schleife, ein wiederholbares Pattern (Muster).

Loop-Browser
Übersicht zur Verwaltung der Apple-Loops in GarageBand. Man kann sie dort auswählen und vorhören.

Loudness
Spezielle EQ-Einstellung mit Höhen- und Tiefenanhebung für geringe Abhörlautstärken. Bei geringen Lautstärken ist das menschliche Ohr für tiefe und hohe Frequenzen relativ unempfindlich. Manche Hifi-Geräte (Autoradios) besitzen eine spezielle Loudness-Taste.

Low-Pass
Filter, der tiefe Frequenzen durchlässt und hohe Frequenzen sperrt (auch: »High Cut«).

Mastering
Klangoptimierungs-Prozess nach dem → Final Mix und vor der CD/DVD-Pressung.

Master-Spur
Hier werden globale Einstellungen von Lautstärke und Effekten für alle Spuren gemeinsam geregelt, sowie Ton- und Taktart verändert.

Meter
Englisch für Pegelanzeige

MIDI
Abkürzung für »Musical Instruments Digital Interface«. Standard-Protokoll zur Verständigung verschiedener elektronischer Instrumente und Computer.

Mix
Englisch für Mischung

Mixer
Englisch für Mischpult

Monitor
Erstens Bezeichnung für eine Abhörschiene, zweitens für einen Abhörlautsprecher

Mono
Bezeichnung für einkanalig

Monokompatibel
Auf Mono-Wiedergabegeräten ohne größere Klangverluste im Hochtonbereich abspielbare Stereoaufnahme. Durch die bei Mono erfolgende Summierung von rechtem und linkem Kanal kann es bei unterschiedlicher Phasenlage zu Auslöschungen im Hochtonbereich kommen. Extremfall: komplett entgegen gesetzte Phasenlage (Verpolung). Resultat: komplette Auslöschung.

Monophon
einstimmig

Multitrack
Englischer Ausdruck für Mehrspur-Aufnahmegerät

Mute
Englisch für stumm schalten. Die aktivierte Spur ist nicht mehr zu hören.

Nahbesprechungseffekt (Mikrofone)
Tritt bei Druckgradientenempfängern auf. Bei geringem Abstand werden die tiefen Frequenzen extrem verstärkt, da deren Druckgradient bei geringen Abständen besonders stark ist (Kugelwelle). Abhilfe schafft ein Pop-Filter.

Nierencharakteristik
Typische Richtcharakteristik von Druckgradientenempfängern, die im Polardiagramm wie eine Niere aussieht (engl. → cardioid), gute Einsprechdämpfung von hinten (180 Grad).

Noise Gate
Regelverstärker zum Ausblenden von Störgeräuschen. Bei Extremeinstellung wird der Signalweg nach Unterschreiten des Schwellwerts um bis zu 80dB gedämpft, und daher faktisch geschlossen (→ Gate). Bei der Verwendung der gut gemeinten, deutschen Übersetzung von Apple (»Geräusch-Gatter«) droht Unverständnis in Fachkreisen.

Oberton
Oberschwingung. Beim Zupfen einer Gitarrensaite wird diese nicht nur zur Grundschwingung, sondern auch zu so genannten »Partialschwingungen« angeregt. Natürliche Klänge besitzen immer Obertöne. Lediglich Sinusschwingungen sind frei von Obertönen.

Omnidirectional
Englisch für → Kugelcharakteristik

ORTF
Abkürzung für »Office de Radiodiffusion-Télévision Française«, öffentlich-rechtlicher Rundfunksender in Frankreich. Erfinder der ORTF-Stereofonie mit zwei Nierenmikrofonen im Abstand von 17 cm und einem Aufnahmebereich von 110 Grad.

Output
Englisch für Ausgangssignal

Overdub
Nachträgliche Ausbesserung oder Ergänzung einer Aufnahme

Overload
Überschreitung des Maximalpegels (→ Clipping)

Pad
Erstens Bezeichnung für eine schaltbare Pegelabsenkung, zweitens für einen Flächenklang.

Panorama
Stereobild

Pan-Pot
Kurzform für »Panorama-Potentiometer« (Panoramaregler)

Parallele Tonarten
Dur- und Molltonarten gleicher Vorzeichen, deren Grundtöne im Abstand einer kleinen Terz zueinander stehen, z. B. G-Dur und e-moll.

16.1 Glossar

Parametrischer EQ/Parametric EQ
→ Equalizer

Peak
Englisch für Pegelspitze

Pentatonik
Fünftonreihe, Tonleiter aus fünf Tönen. Sehr gebräuchlich in Blues, Rock und Pop, da etwas offenere Struktur als Dur/Moll.

Phantomspeisung
48V-Spannungsversorgung für → Kondensatormikrofone und aktive → DI-Boxen, die über das Mikrofonkabel erfolgt, ohne das Nutzsignal zu beeinflussen oder gefährliche Spannungspotentiale am Kabelende zu erzeugen.

Phase
Zeitliche Position einer Welle (Schall, Wechselspannung etc.) in Bezug zu einem Referenzpunkt.

Phaser
Modulierter → Delay-Effekt

Pitch
Englisch für Tonhöhe

Pop-Filter
Auch »Plopp-Killer« genannt. Mit Gaze bespannter Ring mit Klemmvorrichtung. Schützt Druckgradientenmikrofone vor starken Explosivlauten (»Pops«), die durch → Nahbesprechung hervorgerufen werden.

Playback
Instrumentale Begleitung

Pre-Amp
Englisch für → Vorverstärker

Präsenz/Presence
Höhenanhebung (oft bei Gitarrenverstärkern zu finden)

Pufferspeicher
Wird beim Abspielen von Audiodaten benötigt, um unterbrechungsfreies Abspielen zu gewährleisten.

Punch-In/-Out
Während des Abspielens selektiv in die Aufnahme gehen. Siehe auch → Overdub

Q-Faktor/-Quality
Filtergüte. Wird als Faktor angegeben. Berechnet sich aus Center-Frequenz geteilt durch Frequenzbereich (z. B. Center-Frequenz = 1000Hz, Frequenzbereich = 500Hz-1500Hz => Q = 1).

RAM
Abkürzung für »Random Acces Memory«. Flüchtiger Speicher in Computern mit extrem schnellem Rechenzugriff. Im RAM werden Programme geladen und die dafür notwendigen Berechnungen durchgeführt. Alle Funktionen von GarageBand (Software-Instrumente, Spuren, Effekte etc.) werden im RAM realisiert.

Ratio
Parameter bei Dynamikprozessoren. Bestimmt den Grad der Pegelverdichtung. Bei einer Ratio von zwei zu eins wird der Ausgangspegel beispielsweise nur um 1 dB ansteigen, während der Eingangspegel bereits um 2 dB angestiegen ist. Somit ist eine Pegelverdichtung (→ Kompression) erfolgt.

RCA
→ Cinch-Stecker

Refrain
Musikalischer Formteil: Wiederholungselement

Region
Jeder Musikschnipsel, der sich in GarageBand auf der Timeline befindet. Egal ob aufgenommene Instrumente, Apple Loops oder importierte Audio-Dateien.

Release Time
Abklingzeit

Reverb
Englisch für → Hall

Riff
Prägnantes, rhythmisches Motiv in einem Lied (»Gitarren-Riff«)

Roll
Englisch für Wirbel

Sampling-Frequenz/Sample-Rate
Abtastfrequenz für Audiosignale. Muss mindestens doppelt so hoch sein, wie die höchste zu übertragende Frequenz. Typische Sampling-Frequenzen sind 44,1 kHz (CD) und 48 kHz. Moderne → A/D-Converter können Abtastraten bis zu 192 kHz erzeugen.

Schallfeld
Schalldruck und Schallschnelle sind im ganzen Schallfeld der Frequenz direkt und der Entfernung zur Schallquelle umgekehrt proportional.

Schallgeschwindigkeit
Beträgt 343,8 m/s bei 20 Grad Celsius auf Meereshöhe. Sie ist abhängig von Temperatur, Luftfeuchtigkeit und Luftdruck. Als Faustformel gilt: 3 ms pro Meter.

Schallreflexion
Vergleichbar mit der Reflexion in der Optik, wenn die Abmessungen des Reflektors mindestens die fünffache Wellenlänge betragen.

Schwebung
Differenzschwingung, die durch einen geringen Höhenunterschied zwischen zwei Tönen entsteht. Diesen Effekt kann man z. B. beim Stimmen von Saiteninstrumenten ausnutzen. Synthesizer-Klänge werden durch diesen Effekt (zwei geringfügig gegeneinander verstimmte Tongeneratoren) klanglich interessanter gemacht.

Schwellwert
Dieser Wert in dB bestimmt den Einsatzpunkt für Dynamikprozessoren. Wenn der Eingangspegel den Schwellwert (engl. threshold) über- oder unterschreitet (je nach Prozessorart), wird der Ausgangspegel entsprechend abgesenkt.

Semitone
Englisch für → Halbton

Snare Drum
Bezeichnung für kleine Trommel

Solo
Bei einem Solo sind nur die entsprechend aktivierten Spuren zu hören.

S/PDIF
Abkürzung für »Sony/Philips Digital Interface«. Consumer-Digitalformat mit unsymmetrischer Leitungsführung. Kann optisch über Glasfaserkabel (TOSLink) oder elektrisch über → Cinch-Kabel übertragen werden.

Speaker
Englisch für Lautsprecher

Spurkopfzeilen
Hier werden in GarageBand das Instrument und der Name einer Spur angezeigt.

Spurmixer
Kann in GarageBand eingeblendet werden zur Einstellung der Balance und der Ausgangslautstärke einer Spur.

Stereo
Versuch, akustisch ein räumliches Klangbild auf zwei Lautsprechern durch Pegel- und Laufzeitunterschiede abzubilden.

Summe
Audio-Sammelschiene bei Mischpulten

16.1 Glossar

Superniere (Supercardioid)
Spezielle Richtcharakteristik bei Druckgradientenmikrofonen mit etwas stärkerer Richtwirkung als die → Nierencharakteristik.

Sweet Spot
Hörposition, in dem die Stereoabbildung der Lautsprecher optimal ist. Die Lautsprecher sollten mit der Hörposition ein gleichseitiges Dreieck bilden, d.h. die Lautsprecher sollten voneinander genau so weit entfernt sein wie von der Hörposition. Der Sweet Spot ist ein relativ kleiner Hörbereich, so dass zwei Menschen eigentlich nie gleichzeitig über ein Lautsprecherpaar optimal abhören können.

Transient
Sehr schnell anschwellendes Signal, Impuls. Metallische Instrumente (z.B. → Hi-Hat, Becken) haben einen sehr hohen Transientenanteil, im Gegensatz zu Streichinstrumenten (je nach Spielweise).

Timeline
In der Timeline wird der Ablauf eines Musikstückes erstellt. Die Intstrumente sind untereinander geordnet, der zeitliche Ablauf erfolgt von links nach rechts.

Tom-Tom
Hängende oder stehende Zusatztrommel beim Schlagzeug.

Ton
Sinusförmige Schallschwingung im hörbaren Frequenzbereich.

Tonart
Es gibt 12 Dur- und 12 Moll-Tonarten, entsprechend den 12 Halbtönen auf der Klaviatur. Dur- und Molltonarten unterscheiden sich durch die verschiedene Anordnung von Halb- und Ganztonschritten über dem Grundton. Des Weiteren gibt es unzählige Skalen, die nicht in das Dur/Moll-Schema passen, aber in der populären Musik äußerst ungebräuchlich sind.

Tongemisch
Schall aus reinen Tönen beliebiger Frequenz

Threshold
→ Schwellenwert

Track Bouncing
→ Bouncing

Transponieren/Transposition
Tonhöhe relativ verschieben. Die Tonanordnung zueinander bleibt aber bestehen.

Tremolo
Schnelle Tonwiederholung, typischer »Vintage«-Gitarren-Effekt

Unidirectional
Englisch für richtend. Mikrofon mit Richtwirkung (Niere, Hyperniere, Superniere, Acht). Gegenteil zu → omnidirektional.

Ultraschall
Schallfrequenzen oberhalb der menschlichen Hörgrenze (höher als 20 kHz)

USB
Abkürzung für »universal serial bus«. Universelle, serielle Computerschnittstelle mit Versorgungsspannung. Auch für Audio- und MIDI-Anwendungen geeignet.

Verse
Musikalischer Formteil: Strophe.

Verzerrung
→ Distortion

Vorverstärker
Verstärkt ein anliegendes Signal auf Arbeitspegel. Ein Mikrofonvorverstärker z.B. verstärkt das ankommende, schwache Mikrofonsignal auf pultinternen → Linepegel.

Wellenlänge
Frequenzabhängige Länge einer Schwingungsperiode bei (Schall-)Wellen. Während tiefe Frequenzen Wellenlängen von etwa 20 m (bei 16 Hz) erreichen können, sind hohe Frequenzen nur etwa bis 1,5 cm (bei 20 kHz) lang. Das erklärt auch → Absorptions- und Beugungseffekte im Hochtonbereich. In kleinen Räumen können tiefste Frequenzen gar nicht wiedergegeben werden, da der Wandabstand kleiner ist als die halbe Wellenlänge.

XLR
Steckverbindung für symmetrische Mikrofon- und → Linesignale. Wird auch für digitale → AES/EBU-Signalübertragung benutzt.

XY
Monokompatible Stereoanordnung mit zwei gegeneinander verdrehten (90°–180°) Druckgradientenempfängern. Die Kapseln befinden sich am selben Ort. Die Stereoabbildung wird nur über Pegeldifferenzen zwischen den Mikrofonkapseln realisiert.

Index

#-Tonarten 64
#-Tonleiter 64
4/4-Takt 61

A

a# (Note) 64
AB-Anordnung 115
Abhörlautstärke 210
Ablage-Menü 50
Abmischen 210
Absoluter Pegel 136
Absorption 138
Abspiel-Loops 70, 73
Abspielposition 38
Acht 114
Achtelnoten 60
Adagio 59
Akkordeon 115
Akustik-Grundlagen 134
Allegro 59
Allpass 154
Als Archiv sichern 50
Amplitude 134
Am Raster ausrichten 188
Andante 59
Anschwellzeit 182
Apple Loops 42, 70, 73
   anhören 43
   Tempo 44
   Tonarten 44
Apple Demo Songs 31
Arbeitsoberfläche 19, 34
AUBandpass 154
AUDelay 163, 164, 206
Audio-Eingang 23
Audio-Interface 23, 107
Audio-Unit-Plug-Ins 147
Audio/MIDI
   Einstellungen 47
Audioausgang 48
Audioeingang 48
   auswählen 107
Audio (integriert) 48
AUDynamicsProcessor 161
Auflösung ändern 35
Aufnahme 40
   in Stereo 114
   nach Instrumentenart 113
   Software-Instrumente 123
Aufnahmespur 109

Aufnahmetechniken 115
Aufnahme starten 111
Aufnehmen
   AB-Anordnung 115
   echte Instrumente 111
   Eingangslautstärke 109
   Einpegeln 108
   mit Mikrofon 112
   ORTF-Anordnung 116
   Puffer 108
   Spurformat 109
   über Audioeingang 107
   über FireWire 104
   über USB 104
   Wiederholungsmodus 123
   XY-Anordnung 115
Auge-Button 45
Auge-Icon 68
AUGraphic EQ 201
AUHighPass 153
AUHighShelf 153
AULowPass 153
AULowShelf 153
AUMatrixReverb 167, 207
AUMultibandCompressor 161
AuParametricEQ 156, 201
AUPeakLimiter 154, 155
Ausdruck 131
Ausgang 40
Automatischer Filter 152, 208
Auto Wah 209

B

b (Note) 64
b-Tonarten 64
Balance 200
Bandsperre 154
Bass 113, 203
Bass-Pedal 181
Bass-Spur 73
Bass Drum 203
Bearbeiten-Menü 51, 67, 80
Beat 41
Beatlineal 35, 38
Becken 114, 203
Beenden 50
Binäre Notenwerte 60
Bitcrusher 208
Blechblasinstrumente 113
Blues 62

Bouncing 213
bpm 58
Break 82, 177
Bridge 176
Brücke 176
Buffer 108
Bühnenaufnahmen 114

C

Chöre 115
Chorus 165, 176, 208
Clipping-Lämpchen 109
Clipping vermeiden 212
Combo-Buchse 106
Cursor 38
Cut Off Frequency 151
Cycle Mode 123

D

dB (deziBel) 136
De-Esser 162
Delay 206
Delay-Time berechnen 163
Deutlichkeit 142
Diffuses Schallfeld 166
Diffusion 142
Diffusschall 142
Direktschall 141
Downward-Expander 161
Dreieck-Button 36
Dreiertakt 60
Druckgradientenempfänger 137
Dur 64
Dynamik 158, 204
Dynamikprozessor 158

E

E-Gitarre 104
E-Piano 102
Early Reflections 166
Echo 142, 206
Echo-Dauer 163
Echo-Intensität 164
Echo-Wiederholungen 162
Echo der Spur 206
Echte Instrumente 101
 Timeline 38

Editor 44, 86
 Balkendarstellung 128
 für echte Instrumente 45
 für Software-Instrumente 45
 Grafikansicht 45
 Notenansicht 45
 Raster 46
 Regionen kürzen 80
Effekte 88
 Audio-Unit-Plug-Ins 147
 Filter 151
 GarageBand-Plug-Ins 148
 Grundlagen 134
 Spurinformationen 148
 stummschalten 156
Einfache Taktarten 61
Eingangsdelay 168
Eingangslautstärke 109
Einpegeln 108
Einzählen 111
Electric Bass 71
Electric Guitar 71
Ending 176
Energie sparen 56
Enharmonische Verwechslung 178
Ensembles 68, 115
Entzerrer 87, 155
EQ 155
Equalizer 155, 183, 201
 grafisch 157
 parametrisch 156
Equalizer zoomen 203
Expander 161, 206
Exportieren
 Einstellungen 48
 nach iTunes 51
Expression 131

F

Fade-In 176
Fade-Out 176
Fader-Automation 197
Färbung der Wiederholung 164
Favoriten 43, 69
Feedback 207
Feinschliff 186
Fender Rhodes 106
Fenster-Menü 52
Fill 177, 180

Filter 151, 202
   Eingangspegel 155
   Grenzwert 155
   Release-Dauer 155
Filtergrenzfrequenz 151
Filterpol 151
Filter für relevante Ergebnisse 47
Flanger 165, 208
Flankensteilheit 151
Flatterscho 138
Flügel 115
Formanten 135
Frames 41
Frauenstimme 203
Frequenzbereiche 135, 202
Frequenzen
   absenken 155
   hervorheben 155
Fünfertakt 60
Für iTunes exportieren 51

G

G3-Macs 22, 56, 84
Gain 153
Gain Reduction 159
GarageBand
   Arbeitsoberfläche 19, 34
   beenden 50
   Einstieg 17
   Farb-Codes 179
   installieren 25
   Keyboard 120
   Menüs 49
   Systemvoraussetzungen 21
   Updates 34
   Version 1.1 34
GarageBand-Hilfe 53
GarageBand-Menü 49
GarageBand-Plug-Ins 148
GarageBand-Effekte 208
GarageBand-Tipps 50
Gate 158, 162
Generator 195
Geräuschgatter 205
Gesang 63, 109
   mit Kopfhörer 112
Gitarre 63, 115, 203
Grand Piano 66, 120, 179
Groove 176
Großmembran 113

Grundton 135, 177
Grüne Anzeige 38

H

h (Note) 64
halbe Noten 60
Hall 166, 207
   Grundlagen 141
Hallradius 143
Haltepedal 130
Hardware-Delay 163
Hayo Demmig 186
Helmholtz-Resonatoren 141
HF 135
Hi-Fi-Anlage 88
Highcut Filter 169
High Cut 151
High Pass 151
HiHat 114, 203
Hilfe-Menü 53
Hintergrundgeräusche entfernen 161
Hochpassfilter 151
Hochpegel 105
Höhenabsorber 139
Holzblasinstrumente 114
House-Beat 63
Hyperniere 114

I

iDVD 18
iLife
   installieren 25
iMovie 18
Infraschall 135
INST-Signale 106
Installation
   Apple Demo Songs 31
   GarageBand 25
   iLife 25
Instrument-Icon 36
Instrumente
   blaue Anzeige 38
   Club Dance Beat 057 184
   Conga 207
   Effected Drum Kit 03 184
   einsetzen 77
   Electric Bass 71
   Electric Guitar 71
   Farben 39

Funky Drums 184
Funky Electric Guitar 02 79
Funky Electric Guitar 06 77
Funky Latin Drums 01 185
Funky Pop Conga 01 84
Grand Piano 120
Gravity Synth 179
Groovy Electric Bass 12 74
Hip Hop Kit 185
Kabel 106
Live-Aufnahme 107
Orchestra Strings 08 79
Percussion Combo 69
RnB Horns 79
RnB Horn Section 05 77
Shaker 207
Shaker 02 81
Tambourine 186
Techno Kit 185
Timbales-Fill 185
Trance Bass 182
über Audioeingang 107
über FireWire 104
über USB 104
Vintage Funk Kit 01 184
Instrumentenpegel (INST) 106
Interlude 176
Internes Keyboard 120
Interviews 114
Intro 64, 176
iPhoto 18
iStudio-Link 107
iTunes 18

J

Jam Pack 21, 43
Jazz 62

K

Kammfilter-Effekt 162
Keyboard
　extern 122
　Haltepedal 130
　intern 66, 86, 120
　Tonhöhe 86
Klang 135
Klangfärbungen 142
Klangloch 115
Klavier 114, 115, 203

Klein/Groß Mix 168
Kleinmembran 114
Kompressor 183, 205
Kondensatormikrofon dämpfen 105
Kopfhörer 23, 88, 112
Körperschall 136
Kugel 114
Kugelwelle 136

L

Larghetto 59
Largo 59
Lautsprecher 23, 88
　externe 109
Lautsprecher-Button 36
Lautstärke 134
　harmonisieren 199
Lautstärkeanzeige 40
Lautstärkeempfinden 141
Lautstärkekurven 209
Lautstärkenverhältnisse einstellen 91
Lautstärkeregler 40
LFO 165
Library 32
Limiter 158, 205
LINE 105
Lineal 38
Live-Aufnahme 107
Logic Audio 18
Loop-Browser 35, 42, 64, 85
　aufrufen 40
　Filter für relevante Ergebnisse 47
　Kategorien 44
　nach Tongeschlecht 43
　Schlüsselworttasten 43
　Spaltendarstellung 44
　Suchfunktion 77
　Tastendarstellung 44
Loop-Leiste 72
Loop-Taste 72
Loops
　Abspiel-Loops 70
　Anfangspunkt 69
　anhören 43, 68
　Apple Loops 70
　auswählen 68
　Auswahl zurücksetzen 68
　durchsuchen 77
　echte Instrumente 43
　einfügen 68, 69
　Favoriten 43, 69

in Timeline ziehen 69
kopieren 71
Länge 43
Lautstärke 43, 74
nach Instrumentenart 86
Name 43
Regionen 70
Software-Instrumente 43
sortieren 43, 74, 86
vorhören 68
Loudness 155
Lowpass Cutoff 207
Low Cut 151
Low Frequency Oscillator 165
Low Pass 151

M

M-Audio USB Pre 107
Mälzel, Johann Nepomuk 59
Männerstimme 203
Master-Lautstärkeregler 36
Master-Pegel 36
Master-Spur 178
Master-Tonart 178
MegaReverb 169
Mehrkanalton 202
Menüs 49
Merged 192
Metronom 46, 59
   einschalten 111
   Einstellungen 111
   einzählen 52
MIDI-Einstellungen 47
MIDI-Daten 123
   editieren 125
MIDI-Events 125
   Ausdruck 131
   Modulation 129
   Noten 126, 128
   Pitchbend 130
   Sustain 130
   Tonhöhe verändern 129
   transponieren 129
   Volumenpedal 131
MIDI-Interface 23, 122
MIDI-Keyboard 23
   Haltepedal 130
MIDI-Regionen
   editieren 196

Mikrofon
   AB-Anordnung 115
   anschließen 104
   Aufnahmetechniken 115
   extern 104
   für Instrumente 113
   intern 102
   Kabel 105
   kaputt 108
   ORTF-Anordnung 116
   XY-Anordnung 115
Mikrofonaufnahmen 112
Mikrofonpegel (MIC) 104
Mikrofontypen 113
Mini-Klinke 107
Mittenabsorber 139
Mixdown 87, 197
   Vorbereitungen 198
   Ziele 199
Moderato 59
Modulation 129, 196
Modulationstiefe 169
Moll 64
Monitor-Funktion 109
Monitor-Anlage 23
Monokompatibel 115
Motiv 177
Multiband-Kompressor 206
Musik-Keyboard 121
Musikformen 175

N

Nachhall 142
Nahbesprechungseffekt 136
NF 135
Niere 113
Noise Gate 162, 205
Notchfilter 154
Noten 64
   hinzufügen 86
   verlängern 86, 129
   verschieben 86
Noten-Editor 126, 128
Notenwerte 60

O

Oberheim 181
Obertöne 135
ORTF-Anordnung 116

Outro 64
Overdrive 208
Overhead-Mikrofonie 115

P

Pad-Schalter 105, 181
Pannen 212
Panorama 200
Parallele Molltonart 178
Partiturdarstellung 126
    Noten einfügen 127
    Raster 126
Peak-Modus 159
Pegel 136, 204
Pegelreduktion 159
Percussion 114
Percussion Combo 05 69
Phantomspeisung 108
Phaser 208
Pitchbend 130, 196
Plattenspieler 107
Playback 63
Playhead 38
Plug-In-Voreinstellungen 149
Plug-Ins 146
Popschutz 114
Prestissimo 59
Presto 59
Pre Delay 166
Projekt
    benennen 57
    Demosong 175
    neu erstellen 57
    Takt bestimmen 58
    Tempo festlegen 58
    Tonart einstellen 58
    Versionen speichern 117
Puffer 48

Q

Quantisierung 63, 178
QuickTime 24

R

Raster 46
Rauschen 135
Refrain 64, 176
Regelverstärker 158

Regionen 39
    ausschneiden 191
    auswählen 190
    bearbeiten 188
    benennen 74
    einsetzen 192
    kopieren 72, 192
    loopen 72, 190
    löschen 192
    neu benennen 45
    schneiden 45
    teilen 51, 79
    trennen 189
    verkürzen 71, 79, 189
    verlängern 70
    verschieben 190
    wiederholen 71
    zerschneiden 82
    zusammenfügen 51, 192
Relativer Pegel 136
Resonanzen 162
Resonator 138
Rhythmuslinie 66
Riff 177
Rock/Blues 68
Rosa Rauschen 135

S

Saiteninstrumente 114
Saxofon 63
Schall 134
Schallabsorption 138
Schallausbreitung 136
Schallbrechung 137
Schalldiffusion 137
Schallerzeuger 136
Schallreflexion 137
Schallschwingung 134
Schallübertragung 136
Scherentaste 125
Schlagzeug 68, 115
Schlüssel-C 121
Schlussteil 176
Schwellwert 159
Sechsertakt 60
Sechzehntelnoten 60
Shuffle-Rhythmus 62
Siebenertakt 60
Simultane Spuren 48
Sinustöne 135

Snare-Drum 114, 203
Software-Instrumente 120
  aufnehmen 123
  auf G3-Macs 84
  editieren 86, 194
  einfügen 84
  externes Keyboard 122
  Grand Piano 66
  internes Keyboard 66
  MIDI-Daten 123
  MIDI-Instrumente 86
  mit G3-Macs 84
  Modulation 87, 129
  Pitchbend 87
  Pitch Wheel 130
  Sustain 87, 130
  Timeline 38
  umwandeln 84
Solo 176
Sologesang 113
Song
  anlegen 65
  Formteile bestimmen 175
  Liedende 83
  neu erstellen 56
Song-Aufbau 64
Spezialeffekte 208
Spitzenbegrenzer 154
Sprache 113
Spur
  Aufnahme 40
  Balanceregler 37
  Dreieck 36
  duplizieren 76
  einfügen 75
  einstellen 109
  Kopfhörer 36
  Lautsprecher 36
  Lautstärke 37, 40
  mono 37
  muten 36
  neue Spur 39, 52
  Position des Instruments 37
  Regionen 39
  stereo 37
  umbenennen 37
  vorspulen 40
  Wiedergabe 40
  zurückspulen 40
  zurück zum Anfang 40

Spur-Balance individuell verändern 90
Spur-Echo 162
Spur-Editor 40
Spur-Menü 51, 67, 76
Spureditor 36
Spurformat 109
Spurinformationen 35, 39, 76, 148
  Charakteristik 76
  echtes Instrument 76
  Loops 76
  mono 76
  no effects 76
  stereo 76
Spurkopfzeilen 35, 36
Spurmixer 35, 37
Spur schützen 213
Stereo 114
Stereo-Panorama 87
Stereo-Trick 212
Stereo-Klinke 106
Steuerung-Menü 52, 111, 125
Steuerungselemente 35
Steuerungsleiste 39
Steve Jobs 19
Stimmgerät 110
Störsignale 105
Streichinstrumente 114
Strophe 64
Studiomonitore 88
Südstaaten-Shuffle 63
Superniere 114
Sustain 130, 180, 196
Swing 62
Synthesizer 104, 181
System-Profiler 23
Systemauslastung 84
Systemeinstellungen
  Hardware 109
Systemleistung optimieren 49, 56

T

Takes benennen 117
Take Five 61
Takt 41, 60, 63, 65, 178
Taktart 60
Talkback-Mikro 103
Tambourine 203
Tastatur-Kurzbefehle 53
TC Native CL 159

TC Works MegaReverb 169
Tempo 40, 58, 178
Ternäre Notenwerte 61
Terzbandequalizer 157
Threshold 159
Ticks 41
Tiefenabsorber 140
Tiefpassfilter 151
Timeline 35, 38
    Farb-Codes 179
Timeline-Dreieck 38
Timeline-Raster 38, 46
Tom Toms 113, 203
Ton 134
Ton-Generator 195
Tonales Zentrum 63
Tonart 58, 63, 178, 179
Tongemisch 134
Tongeschlecht 64
Tonhöhe 64
    Anzeige 86
Tonhöhenrad 130
Tonhöhe ändern 97
Tonkopf 38, 84
Tonlänge verlängern 86
Tonquellen 107
Transienten 183
Transponieren 129
Transportfunktionen 36
Tremolo 129, 209
Triangel 203
Triolen 62
Triolenraster 62
Triolenrhythmus 62
Trittschallfilter 152
Trocken/Nass Mix 164, 167, 207
Tuner 110
Turntable 102

U

UKW-Übertragung 135
Ultraschall 135
Upward-Expander 161

V

Vergleichshören 87
Verse 176
Versionen speichern 117
Verstärker-Simulation 209
Verzerrung 208
Vierertakt 60
Viertelnoten 60
Volumenpedal 131
Vorspulen 40
Vorverstärker 105
    MC 107
    MM 107
VST-Plug-Ins 147

W

Wah Wah 183
Wall Diffusion 169
Warnmeldung 84
Weißes Rauschen 135
Wellenlänge 134
Widerrufen 67
Wiedergabe 40
Wiedergabe-Loops 73
Wiedergabe loopen 40, 72
Wiederholungsmodus 123
Wurlitzer Piano 106

X

XLR-Steckverbindung 105
XY-Anordnung 115

Z

Zeitanzeige 40
Zeitleiste 38
Zurückspulen 40
Zurück zum Anfang 40
Zurück zur letzten Version 50
Zusammengesetzte Taktarten 61
Zweiertakt 60
Zwischenspiel 176

Über 100 Seiten zu Dashboard, Spotlight und Automator

Mit Einführungen in Terminal und AppleScript

Umfassendes Troubleshooting zu häufigen Problemen!

640 S., 34,90 Euro
ISBN 3-89842-621-1

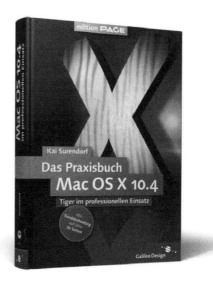

Das Praxisbuch Mac OS X 10.4

www.galileodesign.de

Kai Surendorf

Das Praxisbuch Mac OS X 10.4

Tiger im professionellen Einsatz

Sie setzen voll auf Mac und möchten jetzt auch die neue Tiger-Version richtig beherrschen? Mit diesem Buch lernen Sie alle Neuheiten in Mac OS X in der Version 10.4 umfassend kennen und loten auch gleich die Tiefen richtig aus. Die Kapitel zu System, Programmen, Dashboard, Spotlight, UNIX-Terminal, Administration, Netzwerk und Drucken sind gespickt mit Tipps, Praxis- und Problemlösungen, die Sie garantiert in keinem Handbuch finden. Ein Buch für Gestalter und andere produktive Anwender, die Mac OS X Tiger richtig ausnutzen wollen.

>> www.galileodesign.de/959

Mit Video-Tutorials
zum eigenen Song

GarageBand in 27 Lektionen

Loops, Instrumente und Effekte

Mit Beispielsongs
zum Ausprobieren

DVD, Mac, mit Handbuch, 28,00 Euro
ISBN 3-89842-566-5

GarageBand
www.galileodesign.de

slashCAM

»Diese DVD empfiehlt sich als
kongenialer Begleiter!«
mac life, 04/2005

GarageBand

Die Trainings-DVD zum Tonstudio am Mac

Lernen mal ganz anders! Diese CD ist nicht nur ein idealer Lernkurs zum Musikprogramm, sie ist ein eigenes multimediales Erlebnis! Mithilfe von Audio, Video und Design zeigt Ihnen die slashCAM-Redaktion, wie Sie mit Sounds, Effekten und Loops komplette eigene Songs erstellen. Die Spieldauer beträgt 150 min.

>> www.galileodesign.de/873

Mit einem Kapitel
zu GarageBand

Das komplette iLife
in einem Buch

496 S., mit QuickFinder & Shortcut
28,00 Euro
ISBN 3-89842-674-2, 2005

iLife 05: iMovie HD, iDVD 5,
iTunes 4.7, iPhoto 5 und GarageBand

www.galileodesign.de

mit Infoklappen

Michael Hillenbrand

iLife 05: iMovie HD, iDVD 5, iTunes 4.7, iPhoto 5 und GarageBand

Alle Features, die besten Plug-ins

Dieses Praxishandbuch verhilft Ihnen zum gekonnten Einsatz von iLife 05. Schritt für Schritt zeigt es, wie Sie Ihre Fotos organisieren, Videofilme schneiden, Musik verwalten, eine gute DVD brennen und mit GarageBand Ihr eigenes Aufnahmestudio betreiben. Dabei erklärt der Autor alle Features und Werkzeug und bietet viele undokumentierte Tipps und Tricks, Tastenkürzellisten und Hinweise zu sinnvollen Plugins.

>> www.galileodesign.de/991

inkl. iPod Mini und
dem iTunes Music Store

Alle iPod-Modelle bis
zur vierten Generation

das Buch im Trend

304 S., 2. Auflage 2005, 22,00 Euro
ISBN 3-89842-578-9

Das iPod-Buch

www.galileodesign.de

mit Infoklappen

Sönke Jahn, Matthias Kremp

Das iPod-Buch

2., überarbeitete und aktualisierte Auflage

Dieses Buch ist mit Vorsicht zu lesen! Nach der Lektüre werden Sie unbedingt einen iPod besitzen wollen. Die beiden Autoren zeigen Ihnen eindrucksvoll, welche Geheimnisse sich unter der ästhetischen und funktionalen Oberfläche verbergen, wie Sie Musik optimal konvertieren, mit alternativen Musikformaten umgehen und iTunes sowie ergänzende Software optimal nutzen. Jede Menge Tipps, Tricks und iPod-Hacks inklusive für Mac, Windows und Linux – Lesespaß garantiert!

>> www.galileodesign.de/888

Bibliografische Information Der Deutschen Bibliothek
Die Deutsche Bibliothek verzeichnet diese Publikation in der Deutschen
Nationalbibliografie; detaillierte bibliografische Daten sind im Internet über
http://dnb.de abrufbar.

ISBN 3-89842-688-2

© Galileo Press GmbH, Bonn 2005
1. Auflage 2005

Der Name Galileo Press geht auf den italienischen Mathematiker und
Philosophen Galileo Galilei (1564–1642) zurück. Er gilt als Gründungsfigur
der neuzeitlichen Wissenschaft und wurde berühmt als Verfechter des
modernen, heliozentrischen Weltbilds. Legendär ist sein Ausspruch **Eppur
se muove** (Und sie bewegt sich doch). Das Emblem von Galileo Press ist der
Jupiter, umkreist von den vier Galileischen Monden. Galilei entdeckte die
nach ihm benannten Monde 1610.

Lektorat Thorsten Mücke, Katharina Geißler
Herstellung Vera Brauner
Korrektorat Axel Henrici, Dresden
Einbandgestaltung department, Köln
Satz SatzPro, Krefeld
Gesetzt aus der Linotype Syntax mit Adobe InDesign CS
Gestaltung der Infoklappen Silke Braun
Druck Clausen & Bosse, Leck

Das vorliegende Werk ist in all seinen Teilen urheberrechtlich geschützt.
Alle Rechte vorbehalten, insbesondere das Recht der Übersetzung, des Vortrags, der Reproduktion, der Vervielfältigung auf fotomechanischem oder
anderen Wegen und der Speicherung in elektronischen Medien.
  Ungeachtet der Sorgfalt, die auf die Erstellung von Text, Abbildungen
und Programmen verwendet wurde, können weder Verlag noch Autor,
Herausgeber oder Übersetzer für mögliche Fehler und deren Folgen eine
juristische Verantwortung oder irgendeine Haftung übernehmen.
  Die in diesem Werk wiedergegebenen Gebrauchsnamen, Handelsnamen,
Warenbezeichnungen usw. können auch ohne besondere Kennzeichnung
Marken sein und als solche den gesetzlichen Bestimmungen unterliegen.

**Hat Ihnen dieses Buch gefallen?
Hat das Buch einen hohen Nutzwert?**

Wir informieren Sie gern über alle Neuerscheinungen von Galileo Design. Abonnieren Sie einfach unseren monatlichen Newsletter:

www.galileodesign.de

Die Marke für Kreative